U0037034

明末中國佛教之研究

聖嚴法師 著
釋會靖 譯

迻譯新版序

《明末中國佛教之研究》這本書的中譯本，從印行以來，已經二十餘年。這中間歷經物換星移的人事變遷，不免亦會興起時不我予的感慨！這也只有莫可奈何罷了！

眾生心識之形於外者，總是以反映當時的思惟動態，展轉不息而變化多端。當第一次翻譯這本書時，當時的心態是，一心只想盡快把眼前的日文書，能夠恰如其分地轉換成中文，就算完成當務之急的任務。儘管心頭亦常泛起「為翻譯而翻譯」的自責感，至於論文本身所表達的義理旨趣，卻倒未曾悉心去鑽研，至少是不夠深入。於今慎思，卻難免赧顏以對！

二十幾年後的今天，當「法鼓文化」再版此書的前夕，面對書本審閱譯文，內心該有兩種意義浮現心頭，必須當面以對：一是逐句比對原文，審核中譯本所表達的詞句，其意涵是否已臻信實？二是針對論文的研究成果，其在佛學領域裡所呈現的義趣，該是以含英咀華的心態，去品味箇中的法味雋永。

聖嚴法師在研究蕅祖的學術思想方面，其所涉獵的範圍之廣，以及所涵泳之大乘經論，特別是在屬於如來藏思想，都能屢屢具見其出現於論著當中；另在引用中國固有文化的傳統古典方面，經、史、子、集無不引用至再；尤其在抒發思緒情懷的一些詩偈之中，最能披露其當時的內心世界所蘊育的意涵，這些文句散布在《靈峰宗論》及《蕅益大師全書》中均隨處可見。透過聖嚴法師的汲取與理解，加以剖析之後，直接透示出一位高僧心念所蘊含的意識——事事為道業，處處為眾生的悲心宏願，最能體現出大心菩薩的身教示範。

四百年來的中國佛教，但從性相二宗的教義融會上著眼，我們回顧已往，不論是從詮解法義，或就實踐功行來衡量，蕅益智旭大師稱得上是一位艱苦卓絕的宗師級僧寶。蓋以徵諸文獻來證實，誠屬有目共睹，且亦咸能獲得大眾的認同。而本書作者之慧眼獨具，在抉擇題材之際，即以蕅祖的學解思想作背景，廣泛地採擇其教觀思想，及其行解工夫掄為主題，發表而為學術論著的闡揚，自見其獨到的見識所在。

溯自晚明迄今，經由時間的遞嬗，在演變的過程當中，悲心菩薩的靈覺不昧，權迹示現此界剎土。時至今日，我們仔細品評這兩位人天師表的性格稟賦，乃至其生平言行所示範，發現其思想理念，甚至於修學行持上，都有其極為相似的傾向，尤其呈現於見解及表達在作為上，都能看出一些類同的行誼風格，縱使迹屬後身的正報，亦同樣以羸弱的色身示現，長年病疾纏身，而仍能挺足骨氣，勉力於道業的精進，從而難免令人想到九界眾生其秉性猶貽累於後世的影響。

聖嚴法師在學術思想方面，其研究領域，自不囿於天台一家的三藏範疇，其在《般若》、《法華》、《楞嚴》、《華嚴》、《梵網》，乃至小乘聖典的四部《阿含》，無不悠游其中而得心應手，以故，發揮在論著中，只見行雲流水而揮灑自如。儘管在引用的原著中，哪怕是只有兩個字的詞彙，他都能把它找出原典而深解其義趣，讓它在論著中活潑呈現，令人閱讀起來，分外覺得親切而實惠；從而，自然亦能領會到藕祖當年述論的心態原意。

原著中間有很多的表格呈現，這是一種頗具創意的表達手法，因為書中常會遇有必須列舉的一些事事物物，以表格的方式，可以一次列示多項所須表達的子題，誠然不失為一種很具效率的手法，也為讀者提示了很多方便，因為它簡單明晰，一目瞭然，而且評比的功能也很直接。

至於書中其他特色，已在譯序中臚列綦詳，就此不再贅述。

復次，最後趁此新版出書之際，謹以誠摯的心意建議，法鼓大學的研究部門，理應即此籌設：蕅益、聖嚴法師學術思想研究機構，以思想研究的形式，展開有系統、有次第、區分流類宗派的學術研究，讓這兩位大德的學風與禪修模式，均得永垂典範於後世，進而獲得千秋萬世的闡揚與景仰。再及。

今當新版再刊，複敍蕪詞權充贊序，尚請　方家有以匡正，為所至企。是為序。

釋會靖謹序於豐田慈蓮苑

民國九十八年八月十九日

譯序

明末的佛門高僧，當以紫柏、雲棲、憨山、蕅益四位大師的嘉言懿範為典型，向為世人所尊敬。及至民國以來，教內一般緇素，尤其推崇蕅益大師的行誼，印象中都認為他是一位梵行卓越而又義學高深的一代宗師。可是他的修持究竟卓絕到什麼境地，教理義學的造詣又高深到何等領域？卻絕少有人充分了解其底蘊，更談不上加以條理的分析與研究。雖然坊間已有《靈峰宗論》的專輯流通，但能縷解條陳予以系統整理、剖析，然後公諸於世，啟示學眾，令人不必埋首鑽研即能了然大師畢生的德行義學，該是歷來殊少見到。

聖嚴法師的日本博士學位論文——《明末中国佛教の研究》，就是以學術論究的形式，把蕅益大師一生的信仰、思想、學理、觀念，乃至修行境界，以及研析教義所探索的旨趣，以現代人治學的技巧方式，加以有系統、有層次，且又深具韻致地表達在全文二十餘萬言的學術論文裡。全文雋拔蒼鬱，啟導後世學人於大師信仰、思想與學德的領域。除了景仰之外，更又標示出如何去體認、思索，乃至理解履行，都能通盤加以客觀闡述，誠然稱得上是一部完備、周全、縝密而又細緻、精詳的上乘傑作。

謹就此書的幾種特徵，分別介紹如次：

一、論著的研究領域，在參考文獻方面，運用多達五十一種，共二百二十八卷的龐大典籍群，其中僅是一部《靈峰宗論》，即精閱細讀了二十餘遍，不憚繁瑣，反覆琢磨之後，從中樹立起自己的創見，為其立論的準據。

二、論書的考據工作，做得異常細膩與嚴謹：凡是《靈峰宗論》中所提到的大乘經文或儒書古典的片段，著者都能鉅細靡遺地查索其典故出處，考證其涵義；並且，尤能以之與有關的經論義理加以比對，評斷其殊勝。

三、蕅益大師以行誼卓絕見稱於世，在本書第三章中，著者從智旭的實踐思想之形成，乃至家世的傳統信仰淵源，以至由大乘經典中建立起的修行理念，拳拳服膺。從而在教門中樹立起千古楷模，箇中的過程細節，書中都做了仔細的羅列，並以戒律教學的觀點，殷切地加以評議。

四、以研究教理義學的觀點來看，本書最重要的部分，在第五章。雖然將智旭的思想演變，畫分為四段時期，但就智旭大師的整體思想理趣，於此則和盤托出；並就佛儒、禪教、性相、律密、天台、唯識，乃至《楞嚴經》與大乘止觀等的思想調融、理念的匯通、教義的統攝、宗派的整合等，都逐一擷錄其精義，以之兩相比對，著者又表達出其個人的見地，以為論述的旨趣。這是本書的精華所在，具見著者的功力表現，令人衷心服膺於著者治學精神之獨到、教學知識之淵博，於焉足見其一斑。

五、本書的主題——明末中國佛教：在第一章及第五章中，不但論述教門中的一般概況，即於宋明理學、道教，乃至外道的活躍情形，甚至文化層面，都有客觀的分析與評論。

六、就智旭所涉獵的有關大乘經典，乃至儒教典籍，亦均摘錄其要義，做成對照或比較的考究；然後，尤能就經論的中心思想，將之與智旭所主倡的觀念或所奉行的準則，以客觀的見地，表達出中肯而切實的論評。

七、書中充分利用表格方式，就智旭生平所修持、從學，乃至著述分析的歷程，甚至於其所論述的評議，予以有系統地羅列出來，並加按語、判攝與評斷。可以顯見每一項表格的製作，著者用心之精，而為讀者帶來莫大的方便。從而可就上述的每一環節，都能一目瞭然地得知自己所要尋求的問題。

綜上所述，本書中文版之問世，能在教門中流通，其於蕅益大師的嘉言梵行，就中依循著者所做的研究分析為指標，當可進一步了解大師的整體思想與教學理念。因此本書的行世，以之做為緇素四眾自修化度的寶典固可；學人如能追隨大師的風範，起而踵跡仿效，甚至承繼遺志，於大師未竟的功業，繼續發揚光大。那麼，不但常寂光中的蕅益大師將頷首印可；即當今之世的著者法師，亦復衷心悅豫於祖德聖行的流傳永世。

譯者忝居學地，承蒙聖嚴法師不以文蕪思鈍見棄，囑為迻譯中文。受命之餘，內心不免忐忑不安的感受，雖然同屬日文原書，但與前此我所翻譯的十餘部論書不同。此書則是中國學者憑以獲得博士學位所寫的日文論著，其所代表的意義，自屬不同。尤其聖嚴法師以往在教學界，素負很高的德學聲望，著述甚為豐富。一般讀者的心目中，對他已經有了共同的肯定與期許，假若現在的這部中譯論著，不能與法師其他的著作相儔類，恐將影響著者法師的優越形象。故而譯者於始譯之前，曾潛心閱讀法師的其他著作約十種之多，於著作的行文、筆法、章理各方面都有通盤的體認之後，方始下筆執譯，故於遣辭用字無不兢兢業業，以期踵效著者以往的文韻與筆調。如今書成之日，從廣大讀者的閱讀心得中，如能獲得與原著沒有太大乖離的反映，將是譯者馨香祝禱之所慶幸。付梓前夕，謹綴執譯原委，是以為序！

關世謙　謹識

民國七十六年六月二十五日於新竹寓所

他序

本書著者聖嚴博士法師，出生在江蘇，幼年即投身禪門，邁向佛教中的學術與實踐的路途。後來，遭遇到社會局勢的變遷，因而移居到台灣，當時的年紀只有十八歲。

在台灣求學於南天台佛教學院，一九五六年（昭和三十一年）畢業於專修科。爾後的目標，便指向天台教學，志求更深的造詣與研究。旋於一九六九年（昭和四十四年），著者又負笈到了日本。進入東京的立正大學，立即被編組在研究所的碩士班，接受坂本幸男（資深）教授的指導。一直到完成碩士班的一切課程後，旋即進一步修學博士班的有關學科。當時坂本教授建議著者：不妨以《靈峰蕅益大師宗論》（成時編）作對象，從事博士論文的專題研究。因為當今有關蕅益智旭的研究，在學術界仍然不夠充分。而就一般人的印象中，認為智旭是明末年間的天台專家，依憑著者優越的中文理解能力，坂本教授斷定如果採擇研究天台的志向，以《靈峰宗論》作深究細酌，該是最為適當的課題。

這樣一來，著者便針對《宗論》苦下工夫，反覆品味了二十幾遍，由於細讀其精要部分，從而得知真正想明瞭智旭的思想與其宗教體驗境界，應該不能局限於成時編輯的《宗論》才是，這是在對智旭的了解上，初步所得到的感想。因此，在研究論文的取材方面，漸次擴大領域，以致到智旭著作現存部分的整體，亦即統共有五十一種、二百二十八卷，全部都加以詳讀或予精確地考證，希望能做到一無遺漏的程度，然後再開始執筆撰寫論文。迨至完成本書的草稿，向立正大學研究所提出申請，已經是一九七五年（昭和五十年）的春季。爾後，經過審查及評審，乃至口試等程序，最後終於通過，獲授文學博士學位。這樣地驚人努力，以及他所從事的準備作業與查證工作，當是從來所罕見。

依據聖嚴博士所蒐羅廣集的結論，即如歷來的通說所示，如果評論智旭只是一位天台家的學者，相信未必就是適當的稱號。當然他於天台宗的教理觀行異常重視，但構成其思想骨幹的不只是《法華經》，而是《大佛頂首楞嚴經》。而且，他在實踐修行方面，是以《梵網經》為中心的戒律主義者；在信仰行為上，則是奉持《地藏菩薩本願經》及《占察善惡業報經》的依從者，這是很明顯的事實。總之，智旭大師一如其自己所主張，可以稱得上是一位以《楞嚴經》為中心的禪匠。

聖嚴博士綜合智旭的著作加以深入地研究，不只證實了學術界歷來作成評定的正確性；其考證所及，證實蕅益大師確是明末年間一位不世出的佛教集大成者，也是一位真摯而奮勵的實踐修行家。從此一立場觀點，亦就其時代背景、生平行藏、師資系統、生活環境等作了深入的研究，其筆觸所及，從各方面去刻意描繪智旭的形象，使之躍然紙上。他的大作全般，是經歷過書誌學的檢討，論述其思想在年齡上的發展，歸根結柢，則彙總於達到淨土念佛的次第，其最終目的則猶是相同的。

聖嚴博士大作的歷程，既如上述。此書的完成，不僅徹底闡述智旭個人的事蹟與思想，也於中國近代佛教史上尚未研究周全之處，投下一道強大的光柱，這正是應該向學術界鄭重推薦的優秀著述。

只是，辱承坂本、聖嚴兩位博士的知遇，衷心誠感遺憾的是，在坂本博士的有生之年，沒能看到本書的問世，即已先行作古。如今，只有虔誠地期念於坂本博士，但願能在靈鷲山上，賞識到由於此書的出版，而為日華佛教研究交流史上，帶來一項貴重的紀念史蹟（monument）為後世所景仰，衷心不勝禱念。

金倉圓照　謹識

一九七五年（昭和五十年）七月中旬

自序

佛教自傳入中國以來，在義學教理上自成一家的學派，卻未必能在教團形式上，以宗派的型態存在於世，這是很平常的。筆者於此，亦常予肯定的看法。尤其是唐末以來的中國佛教形勢，當時禪宗大行其道，正發展其標榜不立文字的祖師禪或公案禪。同時，另一方面則研究教學的義學沙門，呈現人才銳減的趨勢。因此，對天台、華嚴、唯識三宗而言，便長期陷入黑暗時代。爾後，在歷史上縱然或有義學沙門的出現，但他們的絕大多數都是出自禪門的僧眾。及至明朝末年，實際上的中國佛教，可以說是以禪宗為中心的佛教。

明末的蕅益智旭雖然並非一位傳統的禪僧，但他卻依從禪師剃度出家，亦曾參學禪悟之道，而了然於佛教思想的恢宏，終其一生，都是實踐於佛教生活的行持。但考究對於智旭的了解，我認為卻不同於一向所傳說的看法。本論所述，是筆者網羅智旭的著述，加以綜合研究所得到的結果，容或亦可以結論相稱道。

就以往的研究所示，認為智旭是明末的一位傑出天台家學者，從事於中國近代天台學研究人士，無論如何都不能把智旭作等閒的處理，但也絕對不可以只把智旭做為教學的研究者來看待。他的真實骨格架構，毋寧說是偏向以信仰為本色，與真誠地實踐於佛教生活的一面。湊巧的是，恰如日本江戶時代的天台學者靈空光謙（一六五二—一七三九），在〈刻靈峰藕益大師宗論序〉中所述：「余亦嘗言，讀藕益《宗論》而不墜淚者，其人必無菩提心。」

筆者之於研究智旭問題，其著手的機緣，是因為來至日本的留學目的，雖然以研究天台教學為著眼點，但由於前年逝世的坂本幸男博士，曾幾次建議：以一位中國僧侶，從事於佛學研究，應以智旭所集的《靈峰宗論》為研究的對象，經屢次的相勸才作了定論。

在研究計畫的初期，智旭在《宗論》以外，尚有其他的著作，計達七十七種、二百四十卷的大部頭。如果全部統予研究，將有範圍過於龐大的顧慮。因此，經過採擇後加以界定，就其全部著作中，以與《法華經》有關，而被收錄於《大正新脩大藏經》中，及以《起信論裂網疏》為中心的研究，做為預定目標。而多達三十八卷的《宗論》，我曾精讀細閱達二十幾遍，並以卡片形式整理其資料。在研究的過程中，筆者心中總有於智旭的思想全般，必須更加進一步理解的意願。何以就《宗論》內容所見到的智旭思想中，雖然亦於天台宗的教觀非常重視，但據揣想，構成其思想基礎的，可能不是以《法華經》為中心。是即觀察他的整個生涯，其在佛教生活的實踐行履方面，是以《梵網經》為中心的戒律主義者；但在佛教信仰方面，是依據地藏經典群的《本願經》和《占察經》；於教理哲學思想方面，則是以《大佛頂首楞嚴經》為中心的。《楞嚴經》本來也是華嚴宗和禪宗所重視的經典，就這一點而言，智旭已經明顯地表示其本身的基本立場，是以宗述《楞嚴經》為主的禪者。而且，基於此一本位意識，便產生性相融會、諸宗融通的形象出來。他之所以註釋《楞伽經》、《起信論》、《唯識論》等經論的目的，都是以《楞嚴經》為基礎，以期促成佛教的統一論旨。從而，對於天台教觀所顯示的智旭本來面貌，可能只是利用其經論註釋的方法論而已。

既如上述，筆者心目中所見到智旭，與歷來傳言中所評述的天台宗學者的智旭觀，有著顯然的不同。對於以往先進諸賢者其所發表有關智旭的研究論述，除了表示深摯的敬意之外，就拙論的研究過程中，於其論究的具體所示，並未予以參酌採考。筆者的研究基礎，始終都是自己親身就現存的智旭著述，亦即總計多達五十一種、二百二十八卷的論作，反覆地細讀、精查所得到的結果，用以做為出發點去思考，此猶必須先予申明。

綜上所述，從智旭思想的整體立觀，他不只是明末不世出的思想家；更是一位傑出的佛教信仰修行者。這一點，在構成本論的因素上，尤其是決定性的主要成分。而在內容上，就智旭的著作，不只是在探索智旭的教義理論層面，也有必要從該一時代的歷史背景、自然環境、地理因素，以及生活型態、信仰行為等各種角度去廣事論究。茲就本論的結構與內容，謹以概觀所及，當如次述。

拙論共由五章所構成。第一章「智旭的時代背景」為緒論，兼述明末的佛教概觀，智旭恰好居於明末佛教的集大成位置。從第二章到第五章的第四節才是本論。第二章「智旭的生涯」，是就智旭的歷史意義，包括其師承系統、傳記資料，以及從歷史地理學的觀點，介紹其生活環境與行蹤，此項考證研究所及，是就時間與空間的縱橫歷程為出發點。第三章「智旭的宗教行踐」，是考察智旭的信仰行為及其證悟的境界。即第三章所論述，才是闡明智旭本身佛教生活所顯示的真實風範。第四章「智旭的著作」是就智旭的述作觀念和撰述態度，把全部著作加以分類，然後推測其成立年代，並且論述現存不同種類版本的比較等。第五章「智旭思想的形成與發展」是依循編年體形式，將智旭的一生，分成青年期、壯年前期和壯年後期與晚年期等四個階段，來論述智旭的禪教律一致、性相融會，乃至天台教觀等思想，歸根結柢，則匯納於他的淨土念佛思想。而第五章第五節則是智旭思想整體的旨要，依據各項資料而予具體地論述，並且作成結論。

本書的草稿，向立正大學大學院（博士班研究所）提出學位的申請，後來經過審查考試，於一九七五年二月獲得學位。在此謹向擔當主審的金倉圓照、野村耀昌、茂田井教亨三位教授致感謝之意。此外，亦向作古的坂本博士老師，致謝指導之忱，並表哀悼之意。

筆者是在一九六九年春來日，進入立正大學大學院（研究所）就讀，承蒙故教授坂本博士的引薦，專攻天台教學的研究。但從修讀碩士課程直到博士課程修滿，在這段期間之內，諸承金倉圓照、松濤誠廉、野村耀昌、中村瑞隆、影山堯雄、茂田井教亨、宮崎英修、淺井圓道、塚本啟祥等教授的親切教導與鞭策；此外，並忝列於故教授布施浩岳、石津照璽兩位老師的講席，尤其在坂本博士逝世之後，在修學路上頓失憑藉的情形下，幸蒙金倉圓照、野村耀昌兩位教授的不吝執教，賜予懇切的指導，尤屬望外的幸賜；抑有進者，留學日本期間，承蒙立正大學的山崎宏、日比宣正，大正大學的關口真大、福井康順、吉岡義豐，東京大學的中村元、鎌田茂雄，大谷大學的安藤俊雄，京都大學的牧田諦亮，駒澤大學的佐藤達玄等教授的慇勤照拂，謹此致以深厚的謝忱。

本書的出版，辱承金倉老師格外賜序為訓。立正大學副教授佐佐木孝憲，以及立正大學圖書館桐谷征一課長、講師坂輪宣敬、助理三友健容、仲澤浩祐、北川前肇、庵谷行亨等諸師好友，賜予日文潤筆，乃至協助校對，內衷謹致無上的謝忱。另就本書慨允出版的山喜房佛書林主淺地康平先生的盛情雅意，併此同申深摯的謝忱。

著者　聖嚴　謹識

一九七五年十一月十日

目錄

第二章　智旭的生涯

第五章 智旭思想的形成與發展

第一章　智旭的時代背景

第一節　政治、社會方面的關聯

一、明王朝末期的衰敗與紊亂

在中國政治史上，出身平民一躍而竄登帝位的，繼漢高祖劉邦之後，只有明太祖朱元璋（一三六八－一三九八）而已。明太祖儘管曾在佛寺中親身體驗過僧侶生活，但就其施政方策看來，於佛教精神並無任何發揮。由他所建立的明王朝歷經二百九十四年期間裡，概括地說來，只能算是由蒙古族的統治，變換成漢族的統治而已，對國家建設和人民福祉，卻很少寄予關切。

自太祖開國直到南明三王的亡國，在十九位帝王之中，除了太祖之外，具備資格稱得上是英主的，只有第三世的成祖（一四〇三－一四二四）和第九世的孝宗（一四八八－一五〇五）可數，以這兩位皇帝執政時期，算是比較平穩的時代。武宗朝廷（一五〇六－

一五二一）寵信宦官劉瑾，繼之，世宗（一五二二—一五六六）也溺縱宦官嚴嵩，有二十餘年不曾過問朝政，以致嚴嵩擅權恣意，為所欲為。另神宗（一五七三—一六二〇）也是二十幾年不顧國是；此外，熹宗（一六二一—一六二七）亦復寵信魏忠賢與客氏，使得政治極度腐敗。

雖然這些君主的昏庸無能，曾為朝廷帶來了危機，但明王朝卻能在如此不穩的局面維持著興盛。在成祖永樂年間，安南與朝鮮均曾向明王朝表示臣服。成祖之世，亦曾親征漠北。在對南政策方面，則派遣三保太監鄭和七下南洋，因而有三十餘國向明王朝奉獻貢物。但是到了武宗時代，因為安化王與寧王朱宸濠之相繼叛亂；而世宗時期，在北方有發揮威勢的韃靼，屢次向內地邊境的大同、哈蜜、山西、寧夏等地騷擾，並一度包圍北京。此外，南方沿海地區，在浙江、舟山、南京、鳳凰城、興化等地，來自海上的倭寇侵擾不絕。終於在神宗萬曆（一五七三—一六二〇）十二年（一五八四），北方的滿州族竄生出女真部。如今，以此與日本歷史相對照，恰好正當日本的戰國時代。此一年代的中國和日本，其動亂的態勢是共同的。再從世界史觀看來，剛好也是西洋文明東漸的肇端時代。

明末的政府官吏，一言以蔽之，可以用文官無能和武將無節來形容。明朝年間，有關錄用文官的科舉制度，是以《大學》、《中庸》、《論語》、《孟子》四書和《易經》、

《書經》、《詩經》、《禮記》、《春秋》等五經為題材，於其義理的解說，蔚成一種風潮。而其試卷是以文體與文義兩種標準做為模式，稱之為八股文。此一形式對於應試的考生而言，是無從發揮自己的思想與內在的學問。針對此一現象，顧炎武（一六一三—一六八二）在《日知錄》卷十六的〈擬題〉中，作如次的批判：

愚以為：八股之害，等於（秦始皇之）焚書，而敗壞人材，有甚於咸陽之郊。（《日知錄集釋》三八六—三八七頁，台灣世界書局）

由此一事體中，當可明瞭當時應試的考生，他們受到八股文的毒害，遠比秦始皇焚書、坑儒的程度來得嚴重。據此後的評論文章所示，居然也有被錄取登第的人中，竟連史冊文獻的名稱，或朝代先後也渾然莫明所以的情事。因此，顧炎武在《日知錄》卷十七的〈生員額數〉中有：

故敗壞天下之人才，而至于士不成士，官不成官，兵不成兵，將不成將。夫然後寇賊奸宄，得而乘之；敵國外侮，得而勝之。（《日知錄集釋》三九六頁，世界書局）

是即說明：由於八股文考試制度的弊害，使得政府所錄用的官吏，都是些學問庸俗而缺乏才能之人。影響所及，政治腐敗、武備衰微、文教萎靡，乃至社會經濟的破滅，是必然所歸趨的結局。

顧氏的《日知錄》卷十六，更在〈經義論策〉中，就神宗萬曆年間，一般官吏顢頇無能的事實，痛斥其情狀：

科名所得，十人之中，其八九皆為白徒。而一舉于鄉，即以營求關說，為治生之計。在州里，則無人非勢豪。適四方，則無地非遊客。欲求天下安寧，斯民淳厚，如郤行而求及前人。（《日知錄集釋》三八三—三八四頁，世界書局）

透過考試制度所錄用的公務員，並非原本就是知識分子，只不過善能模擬八股文所規定的結構內容、韻律、形式、體裁而已。這些人並不具備政治、文學、哲學，乃至經濟、軍事等有關的學問與知識，更是缺乏政治思想與管理眾人之事的理念。一經接受鄉里的考試，除了積極於自身的豐裕生計設想以外，從未致意於大眾的福祉。果真一旦取得統治州里的權限，躍身一變就成了地方的豪族，從而任官遊歷各地，以肥沃壯大其勢力。其巡視所到之處，都是為私利而巧取豪奪。生活在如此狀態下的民眾，要想維持安和泰平的純樸民風，實在是不太可能。

明末的政治腐敗，也使得武人失去愛國心，從而流賊蠭起。世宗尤其寵信佞臣魏忠賢，因而排斥忠貞才俊的文官武將，清兵趁此機隙大舉向山海關進逼。明軍守將相繼不敵而棄械投降，以孔有德、耿仲明為首，薊遼總督洪承疇親率十三萬兵眾，吳三桂也率領寧遼五十萬大軍一起投降清兵，在清兵的絕對優勢之下，明王朝終於走上了滅亡之路。

這時候，陝西地方發生大饑荒，餓殍遍野，竟然發生親食子肉的慘境。這在《明史》第百八十卷的〈汪奎傳〉有：

> 陝西、山西、河南，頻年水旱，死徙大半。山陝之民，僅存無幾……（中略）山陝河洛饑民，多流隕襄，至骨肉相噉。（七五七頁C，開明書店出版）

另在《明史》同卷的〈李俊傳〉也有：

> 陝西、河南、山西，赤地千里，屍骸枕藉，流亡日多，萑苻可慮。（同右）

當時的陝西、山西、河南三省地方，連年的水災與亢旱相繼不斷，民眾中大半均已飢餓而死，僅存的殘眾飢民跟隨叛卒、逃兵、莠民聚嘯流竄各地，演變成了流寇集團，到處出沒。這種集團的首領自號「闖王」，以高迎祥為首，統率李自成、張獻忠等人興起叛亂。安塞馬賊出身的高迎祥，從毅（思）宗崇禎二年（一六二九）到九年的七年之間，其所寇擾的地區，已經遍及陝西、河南、湖北、安徽四省。李自成也與孔有德於崇禎四年起兵，並在崇禎八年與張獻忠聯手，直到他自殺的一六四五年為止。在這十幾年的中間，便已攻略了安徽、四川、陝西、河南、湖北、湖南、廣西等廣大的地區，而且包圍了京畿。崇禎皇帝處在這樣的形勢之下，終於走上自殺（一六四四）的路途。但清兵卻在降將吳三桂的嚮導之下，大舉進入山海關，攻破李自成部隊。從此一個新的王朝——大清，便誕生了出來。

我們探討智旭的生寂年代，正當明末萬曆二十七年（一五九九）到永明王永曆九年（一六五五）的時期。明室王朝，實際上是從毅（思）宗崇禎皇帝在煤山自縊身亡，即已終止了正統，但在南方的明室後裔諸王，卻因而紛起爭相獨立。當時大約有十五年的時間，南京的福王（一六四四—一六四五）、福州的唐王（一六四五—一六四六）、肇慶（廣東）的桂王即永明王（一六四六—一六六二），分別爭取獨立政權。南京的福王與福州的唐王，都是不到兩年的短命政府而已。據守在廣東的永明王，後來在永曆十三年（一六五九）流亡到緬甸，事實上其政權至此可以說已經滅亡。這時候與智旭歿年的一六五五年，只相隔四年而已。因此，智旭的生平，可以說與明末的朱氏王統，在時期上是相彷彿的。

二、智旭心目中的明末社會不安

智旭與當時的政治社會，具有何種程度的關係？就此問題查證其著作整體，在資料方面仍然不夠完備。在智旭的法語和書簡中，雖然列有六十餘位在家人的名家，但這些人的官職和稱號全部被省略，因而想要逐一加以考證並非易事。對此，編集其論集《靈峰宗論》的主筆人——成時，在其序說中，有如次的說明：

> 法語書柬中，諸名公鉅卿，遵大師原稿，但書姓氏，概不書尊稱。以末法，道則僧體日卑，爭務乞靈人爵；俗則我相日重，終難覷破浮雲。（《宗論》卷首一七頁，享保癸卯光謙敍皇都書林刻本）

由此看來，智旭與當時的政界中人，亦非全無關聯。但就他四十五歲所著的《闢邪集》中有：「不與名公大人交，亦不思以身事君」的自白，確實不曾與政界人物有互相交流的詩文或書簡。不僅如此，即使向政界人物提起自己的名字，也都在所吝惜之列。例如在〈復卓左車〉的書簡中即有：

承謬舉於宗伯葉公，謂為宗說俱通，解行雙到，實增慚愧。……（中略）山野病夫，不敢浪通名字，葉公處敬以原柬繳。（《宗論》五，一卷一七—一八頁；《絕餘編》三卷一三頁）

當可足以證實於此。在清朝，以禮部尚書稱為大宗伯，侍郎則稱宗伯或俗稱小宗伯。因此，其所稱述的葉宗伯，可能就是清朝政府身當侍郎的公卿。智旭對這封邀請專函不只斷然拒絕，就連名字也不願意被他提起。

此外，再從智旭的家系淵源來看，原是河南汴梁（開封）的世家，先祖時代南移到江蘇吳縣木瀆鎮。父親鍾岐仲，母親金大蓮於中年時期生下智旭。據其自傳——〈八不道人傳〉所述，鍾氏的家世只是詩書門第而已，並未仕官。另據《見聞錄》所示，由其舅氏金赤城的介紹，似乎一度曾為政府的官員：

余母舅金赤城，守贛州。……（中略）未幾，陞兗東兵道，歸家病三四日而卒。（佛滅紀元二五一一年、公元一九六七年，台灣中國佛教會影印本，《卍續藏》一四九卷二四〇頁C）

可知智旭在明末清初與政界人士似有關聯，但他本身的宗教生活，卻毫未接受任何政界人士的援引與助益。仍然以明末一介遺民的智旭，處身在如此的亂世，只有茫然絕望於政治事務的關懷。

出家為僧的智旭，面對著苦難的社會，民眾的悽楚情景，只有以滿懷的同情心相傾注，當在次述的三項願文中顯示出來：其一是在智旭四十四歲（一六四二）時的〈鐵佛寺禮懺文〉中有：

目擊時艱，倍增愀愴，斗米幾及千錢，已歎民生之苦。病死日以千計，尤驚業報之深。（《宗論》一，四卷一頁）

其二是四十七歲（一六四五）時的〈禮千佛告文〉文中所示：

疾疫饑荒洊至，已足寒心！干戈兵革頻興，尤堪喪膽！父母妻孥莫保，骨肉身首分離；百骸潰散，誰思一性常靈？萬鬼聚號，肯信三緣自召。悠悠長夜，淚與血而俱枯；漠漠荒郊，魂與魄而奚泊？（《宗論》一，四卷六頁）

更在四十八歲（一六四六）時的〈占察行法願文〉有：

又祈江北江南，乃至震旦域內，近日遭兵難者，種種債負消除，一一怨嫌解釋。脫幽冥之劇苦，胎蓮萼以超昇。（《宗論》一，四卷一〇頁）

由於疾病與饑荒，物價飛漲，尤其食米更為昂貴，以致因為兵亂而戰死、病死的人數，日呈直線上升的狀況。從這些願文的年代看來，恰好時當明朝崇禎皇帝的末期前後或清王朝初葉的時代，是流寇到處四竄的時期，也正與南明諸王各自競立是同一時代。當時蒙受劫難的地區，除了華北以外，還廣及華中、華南乃至西南各地，幅員幾乎遍及中國全境。站在佛教徒的立場來考量這般狀態，這是由於眾生的業力，以致才招感到如此的果報。

因此，智旭為了悼念這些罹難的眾生，經常躬行禮懺，以此功德迴向，祈願浩劫餘生者得以脫離苦境；已亡故的先靈，往生佛國淨土的蓮邦。他雖然行持禮懺法儀，但處此亂世的智旭，卻自慶幸並未受到政治上的迫害。於此順便一提的是，在智旭的前輩長老之中，徧融真圓（一五〇五—一五八四）、達觀真可（一五四三—一六〇三）、憨山德清（一五四六—一六二三）這三位耆宿，都先後遭受到政治上的迫害。於此，在智旭本身的文獻中，亦屢屢提及。❶

第二節　與儒教的關聯

在此所謂的儒教，是指明末的一般儒學狀態。至於來自西洋的新宗教學與明末的佛教學這兩點，將在稍後的第三節和第四節中論述。

一、宋明儒學與佛教

中國的儒教起源於周秦，到了漢唐時大為盛行，而且受到隋唐佛教思想的影響。在宋朝時期，採納佛教如來藏思想的常住真心，加以揉合之後，其本質則有如許的變化。所謂理學的時代新思想，是即指此。宋朝理學的代表人物，是撰著《太極圖說》的周敦頤（濂溪，一〇一七—一〇七三），他的門下有程顥（明道，一〇三二—一〇八五）和程頤（伊川，一〇三三—一一〇七）兩位兄弟。大約一世紀之後，伊川派之中出現朱熹（晦庵，一一三〇—一二〇〇），明道派中又有陸九淵（象山，一一三九—一一九二）的出世。及至明朝，陳獻章（石齋，一四二八—一五〇〇）的白沙派，甚為接近於伊川和朱熹的學風。王守仁（陽明，一四七二—一五二九）的姚江學派，則更為擴揚陸九淵的學風。至此，世界上便樹立了程朱派和陸王派兩種儒教學派的主力。

宋明儒學的發展既如上述，其與秦漢儒教所不同的是，宋明儒教學者把佛教的義學理念，攝入儒教之中加以消融之後，再重新組織其教理結構。可以說是中國人於珍視固有文化之餘，並把印度的佛教文化加以取捨選擇，之後所產生的結果所示。亙古至今，做為中國政治原則的儒學，經歷了六朝、隋唐的五、六百年期間，卻未見出現一位偉大的思想家。這是因為隨著來自印度的佛教文化，於其發展的同時，在儒學方面卻呈現衰退和萎靡的現象。究其實際所在，緣因於儒教的學問是就人類的社會性質，說示其種種教誡之道，從政治學和倫理學的觀點看來，是極其優越的。

但針對人類各自所具的不同煩惱，孔孟的教誨卻提不出一項完整而貼切的答案。相對地，佛教的義理，卻是穩定人心、啟發信仰的哲學思想，正可以彌補儒教的缺失。於是一流的思想家，例如天台智顗（五三八—五七九）、嘉祥吉藏、賢首法藏（六四三—七一二），以及玄奘和窺基等人物，都可以稱得上是一代的宗師。當時的儒教，應對這幾位傑出的人物，卻未出現一位可資倫比的人士。中唐的散文學家韓愈雖然曾有反佛論調的著作，但其理論基礎卻甚為脆弱。

但是，這般的佛教興隆並未維持多麼長久。由於唐末會昌年間的毀佛運動，使得研究義理的佛教，幾乎陷入滅亡的境地。浩劫餘生的山林佛教，禪僧們的生活不再仰賴信徒的布施，而改向自食其力以農耕維生，實踐「搬柴運水皆是道」的寓禪修於現實生活之中。南泉普願（七四八—八三四）「平常心是道」的說詞，一時便成為此一時代的佛教基本態勢。這種平常心是道的理念，是滙總《楞伽經》的「佛心」和《文殊說摩訶般若經》的「念佛心是佛」所揉合而成的如來藏思想。宋朝的儒教學者，是就上述佛教的實踐精神以及信仰狀況，同時從廣泛地閱讀佛典中，產生所謂理學的新儒教。

明朝的儒學，則與宋朝儒學不同，它是以宋儒為基礎演變而來。因此，為了明瞭明朝儒學，先須就宋儒稍事介紹。據《宋史》卷四二七〈道學傳〉之一所示的宋儒是：

宋中葉，周敦頤出于春陵，乃得聖賢不傳之學，作《太極圖說》、《通書》，推明陰陽五行之理，命于天而性于人者，瞭若指掌。（《宋史》影印本五一九四頁A，台灣藝文印書館）

是說由於周敦頤的《太極圖說》和《通書》的問世，才據以展現宇宙觀為「天理」；人生觀是「人性」的理念，綜合起來才成為「性理」的哲學本體論。又同書的〈道學傳〉之一說：

仁宗明道初年，程顥及弟頤實生，及長，受業周氏已，乃擴大其所聞，表章《大學》、《中庸》二篇，與《論》、《孟》並行。于是上自帝王傳心之奧，下至初學入德之門，融會貫通，無復餘蘊。（《宋史》影印本五一九四頁A，台灣藝文印書館）

這兩位程氏兄弟都是周濂溪的門生，他們並且把《大學》、《中庸》、《論語》、

《孟子》四書，推薦給思想界。其中《中庸》和《大學》二書所述的「率性」和「明德」之說，就是把「性理」本體論進一步更加發揮，從而成就了所謂宋明理學的基礎。尤其是程頤的學風為後世的朱熹所繼承，但朱熹卻對當時的佛教抱持反對的態度，即在《朱子語類》卷百二十六中有：

> 當初佛學，只是說，無存養工夫。至唐六祖，始教人存養工夫。當初學者，亦只是說，不曾就身上做工夫。至伊川，方教人就身上做工夫。

那是因為當時的佛教人士，只是以口頭來表達教理，卻很少有人從生活中去實踐行持。於是及至禪宗的六祖惠能（六三八—七一三），雖曾教示行者實踐「存心養性」，但當時的學者和禪宗行者，卻很少有人去躬行修持。另一方面，到了宋儒程伊川的時代，才真正提倡教示個人的生活履行，來強調宋儒的優越。但是，考察朱熹的這項反佛論，實際上就是承認：程伊川的學風，原本不過就是繼述禪宗的精神而已。有關朱熹的學風，在《宋史》的〈道學傳〉之一，其中即有如次敘述：

迄宋南渡，新安朱熹，得程氏正傳，其學加親切焉。大抵以格物致知為先，明善誠身為要。（《宋史》影印本五一九四頁B，台灣藝文印書館）

所謂「格物致知」和「明善誠身」兩項原則，就是朱熹學說的宗旨；換句話說，物性與人性，本來是宇宙人生的本來面目。而且再從宇宙的現象和人生的事象來善加觀察與分析，最後才能契符於悟的境界，使得天地萬物與自我身心的合一，正如：「則眾物之表裡精粗無不到，而吾心之全體大用無不明矣。」❷所示。其實「格物致知」這句成語，本來出自儒典《大學》一書，在朱熹的看法，可能就是承襲採行佛教禪觀工夫的實質。朱熹的此一見解，在柳詒徵即有如次的評述：

蓋宋之大儒，皆嘗從靜養中作工夫，故其所見所證，確然有以見萬物一體，而有無朕無形、萬化自具之妙。故或說性即理，或說天即理。（《中國文化史》中冊二一九—二二〇頁，正中書局，中華民國三十七〔一九四八〕年一月初版）

這裡所提到的靜養，其實就是佛教的禪觀。憑著禪觀的實踐而進入定境，從身心的統一狀態中，顯現無人無我的萬物一體感受。因此，若以哲學的本體論綜合起來說明，就是《二程全書》及《朱子中庸註》中所謂的「性即理」；進而顯示《朱子論語註》中所說的「天即理」的理學思想。

此外，對於陸九淵的思想，在他的《象山語錄》中，則有：

大凡為學，須要有所立。《論語》云：己欲立而立人。卓然有不為流俗所移，乃為有立。

另外，在《宋元學案》的〈象山學案〉中也有：

宇宙內事，乃己分內事；己分內事，乃宇宙內事。

這種不盲從於世間的流俗習性，樹立起莊嚴的目標，以聖賢的人格為圭臬，才是致力於學問的基礎。這樣一來，整個宇宙自將涵泳在一己的身內；換句話說，自身一己與宇宙整體是等同無異的。陸九淵這項素稱頗有來由的超越於人類思想的一切範疇，同時也掙脫了四維上下的空間，以及古往今來的時間距離。此一立場在《宋史》卷四百三十四〈儒林列傳〉之四，敍述以如次的名言：

> 東海有聖人出焉，此心同也，此理同也。至西海、南海、北海有聖人出，亦莫不然！千百世之上，有聖人出焉，此心同也，此理同也。至於千百世之下，有聖人出，此心此理，亦無不同也。（《宋史》影印本五二七七頁A—B，台灣藝文印書館）

於此，可認為是援用佛教的非排斥主義。而程伊川與朱晦庵的態度，是吸收了佛教的要諦，反而排斥佛教。以之兩相比較，當然還是陸象山的柔和態度，較為接近於佛教的精神。因此，智旭在論作中經常引用其名言❸。

二、少年期的智旭與明末理學

明末初期的中國儒教學術界，仍然不過是程朱學派勢力的延伸而已。何以致此呢？因為明朝科舉制度的應試基礎，是受程朱的影響，在明成祖永樂年間，以三大全書——《周易大全》二十四卷、《四書大全》三十六卷、《性理大全》七十卷為基準，用以遴選應試的考生。及至到了明朝末年，程朱學派的勢力，依然還是不可輕視。例如在智旭的現存著作中，就有《周易禪解》、《四書蕅益解》、《性學開蒙》等三書，我認為這就是受自前述三大全書的影響而撰作。

此外，在神宗萬曆年間後期發生的東林黨爭事件，就是歷史上著名的文字獄，此一學派的人士是由陽明學派轉變而來，並且還是接近於程朱思想的一夥。此一學派的據點在東林書院，就是智旭的故鄉無錫。東林學派的代表人物顧憲成（一五五〇—一六一二）與高攀龍（一五六二—一六二六）二人，都是無錫人。另有為了紀念程伊川的門人楊時而創立的龜山祠，也是在無錫。從而在江蘇太湖北濱的木瀆鎮誕生的智旭，幼年時期即已受到程朱學派的耳濡目染。就這一點，智旭曾不只一次地以自我反省的語錄，加以證實說：

1. 〈示范明啟〉的法語中有：

余少時亦拘虛於程朱。（《宗論》二，一卷三頁）

2. 〈惠應寺放生蓮社序〉中有：

余昔拘虛程朱之學。（《宗論》六，三卷六頁）

3.〈八不道人傳〉中有：

十二歲就外傳，聞聖學，即千古自任，誓滅釋老。開葷酒，作論數十篇闢異端。夢與孔顏晤言。（《宗論》卷首，一頁）

智旭在十二歲時，就從教授科舉所必須的儒學業師那裡聆聞到聖學，是即以承續千古道脈為任❹的「居敬慎獨之功」及「致知格物之要」，並且加以深究。此一思想，其實與程朱學派的學者劉宗周（一五七八—一六四五）的思想，是相互吻合的。劉氏在《格致大學古記約義》中，即主張：「其要旨歸於慎獨，此格物之真下手處。」但當時的智旭，卻不曾有透過科舉的管道而進身於官僚的企圖。何以見得呢？因為他抱持著：「天子不得臣，諸侯不得友」❺的理想，此一態度即與東林學派顧憲成所主張❻，恰好是相呼應的。因而相信，智旭少年時代的業師，可能是東林書院或劉宗周的證人書院的成員之一。同時，因為明末科舉制度的極其腐敗，考生或登第人士幾乎都無何真才實學，所以確實認真的讀書人，縱使對政治表示關懷，卻很少有希望做官的意願。相信智旭的少年時代想法，可能就是屬於此一類型。

三、智旭的思想與陽明學

智旭的思想與陽明學的關係，已在荒木見悟的《明代思想研究》第十二章❼有其論述。他認為智旭的現前一念心哲學，其靈感（Hint）就是得自陽明學的良知心學。荒木的此一推斷見解，饒有趣味。但依我的私見，自亦未必能予贊同，其理由將在稍後的第五章論述。

所謂陽明學，是比宋儒更進步的新學派。而且他們揚棄了宋儒的程朱色彩，重新歸宗於禪宗如來藏思想，是與儒教理念相結合的一種新思潮。在基本上，與政府提倡的心學，以及科舉制度是同一步調的，但掃除了程朱學派那樣的反佛論色彩；換句話說，足以代表明儒的特色，就是陽明學派的學風。此一學派的學者，儘管時而也與佛教學者相應酬，但那都是基於探討學術立場，在和諧的氣氛下，互相感知於儒佛同源的思想；並且又能邀請佛教的高僧至他們的聚會講堂，演講佛典的精義而毫不避嫌。舉例來說，智旭本身即曾應邀至陽明學派的普德講堂，開講《法華經》等❽。

關於普德講堂的性質，在智旭的文獻中，並無明確的交代。但在明末的佛教道場，稱為獨立性的講堂，雖亦有其先例，不過明末的陽明學派設有為數很多的講會遍及全國各地，則確是事實。在名稱上，則有講堂、世廟甚至精舍等的稱呼。準此，上述普德講堂是屬於陽明學派的講會之一，該是可以理解的。

這樣一來，智旭與陽明學派之間的親密關係雖可確定，但在另一方面，智旭之對待宋儒的程朱思想，卻持具很多的反駁論調，舉例當如左示：

1.〈寄萬韞玉〉的書簡中有：

貴地久乏聞熏，囿聞見，黨宋儒陳腐見識，一毫未淨，未可深談佛法。（《宗論》五，一卷一二頁）

2.〈示沈驚百〉的法語中，則有：

且就倫常指點，五乘格之，僅屬人乘，間露極談，終不彰著。復被宋儒知見覆蔽，遂使道脈湮埋。（《宗論》二，一卷三頁）

3.〈示范明啟〉的法語中也有：

三寶深理，非庸儒所知，大智丈夫，乃能諦信。余少時亦拘虛於程朱，後廣讀內典，稍窺涯畔，莫窮源底。（《宗論》二，一卷三頁）

4.〈示郭太爵〉的法語中更有：

宋儒之循行數墨，公輩之索隱立異，皆非孔之所謂學也。（朱）晦庵早富著述，晚乃悔，欲追泯之不可得。（《宗論》二，二卷一四──一五頁）

在此所謂宋儒，當然係指程頤和朱熹學派而言，既如先前所述，程朱學派的基本論點是採排佛揚儒的，其理論根據，指責佛教不只是說示逃世與厭世主義，而且更漠視於現實社會的人類福祉，乃至人倫道德，只圖寄望於解脫境界。而儒教卻與此相反，尤其注重於人類福祉，特別是君臣、父子、夫婦等的倫常關係，主張須維持和樂太平的人類社會。著實而論，在宋儒方面，所見到的中國佛教消極逃世現象，只不過是出家佛教在山林中的寺院生活而已。真正積極入世的大乘佛教本質，卻被宋儒學派人士所忽視了。

儘管朱熹的排佛論異常地激烈，但據傳說所示，朱熹到了晚年，則幡然傾向於佛教信仰，對他早年所撰著的反佛論述，據說他自己已頗感遺憾！因此，在現存的《居士分燈錄》卷下❾，以及《名公法喜志》卷四❿等書，都以朱熹為道謙禪師的法嗣。因此，智旭痛斥宋儒為庸儒或腐儒之餘，在內心裡才稍有安和的慰藉。

另外一位宋代儒者陸象山，智旭於他的見解，直如先前所介紹，對其悟後的名言，表示歡迎的意思。但智旭實際上在〈儒釋宗傳竊議〉中，也有其反駁的看法。

南宋陸象山，先立乎其大者，乃得孟氏心法者乎？然不信太極無極，展轉撥之，紫陽又展轉救之。吾觀撥者救者，皆非實知周子也。（《宗論》五，三卷一五—一六頁）

智旭對於周敦頤的《太極圖說》中主張的「太極本無極」說詞，頗為佩服，以「真得孔顏心法者也」⓫來稱讚於他。但陸象山對於周敦頤的太極無極所示的宇宙本體論，卻不予信受。而且以為周子的「無極」說，不能算是儒教的思想，指為道教或老莊思想⓬。準此，智旭嚴厲地批判說：陸象山思想雖然得到孟子的心法，卻並未達到已得孔子與顏回的心法境界⓭。

此外，智旭亦對於王陽明的「知行合一」說很有興趣，並且將朱熹與陸象山擺在一起，以「知行分張，朱陸競異」來加以評論⓮。在智旭心目中，其所思惟的儒家正統思想，是指所謂的「孔顏心法」，也就是孔子與其弟子顏回的思想。在宋儒方面，只有周敦頤真正得到此項正統道脈而已。僅得孟子心法的陸象山以及宋儒之流，不但對佛教義理，即連正統的儒教理論也未能充分理解，竟然興論排佛，作了如此的斷定。

陽明學的中心思想，是「致良知」和「知行合一」說。致良知原本是出自《大學》的「格物致知」理論，因此在朱熹的立場來說，當是外物與內心的「物心二元論」，所以不論怎麼說，我們的心識也無法達成與天地萬物一體同貫的境域。從而陽明學說便進一步接納佛教的真如心，乃至如來藏的真常心。雖然也把內心與外物做為良知的「知」，但這種知卻有染污與清淨兩種層面，其染污的一面，稱為「人欲」；清淨的一面，則稱作「天理」。

可是，這裡的人欲與天理，都與「知」是不可分的整體存在。在小人的情形，是天理被人欲所蒙蔽，所以較難顯現其良知的心。但在君子尤其是聖人的情況則是抑制，祛除了人欲，良知的心才會自然地顯現出來。這裡的天理，即是佛教的清淨如來藏；而人欲，則是佛教中的染污如來藏。我們之所以修善，也就是「存養天理而致良知」的工夫。為此，陽明學尤其是主張「聖人之道，吾性自足，不假外求」的。

換句話說，聖者之道就是我們本身內在所具備的一切，是不必向外在的自然界去尋求的。於此，若再加考究《起信論》的如來藏思想，把所謂生滅與不生滅和合而為如來藏的觀點加以比較，可以說完全是一致的。所以，王陽明的致良知，也可以說就是《起信論》的不生不滅的真常真如心。例如在《明儒學案》的〈姚江學案〉中，在介紹陽明思想時，有如下所示：

> 先生以聖人之學，心學也，心即理也。故不得不言：致吾心良知之天理于事事物物，則事事物物皆得其理。夫以知識為知，則輕浮而不實，故必以力行為工夫。夫良知感應神速，無有等待，本心之明，即知不欺；本心之明，即行也。不得不言，知行合一。此其立言之大旨，不出于是。

在這項敍述中所見到的陽明思想心學，也就是理學。理是天生的，也就是致良知的知。而良知的知與普通的知識之知，則是截然不同。這裡的良知心，雖然是我們與生俱來，但若不刻意地致力於實踐，是無從顯現其良知心的。這樣一來，想要明示這顆實踐的心，就叫作「知行合一」。這樣的理念，其實就是佛教的真如心，在陽明學則稱作「理」的「良知心」；而佛教修行中的止觀與六度萬行，在陽明學則是「力行」或「致知」的工夫。另如來藏者，是涵泳一切法，同時也是遍滿一切法，更把一切法攝收於如來藏內。所以，從一切法來看如來藏，是不變隨緣的；由如來藏來觀一切法，則是隨緣不變的。因此，在陽明學稱一切法是「事事物物」；而就如來藏的真常清淨心，則改以「吾心良知之天理」相稱道而已。

就上所述，綜而言之，陽明學是先就我人的第六識的知加以認定，然後再由禪觀與善行去致於良知之心的天理，這稱之為「力行」；更以此力行的現象，認為就是天理的不變隨緣，雖然已經達到天理的良知，但那是從隨緣的情況下而達到不變的。是即陽明學的知行合一思想，其實是模仿如來藏的不變隨緣和隨緣不變的理念而已，我認為是這樣的情形。

其次，就智旭與陽明思想的近似之處再加考證，偶爾也以《起信論》和《大佛頂首楞嚴經》的如來藏為中心的人物方面，既屬如此，當然對其於陽明心學的首肯，也是不足為怪的。對於儒教聖人的孔子與顏回，智旭是寄以相當地尊敬，因而對於繼承孔子與顏回聖脈的陽明學人亦備予讚許，但這絕對不是把佛教義理與陽明學說混同的態度⑮。漢唐以下，尤其宋儒的朱程之類的儒教學者，幾乎都是反佛論者。相形之下，在王陽明的立場，卻無何反佛論的色彩。智旭於此深覺詫異之餘，才把陽明學引為佛教的友善者來相比對。在文獻中讚歎王陽明之處，至少有三個地方可資認定，是即：

1.〈陳子法名真朗法號自昭說〉中有：

王陽明超漢宋諸儒，直接孔顏心學。一生示人，唯有致良知三字。良知者，性德靈明之體。（《宗論》四，二卷一〇頁）

2.〈示李剖藩〉的法語中有：

王陽明奮二千年後，居夷三載，頓悟良知，一洗漢宋諸儒陋習，直接孔顏心學之傳。（《宗論》二，四卷一四頁）

3.〈儒釋宗傳竊議〉中有：

王陽明龍場大悟，提致良知三字，為作聖真訣。雖曰顏子復生，不亦可乎。（《宗論》五，三卷一六頁）

由此看來，智旭之所認定的，依然還是陽明學的「致良知」三字。智旭認為：王陽明的「良知」心學，確實是王陽明以自內證的修養所證悟，但這在王陽明時代的二千年前，孔子及其弟子顏回即已有所表示。其實王陽明的思想基礎，雖是以孔顏之說為出發點，但其「致良知」所發現的基礎，則必須說是受到佛教的影響。可是就這一點上，智旭卻並未進一步有更明確的示意。

但是，王陽明亦並非對佛教絕對沒有批判⑯，只是不像朱熹那麼露骨地指責而已。就這一點，荒木見悟有〈禅僧玉芝法聚と陽明学派〉的論文加以敘述⑰。智旭雖亦明瞭於此，反而針對王陽明的闢佛論，代其作辯護。有關這方面，在〈閱陽明全集畢偶書二則〉中，有以次的敘述：

或病陽明有時闢佛，疑其未忘門庭，蓋未論其世，未設身處其地耳！嗚呼！繼陽明起諸大儒無不醉心佛乘，夫非鍊酥為酒之功也哉！（《宗論》四，三卷一八頁）

據此可知，王陽明對佛教作如此的批判，自亦不無實際；而智旭於此，也主張應予首肯。因為在王陽明之世，鑑於時代背景，儒教人士之論述排佛縱然非屬本意，也是情非得已。在王陽明門下的大儒學家們接受佛教信仰，確是事實。假若王陽明確實認真地展開排佛的論述，那麼陽明學派人士，勢必不可能去接納佛教的信仰。而且實際上著名的禪僧玉芝法聚（一四九二－一五六三），本來即是王陽明的學生；另如明末的著名居士李卓吾（一五二七－一六〇二）與焦弱侯（一五四〇－一六二〇）二人，也都是王陽明的再傳弟子。

第三節　與道教的關聯及儒佛道三教同源論

一、明朝的道教

中國的宗教政策，以一種特定形式的宗教，奉之為統一性的國教形式，只有北魏太武帝時代的成例而已。如果進一步談到較為接近的類似狀態，例如道教憑藉國家的力量而盛行，並對佛教常施壓抑，雖然屢見不鮮，但這種情況，是由於中國傳統思想的自卑感，或是尊王攘夷的排外觀念所顯示。然而外來的佛教與在中國產生的道教，兩者都不是政府所準據的對象，則確是事實。歷代君王政府的處理宗教政策，都無非是把它當作是社會或文化問題的一環來因應而已。

就這一點，明代朱氏王朝初期就是如此。如《明史》卷九十八〈藝文志〉之三所記載的道教類書目中，列有太祖曾註釋《道德經》二卷，另製作《周顛仙傳》一卷；成祖也曾見有製作《神仙傳》一卷。另一方面，在佛教類的書目中，也有太祖註釋的《金剛經》一卷，成祖猶為其作序。此外，還有成祖御製的《諸佛名稱歌》一卷、《普法界之曲》四卷、《神僧傳》九卷、《仁孝皇后感佛說大功德經》一卷等。這些事情，可以說是從整體觀念著眼所看到的情況，也可以說是一位統治者，以帝王收攬民心的手段所做的撰作，所以未必就是宗教信仰的表述。

但明世宗時代，曾經盛行一世的抑佛崇道風氣，是由君主本身所推行，甚至進展到銷毀佛像、破壞宮廷佛殿，並且猶令道士邵元節承嗣真人的職位，敕賜其統領天下道教的權力，甚至加封以禮部尚書的官職，給予一品官的服俸。及至邵元節死後，敕令張永緒嗣陞真人職位，飭令為其後繼；並且加封方士陶仲文少師職，承襲伯爵的榮位。嘉靖四十年（一五六一），是即世宗晚年，猶頒令敕求天下的仙術異人及符籙祕方諸書。

這些措施，相信都是世宗盲信於道教，而且習行不老長生的道術所施為。一位專制的君主，如此沉溺於道教的信仰狀況，因而才使得當時的道教漸漸地興盛起來，而且還侵奪了許多的佛寺。直到神宗萬曆年間，中國佛教界一直都是處在極端的脆弱，僧材凋零，教勢不振，幾乎無何成果可言的地步。及至進入萬曆時代以後，佛教才漸漸地陸續有高僧和有作為的居士出現於世。

道教在穆宗隆慶六年（一五七二），雖曾一度被查禁，但道教畢竟是中國的一種民間信仰，而且又與老莊哲學相混合，有其地緣宗教的成分。因此，與佛教的長期論爭之後，漸漸形成了儒、佛、道三教同源之說。演變所至，道教與佛教以及儒教成為雜然混淆的狀況，廣泛地流行於平民之間。

為了反省日常生活的善惡行為，道教的袁了凡（一五六八—一六一〇頃）著有《功過格》，普遍地為一般社會所採行。明末佛教高僧雲棲袾宏（一五三五—一六一五）以《功過格》為基礎，編著了《自知錄》。這是對三教同源論調，在佛教方面的立場所作的表明。智旭之所以從程朱學派的思想，轉而為佛教身分的原因，也是受自袾宏的《自知錄》

序文，以及閱讀《竹窗隨筆》的啟示所致；換句話說，智旭之傾向於佛教的信仰心，可以說是由於三教同源說的感化。

二、明末之於道佛的交往

既如前節所述，到了明末，陽明學派的儒家學者們大多數都接納佛教信仰。同樣情形，道教也於南宋時代，在中國北方由王重陽（一一一三—一一六九）創立了全真教，這是三教同源說反映在道教方面的一種現象。關於全真教的著作，有陳垣的《南宋初河北新道教考》與窪德忠的《中国の宗教改革》，其中已有較詳盡的陳述⑱。但全真教中所謂：清規、不立文字、戒律、打坐、法身等用詞，實際上都是吸取佛教禪宗與天台止觀等所應用。

因此到了明末，三教同源的思潮非常流行。即在佛教中，憨山德清亦曾註釋過《老子》與《莊子》；而雲棲袾宏的《竹窗隨筆》中，也有《莊子》裡的三則文章。他們的目的並不在於崇拜或排斥道教，其動機無非是想誘導心向道教的人士，轉向佛教而已。例如在袾宏的《竹窗隨筆》中，有如次述：

夫南華（莊子）於世書誠為高妙，而謂勝楞嚴，何可笑之甚也！（九頁，台灣印經處刊本，中華民國四十七〔一九五八〕年）

據此所述，《莊子》一書在袾宏的心目中，就世間哲學而言，不愧是一本絕佳之作，應該先予肯定。但就當時人的看法，如謂《莊子》遠比《大佛頂首楞嚴經》更為優越的見解，在袾宏則絕難贊同。並在同書中，袾宏猶把儒教的孔子與道教的莊子加以對比之後，有如次述：

孔子之文，正大而光明，日月也；彼南華，佳者如繁星掣電，劣者如野燒也。（同上一〇頁）

是即袾宏所鑑賞的孔子作品，是正大光明的，恰如太陽或月亮；但莊子的作品，論其優點，恰如繁星或掣電的光亮，其劣者僅像野火而已。就在此所引用的文章來加以考量，袾宏認為莊子的作品顯然遠比孔子為低劣，這是大家之所了解。另外，袾宏以佛教的立場作出發點，對所有的中國古典作品都曾作了批評，即如次述的《竹窗隨筆》所示：

震旦之書，周孔老莊為最矣。佛經來自五天，欲借此間語而發明。……（中略）然多用其言，不盡用其義，彷佛而已矣。（同上）

即在袾宏的見解，佛書是居於第一優位，儒典在其次，道書則是排行在第三。縱然如此，從印度傳來的佛書，偶爾也借用儒書或道書的術語。不過這種情形，只是假借它的中國固有成語來解析佛書的精義，但絕對毫未採用儒、道二教的教義。從而，袾宏在《起信論裂網疏》卷三等，也曾引《莊子》的〈逍遙遊〉寓言，卻不接受莊子思想。其實，從道教的立場，雖然亦曾見有智旭對老莊的見解，但幾乎與莊子是毫無相涉，而對老子較有好感而言。於此，可以舉示下列兩種智旭的文獻中看得出來。是即其一在〈儒釋宗傳竊議〉中有：

老氏之學，蓋公等得其少分以治漢，漢則大治。孔孟之學，漢代絕響。（《宗論》五，三卷一五頁）

其二是在〈觀老聃石像有感〉中有：

無欲無名理近禪，瞞盱終古浪稱仙。（《宗論》一〇，二卷一三頁）

在智旭心目中的道教思想代表者，不是莊子，而是老子而已。這可能是由於受到《清淨法行經》中三聖化現說的影響，以孔子、顏淵、老子分別來推測是儒童菩薩、光淨菩薩、摩訶迦葉的化現，而莊子卻並未列名在這三聖之中的緣故[19]。抑有進者，老子思想與儒教的周孔思想之間，因為有其近似之處，所以明末的紫柏真可和蕅益智旭二人，都把老子歸納在儒教的系統來考量，很明顯地可以看得出來[20]。因為老子與周孔思想，都以「主治世而密為出世階」[21]的，不論採取何者，都可以奉為政府的執政原則。因此，在文帝與景帝之世，有齊人蓋公者，即以老子的政治思想來輔佐君主，其實踐的結果，則出現了史冊上的「文景之治」，而為後世所讚賞。

所以說老子的哲學，也是道教教理的淵源，它所謂的「無欲無名」之說，加以考察認為：「欲」相當於佛教的欲界煩惱，「名」則約當佛教的色界煩惱。因此，在老子證悟境界中的無欲和無名境地，在佛教的立場來說，就是進入無色界的禪定。至此，雖然也可以認為是暫時的不生不死境界，究其實際，於三界生死輪迴的出離，尚言之過早。所以對於老子，儘管有人以仙人來稱讚他，歸根結柢，似乎並未真實地達到大覺金仙的真正解脫境界。這是智旭對他的評論。

三、明末之於儒佛道三教同源論

綜上所述，明末儒、道、佛的三教代表人物，幾乎都同樣具有三教同源說的傾向。我們溯究其思想淵源，當自後漢太尉牟融的《理惑論》㉒為始，爾後則有宋朝明教契嵩的《輔教篇》㉓和張商英的《護法論》㉔、元朝劉謐的《三教平心論》㉕等。這些著述都是站在佛教的立場而提倡三教融合的論調，實際上是接納儒教與道教思想之餘，立意要駁退和對治儒、道二教的反佛論。

到了明朝，太祖朱元璋著有《三教論》和《釋道論》，這是站在君主的立場而提倡三教調和論說的。於是道教的袁了凡和儒教的部分陽明學派的學者，以及佛教的雲棲袾宏等都相繼地出現。以明末佛教中的四大師而言，除了袾宏以外，另外還有三位也是三教同源論的主張者，以次分別加以介紹如下。

紫柏真可的三教同源論　紫柏真可在他的〈示阮堅之〉法語中，即有以下的敘述：

審名以精義，精義以入神，入神以致用。此東方聖人、西方聖人，必由之道也。故顏子則隳肢體，黜聰明。老氏則曰：吾有大患，為吾有身，若吾無身，何患之有！又曰：介然有之，行於大道，唯施是畏。老氏亦東方聖人也，若究其所歸，本與儒同宗。……（中略）窮生死之故，窮性靈之極，設不學佛，終難徹了。（《紫柏老人集》卷四，《卍續藏》一二六卷，三四八頁D）

這是論述禪觀的工夫。由觀行的「審名」，顯示「入神」的止行。另外，如能止觀雙行，自然將顯現其「精義」的定境與悟境。這雖然說是證悟的大用境界，但肢體身心的六根，若是粗濁不得清淨，則無法達到大用的目的。就這一點，儒教的顏淵和道教的老子，都是主張忘卻肉體的執著，因而確實可以稱得上是東方的聖人。可是，站在佛教的教理而言，顏淵與老子的忘我境界，僅只是前五根的作用暫得息止而已，其第六根的意識活動猶未能靜止下來。所以，依真可所強調的出離生死的六根清淨，他們尚未臻此境。

憨山德清的三教同源論　與真可同一時代的憨山德清，在他的《憨山老人夢遊集》卷四十五中，有關三教同源的論說，收錄有〈觀老莊影響論〉和〈道德經解發題〉；此外，他並著有《中庸直解》二卷、《老子解》二卷、《莊子內篇註》七卷。他是以唯心識觀的理念，來理解諸法的現象，認為一切諸法，只是影像與音響的幻現而已。而諸法實相的本體，就是吾人的心識，稱之為法界的真心；亦即在《華嚴經疏鈔玄談》卷二所說：「無不從此法界流，無不還歸此法界」的法界。從而，老莊思想也是由此法界真心所流演而來，是站在此一觀點，來釐定萬法同源和三教同源的義理。由此可知，德清對老莊思想的評價，賦予相當高的看法，在〈觀老莊影響論〉中，即有以次的見解：

焦氏有言：老之有莊，猶孔之有孟。斯言信之。然孔稱老氏猶龍，假孟而見莊，豈不北面耶？（《憨山老人夢遊集》卷四十五，八頁；《卍續藏》一二七卷，四〇〇頁A）

據此所述，德清對於著作《翼老子》二卷的焦弱侯（一五四〇—一六二〇）的見解，即以莊子與老子的關係，視同孔子與孟子的關係，完全同意他的此一看法；並且稱讚孔子嘗問禮於老聃的故事。如果把事情反映在孟子與莊子的情形，勢將也會同樣加以禮讚的，這是德清的推斷。依據德清的這項見解，與儒教的孔子或孟子相比，仍以道教的老子和莊子的哲學思想較為優越。德清尤其對《莊子》一書的評價，更是格外地高超。於此繼前舉的文章之後，又有以次的語句：

聞嘗私謂：中國去聖人，即上下千古，負超世之見者，去老唯莊一人而已。載道之言，廣大自在，除佛經，即諸子百氏。究天人之學者，唯《莊》一書而已。（同右）

於此德清所謂的「聖人」一語，其真實意義，雖然一時無從判明，但顯然是指具有超世間思想之士。這樣的聖人之外，只能舉出老子與莊子二人而已，僅此即可明顯地看出他的見解。此外，具載世出世法的教誡除了佛典之外，雖然也有諸子百家的書籍，但窮究天人之學，只有《莊子》一書而已，對它給予如此正面的評價。

在同書中，他又以老子與《楞嚴經》作同等並列來論述，同時把孔子的位置下降到老子之下。而他本身，自亦顧慮到失去其佛教的立場，當然亦屬無可避免。因此，他仍強調，老子的思想再怎麼優越，也是不可能超越佛教的聖境。所以在德清的心目中，不論怎麼說，老子只是約當於佛教的賢位菩薩。假若老子的境界得到了世尊的印可，必是進入無生智的悟境程度㉖。不過，道教的老莊思想之能得到這麼高的評價，在中國佛教史上而言，實在可以說是罕有的例子。

蕅益智旭的三教同源論　關於智旭的三教同源論，他在〈金陵三教祠重勸施棺疏〉中，有如次的認識：

儒以之保民，道以之不疪癘於物，釋以之度盡眾生，如不龜手藥，所用有大小耳！故吾謂求道者，求之三教，不若求於自心。自心者，三教之源，三教皆從此心施設。

（《宗論》七，四卷一〇頁）

這裡提到的「保民」，是《書經》和《孟子》之所言述；而「疪癘」，則是《莊子・逍遙遊》的文句：「使物不疪癘，而年穀熟。」又，「不龜手藥」亦出自《莊子・逍遙遊》寓言「不龜手之藥」的譬喻。是即儒教的所謂「保民」，是仁民愛物之心；道教的所謂「不疪癘於物」，是於萬物不令生起疾病的心態罷了。再論及佛教「度盡眾生」的願望心，以之與儒教和道教相比較，在其適用範圍方面雖有廣狹大小的差異，但三教各自所依的心，其實是相同的。

因此，吾人所求之道，不必去求心外的三教，不如向自己的心中去尋求，才是最為適當，這是智旭之所主張。何以如此呢？因為儒、道、佛三教，無非都是由我們的心中所顯現而已，這是智旭獨特的「現前一念心」所依據的哲學思想基礎。此項現前一念心，與先前所述德清的法界心，兩相對照起來再加以衡量，將會引導出一項非常饒有趣味的結論。所以，在承認智旭的三教同源論之餘，其思想則不能說是三教平等的。相對於佛教之含攝世間法與出世間法的兩面圓滿無缺，其他教法不論是孟教或道教，都只是單純的世間法一面而已㉗。

但是，智旭對以往所論述的三教同源論，其在佛教方面的代表者，在儒教而言，只是論及到孔子、顏淵、孟子而已。另在道教來說，只談到老子與莊子罷了。漢儒乃至宋明的儒學家，一向持反佛論調者較多，自漢唐以迄明朝的一些金丹、符籙等道教徒，由朝廷賦以政治權力時，經常都必對佛教施以鎮壓。因此，佛教方面的學者，一向對這些金丹、符籙派的道士，都未曾以正統的道教予以認定。例如智旭在〈儒釋宗傳竊議〉中有：

> 至於內丹外丹，本非老氏宗旨，不足辯。（《宗論》五，三卷一四頁）

所以，三教同源論的內容，其實亦僅及孔孟、老莊、釋迦的同源說，尤其是在道教，是單指道家的哲學思想，並非意指包含民間信仰的道術方士整體性宗教的道教。

第四節　與基督教的關聯

一、中國之於基督教的流傳

天主教在中國的歷史，是明朝萬曆年間，以天主教的名稱始傳的。而基督教之傳入中國，就歷史上去探究，約是唐貞觀九年（六三五），以景教的名稱來至長安的。這是由於明末年間，在長安崇仁寺以南所發掘的〈大秦景教流行中國碑〉的文字內容得知的。但這種景教，在中國經歷二百一十幾年的歲月流行之後，在唐武宗會昌五年（八四五）便消滅絕跡。

宋朝的西洋宗教，據開封〈重建清真寺記〉的記載，在宋孝宗隆興元年（一一六三），有一賜樂業教寺及其掌領教務的教師，稱為列輸五思達的人物，但這恐怕並不就是基督教，猜想可能是猶太教㉘。但此一賜樂業教的教師及其信徒狀況，經歷過元明兩朝，於其歷史資料的考證，實際上已經不太可能。

另外在元朝，也有來自西洋的宗教，名為也里可溫教。這是以蒙古語相稱的基督教，其語意是「有福之人」、「有緣之人」或「奉獻福音之人」的意義㉙。據《元史》的〈世祖紀〉所示，此一宗教是至元七年（一二七〇），在詔敕文中首先出現。另據《至順鎮江志》可以證實的是，元朝基督教最為盛行的地域是江蘇鎮江，那是依據洪鈞的《元史譯文證補元世各教名考》中，從以次的述文可以得到明瞭：

也里可溫之為天主教，有鎮江北固山下殘碑可證。自唐時景教入中國，支裔流傳，歷久未絕。也里可溫，當即景教之遺緒。

洪鈞所記述的也里可溫教，雖然認為是唐朝景教的支裔，但未必能在唐景教與元朝的也里可溫教之間，找到具有關係的證據。據近代東西方學者的研究成果所示：景教在公元四三一年召開的正統天主教主教會議，即曾指出聶思托留（Nestorius）派的支派是異端。而且此一支派的流行地區是敍利亞（Syria）和波斯（Pensia，今伊朗），景教是在唐朝時期，由伊朗所傳來而盛行的。

在元朝，也里可溫教的教師們，雖然也有德國人、法國人和義大利人，但是隨著蒙古軍西征而與西歐的文化相接觸，從而天主教的教師們也跟隨他們一起傳入中國，可以作這樣的推想。但是信仰也里可溫教的人士，在比較上以蒙古人占多數，因而隨著元朝蒙古王室的滅亡，也里可溫教的活躍也隨之譜出了終止符。

二、明末天主教的流行

知識分子與天主教　到了明朝末年，在歐洲地方興起了宗教改革運動。羅馬天主教的內部也要求改革，而耶穌會在一五四〇年開始，向東方各國延伸其教化路線。起先是向印度，接著就在明朝嘉靖三十一年（一五五二），查比耳（Xavier）來到中國廣東澳門西南三十里的三竈嶋，後來在此去世。其次，義大利的利瑪竇，也曾在神宗萬曆九年（一五八一），在廣州香山澳登陸，並於萬曆二十九年進入北京，要求會見神宗皇帝。就這件事在《明史》卷三百二十六〈外國傳〉第七的意大利亞條，便有如次的記述：

萬曆九年，利瑪竇始汎海九萬里，抵廣州之香山澳，其教遂沾染中土。至二十九年，入京師，中官馬堂，以其方物進獻。……（中略）帝嘉其遠來，假館授粲，給賜優厚。公卿以下，重其人，咸與晉接。瑪竇安之，遂留居不去。以三十八年（一六一〇）四月，卒於京，賜葬西郭外。（《明史》七九二二頁C，台灣開明書店鑄版）

這位耶穌會傳教師利瑪竇，在中國的南方港口上陸，之後經過二十年的布教宣化，這中間即曾見習中國的文化思想與風俗習慣，尤其致力於學習儒教的古典，從而宣說其帶有中國風味的天主教義，頗能邀得中國文人的好感。後來他要求晉見神宗，獲得了允許。神宗皇帝為了嘉勉這位兼具東西學術的遠方來客，給予相當優厚的恩賜。於是，中國士人階級的公卿們也有與利瑪竇相交往，彼此交換有關東西文化的知識與見解，無形中也增進雙方的親密關係。由於此事的促進，為中國帶來了現代文明的啟蒙時代。

另據《明史》卷三百二十六〈外國傳〉第七，就當時來至中國的天主教教師，留下如次的記載：

> 其國人東來者，大都聰明特達之士，意專行教，不求祿利。其所著書，多華人所未道，故一時好異者，咸尚之。而士大夫如徐光啟、李之藻輩，首好其說，且為潤色其文詞，故其教驟興。（同右，七九二二頁D）

從明末萬曆年間直到清朝初葉，來至中國的天主教傳教師，似乎大多數都是聰明俊彥，他們專門從事傳播天主教的信仰，並不求官職、地位與財產等物。但由他們所發表的知識、思想與技術，對中國人來說，幾乎都是初次的經驗。因此，大家都是以好奇的心態，來善待天主教的傳教師們。例如文定公徐光啟（一五六二—一六三三）以及少京兆楊廷筠和太僕卿李之藻（？—一六三〇）等三人，被稱為是「中國聖教三柱石」，此稱讚天主教的學者㉚，就是很好的例子。

此外，並有周子愚、瞿式穀、虞淳熙、樊良樞、汪應熊、李天經、鄭洪猷、憑應京、方汝淳、周炳謨、王家植、瞿汝夔、曹于汴、鄭以偉、熊明遇、陳亮采、許胥臣、熊士旂等學者，都曾幫助外國教師從事譯著，並且為譯文潤色等，也是一項明顯的例子[31]。從而明末的天主教信仰，得以急速地在中國上流社會之中流行傳播。

天主教的傳道師　明末年間，天主教把儒教看作是伙伴的情形，既如上述，但對佛教卻持以敵對的態度。明末的佛教，因為是呈現隆盛的狀態，在他們的看法：如果不把佛教的教勢壓抑下去，則天主教的教勢是永遠無法得以急速擴展的。但是，佛教的高僧們卻挺身而出接受他們的挑戰，其中智旭就是第一位出來應戰的。從而，直到智旭出版《闢邪集》的著書為止，來至中國的外國傳教師，較為著名者當如次表所列[32]：

順序	中國名	本名	國籍	著作數量	來華年代	卒歿年代	卒歿地方
1	羅明堅	Michel Ruggieri	義大利	一	一五八一	一六〇七	薩萊納
2	利瑪竇	Mathoeus Ricei	義大利	一九	一五八三	一六一〇	北京
3	郭靜居	Lazarus Cattaneo	義大利	二	一五九四	一六四〇	杭州
4	蘇如望	Joannes Soerio	葡萄牙	一	一五九五	一六〇七	南昌
5	龍華民	Nicolaus Longobardi	義大利	八	一五九七	一六五四	北京

6	羅如望	Joannes de Rocha	葡萄牙	二	一五九八	一六二三	杭州
7	龐迪我	Did, de Pantoja	西班牙	八	一五九九	一六一八	澳門
8	費奇觀	Gaspard Ferreira	葡萄牙	三	一六〇四	一六四九	廣州
9	高一志	Alphonsus Vagnoni	義大利	一七	一六〇五	一六四〇	山西
10	熊三拔	Sabbathinus de Ursis	義大利	三	一六〇六	一六二〇	澳門
11	陽瑪諾	Emmanuel Diaz	葡萄牙	一四	一六一〇	一六五九	杭州
12	金尼閣	Nicolaus Trigault	法國	四	一六一〇	一六二八	杭州
13	艾儒略	Julius Aleni	義大利	二六	一六一三	一六四九	延平
14	畢方濟	Franciscus Sambiasi	義大利	四	一六一三	一六四九	廣州
15	曾德昭	Alvarus de Semedo	葡萄牙	二	一六一三	一六五八	廣州
16	鄧玉函	Joannes Terrenz	瑞士	八	一六二一	一六三〇	北京
17	傅汎際	Franciscus Furtado	葡萄牙	二	一六二一	一六五三	澳門
18	費樂德	Rodericius de Figueredo	葡萄牙	三	一六二三	一六四二	開封
19	湯若望	J. Adam Schall von Bell	德國	二七	一六二三	一六六六	北京
20	伏若望	Joannes Froez	葡萄牙	四	一六二四	一六三八	杭州
21	羅雅谷	Jacobus Rho	義大利	二一	一六二四	一六三八	北京
22	盧安德	Andreas Rudomina	葡萄牙	三	一六二六	一六三二	福州

23	瞿西滿	Simon de Cunha	葡萄牙	一	一六二九	一六六〇	澳門
24	杜奧定	Augustus Tudeschini	義大利	一	一六三一	一六四三	廣州
25	郭納爵	Ignatius de Costa	葡萄牙	五	一六三四	一六六六	廣州
26	潘國光	Franciscus Brancati	義大利	七	一六三七	一六七一	廣州
27	利類思	Ludovicus Buglio	義大利	二	一六三七	一六八二	北京
28	賈宜穆	Hieronymus de Gravina	義大利	二	一六三七	一六六二	常熟
29	孟儒望	Joannes Monteiro	葡萄牙	五	一六三七	一六四八	印度
30	衛匡國	Martinus Martini	義大利	三	一六四三	一六六一	杭州

上列三十名天主教外國傳教師的來華，是從一五八一年到一六四三年前後，大約六十三年期間的事。在智旭的生存年代裡，自一五九九年到一六五五年為止，頭一名來華的天主教教師羅明堅，是在智旭出生前十八年。智旭曾於四十五歲時，出版批駁天主教的著書——《闢邪集》那一年（一六四三），正是第三十位天主教教師衛匡國來華之年。關於他們這些人的國籍，以義大利人最多，是十四名；其次是葡萄牙人，十二名；此外則是西班牙、瑞士、法國、德國等，各一人。至於他們的姓名，都是用漢文名字來表達的。他們直到去世為止，一直都在中國做傳教活動。

另外，就他們這些人的著作來看，撰有十四種以上著作的有七人，五種著作以上的有十三人。至於他們的傳教地區，是以廣州、澳門為起點作中心，由之推廣到北平、南京、上海、杭州、南昌、開封、福州、山西等地。尤其徐光啟的故鄉上海，以及楊廷筠的家鄉杭州，都是當時天主教教師活動的主要據點，建築教堂、出版印刷品等不一而足。

王室的天主教信仰　由外國來華的天主教傳教師，他們本身雖然不是在追求官職，但是為了傳教目的，情非得已，也有很多人是有官職的。此一趨勢，在明末的朱氏朝廷，以及清初的滿洲族政府，他們以達官胥吏的名分廁身於朝廷之間的情形，非常顯著。因此他們的信徒之中，自然也有很多王公百官。以黃伯祿的《正教奉褒》書中所列載明末的狀態看來，宗室中有十四人、內官四十人、顯宦十四人、貢士十人、舉子十一人、秀士則超過三百人以上的傳說。

在王室中，以信仰天主教著名的是永明王的太妃王氏。永曆四年（一六五〇），她在廣西梧州，曾以〈致耶穌會總統書〉呈達羅馬教皇，事為世人傳誦一時。另有義大利傳教師畢方濟（一五八二—一六四九），他經歷了南明的福王、唐王、永明王等三朝，擔任要職，向為世人所熟知[33]。

此外，德國湯若望（一五九一—一六六六），於崇禎六年（一六三三）在宮中行化，結果曾有一百四十多人接受天主教的洗禮，其中有王妃三人、中官一人；並且為了宮中的太監和宮女們禮拜方便，據說還在宮中建蓋兩座聖堂。湯若望自明朝直到改制為清朝之後，在順治二年（一六四五）被任命為欽天監監正，並賜予太常寺卿的官銜。順治十二年又授予通政使，晉封為一品祿俸㉞。

三、明末之於天主教與佛教的反目

排拒天主教運動　但在明末清初年間，直如上述，面對漸漸已趨發達的天主教，表示排拒的人士也不在少數。在《明史》卷三百二十六〈外國傳〉第七的記載，自利瑪竇來至中國之後，其教徒與來華的教師日益增加。當時有名叫王豐肅的教師㉟，在南京專以天主教來蠱惑民眾，時有禮部郎中徐如珂倡議立加驅斥。萬曆四十四年（一六一六），徐如珂與南京禮部侍郎沈漼以及給事中晏文輝等人，合疏上奏，力主排斥其邪說。此外，給事中余懋孳亦曾進諫神宗，茲舉其內容如次：

> 自利瑪竇東來，而中國復有天主之教，乃留都王豐肅、陽瑪諾等，煽惑群眾，不下萬人。朔望朝拜，動以千計。夫通番左道，並有禁令，公然夜聚曉散，一如白

蓮、無為諸教。且往來壕境，與澳中諸番通謀，而所司不為遣斥，國家禁令安在？

（七九二二頁C，台灣開明書店）

由此當可明瞭，當時在南京一帶，由於王豐肅和陽瑪諾（一五七四－一六五九）等外國教師的宣傳，信徒竟達萬人之多，確實顯示了保守派的性質，值得中國人知所警惕。特別是在明朝，依附於佛教的彌勒信仰之白蓮教與道教的老子思想為主的無為教，當時鼓起政治叛亂，有其為政治所查禁的原因。因此，面對天主教的活躍，也唯恐其突起政治叛亂，時有力主取締的議案，向神宗奏疏。因此，王豐肅、陽瑪諾、謝務錄[36]、龐迪我、熊三拔等天主教教師被逮捕，並將之移送到澳門。之後，由於徐光啟、李之藻、楊廷筠的營救，此案才得以及早獲得平息[37]。

此外，清初康熙三年（一六六四），由於輔政楊光先的建策，遂有湯若望、利類思、郭納爵、潘國光等二十五名外國教師被逮捕，亦被移送至廣州[38]。在天主教以教難作紀錄的公文書，都以「僧道嫉之，興起教難」[39]作敍述。雖為佛教和道教所怨嫉，究其實際，都是因為明末清初的佛教政治權力，並不怎麼確具強勢。因而，天主教教士意圖嫁禍予佛教與道教為目的，同時也是天主教徒的反佛與反道的心理傾向高漲所致。天主教的利瑪竇和徐光啟、楊廷筠等著名之士，並公然撰論反佛。

天主教方面的排佛論　直到明末為止，對於前已傳來中國的景教、一賜樂業教、也里可溫教等情形，於中國文化的核心，可謂無何影響。其原因，多半是因為它的經典極少譯成漢文所致，同時這些教師們也在學習中國文化思想，而且兼通中國儒教思想，卻猶未宣揚他們的宗教教理。

但在明末來華的天主教教師們，都以西洋宗教的神學為中心；此外，也將哲學、數學、天文的知識帶來中國。而且也從學於中國儒教的典籍，同時具有可以閱覽佛書與道書的程度。尤其是他們也把姓名改作中國形式，穿著中國服裝，使用中國語文，也學習中國固有正統政治原則的儒學，據以杜撰出他們中國式的天主教教義。

第一本用漢文撰述的神學書，是羅明堅的《天主聖教實錄》，於萬曆十二年（一五八四）在廣州出版。第二本是利瑪竇的《天主實義》，於萬曆二十三年在江西南昌初版發行；爾後，又於萬曆三十一年在北京發行修訂版。這本《天主實義》內容分為八篇，其中第二篇和第五篇是專對佛教與道教，尤其是以佛教為對象，展開激烈地排斥論。例如第五篇中即對佛教的六道輪迴說、不殺生說、放生說等大事抨擊。

接著，徐光啟也有《釋氏諸妄》的著作，誠如書名的標題所示，這本書的攻擊對象就是佛教。茲抄錄其目次以觀：⑴破獄之妄；⑵施食之妄；⑶無主孤魂血湖之妄；⑷燒紙無靈之妄；⑸持咒之妄；⑹輪迴之妄；⑺念佛之妄；⑻禪宗之妄等八個項目，直接詆毀佛教為虛妄。其實，這些被攻訐的信仰與行事所顯示，都是中國民間信仰式的佛教，並未觸及佛教教義的中心思想。而天主教的徐光啟卻對中國近世的佛教痛加抨擊。應對這項外侮，來自佛教方面的反駁，有廬山北澗普仁所撰述的《闢妄略說》，但在歷史資料中，卻找不到有關普仁的生平事蹟。

此外，楊廷筠也有《天釋明辯》的著作，此書的內容乍見之下似是天主教與佛教的教義論辯，其實則是以論難佛教為目的，由其目次得見，即有：原教、天堂、地獄、世尊、殺戒、盜戒、淫戒、巧言綺語戒、觀世音、輪迴、奉齋、念誦、無量壽、大神通、三世佛、三十三天、三千大千世界、佛化身、四大假合、大事因緣、閻羅斷獄、度世誓願、空苦禪觀、出家、四恩、梵音字、祈禱懺悔、夢幻泡影、律教宗等，都是一些運用佛教專用術語的短篇論集，站在天主教教義的立場，廣泛地對明末佛教狀態橫加反論的作品。

佛教方面的反駁運動　在楊廷筠的故鄉——杭州，那裡也正是雲棲袾宏的活動據點，故而受自天主教的排佛運動，其在佛教本身的反駁行動也非常激烈。是即杭州積翠寺的唯一普潤（？—一六四七），便著作了《誅左集》，浙江天童寺的密雲圓悟

（一五六六—一六四二）則撰作〈辯天三說〉，雲棲袾宏則著有〈天說〉四篇，蕅益智旭也撰述〈天學初徵〉與〈天學再徵〉。在居士方面，則有黃貞撰有〈不忍不言〉來加以反駁。上述五位人士的著述反駁論作的地點，幾乎都是在杭州的周邊。這五人當中，若與天主教徒的徐光啟、楊廷筠、李之藻、利瑪竇、湯若望等相比較，並無一人稍具政治影響。

對於佛教方面的如此動向，其在天主教方面的怨恨，當萬曆四十四年（一六一六）在南京發生取締王豐肅時，便一起都轉嫁到釋、道二教的身上。因此，當時採行反天主教政策的政府官吏，如徐如珂、沈潅、晏文輝等人，他們雖然都不是佛教的信徒，但天主教的徐光啟卻以頑固的態度，把責任嫁禍予佛教與道教而上奏神宗皇帝。這項上奏在黃伯祿的《正教奉褒》裡，有如次的原文，茲摘錄以示：

諸陪臣之言，與儒教相合，與釋老相左，釋道之流，咸共憤嫉。是以謗害中傷，乞命諸陪臣，與有名僧道，互相辯駁，推勘窮盡，務求歸一；仍令儒學之臣，共論定之。

其中的「諸陪臣」，就是指徐光啟、楊廷筠、李之藻等天主教信徒的士大夫，他們是就天主教教義的立場建議，強調雖與儒教思想不相違背，卻與佛教和老子的道教思想不同。所以才招致了佛教與道教的怨謗，故而發生在南京取締天主教的事件。因此，他們訴諸神宗皇帝的目的，就是想以著名的僧眾與道士為對象，準備和他們論辯。可惜的是，當時佛教界的高僧，如袾宏、真可等人都已入滅；而德清正遭受政治的迫害，遠在廬山的五峰山下庵居；但智旭卻只是十八歲的在家少年。臨濟宗的代表人物——密雲圓悟，雖然年正五十歲，卻不屑與徐光啟等天主教徒論辯。

但是，提倡三教同源論的明末高僧，面對天主教所打出來的反佛論，對佛教界來說，就像遭受到一場風暴般的衝激。恰如智旭在《闢邪集》序文中所反應，當時佛教界「諸釋子群起而詬之」的狀況，給佛教界帶來一陣不安感，確實是很普遍的感受。從漢末直到明末，佛教所論爭的對手，雖然始終都是以儒教與道教為對象，但是到了明末，向佛教挑戰的卻換成了天主教，這是從未經歷過的對手。從而佛教界的人士為了自我防衛，挺身而出與之相抗辯，並且撰著反駁的文章，蓋即先前所揭示的五位。

但筆者在這五人當中，只見過雲棲袾宏和蕅益智旭兩位的作品而已，並且在《闢邪集》序文中，見有《聖朝佐闢》反天主教的書籍，但對其著者以及內容等項，智旭卻並未加以說明，或許那並不是佛教人士的作品亦未可知，在此未予考究。

四、雲棲袾宏的〈天說〉與智旭的《闢邪集》

袾宏的〈天說〉　在雲棲袾宏的《竹窗隨筆》中，載錄有〈天說〉三篇和〈天說餘〉一篇。在〈天說〉的第一篇中，敍述以次的意見：

一老宿言：有異域人，為天主之教者，子何不辯？予以為：教人敬天，善事也，奚辯焉？老宿曰：彼欲以此移風易俗，而兼之毀佛謗法，賢士良友多信奉者故也。因出其書示予，乃辯其一二……。（《竹窗隨筆》二〇八—二〇九頁，台灣印經處本）

原則上，佛教徒的態度應該是不排斥異端的，尤其是敬天愛人的事。在佛教來說，人天是善法，所以根本沒有反對的理由。袾宏雖然沒有反論的意願，但是看到天主教「毀佛謗法」的不友好著作，才不得已而就佛法的真義加以申論。另一方面，針對其所見到的天主教書籍，雖然並未明示書名，但就其所申論的內容和年代加以考證，相信應該指的是袾宏晚年時，由利瑪竇所寫的《天主實義》。因為袾宏的寂年是萬曆四十三年（一六一五），利瑪竇的卒年則是萬曆三十八年。

準此，對於袾宏的這項反駁，雖然利瑪竇應該是一無所悉，不過據《四庫全書》的子部〈雜家類〉所收錄利瑪竇的〈辯學遺牘〉中，卻見有反駁雲棲袾宏的〈天說〉四篇。無疑地，這或許是明末天主教徒所偽作[40]。但據此中的資料所顯示，袾宏在〈天說〉中的反駁對象，確是利瑪竇的《天主實義》，當可推定無誤。

智旭的《闢邪集》　《闢邪集》的刻印年代，依其序文當可判明，那是毅宗年間的崇禎十六年（一六四三），智旭當時四十五歲[41]。在他心目中的天主教書籍，由《闢邪集》所顯示的當有左列四種：

(1)《天主聖像略說》一卷，羅如望著，萬曆三十七年（一六〇九）刻印。

(2)《天主聖教約言》，蘇如望著，萬曆二十九年（一六〇一）韶州初版，萬曆三十八年南昌重刊，萬曆三十九年湖州再刊。

(3)《三山論學記》一卷，艾儒略著，明熹宗天啟五年（一六二五）杭州初版，清聖祖康熙三十三年（一六九四）北京再刊。

(4)《西來意》。此一書名並不見於天主教的文獻中，但《三山論學記》的作者艾儒略，卻有《西學凡》一卷（天啟三年〔一六二三〕在杭州印行）及《西方問答》二卷的作品。此一艾儒略被當時的信徒們尊稱為「西來孔子」，因此智旭所見到的《西來意》，多半可以認作是艾儒略的作品。

以上四種天主教書籍，並不是像新舊約那樣所謂的「聖經」，而是作宣傳反對佛教和調和儒教之用的著書。因此，智旭在〈天學初徵〉及〈天學再徵〉先後兩章，都以儒教人士的立場來駁斥天主教教師的見解，之後把這兩章合併在一起，名之為《闢邪集》。

他在〈天學初徵〉中，設有二十二難；也在〈天學再徵〉中，設有二十五難。主旨是把天主教的天主說和儒教的本體論，就倫理觀加以對比，從而提出天主說的自我矛盾，並且指出儒教與天主教的根本差別之處。這在〈天學初徵〉的第六難中述之如次：

孔子曰：天何言哉？孟子曰：天不言，以行與事，示之而已矣。今言古時天主降下十戒，則與漢宋之封禪天書何異？惑世誣民，莫此為甚！（《闢邪集》三頁，駒澤大學藏本）

其實，天主教對儒教思想的處理方式，誠然就是《書經》中所列述單純的天的觀念。依據智旭所敍述：孔子與孟子哲學思想中的無言或不言之天的理念，在天主教方面，卻予忽視。尤其從智旭所喜好的《易經》中衍生出來的「太極無極」說的宇宙本體，對天主教來說，要他們加以採擇而予接納，則是非常勉強。因此在天主教方面，儘管也在強調與儒教的調和論，但那只是援用儒教《書經》中曖昧的「天」說而已，對孔孟的本體論，卻持以沉默的態度。

再就清朝初葉所見到的天主教作品——《天儒同異考》，其三編的目次是：(1)天主教合儒；(2)天主教補儒；(3)天主教超儒。這也就是說，天主教並不違背儒教的基本論點，卻有異於儒教，而且還帶有超越於它的意味。就這一點，依智旭的觀察：天主教與儒教思想，即使再怎樣地牽強附會，兩者也難以融合，這是可以斷定的。

此一《闢邪集》的論法與其論鋒，是非常嚴密而又銳利的，即使因應現代人的要求評價，相信也是充分適應的。當時在天主教方面，應該知曉才是。但是此一《闢邪集》的刊印流通，卻找不到有反駁言論的紀錄。茲就〈天學初徵〉的第一問難，節錄如次：

且問：彼大主宰，有形質耶？無形質耶？若有形質，復從何生？且未有天地時，住止何處？若無形質，則吾儒所謂太極也。太極本無極，云何有愛惡，云何要人奉事，聽候使令？云何能為福罰？（同上書，一—二頁）

此一問難，可以說在儒教孔孟思考中的天，就是自然神，並不含有人格神的性質。而且雖然也可以稱為宇宙原則或宇宙的本體，但在基督教的《舊約》甚至《新約》中的所謂神，其實是人格神。可是，從二世紀到五世紀之間，由於希臘哲學所解釋的基督教神，因而發生了自然神本體的宇宙本體論，以及人格神的救世贖罪說等論爭，終於使得宗教的人格神和哲學的自然神，起了兩相對立的態勢。由此當可看出，其自相矛盾之點，是非常明顯。然而，基督教的神學家卻把這項矛盾束諸高閣，不予聞問。

智旭在明末年間，即已找出基督教的神學弱點而加以攻破，這一點非常值得我們注意。此外，智旭對所謂天主教的神贖罪說及其全能說的矛盾，論難其天主創造人類說，及其賞善罰惡說的不能兩立。假如天主教的神真是全能的話，那就用不著耶穌的贖罪；假若創造人類的神，祂可以代替人類背負十字架接受死刑，贖還人類的罪惡，那麼全能的這項理由，再怎麼說也是難以成立的。而且天主教的神真是全能的話，那就可以依照天主教的想法，只要創造善神和善人就好了，何以這個世界卻有數不盡的惡魔和惡人充斥其間呢？難道說，這也是天主教的神愛的表現嗎？智旭作了如此的論難㊷。

從智旭的《闢邪集》中所見到的有關天主教的謗佛論，其要點歸納起來不外是：(1)輪迴轉生說的否定論；(2)三千大千世界及華藏世界說的荒唐論；(3)崇拜偶像的不合理說；(4)釋迦世尊的凡夫說；(5)佛教經典的荒偽說等。因為這些論點，全都與天主教的教義相反，所以才必須加以排斥；唯其如此，才不致於使得佛教徒轉而成為天主教信徒。因此，在智旭的立場，詳實地評審過天主教後，才毅然以「邪教」來批判它。

實際上當時的智旭，對於天主教的思想淵源及其歷史背景的知識，了解得還不夠充分，所以對天主教的實質理解，難免有某種程度的誤解[43]。此外，智旭始終都是站在佛教的一邊，儘管指責天主教為邪教，但對天主教的教師，卻不認為就是惡魔的化身，相反地，卻稱他們是逆行道的不思議菩薩[44]。智旭五十四歲（一六五二）所著的《楞伽經義疏》卷三之中，當論及外道的神我執時，猶把天主教稱為邪教[45]。他對於天主教之所以如此地關切，是因為在智旭的時代裡，恰好正是天主教開拓中國教區的時代，他們以科學知識與技術做為傳教的道具，因而西洋人的傳教師接續不斷地來至中國，正是向佛教展開進擊的時代，智旭個人所感受的衝激之大，確是難以想像。

第五節　明朝佛教界的動向與明末的諸般問題

一、明朝佛教的基礎

大體說來，明朝的佛教，是賡續宋元佛教的後繼狀態。從教理思想層面看來，大致與宋明儒教的開展是同樣情形，基本上是在無何變化中謀求進展。

宋朝以來，成為中國佛教基礎的禪宗，經歷了明清兩朝，直到現代為止，幾乎是甚少變遷的狀態。雖然從禪寺出身的禪僧也有研究其他教理，以及轉而宣揚教學之士，但其以禪為中心的佛教態勢則毫無變易。從禪寺轉移向天台、華嚴乃至律寺的情形，也是不足為怪，另外也有再度回歸於禪寺的可能。倒是始終保持其天台、華嚴、律寺宗風而不變不易的寺院，實際上則占極其少數。

明朝的儒教代表者，是王陽明的學派。此一學派較宋朝的程朱思想，更為接近佛教，因為其排斥異端的色彩很微薄，故而維護了三教同源的環境。而且明朝佛教，大致上可以畫分為明初與明末兩個階段。從明太祖洪武帝直到成祖永樂帝約六十年間，在政府統制下的有關佛教事件固然非常之多，但這中間關於思想的轉換卻很少見。接著，從宣宗宣德帝（一四二五—一四三四）到穆宗隆慶帝（一五六七—一五七二）經歷了百餘年間，雖可稱為中明時代，但是這段期間應該說是明朝佛教的黑暗時代[46]，是禪僧或專辦葬儀有關的瑜伽教僧為中心，在佛教史上呈現出極其衰微的時期。

談到明朝佛教的特徵，雖曾出現過明末四大師[47]，但那只是從神宗萬曆帝（一五七三—一六一九）到永明王永曆帝（一六四七—一六六一），僅百年之間的事體而已。此一時代的四位大師，突破了歷來的宗派與法脈的傳承，從而打開諸宗大融會的局面。

隨著明朝時代印刷術的進步，儒、道、佛三教的出版刊物數量，遠比前朝為多。受君主政府財力的支持，主要有《永樂大典》的二萬二千九百卷為始，道教的《道藏》也出版五百十二函。另在佛教方面，也有兩種《大藏經》的出版。先是在太祖洪武五年（一三七二），詔命四方名德沙門，在南京的蔣山寺點校《大藏經》，從而出版了官版的《大藏經》六百三十六函，六千三百三十一卷；接著又有成祖永樂帝，為了追薦太祖與馬后，發願雕造《大藏經》，在英宗正統五年（一四四〇）刻版完成，計印出六百三十六函，六千三百六十一卷。此中前者稱為《南藏版》，後者則名《北藏版》。

依據《明史》卷九十八〈藝文志〉之三的記載，道教類的出版品有五十六部、二百六十七卷，釋教類的刊物也有一百十五部、六百四十五卷。從數量上來比較，佛教雖占優勢，但在明初帝王的文化政策，是以《周易》、《四書》、《性理》三大全書為儒教的重心；《道德經》是道教的重心；《心經》、《金剛經》、《楞伽經》則是佛教的重心。因此，太祖之對佛教，曾有自撰《集註金剛經》一卷的著作。另在洪武十年（一三七七），詔命天下沙門講解《心經》、《金剛經》、《楞伽經》這三種佛典；同時並命宗泐、如玘、弘道等沙門，把它們加以箋註而印行。爾後，直到明末年間，這三經的註釋書得以陸續地出現也確是事實。在《卍續藏》所收錄的《般若心經》註釋書，四十六種之中，明代完成的即占二十六種；另在《金剛經》註釋書的四十二種之中，明代完成的占有十四種；此外，《楞伽經》註釋書的十一種中，明代完成的也占八種。

二、明太祖的佛教政策

佛教統制與僧侶分類　據《釋氏稽古略續集》卷二的記述，可對明初的佛教態勢加以明確地判斷，一切都是唯朝廷之命是從；而設置統制的僧錄司，規定其僧侶活動與生活準據，宣揚其所指定的經典，並從事於教典的編纂與整理。從表面上看來，對於佛教事業與人才的登庸，雖然相當地興盛，但從思想史的立場著眼，卻難謂具有如許的進展。

明太祖朱元璋的佛教政策，只是以開國君主的立場，來遂行其統制人民的手段而已。對於佛教仍然是沿習元朝宣政院的制度，設立其統制機關的善世院，在南京的天界寺，釐定統領、副統領、贊領、紀化等僧官制度。而對道教，也是向飛龍山道士張正常，下詔令其統管天下的道教。另在洪武十五年（一三八二），詔命把寺院畫分成三類，這在《釋氏稽古略續集》卷二，錄有如次的記載：

分為三等：曰禪、曰講、曰教。其禪，不立文字，必見性者，方是本宗。講者，務明諸經旨義。教者，演佛利濟之法，消一切現造之業，滌死者宿作之愆，以訓世人。（《卍續藏》一三三卷，一二二頁D）

這裡所說的三等，顯然與三類的意義稍有不同，既如上述。明代的佛教是以禪宗為中心，在明朝初年，能當上僧官的僧侶幾乎全是禪僧，所以才分為禪、講、教三類。「禪」是不立文字，稱為明心見性，屬於第一位；「講」是經義的理解與講演，是義學沙門，屬第二位；「教」則與教學不同，是專門從事祈福、延命、葬儀、追薦供養法會的僧侶，居末尾的第三位。

如此三種分類的僧侶，他們所穿著的袈裟顏色，也各有明顯的分別：禪僧是黃色，講僧是紅色，瑜伽教僧則是葱白色㊽。

瑜伽教僧的帶妻問題　對於僧伽的三種分類，其中禪與講二類，可能原本是由《楞伽經》的「宗通」和「說通」之說所由來，但把瑜伽僧歸屬於「教」類，則是唐宋時代以來所未曾有的。但是到了元代，一時頗見隆盛的蒙古與西藏的喇嘛教，因為曾在內地流行，為了也能適應於漢民族的傳統佛教，甚或民間信仰的要求，或多或少也受到瑜伽密教的影響而變化，這也確是事實。

這種瑜伽教的內容，既不是蒙古和西藏的密教，更不是唐朝開元三大士所傳流的密教，毋寧說是由隋唐到宋代的期間裡，以天台學者為中心的高僧們，以律儀為根據，編撰成種種的懺法、經咒、誦持的儀軌，例如水陸道場、燄口施食的法要等，從而以此為基準；另一方面，也習學一些元代喇嘛教的行儀，於是所謂瑜伽教的型態便顯現出來。就現實的意義而言，它既不屬於純粹的密教，也不屬於純粹的顯教，應該是一種顯、密混融[49]的流俗信仰的民間佛教。

可是，就破壞佛教僧家風氣的觀點上，純正的禪僧與講僧，當依其嚴肅的生活規律，固然無何問題可言，但這些流俗瑜伽僧的腐敗情形，卻是最為棘手的問題。因此，在洪武二十四年（一三九一）的〈申明佛教榜冊〉中，出示過如次的命令：

> 今天下之僧，多與俗混淆，尤不如俗者甚多。是等其教而敗其行，理當清其事而成其宗。令一出，禪者禪，講者講，瑜伽者瑜伽，各承宗派，集眾為寺。有妻室、願還俗者，聽；願棄離者，聽！（《釋氏稽古略續集》卷二，《卍續藏》一三三卷一二八頁A）

據此當可明瞭，禪、講、教三類僧侶，都曾發生過腐敗的現象，甚至禪寺與講寺的僧侶，亦曾從事過瑜伽僧的行業。何以如此呢？這在其次的條文中，有關瑜伽僧「顯密之教」的規制，顯然比較多㊿；甚至也有蓄妻的情形，據推測可能也是瑜伽顯密之教的僧眾。他們這些人混居民間在家人的家裡，也有蓄養妻子的；更有在家人，也仿效他們的行徑，從事瑜伽僧的行業，於是便出現這種情形。因此，朝廷才下達禁令，嚴格地區別俗與僧，積極地取締僧眾蓄妻的現象；同時，再度把禪、講、教加以分類，命令他們各自歸向應屬的寺院。

三、袾宏、智旭之於僧侶的分類

關於明初僧眾的三種分類，明末的雲棲袾宏在他的《竹窗隨筆》中即曾加以論述；可是他把禪、講、教三種分類，變更作禪、講、律三種。明初的瑜伽教，可能大多分散在禪、講、律的寺院中。不論明末禪、講、律寺與其僧侶們是如何地區分，但他們都是在做瑜伽僧的行業。例如智旭四十八歲（一六四六）於遊方之際，來至屬於臨濟宗的金山江天寺，於此曾索閱其水陸儀文[51]。金陵寶華山的隆昌寺，雖然在當時甚至最近的時期，一直都是非常有名的律寺，卻盛行水陸和燄口的法會[52]。雲棲袾宏雖然亦是兼倡禪、講、律的法師，但他還將當時流行的水陸儀規加以訂正，並在雲棲寺設有水陸道場。在智旭的二十年代裡，據說還在雲棲寺參與過水陸道場的法會[53]。

依此當可了解，明初所制定的三類寺院及其僧侶的性質，到了明朝末年時，事實上早已不復存在。袾宏在他的《竹窗二筆》中，於嘆息之餘，作如次的敍述：

禪、講、律，古號三宗，學者所居之寺、所服之衣，亦各區別。如吾郡，則淨慈、虎跑、鐵佛，禪寺也；三天竺、靈隱、普福等，講寺也；昭慶、靈芝、菩提、六通等，律寺也。衣則禪者褐色，講者藍色，律者黑色。予初出家，猶見三色衣，今則均成黑色矣；諸禪律寺均作講所矣。（《竹窗隨筆》一〇〇頁，台灣印經處印行，中華民國四十七〔一九五八〕年）

從這項記述中可知，在袾宏三十二歲（一五六六）出家時，依然有禪、講、律三種分類的寺院，而其中的僧眾亦各自有所區別：禪僧的衣是褐色，講僧的衣是藍色，律僧的衣是黑色。但是到了他的晚年，這三類寺院則都變成講所，一切僧眾的衣服都變成黑色。

其實像這樣的現象，也未必就是壞事，在明末的佛教界，不論宗派為何，大體上是人才輩出的。當時的高僧大德們其共通之點，就是重視義學、提倡戒律，所以寺院都成了講所，僧眾們一時都穿著律僧的黑色衣服。由此看來，明初禪、講、教三等分類，並非依佛教的教理來加以區別，而是依當時佛教所存在的型態做為依據的。祩宏所見到的禪、講、律三種分類，也是明初規制的存續所應有的現象。但在智旭的情形，卻將之改為禪、教、律三種分類。他這三種分類的方式，完全沒有依憑明初所規制的等級意義在裡面，乃是循從明末的佛教趨勢，依據經、律、論三藏，以之與戒、定、慧三學相配合，從而作了禪、教、律的配置[54]。由這樣的立場去理解，則智旭的禪、教、律分類法，就絕對沒有宗派區別的意義，而且也不是依憑寺院的型態作了若何的差別，可能是基於諸宗融通論的整體佛教思想，據以所作的思考。

於此，僅將以上所述的三種分類，製圖以明，當如左示：

有差別之三分類		無差別之三分類
明初三分類	祩宏三分類	智旭三分類
禪—黃衣	禪—褐色衣	禪—佛心—經藏—定
講—紅衣	講—藍色衣	教—佛語—論藏—慧
教—蔥白衣	律—黑色衣	律—佛行—律藏—戒

四、明末的性相融會論

《宗鏡錄》的性相融會思想及其影響　自古以來，中國的佛教學者祖師們，都相信一切經典皆是佛說無疑。在性宗與相宗所依據的各種系統的經典之間，一向不認為有何矛盾之處。但就現實而言，由唐玄奘三藏所翻譯的法相宗唯識思想，與如來藏思想的真如說，無論怎麼說也是難以調和的。因此，永明延壽（九〇四－九七五）憑著「心」的理念，而就天台與賢首的思想，以及性宗與相宗的主張，將之統合起來而編集百卷的《宗鏡錄》，這就是表達所謂性相融會與諸宗融通以及禪教的合一。引據《宗鏡錄》序文所示如次：

唯一真心，達之名見道之人；昧之號生死之始。……（中略）剔禪宗之骨髓，標教網之紀綱。……（中略）性相二門，是自心之體用。若具用而失恆常之體，如無水有波；若得體而闕妙用之門，似無波有水；且未有無波之水，曾無不濕之波。以波徹水源，水窮波末。如性窮相表，相達性源。須知體用相成，性相互顯。（《大正藏》四八卷，四一六頁B）

依此序文之所論述，其內容就是性相融會思想的要旨。這裡所謂的「唯一真心」，是人生界與宇宙界的本源，也就是萬法的根本，又是一切世間法與出世間法的本體。於是，如果悟得這真心的本來實際，就可能出離生死；假如這真心迷惘了，那就是生死的開始。因此這個真心，可以說是禪宗的骨髓，又是一切教法的紀綱。而這真心，實際上是我們自己所本有的，又是恆有的。而佛法的作用，不過是為了說明這個真心而施設的方便法罷了。

縱然如此，性宗之說，就是說明自我真心的理體；而相宗之說，是在說明這自我真心的作用。儘管體與用有所不同，其實只是原理與現象的差異而已，它的本質則完全是不可分的。譬如水與波儘管不同，但水與波的本質，都是由濕性所衍生的。不過，從現象的作用看來，雖然確實是相異的樣子，但其原理的濕性則完全是同一的。相宗唯識說的道理，既如上述，那是在說明水與波的真心現象面；而性宗的真如與如來藏之說，是在解釋亦稱濕性的真心，為其本質的方便施設。永明延壽的這項主張，是在調融性相二宗的矛盾之點，使令統合。

在中國的性相融會之說，是由地論宗的學者所肇興。但經天台宗和華嚴宗的學匠們，尤其是清涼澄觀（七三八—八三九）的《華嚴經疏》和圭峰宗密（七八〇—

八四一）的《圓覺經大疏》都強烈地加以提倡。永明延壽的《宗鏡錄》則更為向前推進，從而樹立起性相平等的理念。因此，智旭的思想，可能也是得自《宗鏡錄》的靈感而來。所以，智旭在五十五歲（一六五三）撰著的〈較定宗鏡錄跋〉中，對《宗鏡錄》的價值與地位，作了如次的評估：

集三宗義學沙門，於宗鏡堂，廣辨台賢性相旨趣，而衡以心宗，輯為《宗鏡錄》百卷，不異孔子之集大成也。……（中略）細讀宗鏡問答引證，謂非釋迦末法第一功臣可乎？（《宗論》七，二卷一六—一七頁）

永明延壽既能以唯一真心，融通天台賢首與法性法相的差異之點，由之彙集百卷的《宗鏡錄》，真正可以稱是末法時代世尊的第一功臣。如果以之與中國的儒教人物相比較，可與孟子的〈萬章〉篇所說集三聖大成的孔子，幾乎無何差異。這就是智旭對永明延壽的讚頌。

雲棲袾宏的性相融會論　到了明朝末年，性相融會的需求，便成為明末四大師的共同課題。以下當分別予以介紹。

有關雲棲袾宏的性相融會說，在他的《竹窗三筆》中，以「性相」為主體，見有如次的敘述：

> 相傳佛滅後，性相二宗，學者各執所見，至分河飲水，其爭如是，孰是而孰非歟？曰：但執之則皆非，不執則皆是。性者何？相之性也；相者何？性之相也。非判然二也。……（中略）或謂永嘉云：入海籌沙徒自困。又曰：摘葉尋枝我不能。似乎是性而非相矣！曰：永嘉無所是非也。性為本而相為末，故云但得本不愁末，未嘗言末為可廢也。是故偏言性不可，偏言相尤不可。（《竹窗隨筆》二〇四—二〇五頁，台灣印經處印行，中華民國四十七（一九五八）年）

這是世尊入滅以後，法性與法相兩宗的學者，各自固執其本宗的見解[55]，那正像把一條大河的水，分開作兩部分來飲用。這樣一來，到底法性與法相是哪一種才算正確呢？依袾宏的見解，如果偏執法性或法相的一方，都不能算是正確。性是相的性，相是性的相，所表達的語文雖然是兩種，其實並不是兩回事。這從永嘉玄覺（六六五—七一三）的〈證道歌〉中有：「入海籌沙徒自困」[56]、「摘葉尋枝我不能」[57]之依據看來，在玄覺是採納法性而拒斥法相的；但袾宏的見解，則並不以為然。永嘉玄覺只是以法性為本，而以法相為末，如果一旦得到了本，那麼末則應該是包含在本的裡面，所以是不能丟棄末的。在玄覺的立場，既不許偏重於法性，更不許傾向於法相的一面，這是袾宏所強調的意見。

由此加以考證，袾宏的性相融會說，相信仍然是依據賢首的判教來作考量的，因為是把法相唯識擺在始教的位置上，所以才成立「性為本而相為末」的理念。這與智旭的性相融會說顯然不同，智旭的現前一念心，是即真即妄的。於是，對依賢首教判把《唯識論》相當於始教來看待，是一項激烈的反論58。

紫柏真可的性相融會論　關於紫柏真可的性相融會思想，在《紫柏尊者別集》卷一，有如次的敍述：

> 性宗通而相宗不通，則性宗所見，猶未圓滿。通相宗而不通性宗，則相宗所見，亦未精徹。性相俱通，而未悟達摩之禪，則如葉公畫龍頭角，望之非不宛然也。故（欲）其濟亢旱與雷雨，斷不能焉！（《卍續藏》一二七卷，四六頁B—C）

在真可而言，法性與法相二宗，被看作是平等的位置。在性宗的學者，也有必要去研習相宗；相對地，在相宗的學者，也必須去研學性宗。把這性相二宗歸納起來，那就是《楞伽經》所說的「說通」，並且還必須去開啟禪宗的悟境；悟得禪境，就是《楞伽經》所說的「宗通」。從而真可的性相融會說，是站在性相平等上面，由此顯現其宗說俱通的《楞伽經》思想[59]。

就這一點，以真可的立場，因為是與菩提達摩以《楞伽經》印心而為禪宗初祖的情形非常相似，所以智旭才以真可做為禪宗私淑對象的[60]。

此外，就真可的性相融會理論的依據，就是真如隨緣的思想，並將之解釋為八識四分[61]。於是，便以智旭的隨緣說，來配釋唯識性的觀念[62]，也與真可相一致。依從真如的隨緣，因為把真如清淨心做為八識的證自證分、自證分、見分、相分，如能了解唯識四分說的理論，那就不應該再有性與相或是相與性的衝突矛盾。可是，對於真可的法相註釋書——《八識規矩頌解》，智旭卻有以次的反論：

達觀（真可）大師以能所八法所成釋性境二字，不過承魯庵之謬，習而不察，白璧微瑕耳！（〈復錢牧齋〉，《宗論》五，二卷二一頁）

據此所述，真可在《八識規矩頌解》中對「性境」二字的解釋，智旭則不表贊同，何以故呢？因為真可顯然是受到魯庵法師普泰的《八識規矩頌補註》（一五一一年作成）第一頌的解釋所影響。然而，智旭於此能所八法之說，並未予以接納，因為他把「性」做為實義相分的種子來處理，把「境」做為八識相分來處置的63。

另就八識四分的真如隨緣，在真可的說詞，只是在理論方面看出其性相融會的接合點而已。而且透過性相融會的教理，需要更深邃的禪境方面實修實悟的修證工夫。由這一點看來，我們認為真可是以禪為中心的性相融會論者。智旭以天台的教觀合一論為基礎，以這一教理來做觀心的修行。這樣一來，在真可與智旭，就性相融會說，有其若干程度的相異之點。

憨山德清的性相融會論　關於憨山德清的性相融會論，在他的〈西湖淨慈寺宗鏡堂記〉中，載有如次的性相融通說的論調：

（永明）大師愍佛日之昏也，乃集賢首、慈恩、天台三宗義學，精於法義者百餘人，館於兩閣，博閱義海，更相質難。師則以心宗之，衡準平之。……（中略）雖性、相、教、禪，皆顯一心之妙，但佛開遮心病，末後拈花，自語而自異，卒無以一

之。……（中略）是知大師，厥功大矣！（《卍續藏》一二七卷二八三頁C，《憨山老人夢遊集》卷二十五）

但這只是對於永明延壽《宗鏡錄》的讚頌言詞，之外，幾乎並無德清本人的見解在裡面。

此外，在明末四大師中，站在性相融會的立場，註釋唯識有關的著作之中，在真可則有《八識規矩頌解》及《唯識略解》；在德清則有《百法明門論論義》與《八識規矩通說》，但註解《成唯識論》而發明獨特的性相融會說的，則只有智旭一人而已。

五、明末的僧團狀況

門派間的正統傳承論爭　以上所列舉的明末四大師之外，在當時的佛教界，是學者身分的著名禪僧，為數也相當多。但這些高僧的大多數，依然還是固執各自宗派門庭的成見。尤其是禪宗與天台宗的學者，非常重視法嗣傳承方面的論爭。

例如在費隱通容（一五九三—一六六一）《五燈嚴統》的凡例，即對當時禪宗宗匠的嗣承法系，做了很嚴格的探究。而且否認了曹洞宗壽昌無明慧經（一五四八—一六一八）

與雲門湛然圓澄（一五六一－一六二六）的嗣承，從而也連帶地否定了與此相關聯的慧經法嗣博山無異元來（一五七五－一六三〇），以及鼓山永覺元賢（一五七八－一六五七）的法統64。

此外，在性統的《續燈正統》65（一六九七年編成），雖然接納慧經與圓澄為曹洞宗的正統傳承，卻把偏融真圓、雲棲袾宏、達觀真可、憨山德清、聞谷廣印（一五六六－一六三六），以及無念深有等高僧，收錄在〈未詳法嗣〉篇中，通問（一六〇四－一六五五）編訂的《續燈存稿》66也與《續燈正統》作同樣的處理。

既如上述，在法門正統有關傳承問題上的論爭，由於明末四大師是採忽視的態度，也可以說是抱持反對觀點的。尤其是對智旭而言，他在〈復錢牧齋〉的書簡中，即以「濟雲鬪諍，不啻小兒戲」67來表達他對此事的態度，認為禪宗正統法嗣的論爭，甚為無聊。此外，他在〈儒釋宗傳竊議〉一文中，就禪宗人物雖曾舉列達觀真可與無明慧經68，卻把雄視當時禪宗人物的密雲圓悟予以忽略了。

再就智旭所私淑或參謁的人士69加以考證，例如雲棲袾宏、紫柏真可、憨山德清、博山元來、聞谷廣印、無盡傳燈（一五五四－一六二七）等，在《五燈嚴統》都是被列入否定法嗣的人中較多。此就明末佛教的一種特徵而言，可以說是對於法嗣的傳承，顯示反對思潮運動的萌芽之處，而智旭則可以說是此一運動最為有力的推進者，因為他在撰述〈儒釋宗傳竊議〉之前，即曾寫過〈法派稱呼辯〉[70]的論文。

但是，與智旭的思想相呼應的，顯然不曾多見。迨至智旭入滅以後，經歷了清朝兩百多年的時間，他的著作經過一再地註釋之後，在日本雖然所見多有[71]，但在中國本土，清朝年間只有達默與達林兩位而已。他們研究智旭的《阿彌陀經要解》，也只撰作《便蒙鈔》三卷罷了。在明末至清末之間所撰述的天台宗與禪宗的傳記書，一概不見有智旭的名字；只有彭希涑（一七六〇——一七九三）在《淨土聖賢錄》卷五，載錄有智旭的傳記而已。而且及至清朝末年，在天台宗出現稱作靈峰派智旭的法派之說，竟把智旭做為中興的第三代祖師[72]。可是，我們研究智旭對法嗣傳承的反應思想，像上述這樣建立宗派與宗祖列名，相信這絕對不是他所贊成的事體。

而且智旭以銳利的眼光觀察當時佛教教團，據他的文獻所示，包括以上所述的法統傳承論爭，約有六點的流弊。茲列舉其後面的五點，當如次述。

僧徒的通病　就此一問題，揭示以下四種文獻：

先是(1)〈示定西〉的法語[73]：「今時釋子，只圖作宗法律師，設無出頭一著，雖頓超佛地者，亦不顧矣。本發心，原非為菩提大道，曠劫遠猷，故一受戒，兢兢缽杖表相；一聽講，孜孜消文為事；一參禪，念念機鋒是務。」以之開示於他。

接著(2)〈己巳除夕白三寶文〉[74]：「丁茲末運，競騖虛名，別解脫經，罕知端緒，秉羯磨法，罔識範模，文字法師，狂妄禪客，同為師子身蟲；形服沙門，羺羊持律，並致魔軍侵侮。」相告白。

更有(3)〈祖堂幽棲寺丁亥除夕普說〉[75]中所指出：「今人一出家參學，便要做善知識，只此豈非我執；又或以律非教，以教斥禪，以禪藐教輕律，豈非法執！」之所論述。

最後(4)〈示世聞〉[76]的法語：「今之學者，不惟分門別戶，縱發心徧學，曾不知其一以貫之。所以一入律堂，便將衣缽錫杖為標榜；一入講席，便將消文貼句為要務；一入禪林，便將機鋒轉語為茶飯。迨行腳十廿年，築得三種習氣飽滿，便思開一叢林，高踞方丈，自謂通禪通教通律。橫拈豎弄，七古八怪，騙惑愚迷，牢籠世智，及以真正佛心佛語佛行覈之，鮮不公然背者。」明確地開示。

習禪者的弊病　有關習禪者的弊病，可以列舉出三種文獻：

先是(1)〈示憨師侍者慈門〉[77]的法語中，開示說：「近世各立門庭，競生窠臼，認話頭為實法，以棒喝作家風，穿鑿機緣，杜撰公案，謗讟古人，增長戲論，不唯承虛接響，且類優人俳說。」所示。

接著(2)〈示象巖〉78的法語開示話：「今時喪心病狂無恥禪和，影響竊掠，聽其言超佛祖之先，稽其行落狗彘之下。」所示。

更有(3)〈示慧含〉79及〈示漢目〉80的法語中述及：「捨麤求精，厭動求靜，喜順惡逆，或鑽他故紙，認指為月，或枯守蒲團，釘樁搖櫓。」及「末世禪和，不為生死大事，裝模做樣，詐現威儀，不真實學禪教律，徒記兩則公案，辨幾句名相，受三衣一缽，以為佛法盡此矣。」所示。

講說者的弊病　就這一方面在〈示予正〉及〈示明記〉81的法語中：「末世不然！名為欲續如來慧命，撐如來法門，而不知痛為生死，惟積學問，廣見聞，冀可登座揮麈而已。」及「今人不然，才說為生死，便置法門於度外，惟思獨善；才說為法門，便置生死於度外，惟競世情。夫思獨善者，不失為人天二乘種子；競世情者，鮮不墮修羅魔外窠臼，撐法門者益多，而正法益壞。」啟示於他。

持律者的弊病　就這一方面，可以舉出以次三種文獻：

(1)〈示卓飛〉的法語。(《宗論》二，四卷三—四頁)

(2)〈贈調香居士序〉。(《宗論》六，三卷四頁)

(3)〈化持地藏菩薩名號緣起〉。(《宗論》六，一卷七頁)

這些文獻中之所敘述，依智旭的見解是：「持戒者，非三衣一鉢之標榜，錫杖皀襪之混淆也，貴精明開遮持犯，使性遮二業，悉如冰霜，然後六情不馳騁於六塵，而念處可思修耳！」所示。

天台宗的弊病　就此問題在〈八不道人傳〉，批評那是堅守門庭的現象[82]。在〈示巨方〉的法語中，評論明末的天台宗是「名盛實衰」[83]。雖然當時天台宗的人數並不少，但其中卻罕見傑出卓越之士。智旭在〈復松溪法主〉的書簡中所示，在同一時代的天台學者，列舉傳燈的門人有歸一受籌、達月管正、松溪法主等三位。但是，這三人的有關著作和傳記，並未留傳後世[84]。而且智旭在〈寄達月法主〉的書簡中，把皐亭一派的天台學者批評為「有名無實」[85]。

六、明末的僧眾分類與智旭的理想像狀

智旭於明末僧眾的分類法　論及明末佛教的狀態，雖然是一段非常混亂的局面，但以往是把僧眾分為禪、教、律三類。不過，硬要清晰地把寺院分作三類、僧眾分作三類的界限，顯然也有種種的困難，因為他們的根基都是在禪宗。例如明末的天台學者百松真覺（一五三七—一五八九）與象先真清（一五三七—一五九三）兩人都是禪宗出身，而智

旭本身也是經歷過禪修的過程，才進而研究天台教觀與唯識論，歸根結柢，還是以淨土行業做為歸宿。更有律宗學者古心如馨（一五四一—一六一五），他雖然是明末南山律的中興者，卻是在金陵棲霞寺出家的禪僧。另有南京寶華山的三昧律主寂光（一五八〇—一六四五），他是兼修禪、教、律的雪浪洪恩（一五四五—一六〇八）的弟子。而永覺元賢（一五七八—一六五七）則是曹洞宗系無明慧經的法嗣，撰有關於戒律的《四分戒本約義》四卷的論著。

既如上述的情形，想把明末佛門中的人物或寺院加以明確地畫分，確是一件難事。但是，難以分類的中間，智旭卻有想把當時的僧眾，作進一步詳細分類的構想。在他三十四歲所撰的〈禮大悲懺願文〉中，就作六類的區別，在三十五歲的〈前安居日供鬮文〉即作五類，在三十九歲的〈完梵網告文〉作了四類，另在〈滅定業咒壇懺願文〉中作八類的區分。現在把四種分類的內容[86]，列圖以示：

四分類	五分類	六分類	八分類
坐禪者	禪	禪思者	禪者
習教者	教	演教者	學者
持律者	律	持律者	持律者

念佛者	淨土	修淨業者	念佛者
	密部	習瑜伽者	瑜伽者
		營福業者	邪命者
			雲遊者
			務農者

依上表所示，以四種分類或八種分類作基準點，雖然還是禪、教、律三種分類，但其中第四類的淨土念佛者，實際上則是明末所有佛教人士的共同修行方式。

智旭理想中的禪者　智旭所見到的明末佛教界，確實分為禪、教、律三種分野。而且他對禪者的要求非常嚴格，他指出：做為一位禪者，如果不能勤勉於教學方面，那將是暗證無聞的；一位禪者假若不能持戒精嚴，那將是形服沙門。並且主張，禪者若不念佛，那是走錯了路途；甚至強調如果沒有禪，倒還無足輕重。其實，智旭所思考的佛教根本之點，是以淨土教的念佛法門做為出發點，同時研究教法義理而嚴持戒律。禪、教、律之說，只是引導當時禪宗行人邁向教理義學或律儀，乃至淨土念佛的路途而已，我們認為未必就是重視中國傳統的禪宗。

在智旭的想法，做為一位佛教徒，淨土念佛為第一要務，其次是守持戒律，再次是研究教理義學，最後才可以修禪觀。其實，一旦具足了念佛三昧，則禪觀中的內容，一切無不涵括在裡面。至於談到傳統的中國禪宗，恐將於此是無濟於事的。因此，做一位禪宗的行人，除了應該修行念佛之外，也必須了解教學義理。例如他在〈示吳允平〉的法語中，即曾敍述過如次的論證：

達摩以《楞伽》印心，五祖以《金剛》印心，安公讀《楞嚴》悟道，普庵閱《華嚴合論》悟道。（《宗論》二，五卷二四頁）

這是列舉禪宗四位禪師，這四人的悟道，達摩大師是以《楞伽經》，五祖弘忍是以《金剛經》，安公是以《楞嚴經》，普庵是以《華嚴合論》，都是各有所本，明顯地表示對經典教學的重視。因此，當時的禪者是以「教外別傳」和「不立文字」的義理，來否定教理義學的。應對於此，智旭卻以「離經一字，即同魔說」[87]的論據而加以反論。

智旭理想中的習教者　智旭對於習教者的要求，直如他在〈禮大悲懺願文〉[88]中所示。他以教觀、戒律、禪思為三支梁柱，是習教者所必備的條件。否則，縱使再怎麼去鑽研教學，也不過是世間的學問而已。而習教者的目的並不是在販賣知識，是為了自身的修證，或用以教化他人，甚至是用以接引眾生的心態。至於著作方面，將性相兩派思想上的矛盾，尋求能把它融通一貫，才是所亟切的要務。

由此看來，智旭心目中的習教者，實際上對於禪、教、律三種分類當可明瞭，那是最須負責任、最為艱鉅的立場。就這項基準的要求，智旭是以本身習教者示範的心意，當可推想得知。何以如此呢？因為在修證上，如果修念佛行業的，雖然儘管可以不求甚解於禪觀、教學與戒律，他若想做一位教化別人的善知識，如果不去尋求教觀、戒律、禪思方面的理解，對教化的心願總是難以如意的。因此，智旭本人即已具備了這項資格。

智旭理想中的持律者　智旭對持律者的要求，就像前項在「持律者的弊病」一所介紹，是把開遮持犯的項目，辨別得清清楚楚；換句話說，如果是真誠地研修律儀，對於犯戒或破戒，須依其動機、場地、對象、分量等項，才可以裁定其罪行的輕重或有無，這就叫作開遮持犯的準據。另外，戒與律也是有區別的。持戒與持律的意義，也是各自有異的。在比丘來說，如果堅守二百五十戒的規則，就稱為持戒比丘。有關一切戒律的行儀細則，以及七眾戒的開遮持犯都能明瞭透澈，就稱為持律比丘或律師。但持律者，顯然比持戒者還要困難些。

所以，要做為一位完備的持戒者，誠非易事。就戒來說，依據《大毘婆沙論》卷一百二十三、《大智度論》卷二十二、《俱舍論》卷十四等的記載，有：別解脫戒、靜慮戒、無漏戒三種。在家的五戒、沙彌的十戒、比丘的二百五十戒、比丘尼的五百戒，只不過是別解脫戒其中的一種而已。其次，若能達到色界禪定的定境，那就叫作靜慮戒或定共戒。由四向四果的無漏道中所衍生的律儀，叫作無漏戒或道共戒。從而按照智旭的要求基準，如果想做一位真正的持律者，就必須依上述三種戒，奉持而不犯一切清淨[89]。這樣一來，就相當於天台宗的六根清淨位，因為連智旭本人尚未身臻此境[90]。因此應對這項要求，誠然未免陳義過高。

從智旭的著作來觀察，當時以戒律為中心的僧眾，當是愍忠大慧[91]、大會、示權[92]、無靜、樵雲真常[93]、見月讀體[94]、茂林[95]等七人。實際上，其他另有：古心如馨、三昧寂光、在慘弘贊（一六一一—一六八五）等律師，但在智旭的著作中，卻未曾見其名字。

智旭理想中的念佛者　先前所述淨土教的念佛，在當時是佛門中共同的修行方式，這是由於北宋永明延壽的〈神棲安養賦〉上說的「有禪有淨土，猶如戴角虎」的倡導所致。當時的禪行人，幾乎都是以淨土教的念佛為行業。尤其是中國唐末以降的佛教，根本就是建立在禪宗的基礎上，因而在《淨土聖賢錄》中所收錄的禪者，其事蹟固然很多，但律學者、天台學者、華嚴學者修持念佛的行業亦復不少。

從智旭文獻中所顯示的當時佛教，或有在年輕時研習教典，上了年紀後則汲汲於主張念佛為緊要[96]。另外，也有人主張利根的人，應該讓他參禪；愚鈍的人，應該讓他修念佛行[97]。但是，智旭對這些見解卻不以為然而難以贊同。他是以禪、教、律的合論為基礎，宣揚禪淨不二的思想[98]。他尤其服膺於永明延壽的主張[99]，因而將淨土念佛之行擺在參禪打坐之上。

從智旭的〈合刻彌陀金剛二經序〉中看起來，世尊的一代經教之中，就大乘而言，以《華嚴經》為首，其次《寶積經》、《大集經》、《般若經》乃至《法華經》為止，都是強調導歸阿彌陀佛的極樂世界[100]。所以，淨土教的念佛法門是最高深的法門，而念佛就是參禪觀[101]，也是無上的深妙禪定[102]。抑有進者，念佛是超越於一切禪、教、律的法門，也是統攝一切禪、教、律的法門[103]。

因此，智旭特意引述憨山德清之貶抑禪宗以舉揚淨土。而且他對永明延壽的所謂「有禪無淨土，十人九錯路」的見解，加以修正為「奚止十人九錯，敢保十一個錯」[104]用以強調；也就是說，如果不信淨土教的念佛法門，縱使修行禪觀也絕對是無濟於事的。究其實際，在明末的佛教界尊重淨土念佛，確是一般常情。

列舉一下明末佛教界的代表人物，在彭希涑的《淨土聖賢錄》中所收錄的明末念佛僧，計有：象先真清、幽溪傳燈、雲棲袾宏、憨山德清、蕅益智旭、新伊大真（一五八〇—一六五〇）、見月讀體、堅密成時等三十餘人。不過，如果沒有關於念佛思想方面的著作，縱然修行念佛，亦不會名列《淨土聖賢錄》的排行。因為這樣的道理，此即所謂明末的佛教，實際上就是以淨土教為中心的佛教，當亦不為過。

腐敗的瑜伽僧　衡諸智旭對於習瑜伽者、營福業者、雲遊者、務農者等這四類僧眾，所加的評論，最應該受批判的就是瑜伽僧。從明初洪武二十四年（一三九一）[105]，直到明末的智旭時代，於此瑜伽僧佛教社會的諸般問題，仍未獲得解決。由智旭所斥責的「戲習」或違犯「禁儀」、「穢褻不堪」、「同兒豎戲」、「優倡」等狀態來考量[106]，當可想像其腐敗程度之深。

七、明末的居士佛教

明末的居士佛教人士　居士者，是梵文gṛhapati的譯語，在印度的四姓中，是指從事商工業的毘舍族（Vaiśya）家主的稱呼。但在中國則指學德清高的仕官人士，與處士是同義詞。在佛門中，皈依佛陀受戒的在家人，即稱居士，以下所論述的就是有關明末時期的居士。

清代的名居士彭際清（一七四〇—一七九六），在他五十六卷的《居士傳》中，從第三十七卷直到五十三卷，都是明朝的居士傳記。但是從明初到中明的居士人數，僅有洪武年間（一三六八—一三九八）的宋景濂（一三一一—一三八一）、景泰年間（一四五〇—一四五六）的劉祖庭、正德年間（一五〇六—一五二一）的萬民望，以及嘉靖年間（一五二二—一五六六）的李文進等四人而已。此外，雖然也有六十七人的正傳與三十六人的附傳，但這些合總起來的一〇三人，是從萬曆年間直到明朝滅亡（一五七三—一六六一）期間中活躍的在家學佛之人。而且居士佛教的開展與明末僧眾佛教的復甦，其所呈現的像狀，大致是相同的傾向。

明末居士的人數，其所以呈現急遽增加的原因之一，是因為王陽明學派對於佛教信仰的接近；另一種原因是，明末的四位大師極力提倡三教同源說的結果，使得儒教學者和道教學者，轉身傾向佛教的人相當多。例如《二通》的著者名居士趙大洲（一五〇九—一五八二），他是袾宏的外護者；〈樂邦文類序〉的著者嚴敏卿，原本也是儒教學者。另有王陽明的再傳弟子李卓吾與焦弱侯，他們兩人在明末學術界是極富影響力的學者，即在佛教界，智旭為《論語點睛》的儒書作註釋時，都常引用李卓吾的《四書評眼》；另在憨山德清的《觀老莊影響論》，也曾引用焦弱侯的《老子翼》。李卓吾的弟子，有袁宗道

（一五六〇—一六〇〇）、袁宏道（一五六八—一六一〇）、袁中道（一五七五—一六三〇）三兄弟，其中袁宏道的《西方合論》，是頗負盛名的淨土教名著。

另有道教出身的袁了凡[107]，自從參謁雲谷法會（一五〇〇—一五七九）之後，依三教同源說作基礎，撰製了《功過格》。更有《指月錄》的著者瞿汝稷[108]，他曾與曾乾亨、傅光宅、唐文獻、曾鳳儀、徐琰、于立玉、吳惟明、王宇泰、袁了凡等九人，共同發願雕刻由真可推動的方冊本《徑山藏》，並傾全力以襄其成。這九個人之中的曾鳳儀曾著有《楞嚴經宗通》十卷，王宇泰則與《成唯識論證義》（一六一三作成）的著者王肯堂是同一人。

上述明末的學者之中，名書家董元宰（其昌，一五五五—一六三六），是參謁於真可及其弟子密藏的名居士。此外，尚有蓮池袾宏的在家弟子唐宜之、蕅益智旭的外護者程季清。

錢謙益與明末四大師　另外，還有趙凡夫、王弱生、朱白民、黃子羽，以及《金湯徵文錄》的著者姚孟長（？—一六三二）等名居士，他們雖然都是錢謙益（牧齋，一五八二—一六六二）的知己好友，但只有錢謙益的傳記在《居士傳》中並無載錄。這可能是因為他在明朝滅亡之後，又仕官於清朝做了禮部右侍郎，擔任《明史》的編輯工作。

於歿後百年，其著書遭到乾隆帝（一七三六—一七九五）查禁，把他的名字從清代所作成的史書中，全部剔除。準此事實，在彭際清的《居士傳》，才把他的傳記棄置而未予載錄，大體上想係如此。不過在《明史》卷三〇八、《列傳》一九六〈奸臣列傳〉的周延儒和溫體仁傳記中，有關錢謙益的記事卻相當多。

縱然如此，錢謙益畢竟是明末的名學者，他的《列朝詩集》、《牧齋初學集》、《牧齋有學集》等文集，在中國文學史和文化史上都是頗負盛譽的名作。關於佛教方面的著作中，他晚年的作品《楞嚴經疏解蒙鈔》是一部非常有學術價值的佳作。他亦與明末四大師之間，互相有很深厚的因緣，例如在他的〈八十八祖道影傳贊附三大師傳贊序〉作品中，即曾自述謂：

余於三大師，宿有因緣。雲棲（袾宏）曾侍巾瓶，海印（德清）親承記　，而紫柏（真可）入滅之歲，夢中委受付囑。（《卍續藏》一四七卷，四九九頁D）

依此當可明瞭，他是袾宏和德清的在家弟子，是可以肯定的；但於真可來說，雖然不是弟子，卻在真可入滅之後，曾在夢中給予付囑，因而編輯了《紫柏尊者別集》四卷。

智旭雖比錢謙益年幼，但錢謙益在《楞嚴經疏解蒙鈔》卷首之一裡，即對智旭有所論述⑩⑨。這部《解蒙鈔》的著作年代，因為是從辛卯到丁酉的七年之間（一六五一—一六五七）所完成，可能智旭尚未及見到此書。但在智旭的晚年，亦即五十六歲（一六五四）冬季，由〈寄錢牧齋〉和〈復錢牧齋〉兩封書簡⑪⑩來考究，他與錢氏之間具有很親密的友情，應該確是事實。

居士佛教的特色　明朝末年的居士佛教相當地盛行，所以與智旭的書簡往還甚為頻繁，藉以授受法語開示，並以問答方式請示法益的居士約有七十四人以上。其中除錢謙益之外，在《居士傳》和《淨土聖賢錄》載列名字的，只有唐宜之與程季清兩人而已。

談到對居士頗有影響的人物，其他還有如儒教陽明學派的李卓吾、焦弱侯；以及佛教的雲棲袾宏、憨山德清、紫柏真可、雲谷法會、高原明昱、徧融真圓、博山元來、聞谷廣印、一雨通潤（一五六五—一六二四）等人。此外，袾宏的再傳弟子古德、真可的再傳弟子密藏等人，相信也都很有影響力量。其中，最能發揮影響作用的就是雲棲袾宏⑪⑪。

在明末居士之間所流行的修行方法，除了念佛之外，血書經典的風氣也很盛行。他們經常講述的經典有《金剛經》、《法華經》、《華嚴經》、《唯識論》、《起信論》等，尤其是《楞嚴經》，在當時是最受喜愛的經典。

另在元明交替之際，士大夫的文章中，儒書與佛典並陳兼用非常多[112]。縱然如此，這並不表示他們對佛教具有何種程度的信仰；又有自稱居士者，未必即已皈信佛教。即使對佛法有信仰的居士，如果要他否定原本的儒學基礎，也是絕對辦不到。因此，與他們有書簡往還、討論佛法的高僧，以儒學的知識為佛法作媒介的情形很多。有關這中間的經過事體，在智旭的作品中常有所顯現。例如〈答唐宜之二書〉、〈致知格物解〉[113]等書文之中，都是儒佛並論，用以解釋佛教的真實義。特別是智旭的〈儒釋宗傳竊議〉[114]論文，其性質在此一層面上尤其極具代表性。

註釋

❶〈示靖開〉的法語。（《宗論》二，二卷一五頁）

❷參閱朱熹〈補《大學》格物致知傳〉。

❸（A）〈示夏蓋臣〉法語。（《宗論》二，四卷一四頁）
（B）〈示馬太昭〉法語。（《宗論》二，五卷一九頁）

❹〈與行恕〉書簡。（《宗論》五，一卷二三頁）

❺同上。

❻錢穆《國史大綱》下冊五八三頁，〈顧憲成條〉：「念頭不在世道上，即有他義，君子不齒。」（台灣商務印書館出版，中華民國四十五（一九五六）年）

❼荒木見悟著《明代思想研究》。（〈智旭思想と陽明学派〉，三五四—三七一頁，創文社，昭和四十七年（一九七二））

❽《宗論》四，二卷九頁。

❾明代朱時恩輯《居士分燈錄》。（《卍續藏》一四七卷）

❿明代夏樹芳輯《名公法喜志》。（《卍續藏》一五〇卷）

⓫〈儒釋宗傳竊議〉。（《宗論》五，三卷一五頁）

⓬參閱《陸象山全集·與朱元晦書》。

⓭智旭心目中，認為儒教的聖人，只有孔子與顏回二人而已。

⓮〈示范得先〉的法語。（《宗論》二，五卷一頁）

⓯〈示李剖藩〉的法語。（《宗論》二，四卷一四頁）

⓰常盤大定《支那における仏教と儒教道教》，四六六—四七〇頁。

⓱《明代思想研究》，八一頁。

⑱（A）陳垣《南宋初河北新道教考》，中華書局重印本，一九五七年。
（B）窪德忠〈中国の宗教改革——全真教の成立——〉，《アジアの宗教文化》2。（法藏館，昭和四十二年〔一九六七〕十二月十日第一刷發行）
（C）常盤大定《支那における仏教と儒教道教》下第四章九及第十項介紹全真教。

⑲《清淨法行經》是失譯的疑偽經。最初在《出三藏記》第四〈法經錄〉、〈三寶紀〉等見其經目。但在僧順的《三破論》（《大正藏》五二卷，五三頁B—C）及北周道安的《二教論》（《大正藏》五二卷，一四〇頁A）都曾引用《清淨法行經》云：「佛遣三弟子，振旦教化。儒童菩薩彼稱孔丘，光淨菩薩彼稱顏淵，摩訶迦葉彼稱老子。」所示。

⑳《紫柏老人集》卷四。（《卍續藏》一二六卷，三四八頁D）

㉑《宗論》五，三卷一四頁。

㉒《大正藏》五二卷，一—一七頁。

㉓《大正藏》五二卷，六四八—六六二頁。

㉔《大正藏》五二卷，六三七—六四六頁。

㉕《大正藏》五二卷，七八一—七九四頁。

㉖《憨山老人夢遊集》四十五卷。（《卍續藏》一二七卷，四一二頁B—C）

㉗〈儒釋宗傳竊議〉。（《宗論》五，三卷一四頁）

㉘ 陳垣《開封一賜樂業教考》。
㉙ 拙著《基督教之研究》，二一三頁。
㉚ 徐宗澤編著《明清間耶穌會士譯著提要》，一四頁。
㉛ 梁啟超著《中國近三百年學術史》。
㉜ 此據《明清間耶穌會士譯著提要》，三四九—三八五頁。
㉝ 參閱《明清間耶穌會士譯著提要》，三六七頁。
㉞ 參閱同上書，三七二頁。
㉟ 王豐肅與義大利人高一志是同一人。
㊱ 謝務錄與葡萄牙人曾德昭是同一人。
㊲ 此一事件平息之後，王豐肅改名為高一志，謝務錄則改名為曾德昭，並又回到中國內地，從事他們的傳道生活。
㊳ 參閱《明清間耶穌會士譯著提要》，三七一、三八一頁。
㊴ 參閱同上書，三五八頁。
㊵ 參閱陳垣著《重刻辯學遺牘》。
㊶ 陳垣著《清初僧諍記》卷一，雖有：「居士鍾始聲，崇禎間曾輯《闢邪集》攻天主教，後為僧，名智旭。」的記載，但其實作成《闢邪集》時的智旭，已是四十五歲的高僧，顯見陳垣的筆誤。

㊷ 請參閱〈天學初徵〉一難至十二難。（一—四頁，駒澤大學藏本）

㊸ 參閱〈天學再徵〉第二十難。（一三—一四頁，駒澤大學藏本）

㊹ 參閱〈刻闢邪集序〉。

㊺ 《楞伽經義疏》卷三：「如近世天主邪教，計有天主，無始無終，能生萬物。若奉天主，則能生天，永受天樂，亦其類也。」（《卍續藏》二六卷八一頁A，另在同疏卷八也有所敘記）

㊻ 陳垣著《釋氏疑年錄》卷十，三七〇頁論述：「蓋明自宣德以後、隆慶以前，百有餘年間，佛教式微已極。萬曆以來，宗風稍振。」

㊼ 明末四大師是雲棲袾宏、紫柏真可、憨山德清、蕅益智旭四位。

㊽ 參閱印順法師著《教制教典與教學》。（七八頁，台北出版，中華民國六十二〔一九七三〕年二月）

㊾ 《釋氏稽古略續集》卷二述及：「顯密之教，軌範科儀」和「瑜伽之教，顯密之法」。（《卍續藏》一三三卷，一二八頁B—C

㊿ 《釋氏稽古略續集》卷二〈申明佛教榜冊〉的十條制令中，有關瑜伽僧的部分占有七條，因此相信此一命令的主要對象，或許即指瑜伽教師。

51 參閱〈水陸大齋疏〉。（《宗論》七，四卷一三頁）

52 拙著《佛教制度與生活》。（一六九頁，台灣佛教文化服務處出版，中華民國五十二年〔一九六三〕）

53 〈水陸大齋疏〉。（《宗論》七，四卷一三頁）

54 (1)《宗論》二，一卷二頁。(2)《宗論》二，三卷一〇頁。(3)《宗論》二，五卷二〇頁。

55 《華嚴經疏》卷二：「第二敍西域者，即今性相二宗，元出彼方，故名西域。謂那爛陀寺，同時有二大德，一名戒賢，二名智光。」（《大正藏》三五卷，五一〇頁B）

56 在《證道歌》有：「入海算沙徒自困。」（《大正藏》四八卷，三九六頁C）

57 《大正藏》四八卷，三九五頁C。

58 《大乘起信論裂網疏》序：「乃後世講師，輒妄判曰：天親造識論，是立相始教；龍樹中論，是破相始教；馬鳴起信，是終教兼頓，並未是圓。嗚呼！其不思甚矣！」（《大正藏》四四卷，四二二頁B—C）

59 有關宗通與說通之說，參閱《楞伽經》卷三。（《大正藏》一六卷，四九九頁B—C）

60 在〈預祝乾明公六十壽序〉：「顧所私淑，則雲棲之戒，紫柏、六祖之禪，荊溪、智者之慧也。」（《宗論》八，二卷一五頁）

61 《紫柏尊者別集》卷一。（《卍續藏》一二七卷，四六頁B）

62 《成唯識論觀心法要》卷七及卷十。（《卍續藏》八二卷二九五頁A，及八二卷三四八頁C）

63 參閱《八識規矩頌直解》。（《卍續藏》九八卷，三〇七頁A）

64 《卍續藏》一三九卷，四頁A—B。

❻❺《卍續藏》一四四卷。
❻❻《卍續藏》一四五卷。
❻❼《宗論》五，二卷二〇頁。
❻❽《宗論》五，三卷一七頁。
❻❾拙作〈智旭の著作にあらわれた人々の系譜〉、《印度学仏教学研究》二二，一卷二八九頁。
❼⓿《宗論》五，三卷一一—一三頁。
❼❶參考渋谷亮泰著《昭和現存天台書籍総合目錄》卷上。
❼❷蔣維喬著《中國佛教史》四卷，四六頁。
❼❸《宗論》二，一卷九頁。
❼❹《宗論》一，一卷一三頁。
❼❺《宗論》四，一卷一頁。
❼❻《宗論》二，三卷一〇頁。
❼❼《宗論》二，一卷一三頁。
❼❽《宗論》二，一卷一四頁。
❼❾《宗論》二，一卷八頁。
❽⓿《宗論》二，二卷八頁。

❽❶ (1)《宗論》二，四卷八頁。(2)《宗論》二，五卷一八頁。

❽❷《宗論》卷首三頁。

❽❸《宗論》二，五卷三頁。

❽❹ 幽溪傳燈的門下之中，只歸一受籌一人，留傳有《毘尼事義集要跋》。（《卍續藏》六三卷，一六五頁A—C）

❽❺《宗論》五，二卷一八頁。

❽❻ (1)《宗論》一，二卷九—一〇頁。(2)《宗論》一，二卷一四頁。(3)《宗論》一，三卷七頁。(4)《宗論》一，三卷一一頁。

❽❼ (1)《宗論》七，二卷一七頁。(2)《宗論》四，一卷一七頁。(3)《宗論》五，三卷二三頁。

❽❽《宗論》一，二卷九頁。

❽❾〈禮大悲懺願文〉，宗論一，二卷一〇頁。

❾⓪〈祖堂結大悲壇懺文〉中有：「智旭今猶墜廁人，身口耳鼻，皆陷糞中。」（《宗論》一，四卷八頁）

❾❶ 參考〈與見月律主〉。（《宗論》五，二卷一九頁）

❾❷ 參考〈為大冶〉的開示。（《宗論》四，一卷一九頁）

❾❸ 參考〈樵雲律師塔誌銘〉。（《宗論》八，三卷一頁）

❾❹同註❾❶。

❾❺〈答茂林律主〉。(《宗論》五，一卷三頁)

❾❻〈示萬韞玉〉的法語。(《宗論》二，一卷七頁)

❾❼《梵室偶談》。(《宗論》四，三卷七頁)

❾❽在〈答卓左車彌陀疏鈔三十二問〉的書簡中，曾引用中峰明本的言句：「禪者淨土之禪，淨土者禪之淨土。」(《宗論》三，一卷七頁)

❾❾在永明延壽的〈神棲安養賦〉中有：「無禪有淨土，萬行萬人去，有禪無淨土，十人九錯路。」

❶⓪⓪《宗論》六，四卷一六頁。

❶⓪❶參考〈念佛即禪觀論〉。(《宗論》五，三卷七頁)

❶⓪❷參考〈示念佛法門〉。(《宗論》四，一卷一二頁)

❶⓪❸參考〈西方合論序〉。(《宗論》六，四卷六頁)

❶⓪❹參考〈歙西豐南仁義院普說〉。(《宗論》四，一卷七頁)

❶⓪❺參考《釋氏稽古略續集》卷二的〈申明佛教榜冊〉。(《卍續藏》一三三卷，一二七頁D—一二八頁D)

❶⓪❻(A)在〈禮大悲懺願文〉中為習瑜伽者，祈願革除戲習、守護禁儀等。(《宗論》一，二卷一〇頁)

(B)在〈前安居日供圖文〉中有：「密部大威神，飜成世流布。穢襍不堪聞，幾同兒豎戲。」(《宗論》一，二卷一四頁)

(C)在〈滅定業咒壇懺願文〉中有祈願「優倡瑜伽，盡轉而為三昧授受之神僧」。(《宗論》一，三卷一一頁)

107 有關袁了凡的生歿年代資料，在《居士傳》卷四十五、《卍續藏》一四九卷四八三頁C，以及〈居士傳發凡〉中所敘述的撰著年代，是與《卍續藏》一四九卷三九六頁D加以對照之後，所作的考量。

108 《居士傳》卷四十四。(《卍續藏》一四九卷，四七九頁B—四八〇頁C)

109 《卍續藏》二一卷，三頁D。

110 《宗論》五，二卷二〇頁。

111 這是依據《居士傳》的資料，加以整理的。

112 參閱《居士傳發凡》。在《卍續藏》一四九卷三九六頁B有：「元明士大夫之文字，類多出入儒佛。亦必其行解相應，始堪採擇，否則祇成戲論，何足數也！」

113 (1)《宗論》五，二卷一八頁。(2)《宗論》四，三卷二〇頁。

114 《宗論》五，三卷一三—一七頁。

第二章　智旭的生涯

第一節　智旭的人際系譜

一、智旭的師承關係資料

被認為是智旭之師的人物，很難直接在他的同一時代或其周邊去尋求答案。他的師承關係，必須從中國漫長的佛教史上去搜索。這種情形，在智旭本人的性格上，的確也很具此傾向。因為智旭所主張的不是執著一宗一派的宗派佛教，而是亟圖完成一種諸宗融合的統一佛教局面。準此理念，如果有執著宗派的色彩，那麼足以做智旭之師的可能性就很渺茫了。

智旭的諸宗融合思想，可能是在他二十四歲，聽到了古德法師的「性相二宗，不許和會」❶的答示之後，認為一切佛法都應該是相通互融的，如果以為是矛盾，那不過是人為的執著知見而加以斷定之所持具的淵源而已。各宗的差別見解自古以來即有，智旭就各宗的傑出祖師之中選擇最值得尊敬的人物，做為自己私淑或崇拜的對象。在智旭的著述中，尋求他所崇仰的祖師名號，以編年的順序，可以列舉如次的四種資料：

〈閱律禮懺總別二疏〉 在此一文獻中，有如次的敍述：

優波離大師，願得最上律儀。迦葉、阿難尊者，及翻譯受持諸大法師，願遊化無礙，兼供達觀可大師，報刊行大藏，重振僧風之德。蓮池宏和尚，報遺規私淑之恩。憨山清師祖，報初緣發心，夢中攝受之德。雪嶺峻師，報剃度之恩。古德賢法師，報證明學戒之德。無異䂬禪師，報勸讚付梓之緣。（《宗論》一，一卷一五頁）

這是智旭在三十二歲時所撰著。當時的他，正是特別對戒律學深致心力的時刻，因此這項資料所列舉的人名，也都是以與戒律有關的人士為中心。通常，一般對於世尊的三大弟子，都以迦葉、阿難、優波離（在禪宗）為順序，而在此卻以優波離為先的原因，是表示對戒律的尊重。另引文中的達觀真可的重振僧風，也是指對戒律而言。至於蓮池袾宏所說的遺規，是指比丘戒。

智旭在二十五歲的冬天，曾在杭州雲棲寺以古德賢法師為阿闍黎，雖在袾宏的像前頂受了四分比丘戒本，但他的剃度師雪嶺峻師卻是憨山德清的直系弟子，也是與律有關的人物。此外，智旭在三十二歲時撰作的《毘尼事義集要》八卷，是獲自博山大艤無異禪師的建議才得以出版，這部著作也是以弘揚戒律為宗旨的。

〈禮大悲懺願文〉❷ 這是智旭三十四歲時的文獻，此中對他所崇拜的三寶內容曾有詳細的敍述，製表列示如次：

佛寶	法寶	僧寶	
		菩薩僧	祖師僧
盧舍那佛	梵網經	觀世音菩薩	摩訶迦葉
釋迦牟尼佛	大涅槃經	大勢至菩薩	優波離
千光王靜住佛	大悲心陀羅尼	總持王菩薩	阿難
九十九億殑伽沙佛	悉怛多般怛羅神咒	日光菩薩	一切聲聞緣覺賢聖僧
正法明佛	滅定業真言	月光菩薩	初來震旦摩騰
十方三世諸佛	顯密一切經藏	寶王菩薩	初來震旦竺法蘭
		藥王菩薩	初往西乾法顯
		藥上菩薩	淨土教主慧遠

華嚴菩薩	求見舍利康僧會
大莊嚴菩薩	禪宗達摩
寶藏菩薩	天台智者
德藏菩薩	法相宗玄奘
金剛藏菩薩	清涼澄觀
虛空藏菩薩	會歸宗鏡永明
彌勒菩薩	重振宗風達觀
普賢菩薩	私淑戒法雲棲
文殊師利菩薩	現夢接引憨山
十方三世一切菩薩	

依據上表所列，智旭心中的理念依據，是以《梵網經》、《涅槃經》、〈大悲咒〉、〈首楞嚴咒〉等為中心的；更可了解，尤其是以四明知禮的《大悲懺》做為修持的準據。這裡所提到的祖師僧，與他三十二歲時的資料中所見到的祖師僧，兩相比較的結果，前者又加上了摩騰、竺法蘭、法顯、慧遠、康僧會、達摩、智者、玄奘、澄觀、永明等十位。其實這十位大德，指的是他在三十二歲時，所敘述「翻譯受持諸大法師」。當時的智旭，雖然說是已經閱讀律藏達三遍❸，但於整體《大藏經》的閱讀，才只

不過千餘卷而已❹。智旭本身的佛教思想也尚未臻成熟的程度，可以說還是在諸宗統一的路途上奔波。特別是他所研究的人物，包括東來傳法之士及西行求法之士，甚至淨土、禪、天台、法相、華嚴等各宗的創立者，乃至倡導諸宗融合者——永明等。他在這些人士之中，並未採擇華嚴宗三祖的法藏❺，卻是以四祖澄觀做為華嚴宗的代表人物。

〈十八祖像贊並序略〉❻這是智旭對十八位祖師僧的評贊，在此特別作一圖表，介紹十八位祖師，以及他所評贊的內容：

序次	十八祖名	智旭的評贊內容
1	西土受佛付囑，大迦葉尊者	拈花領微旨，結集印真傳。三藏急先務，舍利憑人天。閻浮第二師，裕後亦光前。
2	西土持毘尼藏，優波離尊者	戒是佛真身，律是僧父母。正法賴此存，人天均恃怙。
3	西土傳持法藏，阿難陀尊者	除病不除法，點鐵便成金。如何生盲類，捨此復他尋？離經墮魔說，執石強作琛。楞伽金剛印，祖意良可欽。
4	初來東土，迦葉摩騰尊者	堂堂震旦境，久已蒙佛影。猶俟千餘年，正法乃昭炳。
5	竺法蘭尊者	

6	初至江南建舍利塔，康僧會尊者（？—二八〇）	無量戒定慧，莊嚴清淨身；堅固不可壞，應物現奇珍。
7	東土初受具戒，朱士行沙門（二〇三—二八二）	甘露獲先嘗，沙門稱首出。況復登座王，忍衣慈為室。發足始西遊，獲得希有帙。
8	蓮社始祖，慧遠法師（三三四—四一六）	念佛三昧寶，圓頓法中王。挺生神聖士，勇猛獨承當。香象截流度，擣丸集眾香。大德矜細行，禪律咸舒光。
9	初往天竺求律，法顯沙門	惠我毘尼燈，照我千年室。讀傳憶深恩，血淚如泉滭。
10	東土禪宗初祖，菩提達摩大師	廓然無聖諦，楞伽印分明。……（中略）哀哉五葉後，宗說還分爭。
11	天台教主，智者大師（五三八—五九七）	權實窮奧旨，歸宗在法華。四辯霔妙雨，兩足嚴大車。止觀傳心印，玄文伏偏科。
12	慈恩教主，玄奘法師（六〇二—六六四）	五位百法門，數句非數句。欲悟真圓融，那得廢行布。
13	密教初祖，金剛智灌頂國師（六六九—七四一）	顯密二種教，各具四悉檀；顯或可擬議，密更難仰鑽。授受有祕印，成就須淨壇。稽首灌頂師，懷道來真丹。圓頓超言象，雲物聊示端。
14	清涼教主，澄觀國師（七三八—八三九）	十玄啟深奧，六相明圓融。性相既非二，生佛豈異同。……（中略）宗說分復合，乘戒替還隆。

15	會歸《宗鏡》，永明大師（九〇四—九七五）	法法本唯心，何同復何異。哀哉罔殆流，執語迷實義。各隨偏計情，爭立我人幟。吾師集大成，萬善歸同智。
16	得戒和尚，雲棲大師（一五三五—一六一五）	制作似孔周，謙退如臨淩。悲予發心遲，弗獲親慈訓。稽首奉遺容，願作蓮邦胤。
17	刻書本藏，紫柏大師（一五四三—一六〇三）	僧風久不振，挺生大聖賢。……（中略）深知教外旨，終藉文字傳。創刻方冊藏，助顯直指禪。
18	夢中接引，憨山大師（一五四六—一六二三）	氣宇似王者，筆陣若江濤；宗教任遊戲，真俗隨逍遙。

這項〈十八祖像贊〉的製作年代，雖然無從查悉，但就其所評贊的內容來考證，可能是智旭晚年的述作。但是，與他在三十四歲時的撰作所表達的十六位祖師相比較，只增加了朱士行和金剛智而已。這是研究十八祖時，須特別留意的。此外，對西土三尊者的順序，也與智旭三十二歲的文獻不同，這是表示他的思想已趨成熟的一項證據。

不過，關於評價這十八位祖師的理由，智旭雖曾說過「每事止宗一人」❼這句話，但未必就與智旭的教學思想沒有關聯。其所以決定這十八位祖師的數字，也受到十八尊者和十八羅漢的影響。他在三十四歲時曾選定過十六位祖師，也是受到十六尊者和十六羅漢的影響。此外，在德清的《夢遊集》卷三十四，因為也有〈十八尊者贊〉和〈十六尊者應真圖贊〉❽，智旭可能是依據這些因素，從而撰成了十八祖的像贊。

從這篇〈十八祖像贊〉中所表顯的智旭思想內涵，依據上述的各項考證歸納起來，當如以次的五項：

(1)駁斥不立文字　智旭對禪宗的不立文字，採取強硬的反對立場是很明顯的。在他的看法，摩訶迦葉雖是禪宗的印度初祖，猶且主持結集三藏教典的重任。正因為稍離經典，就恐怕落入魔說，才有東土的初祖達摩與五祖弘忍，不亦各自猶以《楞伽經》和《金剛般若經》來印心嗎？這是智旭的主張。實際上禪宗自從分為五派之後，長久以來都是在離言之宗和依言之教間論爭不休。

(2)禪、教、律的並重　智旭之所以對禪、教、律三者都加以重視，就內容方面有如次的想法。是即：守持戒律才是保守佛身，進一步才依僧團的生活規則去實踐正法，並能加以弘揚。從而由於戒律的實行，才能使得佛法僧的存續綿延不斷。這就是淨土教的慧遠、華嚴四祖澄觀，以及《宗鏡錄》集大成者的延壽，乃至明末的雲棲袾宏、達觀真可等碩德，無一不是嚴守戒律之士。

(3)性相融會　智旭主張性相融會，他認為無差別的法界，就是法性；而有差別的法界，就是法相。如果得以悟入圓融的法界，則有差別即無差別，性與相就不該分別為二。以故，在清涼澄觀的《華嚴經隨疏演義鈔》，就常見引用禪典及法相宗的《成唯識論》等文獻。而且編輯《宗鏡錄》的永明延壽，也就因為他是統一禪、天台、華嚴、法相等各宗而成為性相融會的集大成者。所以，智旭對他們以「吾師」相稱道，足可看出其所呈現崇敬的意志。

(4)圓頓密教　從前的中國佛教學者，比較不閱讀和不接觸密教的典籍，但智旭卻遍閱一切密典，並且持以判為圓頓。不只如此，他猶以：「顯或可擬議，密更難仰鑽」的讚詞來稱道金剛智。由這一點看來，在他的感受上，密教比顯教來得更廣大深奧。

(5)念佛至上　智旭之所以把念佛法門擺在一切法門之上，可能是基於以下的觀點：天台止觀雖是圓頓法門，但念佛三昧是圓頓法中的王三昧。因此，即使沒有天台止觀，只要念佛就可以了。他認為念佛才是一切法門的首要，我們應該把這件事看作是智旭信仰佛教的最後結晶。

〈儒釋宗傳竊議〉⑨　這是智旭在五十六歲時所作成，由之當可看出在歷史上他所尊敬的人和批判的人物。茲為便於明瞭，以表列示如次：

宗派	人物		評論內容
	姓名	年代	
淨土	慧遠	三三四—四一六	造《法性論》，羅什歎其未見佛經，能知佛理。
	智者	五三八—八九七	智者大師作《淨土十疑論》。四明尊者、慈雲懺主，何嘗不以淨土行化。
	知禮	九六〇—一〇二八	
	遵式	九六四—一〇三二	
	飛錫		飛錫法師《念佛三昧寶王論》
	唯則	?—一三五四—?	天如禪師《淨土或問》
	梵琦	一二九六—一三七〇	楚石禪師《懷淨土詩》
	妙叶		妙叶法師《念佛直指》，尤於淨土法門有功。
	傳燈	一五五四—一六二七	幽溪傳燈大師《淨土生無生論》
	袁宏道	一五六八—一六一〇	袁中郎《西方合論》
	袾宏	一五三五—一六一五	雲棲大師，極力主張淨土，讚戒、讚教、讚禪，痛斥口頭三昧。
	德清	一五四六—一六二三	憨山清大師，擴復曹溪祖庭，晚年掩關念佛，晝夜六萬聲，得非蓮宗列祖乎！

宗派	人物	生卒年	說明
禪宗	達摩	?—五三五	達摩傳至六祖，乃有南嶽、青原二甘露門。門似二，道無二也。二則毒藥，非甘露也。
	惠能	六三八—七一三	
	懷讓	六七七—七四四	
	行思	?—七四〇	
	梵琦	一二九六—一三七〇	禪宗自楚石琦大師後，未聞其人也。庶幾紫柏老人乎？壽昌無明師，亦不愧古人風格。
	真可	一五四三—一六〇三	
	慧經	一五四八—一六一八	
天台	慧文		北齊慧文大師，讀龍樹《中論》，悟圓頓心宗。
	慧思	五一五—五七七	南嶽慧思大師，出《大乘止觀法門》四卷，真圓頓心要也。
	智者	五三八—五九七	天台顗大師，出三種止觀、《法華玄義》、《法華文句》，及《維摩》、《仁王》、《金光明》、〈普門品〉、《十六觀》等疏。於是教觀大備。
	湛然	七一一—七八二	五傳至荊溪，其道中興。
	知禮	九六〇—一〇二八	又八傳至四明，道乃重振。此後裂為三家，漸式微矣。
	真覺	一五三七—一五八九	台宗絕響已久，百松覺公，稱為鳴陽孤鳳，僅出《三千有門頌略解》及《楞嚴百問》耳。
	傳燈	一五五四—一六二七	幽溪繼之，一時稱盛，然唯《生無生論》足稱完璧。

法相	玄奘	六〇二—六六四	唐玄奘法師，徧遊天竺，學唯識宗於戒賢法師，盡其所知，旁搜其所未知。廣大精微，真彌勒、天親之子，釋迦文佛之遠孫也。
	窺基	六三二—六八二	慈恩基師，雖實繼之，然觀所撰《法華玄贊》，則靈山法道，恐未全知。無怪乎《唯識》一書，本是破二執神劍，反流為名相之學。
華嚴	法藏	六四三—七一二	賢首法藏國師，得武后為其門徒，聞名籍甚。疏晉譯《華嚴經》，經既未備，疏亦草略，故不復傳。所傳《起信論疏》，淺陋支離，甚失馬鳴大師宗旨，殊不足觀。
	李通玄	六三五—七三〇	方山李長者，有《新華嚴經論》，頗得大綱。
	澄觀	七三八—八三九	清涼觀國師，復出《疏鈔》，綱目並舉，可謂登雜華之堂矣。後世緇素，往往獨喜方山，大抵是心粗氣浮故耳。不知清涼雖遙嗣賢首，實青出於藍也。
	宗密	七八〇—八四一	圭峰則是荷澤知見宗徒，支離矛盾，安能光顯清涼之道。

詳細地檢討右表所列，智旭的宗派分類法，我們認為可能是受自永明延壽《宗鏡錄》的影響較多，即把整個中國佛教，分成宗與教兩種類別。宗是指禪宗的五派七流，教是指天台、法相、華嚴三宗。而且這些宗與教，都是淨土信仰之所歸趨，正因為是一切法門的極致，所以智旭才以淨土教為最上的前提之下，來處理整個佛教。另在〈十八祖像贊〉中，

他把密教的初祖金剛智的排名揚棄，可能是因為《宗鏡錄》並未涉及到密教的原因。

就上表所介紹的三十二位人名，以及他們的思想，智旭對他們的評論，當是非常重要的關鍵，故而以下將稍作引述。只是智顗、知禮、傳燈的名字，同時也見於淨土和天台兩種範疇，而梵琦（一二九六—一三七〇）也在淨土與禪宗裡重複出現，所以其實只有二十八位的名字而已。

(1)性相各別的論爭　二十八位之中，受智旭所批評的是：天台宗的傳燈、法相宗的窺基、華嚴宗的法藏、李通玄、宗密等五人。其所以違背「性相融會」和「大乘皆圓」的觀點，是因為他們忽視了這方面的一切。智旭未予認同的著作有：傳燈的《楞嚴經圓通疏》、窺基的《法華玄贊》、法藏的《起信論義記》、李通玄的《新華嚴經論》、宗密的《盂蘭盆經疏》和《圓覺經略疏註》等。這是因為天台與華嚴的性宗、唯識系的相宗，亦即所謂性相二宗的矛盾際會所致。

關於性相二宗問題，早在印度即有大乘佛教的如來藏中心及阿賴耶識中心，或是中觀派與瑜伽派的思想論爭[10]。此一形勢也為中國所承受，當時在中國的佛教，即形成了性宗與相宗對立的態勢。性相二宗其相異的明顯之處，在性宗是說「一乘是實，三乘是權」，而相宗則說「三乘是實，一乘是權」的觀點。前者被稱為一乘家，後者則被稱為三乘家。

另在佛性的有無方面，一乘家是強調「一切眾生皆有佛性」，而三乘家則以五性各別說來開示「一分無性」說。因此，天台宗當是一乘家的代表；法相宗窺基的《法華玄贊》理論，可以說是「三乘是實」的代表。應對於此，華嚴宗的法藏則把「一乘是實」和「三乘是實」，或是「一性皆成」與「五性各別」兩派思想上的矛盾，以五位教判來加以調和。

這五位教判是：

①小乘教——一切眾生皆無大菩提心。

②大乘始教——五性各別，是一分有性，而一分是無性。

③大乘終教——一切眾生皆有佛性。

④大乘頓教——眾生的佛性，是一味一相，既不說有，亦不說無。

⑤大乘圓教——眾生的佛性，具因、具果、有性、有相。

對於這五種，法藏更有如下的說示，是即：除了小乘教，單就大乘而言，《瑜伽師地論》等相宗所說，是始教；而《涅槃經》、《佛性論》、《起信論》等所說，是終教；《諸法無行經》所說，是頓教；只有《華嚴經．性起品》所說，才是圓教⓫。

可是，在智旭認為：一切大乘經典都是方等部經典，因而主張方等經典應該都可以屬於圓頓教⓬。從而，應對窺基的「三乘是實，一乘是權」之說，智旭當然便予以反對。但法藏的五教判，是以《唯識論》為大乘立相始教，以《中論》為大乘破相始教，以《起信論》為大乘終教兼頓之說，智旭對此則更為反對[13]。可見，不論是天台、法相、華嚴各宗派，凡是與他的大乘皆圓觀點相異，一律都加以論難。

(2) 智旭所尊崇的人士　既與上述情形相反，茲再列舉智旭所尊崇的人物及其著述，當如次列所述：

首先，於淨土教的關係上，有：慧遠的《法性論》[14]、智顗的《淨土十疑論》、飛錫的《念佛三昧寶王論》、惟則的《天如和尚淨土或問》、梵琦的〈西齋淨土詩〉、妙叶的《寶王三昧念佛直指》、傳燈的《淨土生無生論》、袁宏道的《西方合論》等可予認定。但其中除了慧遠的《法性論》之外，都經智旭的選定而收納在《淨土十要》裡，同時被選錄的還有：遵式的《往生淨土懺願儀》和《往生淨土決疑行願二門》、知禮的《觀經疏妙宗鈔》，雖然在〈儒釋宗傳竊議〉中未曾一見，但實際上卻是智旭最為推崇的論著。另就雲棲袾宏，雖有《彌陀疏鈔》的著作，但他所持具的念佛參究說，智旭卻不太表示贊同[15]。但他極端地推崇淨土教，也確是事實。至於憨山德清之對淨土教，雖然沒有有關的專門著作，但他是以禪者的身分而積極於念佛修行的人。

接著，於禪宗有關係，智旭經常加以論述的有：達摩、惠能、梵琦、真可、慧經等人，縱然如此，他對其他禪宗史上著名的禪宗祖師，卻甚少表達敬意。

第三，於天台宗有關，概可列舉慧文、慧思、智顗、湛然（七一一—七八二）、知禮、真覺、傳燈等七位，其中最受智旭重視的就是慧思的《大乘止觀法門》。他由智者大師的著述中，學習得來的是被視為五重玄義的註經方法，稱作五時八教的教判原則，以及名為一念三千的教學理論。除此之外，智旭從湛然處傳承得來的，雖有「十不二門」，但他特對其中的「性修不二」之說，智旭在著作中，則常加引證而予運用。再就知禮處所承受的，一切天台教學更不待言，當然亦於淨土思想有所啟迪。再就真覺與傳燈二人，對智旭的思想究竟有何影響，雖然不能明確地了解，但絕不能說是全無作用。蓋即在傳燈的《生無生論》與《阿彌陀經略解圓中鈔》二書，智旭對之確實備具好感，是可以想見的。

最後，在對法相宗與華嚴宗的關係上，他只各舉出一人，即法相宗的玄奘及華嚴宗的澄觀。於此必須注意的是，窺基的五性各別與三乘是實之說，本是出自玄奘所譯的論書，在智旭的立場是接納玄奘而非難窺基的。智旭對於玄奘所譯的《成唯識論》和澄觀的《華嚴疏鈔》的見解，為了達成其性相融會的目標，可以說是過渡時期的階段，實在是因為華嚴與法相的歷史淵源深厚，透過此一歷程，才能達到性相融會的理想境界。

在此再將先前所述的〈儒釋宗傳竊議〉、〈十八祖像贊〉加以比較，明白地可以看出其性質的差異。在〈像贊〉的立場，是就佛教史上的事件，選出一事一人為代表；而在〈竊議〉的立場，則是就各宗的思想家，加以遴選而予評論。縱屬如此，若把兩者合併起來加以考證，將可就智旭的師承關係思想源流，得以把持住著手之處。

二、智旭敬表私淑的人士

無常師．無偏師　中國佛教的僧眾姓名，由東晉時期的道安所提倡，出家眾一律以「釋」為姓，遂致成為常例。但是，自從禪宗盛行法派字號，於道法的傳承，卻代之以法派字號的陋習。

智旭應對於此，卻有其獨創的見解。他認為佛世的憍陳如、大迦葉、目犍連等都是俗名，因此法名既然不是佛世的律制，何況中國宗派所固守的法派字號，應該不是各自所主張的根據。明末的真可與洪恩的弟子，早已將法派字號的陋習廢除⑯。而智旭本人，也不願意隸屬於哪一宗派，或是虛受一個法派的字號，更或一無所有的情形亦兼而有之。據他四十三歲的資料所示，他自己說：

予自壬戌出家，於今十九年矣。學無常師，交無常友。（〈贈純如兄序〉，《宗

論》六，二卷一二頁）

從其自白，可知他不是常從一人的獨師學習，而所結交的朋友也是依時而有所更易的。到了晚年，也依然表現在〈自像贊三十三首〉的第三首與第十七首。正因為他沒有師承，所以始終堅持他「八不」的態度⑰。但智旭曾表示是「師於古，不師於今」⑱，因而在同時代的人士當中，具備堪為其師的資格者，因為尚未之見，不得已才以古人為師，而且猶不是以一位古人為師，而是主張以一切傑出的古人為師。因此，他曾指出：

予惟無所不師，故無偏師。（〈示蒼雲〉，《宗論》二，五卷四頁）

智旭固然沒有不可以師事之人，但他卻不願意以一人或少數人為師。其實，智旭所私淑的人物，為數不少。

所私淑之人的有關資料　從智旭的文獻上所見到的師，對於這些人的有關資料，可以舉出下列五點：

(1)三十三歲時的資料　在〈毘尼事義集要緣起〉的記載，如次所述：

思樂土可歸，羨蓮師而私淑。綱宗急辨，每懷紫柏之風。護法忘身，願續匡山之派。（《宗論》六，一卷一—二頁）

是即當可明瞭在淨土方面，為蓮池大師雲棲袾宏；在禪宗方面，是紫柏大師達觀真可；在護持佛法的精神方面，則是廬山慧遠，他皆表示其傾心致意。

(2)四十三歲時的資料　在〈贈純如兄序〉的短文中可以得見，智旭所參禮的人士，該是博山無異禪師大艤元來、杭州真寂寺聞谷廣印、幽溪尊者無盡傳燈等三人。此外，還有引導智旭進入佛法門庭的湛明師、剃度的雪嶺峻師、傳授沙彌戒的戒宗師、傳授菩薩戒的古德師，以及以書簡啟發而加慰勉的憨山德清等人⑲。

以上所列舉的八人之中，有傳記可以考證的，只有元來⑳、廣印㉑、德清㉒三人而已。傳燈的傳記資料非常不完整，僅《法華經持驗記》卷下㉓、《淨土聖賢錄》卷五㉔有所記載，但其生滅年代，則一概都沒有明確的記載。只有在安藤俊雄（一九〇九—一九七四）的《天台思想史》中，曾予推斷是一五五四至一六二七年而已。這是根據《法華經持驗記》中「年七十五」的記載為依憑。另外，並參考智旭的〈然香供無盡師伯文〉所述，而推測傳燈示寂的年代，為智旭二十九歲（一六二七）之年㉕，但並無湛明、雪嶺、戒宗、古德等的傳記資料。

(3)〈自像贊三十三首〉的資料　據智旭〈自像贊三十三首〉的第二十四首[26]所示，他羨慕憨山德清的法門擔當、雪浪洪恩[27]的力掃葛藤、雲棲袾宏的盛德謙光、無明慧經[28]的真參實悟、幽溪傳燈的中興台觀、顓愚觀衡[29]（一五七九—一六四六）冰霜般的節操，更願學習紫柏真可的圓妙宗教的心態。但依文中的「喚作北天目的老矻硉」文句所示，可以推斷當是智旭晚年的著作。

(4)五十六歲時的資料　在智旭五十六歲時所作的〈預祝乾明公六十壽序〉中，曾有以次的記述：

> 予生也晚，弗及受先輩鉗錘，忝為憨翁法屬。顧所私淑，則雲棲之戒，紫柏、六祖之禪，荊溪、智者之慧也。（《宗論》八，二卷一五頁）

智旭的出世年代較晚，儘管未能與先輩祖師相值遇，卻忝列憨山德清的法屬，又承受雲棲袾宏的戒法，以及六祖惠能與紫柏真可的禪法，乃至私淑天台智顗與荊溪湛然的智慧。因此，智旭不但是天台的私淑者，同時曾明白地表示，他也是戒律與禪宗的私淑者。

(5)五十二歲時的資料　智旭私淑天台宗的態度，他在〈復松溪法主〉的書簡裡，有如次的陳述：

故私淑台宗，不敢冒認法派，誠恐著述偶有出入，反招山外背宗之誚。（《宗論》五，二卷一四頁）

代表智旭時代的天台學者雖然是幽溪傳燈，但智旭對傳燈只固執天台一宗的立場態度，卻不表贊同。儘管智旭於二十五歲的春天，一度曾與傳燈面晤㉚，但他卻自忖分明，自己不是天台宗的繼承者。而且如果以為智旭屬於天台的法系，那麼他的諸宗融合的著述思想，勢將遠逾於天台的範圍，反而恐將落於山外背宗者的立場。因此，他畢竟猶未入於天台宗系的正統法派。

智旭的師承關係　以上五點文獻，所見到的智旭私淑人物，再加以他最表尊敬的人物，計有：慧遠、智顗、惠能、湛然、袾宏、真可、德清、洪恩、慧經、傳燈、廣印、元來、觀衡、古德、雪嶺、湛明、戒宗等共達十七人。除此之外，尚須列舉一人，即在

〈十八祖像贊〉中被尊稱為「吾師」㉛的永明延壽。對於他，智旭在〈自像贊三十三首〉的第一首曾指出：

憲章紫柏可，祖述永明壽。（《宗論》九，四卷一六頁）

這是引用《中庸》的「仲尼祖述堯舜，憲章文武」的文句，智旭本身以儒教的孔子自喻，而把真可比喻做周朝的文王與武王，把永明延壽譬喻為中國古代的聖君堯帝與舜帝。儒教的孔子，把堯舜文武做為政治思想的最高標竿，而智旭的心目中也把延壽與真可，做為最孚理想之師的人選。

以上所述的十八人，其與智旭的師承關係，以圖表來表示，即如左頁。

三、智旭謹表尊敬的人士

智旭曾有把中國佛教做大一統的使命感。他尊敬的人物固然很多，大部分都有他的原因。從智旭的著述中，可以見到他對他們的論評觀點，茲以年代的順序，分別予以敍述如次：

智旭（一五九九—一六五五）的師承關係表

- **淨土**
  - 護法 — 慧遠（三三四—四一六）
  - 戒 — 袾宏（一五三五—一六一五）
    - 古德 — 受戒者
    - 戒宗 — 受戒者
  - 湛明 — 引進者
- **禪** — 惠能（六三八—七一三）
  - 延壽（九〇四—九七五）— 理想之師
  - 真可（一五四三—一六〇三）— 理想之師
  - 德清（一五四六—一六二三）
    - 雪嶺（一五七九—一六四六）— 法屬
    - 觀衡（一五七九—一六四六）— 尊敬者
  - 慧經（一五四八—一六一八）— 尊敬者
  - 洪恩（一五四五—一六〇八）— 尊敬者
  - 廣印（一五六六—一六三六）— 參謁者
  - 元來（一五七五—一六三〇）— 參謁者
- **慧** — 智顗（五三八—五九七）— 湛然（七一一—七八二）— 傳燈（一五五四—一六二七）— 參謁者

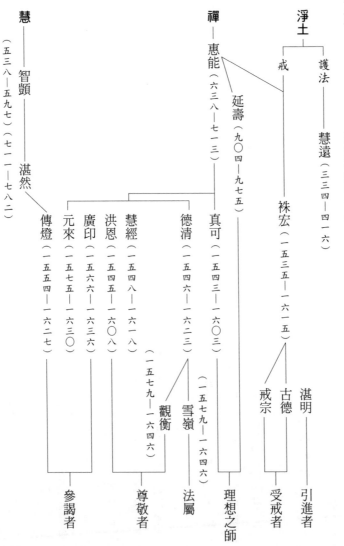

廬山慧遠　對廬山慧遠（三三四—四一六）的論評：他是結成蓮社的始祖，讚許其念佛行中的念佛三昧，是一切三昧中的最高㉜；並且，慧遠曾由念佛修行，三次見到聖像，卻並未向任何人傳述及此。這可以說是念佛人的要訣，歸納其行跡大致如此㉝。

菩提達摩　對於菩提達摩（？—五三六）的論評：他是創立直指人心、不立文字的禪宗始祖，但在授法予二祖慧可（四八七—五九三）時，是以四卷本的《楞伽經》而予印心㉞的。另外，達摩與慧可之間所行使的「安心」與「覓心了不可得」的傳說，與智旭的「現前一念心」的觀心思想極為相應，所以才給予極高的評價。在智旭整個著述中，也經常加以引用㉟。

天台智顗　對天台智者大師的評述：智顗精通戒律，常樂於禪悅㊱，悟入法華三昧，以他所說的《法華玄義》和《法華文句》為教正觀傍，而《摩訶止觀》為教傍觀正。像這樣教觀並重的學風，才沒有說食數寶之愆，所以評價他是超越於暗證無聞的禪病㊲。

牛頭法融　在智旭所私淑的人士當中，未曾列舉牛頭法融（五九四—六五七）的名字。但在永明延壽的《宗鏡錄》，卻異常重視法融的思想；而且智旭本身，從四十六歲到五十二歲之間（一六四四—一六五〇），曾先後六次卓錫於南京的牛頭山，因此他對法融的論評，認為頗有值得欽慕的心儀。智旭心目中的法融，其風格是「不涉擬議思量，不離語言文字」，因此智旭本身也甚為喜好這種禪風，從而他認為「昔年融師會裡，或曾燒火掃地」㊳。不只於此，智旭在撰作先輩祖師的像贊時，僅僅只有十題，其中即有法融的像贊㊴，其他的九題是布袋和尚契此、寒山與拾得、達摩、知禮、真可、德清、洪恩、袾宏、元來，由此當可得知其對法融的仰慕心意。

大鑒惠能　對於禪宗的六祖惠能，認為他從五祖弘忍那裡接受衣鉢真傳之法以後，又曾稟受了具足戒㊵，此即說明，縱使禪宗祖師亦須守持戒律的證據。此外，禪宗的初祖達摩與六祖惠能等諸祖，無不都以佛說的言教印心㊶，這也是說明禪教合一的明證。

荊溪湛然　對於天台的六祖湛然，讚賞他的《法華玄義釋籤》、《法華文句妙樂記》、《摩訶止觀輔行》這三部書，實在都是佛祖的慧命、眾生的眼目㊷。但他對《妙樂記》的看法，則認為「微具六朝之風氣」而「稍背時機」㊸加以反駁。

永明延壽　他是禪宗法眼系出身，但比較天台宗，更為接近華嚴宗教學思想的永明延壽，智旭對之則致以滿分的敬意。因為智旭對於唯識學有關的知識，得自澄觀的《華嚴經疏鈔》以及延壽的《宗鏡錄》之處較多㊹，智旭的性相融會論，以引導者立場而言，必當推讓永明延壽㊺。而且對於延壽淨土教的中心思想，智旭是衷心謹表贊成。再從智旭的宗教生活看來，也是歷經由禪而念佛；更由律而教學義理，最後其趨向還是歸命於淨土教的念佛。

四明知禮　這位中興趙宋天台教學的四明知禮，智旭對他之所以傾心表示敬意，並非只為天台教觀，而是知禮有關淨土教的著作《觀無量壽經疏妙宗鈔》的緣故。智旭在三十三歲時，對袾宏的淨土思想甚表傾慕，後來閱讀其《彌陀疏鈔》，卻生起幾點難以贊同之處㊻，於是反而異常重視知禮的《妙宗鈔》。對於這件事，可由以下的六點資料得以明瞭：

1.〈復淨禪〉的書簡中有：

恐《妙宗鈔》一書，尚未窮研，乞勸細細尋繹。（《宗論》五，一卷二二頁）

2.〈與周洗心〉的書簡中有：

淨土的旨全在《妙宗》一書。（《宗論》五，一卷二五頁）

3.〈寄丁蓮侶〉的書簡中有：

須將《妙宗鈔》及《西方合論》二書，深玩熟思，庶可破邪計耳！（《宗論》五，二卷六頁）

4.〈復唐宜之〉的書簡中有：

《妙宗鈔》一書，不可動一字。……（中略）《妙宗鈔》姑與人結圓頓種。（《宗論》五，二卷一〇頁）

5.〈念佛即禪觀論〉中有：

《文殊般若經》、《般舟三昧經》、《觀無量壽佛經》等，皆明此圓頓了義，而《妙宗鈔》申之為詳。（《宗論》五，三卷九頁）

6.《淨信堂初集》中有：

《梵網》一經，不可不流通。《妙宗鈔》一書，不可不處處講演。（六卷，七八頁[47]）

從這些資料看來，智旭的淨土思想，明顯地是以知禮的《妙宗鈔》為中心。《妙宗鈔》是知禮在六十二歲（一〇二一年）時所著作，主要內容就是智顗《觀經疏》的註釋，以「約心觀佛」、「蛣蜣六即」之說最是有名。

在此，就《妙宗鈔》所詮顯的義理歸納起來，以「即心念佛」一語可作總結。是即：《觀經》一部所明示的觀佛三昧，與「約心觀佛」同義[48]。此與天台智顗的《觀經疏》相比較，就其特徵而言，在《妙宗鈔》是以《起信論》的「覺義」，來解釋「約心觀佛」和「一心三觀」的心體[49]。就這一點，因為與智旭的「現前一念心」理念極為相似，智旭才把《妙宗鈔》由淨土諸書中摘錄出來，並且推崇為淨土教中的首要文獻。

雲棲袾宏　智旭對雲棲袾宏既有讚頌之處，也有批評之點。先就讚頌之處，揭示如次的資料中：

1.在〈十八祖像贊并序略〉中有：

專修淨土，敦尚戒律，不拈機緣，不稱方丈，不崇殿閣，不侈衣食，以平易老實，力挽浮風。（《宗論》九，四卷一三頁）

2.在〈雲棲和尚蓮大師像贊三首〉中有：

慈心濟物，梵行明功。追踪往哲，啟廸群蒙。彌陀一句，橫亘竪充。禪關把定，永鎮魔風。（《宗論》九，三卷一二頁）

由此讚頌中可見，袾宏非但是一位淨土行的專修者，同時對於戒律、教義、禪道也是樣樣精通的高僧。而且對於僧團內部的拈機緣、稱方丈、崇殿閣、侈衣食等靡亂的風氣，也盡心竭力地從事矯正；對於民眾的社會福利事業，也無不全心致力去興辦。

另一方面，袾宏把禪宗的智徹禪師所創的參究之說，將之引導歸向淨土教，而強力地主張淨土也須參究[50]。智旭應對於此，則以「淨土之禪，本不須參究」[51]來加以反駁。此外，對於袾宏把念佛分為稱名的事持與體究的理持兩者，認為於圓解不能一致，也表示甚為不滿[52]。

另對袾宏的《梵網菩薩戒經義疏發隱》，智旭則表示如次的論評：

我蓮池和尚，始從而為之發隱，此其救時苦心，誠為不可思議。特以專弘淨土，律學稍疏，故於義疏，仍多闕疑之處。（〈梵網經合註緣起〉。《卍續藏》六〇卷，三一〇頁A）

綜上所列，蓋即智旭心目中所見到的袾宏，雖是兼修禪、教、律，但他的專門修持仍是淨土教。儘管袾宏曾有《梵網菩薩戒經義疏發隱》的撰作，依然尚有多項疑問猶未獲得明確的解答，故而才加以批評。

達觀真可　紫柏大師與延壽智覺二人，都是智旭的理想之師，因而對於真可，智旭表示相當地尊敬之意。例如他在四十六歲時作成的〈贈石淙掩關禮懺占輪相序〉中，就有：

近代傳孔顏心法者，惟陽明先生一人。傳佛祖心法者，惟紫柏大師一人。旭生也晚，習儒時，不得親炙陽明，後學佛，不得躬承紫柏。（《宗論》六，三卷一一頁）

智旭年輕時是儒家出身，後來才歸入佛門。他最為推崇的明朝學者，在儒教方面是王陽明；在佛教方面，則是達觀真可。遺憾的是，智旭出世較晚，未能及時直接受教於這兩位大師。而且智旭在五十四歲時所撰作的〈白法老尊宿八袠壽序〉中，有關真可的事體記之如次：

予每謂紫柏大師，重繼永明芳軌，宗說俱通，解行具足。撤性相之藩籬，指歸一轍；懲禪講之流弊，導使尋源。……（中略）今天下宗主，能如紫柏之徹法源底乎？今天下法主，能如紫柏之會通差別乎？今天下律主，能如紫柏之頭陀勝行乎？（《宗論》八，二卷一四頁）

在此，智旭再度把真可與永明延壽相提並論，在佛教史上其無條件地之所尊敬的人物，只有宋初的延壽與明末的真可而已。因為這兩位大德才真正是禪、教俱通，理解與實踐兼具，從而排除性宗與相宗的藩籬，導向一個心性的軌轍。而且在明末時期的佛教界，依智旭的斷定，一切習禪者的宗主、教學者的法王，以及持律者的律主，縱然是再優越傑出的人士，也難以與真可相提並論。

雪浪洪恩　智旭對南京寶華山的雪浪洪恩的評論，稱之為「慈恩再來」53。智旭在這裡所謂的「慈恩」，是指玄奘三藏。因為慈恩對於弘揚唯識教學的功德，而把洪恩比擬為玄奘的再世人物，這是智旭衷心所讚歎的54。除此之外，並列舉兩項實例如次：

1.〈自觀印闍黎傳〉中有：

大報恩寺，神廟間傑出二人：一為憨山大師，一為雪浪大師。（《宗論》八，一卷一四頁）

2.在〈為大治〉的茶話中有：

如壽昌禪師，深知教律之意，終不授戒說經。雪浪法師，深知禪律之意，終不提拈授戒。大會示權二律主，亦知禪教之意，終不譚宗說教。至紫柏大師，學淹三藏，果證無生，道高德厚，杲日麗天，乃一生絕不上堂，不講經傳戒。（《宗論》四，一卷一九頁）

在此所提到的雪浪洪恩，是一位傑出的法師。他在南京大報恩寺，與德清二人同在神宗萬曆年間被稱為當代的高僧。但若與禪師壽昌無明慧經、律師大會示權併合起來而言，洪恩當是法師的代表人物。智旭在此對於紫柏真可，讚歎他是「學淹三藏，果證無生」，以之與德清、洪恩、慧經等人物相比較，只有真可才是最為完璧的高僧。從而對於洪恩來說，智旭的敬意卻並非全心全意，這在他的〈自像贊三十三首〉的第二十四首有：

> 慕雪浪之力掃葛藤，不肯學其一味輕忽。（《宗論》九，四卷二二頁）

而洪恩的長處，就是性相會通與深解禪律；他的缺點，則是「一味輕忽」。從智旭的述作中所表現的洪恩，是一位明末深具影響力的高僧。但是時至今日，洪恩的著作，卻一無所見。不過在玉溪菩提庵聖行所著作的《敍高原大師相宗八要解》中，記載有雪浪洪恩從《大藏經》中，輯錄出與相宗有關的八書，即《相宗八要》55。這可能就是《相宗八要直解》的藍本。

憨山德清　儘管智旭未曾謁見德清一面，但後來由於他的剃度師雪嶺峻師的居間引介，而與德清之間有書簡的往還。另外，智旭在夢中也曾三次出現德清的影像來接引他。

從而智旭便成為德清的再傳弟子，亦即所謂法屬[56]。

由智旭所見到的德清，其風格略如次述：

予謂師，宗不宗，教不教。憂在法門，禍福寧計。掣雷奔雷，德山臨濟，密用潛行，圜中海際。知之者，謂是隻手擎天；不知者，謂是英雄欺世。誰知其甘處於非宗非教之間，不與時流同逝。（〈憨山師翁清大師像贊三首〉，《宗論》九，三卷一一一一二頁）

嚴格地說來，德清並非當時的禪宗人物，也不屬於天台、華嚴、法相三宗的任何一宗，只是獨自為護持佛教而「非宗非教」的一位實踐行者。他對接眾教化的嚴格與決心，是可以與禪宗的臨濟義玄（?—八六七）和德山宣鑒（七八二—八六五）相比擬的人。智旭對他之所以並不熟悉，是因為把德清的風格，視作英雄的見地。對智旭來說，德清曾經自謂「老朽未閱律部，於諸戒相，實未細詳」的這一點，尤須格外注意[57]。可能是智旭之成為德清的法屬，雖然已獲首肯，但就禪、教、律乃至性相融會的教學思想，之為德清的私淑者，卻未獲認同。

無明慧經　無明慧經人稱曹洞宗三十一代傳人[58]，智旭所參謁的大艤元來，以及時有書信往還的永覺元賢[59]二人，都是慧經的法嗣。在當時，智旭所尊敬的禪者只有這三位而已。智旭對於慧經的論評，指出他雖然是位嚴正的禪道宗匠，但對教義與戒律卻大有研究[60]，同時也盡心竭力於淨土教念佛信仰的實踐修行。尤其是慧經主張「念佛心即是佛」之說，與智旭的「現前一念心」[61]之說非常近似。準此，智旭之欣慕於慧經是顯而易見的。

無盡傳燈　智旭在二十五歲春季，在天台山曾參謁幽溪尊者無盡傳燈，但當時對傳燈卻持以半信半疑的態度[62]。後來傳燈示寂，智旭曾獻致若干的讚詞[63]，不過其中對傳燈卻似有非難。例如在〈自像贊三十三首〉的第二十四首中有：

慕幽溪之中興台觀，不肯學其單守一橛。（《宗論》九，四卷二二頁）

他承認傳燈確是明末一位傑出的天台學者，但對其固守天台宗的門庭界限，智旭卻不能苟從。他更在〈壇中十問十答〉的第十問答中，對於傳燈「一界現時，九界冥伏」的見解，智旭批判是：冥伏者，縱有隨具之義，即同齊彰之義，但未免意圓語滯[64]。究其原因，認為可能就是智旭在《梵網經玄義》所主張「一界既現，九界同彰」[65]。而且在傳燈的《楞嚴經圓通疏》，也評論為「殊為不滿人意」[66]。這是傳燈站在天台宗的立場，來疏釋《楞嚴經》；相對地，智旭則援引《唯識論》來解析《楞嚴經》。依此想要達成性相融會的目標，由此當可明顯地看出兩者立場的不同。

袁宏道　袁宏道雖是明末公案派的文學者，但其實際卻是鼓吹淨土教念佛法門的大居士[67]。智旭對他的《西方合論》，曾經反覆地加以介紹：

1.在〈復淨禪〉的書簡中有：

恐《妙宗鈔》一書，尚未窮研，乞勸細細尋繹。參以《十疑》、《或問》、《淨土指歸》、《寶王三昧》、《西方合論》等書，畢竟更有大豁眼處。（《宗論》五，一卷二二頁）

2.在〈與周洗心〉的書簡中有：

淨土的旨全在《妙宗》一書，縱持名不修觀，可不達四土橫豎之致乎？《西方合論》亦淨土有功之書。（《宗論》五，一卷二五頁）

3.在〈寄丁蓮侶〉的書簡中有：

須將《妙宗鈔》及《西方合論》二書，深玩熟思，庶可破邪計耳！（《宗論》五，二卷六頁）

從這三種文獻中，可以看出智旭的淨土思想，以四明知禮的《妙宗鈔》是最重要的著作。其次，才把袁宏道的《西方合論》，評論為淨土要典的第二位。在智旭所理解的《西方合論》，完全是從真實的悟門中所流露，即使一字，也未曾踏襲古人的學說，而且也絕對不是憑自己的恣意所施為。袁宏道對於天台教觀的深義，雖然並未徹底了解，卻禪機透徹，又能融貫李通玄與澄觀的思想，所以智旭讚譽袁宏道是明代唯一的居士[68]。

大艤元來　博山無異大艤元來即如先前所述，是無明慧經的法嗣。他與智旭的關係，在〈八不道人傳〉曾有說明，他是「以禪治惑，以律扶衰」[69]的人物，又是傾心於淨土教的人。可是，智旭對於元來「淨心即是西方土」的淨土詩偈，卻指責：恐被誤解為「以事奪理」，並且主張改為「西方即是唯心土」[70]。

剃度師　智旭的引導者湛明師、授予沙彌戒的戒宗師、剃度者雪嶺師、授予菩薩戒的古德師等人的有關傳記資料，全都並無發現。但依據《靈峰宗論》所述，可知如次各事：

雪嶺師是憨山德清的弟子[71]，智旭於二十七歲時，留下一封〈寄剃度雪嶺師〉的書簡[72]，三十六歲時曾有〈禮金光明懺〉願文的撰作，引述如次：

奉奉為恩師某供三寶，懺假稱悟道妄評公案之罪。妄造懺法，謗毀先聖之罪。損剋大眾錯因昧果之罪。諸如此罪，願悉消除，或不可除，願皆代受，令現前病苦，速得痊安，若大限莫逃，竟登安養。（《宗論》一，二卷一七頁）

文中的恩師者，從習慣上看來，可能是智旭的剃度師——雪嶺師。以之與〈寄剃度雪嶺師〉一文的內容互相對照看來，便能獲得充分地了解。總之，這位剃度師是犯下了「假稱悟道」的大妄語罪，而且又違犯「錯因昧果」、「損剋大眾」的盜罪之人，他的行徑稱不上是學德兼備的高僧。

智旭的晚年情節，既如上述。他對待湛明、戒宗、雪嶺、古德四人，縱然實際上確有師承的關係，真正在實質上的師承真諦，卻難以認定。

小結　應對上述列舉的人士，智旭對他們所作的評論，既如所持的見解。就智旭的師承關係概要而言，是基於存心想統一、融合整個佛教思想的願望，各就其思想意識的得當與否，明示其優劣之點，再攝受其優點，是即：

(1)在淨土方面，以慧遠、延壽、知禮、傳燈、袁宏道等的思想是所循從。

(2)在禪方面，以達摩、法融、惠能、真可、慧經、元來的思想為所遵循。

(3)在教觀方面，以智顗、湛然、延壽、真可、洪恩的見地為尊崇標的。

另外在戒律方面，智旭則以袾宏為法屬，並依從德清；而在性相融會及禪、教、律合一方面，只是尊敬延壽與真可二人而已。

四、智旭的盟友與道友

學德兼備的智旭，使得他的學德與化緣能向多方面去開展，但繼承他學統的門人，卻是很少而並不振盛；反而仰慕他的學風與德化的朋友，卻非常熱心。但就他的朋友而言，可以分成盟友與道友兩類，在盟友方面有四人，在道友方面也有四人，以下分別加以介紹：

盟友　在智旭的知己友人當中，可以稱得上是盟友的，只有四位。在此所謂的盟友，是意指曾訂盟約的朋友，它是在智旭二十四歲至三十一歲（一六二二—一六二九）之間所行事。這種互訂盟約的風習，本來不是佛教中的事體，但仔細思考廬山慧遠的念佛結社，可能就是佛教中的最初結社；換句話說，也就相當於訂盟。往昔在三國時代，即有劉備、關羽、張飛三人的「桃園三結義」傳說，也是訂盟的另一種形式。這種義兄弟的結盟，其淵源本來就形同是一種宣誓。例如兩個敵對的國家，一旦訂立了和平條約，就必須有「殺牲歃血，誓於神」[73]的宣誓儀式；而這種儀式，就稱為結盟或訂盟。抑有進者，自元朝以來，在中國東南地方的文人學者之間，一種詩文結社的風氣非常盛行。當時所謂的講會、朋黨等組織，完全都是訂盟結社[74]。年輕時以儒者出身的智旭，也是受此流習的影響，與惺谷（一五八三—一六三一）、歸一、雪航、璧如（一五八〇—一六三一）等人，連他自己一共五人，結成「毘尼社」。至於五人結成毘尼社盟友的理由，乃是為了復興戒律。在《根本薩婆多部律攝》與《十誦律》中記載，如果處身在佛法不傳行的「邊地」時，只要有五位持律的比丘，也是可以傳承戒律的。依憑這項根據，智旭他們五位僧眾，便結成「毘尼社」。

惺谷道壽與智旭結識的因緣，是在智旭三十歲（一六二八）時的初夏。惺谷在閱讀智旭有關禪道的著作〈白牛十頌〉[75]之後，就發心與他訂結千古之盟[76]，是由此肇端的。此時的惺谷，猶是在家居士[77]；翌年的春天，於大艤元來座下現出家相[78]，直到當年的初夏，才算與智旭正式結訂盟友。對智旭而言，惺谷是非常難得的善友，智旭也掬誠盡心地對待惺谷。例如當惺谷患病之際，智旭曾自割股肉供他食用，這可以在智旭的文獻中查證[79]得知。這種事體，是根據中國古來的「人肉可療羸疾」[80]傳說的民間信仰，顯然智旭也附從了此一傳說才自割股肉，以供心友的惺谷。但是，這種人肉療法畢竟也是罔效，惺谷仍然去世了。這是智旭三十三歲時的事情。悲愴中的智旭，曾為惺谷賦作輓詩，並且撰著其傳記，此外還寫了悼念[81]的言詞。

歸一受籌的生歿年代及其傳記資料雖不詳悉，但確知他是幽溪傳燈的弟子。他與智旭最初會面，是在智旭二十四歲（一六二二）時的冬季[82]，當時還不能算是盟友。智旭在三十歲再度與歸一會晤時，才開始互通心弦[83]。爾後，由於歸一的影響，智旭真誠地尊崇天台教觀，準此，同時也對幽溪傳燈，取教法中伯父的意義而尊稱為師伯[84]。

此外，歸一與智旭也都精研戒律，並且創建西湖寺，約集十數位志同道合之士，致力於復興戒律運動。可惜的是，隔沒多久，歸一便與這項復興戒律運動斷絕了因緣。就這件事，智旭在他的《絕餘編》文集序及卷三的〈復智龍〉書簡中，曾說明原委。這是智旭三十七歲那年仲秋的事情[85]。

有關雪航智檝的傳記資料雖然不明，但智旭是在二十四歲（一六二二）的夏季，於杭州雲棲寺開始與他結為知己，成就了出世間或超世俗的友情[86]。由此來判斷，他可能是雲棲袾宏系統的僧眾。爾後，兩人再度會晤，則是在智旭三十歲的春季[87]。傳說當時雪航發心從智旭學律，而智旭本是從雲棲袾宏受戒的，在此則是教導雲棲的弟子雪航戒法。翌年的春天，智旭更為雪航講解《四分戒本》，並撰作血書的願文[88]。總之，當時的智旭，對於戒律學正是傾心掬誠以赴，而雪航可能也是律學的僧眾。

璧如廣鎬是雲棲的法系，也是曾經奉侍幽溪傳燈的僧眾[89]。他與智旭結識的因緣，是在智旭三十一歲（一六二九）的春天，是智旭和歸一、惺谷同上博山的時期，因為璧如曾參禮於大巘元來的座下，所以才與智旭相識[90]。就增上緣來說，璧如在居士時代就與歸一是朋友，兩人對佛法的見解與願心也都很接近，因此對智旭的復興戒律運動生起共鳴。所以，才與歸一同時協助智旭的《毘尼事義集要》[91]的付梓，並由歸一作跋文[92]，璧如則擔當商榷與參訂的職事。不僅如此，對於智旭的《閱藏知津》，璧如也曾予以協力。此在《閱藏知津》的序文中，智旭的記述如次：

旭以年三十時，發心閱藏，次年晤壁如鎬兄於博山，諄諄以義類詮次為囑。於是每展藏時，隨閱隨錄。（《閱藏知津》序之二頁，日本天明二年刻版）

所謂「義類詮次」，就是依據《大藏經》的經義，加以分類與詮釋的次序。日本的縮印《大藏經》編目，就是依照智旭的《閱藏知津》作根據的。從而，於此《閱藏知津》的組織型態的成就有所貢獻的可以說是壁如。但是非常遺憾的是，在智旭三十三歲的那一年，壁如與惺谷卻相繼去世。

道友　雖然未與智旭訂盟，但深具重要意義的道友，也有以下的四位。

如是道昉（一五八八—一六三九）原本是惺谷道壽的心友[93]，後來卻成了惺谷的弟子[94]，作傳承大犠元來的戒律，以及幽溪傳燈的天台教觀之人；而且，也是非常仰慕永明延壽「有禪有淨土，猶如戴角虎」遺訓的人[95]。如是對待智旭，與其說是道友，毋寧說是以師之禮般地尊敬，且能深切領會智旭的思想。因此對智旭而言，如是確是難得的益友。

例如智旭三十九歲（一六三七）時，曾在安徽九華山隱居，如是遠從福建泉州來訪，敦請其講解《梵網經》，智旭由此因緣，才撰作《梵網經玄義》和《梵網經合註》[96]。實際上智旭在思想義理方面的著作，該是由此開始。另就有關智旭在思想方面最重要的述作

《大佛頂首楞嚴經玄義》及其《文句》的撰成，也是因應如是的請求，才於四十一歲時完成[97]。而且如是對智旭的《梵網》、《楞嚴》這兩部經典的註釋書，也參與「參訂」的工作。除此之外，智旭三十七歲時撰成的《盂蘭盆新疏》，其參訂者也是如是。從三十七歲直到四十一歲（一六三五—一六三九）之間的智旭，正是由戒律學轉向教理義學思想的演變時期。對智旭來說，如是道昉是多麼重要的道友，在此自然不難想像。

在智旭的文獻中，有關影渠清沼（一五八七—一六四一）與靈隱道山永閬（一五七九—一六四二）二人的記事有五種[98]。他們都是承受古德法師的教理義學，以及抱璞大蓮（?—一六二九）的禪道。智旭是在三十七歲的春季，與兩人結識，並勸他們閱讀《法華玄義》與《摩訶止觀》，兩人才意識到：天台宗的圓頓法門與禪宗的直指人心，以及見性成佛的單傳正印，毫無差別；換句話說，在智旭的指導下，這兩人才得以修習到天台教觀。因此，他們都和智旭的友情深厚，與其說是道友，不如說是師父來得適切。在這一年的冬天，智旭罹患重病，就是在他們全心全意的照顧下，才得以痊癒。這也可以說是智旭的思想，對他們兩人的影響所致；但相對地，從智旭的生涯中著眼，這兩人正像是弟子般的道友。

在智旭的著述中，見到有關新伊大真的資料有五種[99]。其中祝壽文兩篇，祭文、傳記、著作的序文各一篇；但對同一個人，卻有兩篇的祝壽文，這在智旭而言，確是例外。當然這是與智旭的交情不同所致，另外就相交的期間，可能也是另一原因。先前所介紹智旭的盟友或道友，他們相處的時間，很少達十年以上，但與大真的相交，卻是從智旭二十四歲直到五十二歲的長年親近。另一種原因，可能是大真的學統及其思想，與智旭頗為接近的緣故。他是雲棲袾宏的法孫，是蓮居庵紹覺廣承的剃度弟子。後來學習法相宗和天台宗的教學義理，並又分別習學於惺谷道壽的禪、歸一受籌和達月管正的教義、蕅益智旭的戒律，以及璧如廣鎬的儒學。但最能吸引智旭致意的還是大真研究唯識的《成唯識論遺音合響》[100]，這是大真稟承紹覺廣承的《成唯識論音義》的餘緒，而更為深入的心得。

但是，明末的唯識學者約有四個系統，列示如次：

(1)高原明昱（？一六一一年九十—？[101]）系。

(2)寂音（生歿？）——達觀真可——王肯堂（生歿？[102]）系。

(3)魯庵普泰（生歿？）——雪浪洪恩——一雨通潤系。

(4)雲棲袾宏——紹覺廣承（生歿？）┬新伊大真
　　　　　　　　　　　　　　　　├靈源大慧（生歿？）┼系。
　　　　　　　　　　　　　　　　└辯音大基（生歿？）┘

智旭雖然也是明末的唯識學者之一，卻不屬於上列四系中的任何一種，亦即所謂第五系的唯識學者。但是，在第四系廣承的三位弟子當中，就廣承的《音義》來說，大慧的《自考錄》、大基的《疏》，都不是承受廣承的精髓之作，只有新伊大真的《合響》，是「力陳五觀，詳示三支」，著實地繼承了廣承的遺志。因此，智旭對大真敘有如次的讚詞：

師童貞入道，為紹公長子。性相二宗，無不克受其傳。服習毘尼，視紹公尤加焉！（〈壽延壽院新伊法師六袠序〉。《宗論》八，二卷一頁）

綜上所述，新伊大真的為人，對內是禪、教、律三學並重，且是性相融會論的支持者；對外則是儒佛同源或三教同源論的一分子。尤其是智旭，從教觀雙舉的立場，主張一切經論都應該是教觀並運的。因此，智旭了解大真在《合響》中重視觀行與三支量，故而欣喜異常。基於上述許多因素，智旭幾乎以近三十年的時間，一直都與大真保持友情不斷。

小結　以上所介紹的八人當中，初期訂盟的惺谷、歸一、雪航、璧如四人，是以戒律為中心的結社盟友；在後期的四人當中，如是、道昉與性宗的《梵網》和《楞嚴》二經的註釋有關；新伊大真則與相宗的《唯識論》思想有關聯。此外，前期的歸一與後期的影渠及靈隱三人，則與天台教觀思想有關，都是智旭的益友。

考證以上八人的年齡，靈隱比智旭年長二十歲，璧如和大真則年長十九歲，惺如年長十六歲，清沼年長十二歲，如是年長十一歲，歸一與雪航的生歿年時則不太詳悉。但從歸一早在璧如做居士時代，即是至友[103]的這一點看來，應該歸一還較為年長才是。此外，雪航的寂年則不盡明瞭，不過可以確定的是，他是在智旭生前即已去世[104]。既如上述，智旭的道友和盟友都是比他年長之人，而且這些人早與智旭生離死別。

五、智旭的弟子

以戒律為中心的盟友與弟子

三十五歲（一六三三）以前的智旭，發心致力於戒律的復興，為了成就五比丘同住的如律僧團，才與惺谷、歸一、雪航、璧如四人訂盟。依據律藏所示，授受比丘戒時，一般的情形是以十位清淨的比丘僧施行羯磨，才是傳承戒體的要件。但中國佛教比丘戒的傳承系統，早已呈紊亂狀態，所以明末時期的比丘戒[105]傳承，當然亦很難稱為正法之律。因此，智旭認為律藏中所謂的「邊地受戒」，該是勢非得已的情況下所權定；也就是說，至少須有五位清淨比丘僧，才能傳授比丘戒的規定，因而計畫組成五位比丘的僧團。當他三十五歲時，惺谷與璧如二人卻已先期作古，歸一則背盟而去。因此，智旭於絕望之餘，就在三十五歲那年的夏天，以占卜的方式捨棄了比丘戒，而只贍下菩薩沙彌戒。就這件事，他在〈退戒緣起並囑語〉中，記述如次：

予運無數苦思，發無數弘願，用無數心力，不能使五比丘如法同住，此天定也。（《宗論》六，一卷七頁）

智旭竭盡全力推行的復興戒律運動，沒有幾年，便遭到失敗的結局。實際上，世尊時代或部派佛教時代的律藏基準，在中國的明末未必即能適應，勉強地從事，失敗應該是當然的。

直如上述，與盟友所結成的「毘尼結社」，就以次的智旭弟子中，在智旭的著述中可領略到他本身的感想，具體地約有以下三點的引文：

1. 在〈復陳旻昭二書〉的書簡中有：

欲傳得一人，勿令最後佛種從我而斷，亦竟未遇其人。（《宗論》五，一卷一八頁）

2.在〈法華會義序〉中有：

予寓溫陵，逑綸貫也，欲誘天下學人，無不究心三大部也。屈指十餘年，舌敝耳聾，曾不得兩三人，正視教觀。（《卍續藏》五〇卷，一八一頁A）

3.在〈祭了因賢弟文〉中有：

哀我諸子可充一椽一柱者，相繼去世，不為我聊存一線也。（《宗論》八，三卷一二頁）

第一點，就戒律學而言，據智旭四十歲所著的〈重治毘尼事義集要自序〉所逑，在他三十三歲講演《毘尼事義集要》時，聽眾十餘人之中，只有徹因比丘一個人躬行實踐。又在三十五歲再度演講《毘尼》，聽眾九人當中，只有徹因與自觀等三人留心致意；他更在三十六歲三度講《毘尼》，聽眾五、六人中，僅有自觀與僧聚二人遵從履行[106]。如同智旭般精通律學，且兼通教觀的弟子，了無一人。

第二、第三點，是指傳承天台教觀來說。四十餘歲的智旭，雖曾留意於尋求戒律學的後繼人才，卻找不出一位適當人選。到了五十一歲，寫成《法華會義》時，在弟子中真正修持天台教觀者，也不過二、三人的狀況。其中最大的原因，是早期隨侍他的弟子，幾乎多已早逝。自觀、徹因、了因三人，都在智旭五十年代以前，即已去世。

有關智旭的弟子問題，就五十歲以前做為前期，五十歲以後做為後期來記述。前期可以自觀、徹因、了因三人作代表，後期則以巨方、蒼暉、性旦（？—一六六二）、等慈、堅密五人為代表。

前期的弟子　自觀照印（一六〇二—一六四二）曾經參禮過聞谷廣印，是一位「禪教雙舉」、「尸羅為閑」，並以「雲棲為師、永明是式」[107]的人，而且他也是智旭曾一度參謁[108]過的明末名德。從而自觀與智旭的關係，也可以說是先後的同參道友，但實際上自觀卻是智旭的弟子。自觀初次面謁智旭，是在智旭三十一歲的秋天，當時是在南京郊外的棲霞山；接著，又在智旭三十四歲的春天，自觀往訪於靈峰山智旭的毘尼社；夏季，又從智旭受具足戒。翌年，智旭在金庭山西湖寺演講《毘尼事義集要》時，自觀就是其中能用心實行的三人之一；在第二年，當智旭第三次講《毘尼事義集要》時，自觀又是能躬親實踐的二人之一[109]。

智旭在三十八歲（一六三六）時，一度隱修於安徽九華山。自觀為了求法，曾前往造訪智旭於九華山別峰座下，親自領教智旭的《梵網經》和《楞嚴經》要旨。自觀雖然素具苦修實踐的誠意，但在智旭眼中，認為他慧解能力不足，才把二經的要點，以問答體的方式來啟發他。這就是現今存世的《淨信堂答問》卷一的〈壇中十問十答〉。

智旭對待自觀，曾以共建法幢相期許，可是自觀卻在智旭四十三歲那年（一六四一）逝世了[110]。此時期的智旭，正從比丘戒律轉向菩薩戒律，更從戒律學轉向性相融會的教理層面邁進，而自觀照印正是在此轉型期間隨身親近智旭的弟子。

徹因果海的生歿年代，一概無從知悉。他是新伊大真的弟子，奉師命親近智旭[111]。他初次與智旭會面，是在智旭二十四歲（一六二二）的時候，他也是智旭在三十歲時說示《梵室偶談》的筆錄者[112]。在智旭的文獻裡，與徹因有關的約有四點[113]，此中就徹因的資性與風格，在智旭的文獻裡如左所示：

1.在〈退戒緣起並囑語〉中有：

根性稍鈍，僅知開遮持犯條目，未達三學一貫源委。且福相未純，智慧力薄，缺於辯才，短於學問。（《宗論》六，一卷六頁）

2.在〈四書蕅益解自序〉中有：

> 維時[114]徹因比丘，相從於患難顛沛，律學頗諳，禪觀未了，屢策發之，終隔一膜。爰至誠請命於佛，鬮得須藉四書助顯第一義諦。遂力疾為拈大旨，筆而置諸笥中，屈指十餘年，徹因且長往矣。（《宗論》六，一卷二四頁）

總而言之，是說徹因的為人，雖然談不上聰慧，卻非常誠實，可能是一種頭陀僧類型的人物。就禪、教、律三學之中，他只是理解與戒律的開遮持犯有關的條目，對戒律與禪定乃至教觀的連帶關係，卻無法理解融會。但因智旭在三十五歲至三十六歲的兩年中間，正處身於特殊的困苦逆境之時，徹因始終隨侍左右，因此便把高揚戒律的使命付囑給徹因，也把《毘尼事義集要》的手稿全帙都授付與他[115]。

此外，智旭撰作《四書蕅益解》的緣由，也是由於徹因的緣故。至於徹因對禪觀的修學，雖然煞費苦心致力以赴，但總是不得要領，縱然經歷智旭的一再啟發教導，終歸還是無濟於事。後來，終於以占卜的方式，以「四書」內容做為他領會佛法第一義諦的輔助說明教材。因此，智旭基於他那獨特的三教同源論，把儒教的《論語》、《中庸》、《大學》、《孟子》，按照順序加以註釋。在完成之後的十餘年，智旭四十九歲（一六四七）時，又把這些舊稿加以補充修正，但定稿之時，徹因卻已經撒手遠離人世。

了因的生歿年代，並未在文獻中表示出來，但與了因有關的著述則有三種[116]。了因於智旭二十四歲（一六二二）初，在浙江武林蓮居庵與智旭會晤。準此當可明瞭，他可能也是新伊大真的剃度弟子，也許就是在這裡與徹因一起隨侍於智旭。後來他離開智旭，並在智旭四十九歲時作古。針對了因的為人，智旭作了如次的評論：

> 徹因長於律學，終以不朴實而喪身。不謂汝（了因）微會入於台宗，亦終以不立志而死於房頭[117]耶！（《宗論》八，三卷一二頁）

據此記述，與徹因相比較，了因可能於天台教觀稍有所長，但因不曾立志進修，所以僅稍入圓頓大法之門，即已罹患惡病，終於示寂在末寺的僧坊。

後期的弟子　智旭前期的弟子雖有上述三人，卻稱不上是優秀的人才。關於其後期的弟子，據智旭的著述所記載，應有：巨方、蒼暉、等慈、性日、用晦、堅密等六人；在文獻方面是〈大病中啟建淨社願文〉[118]，以及成時撰的〈八不道人續傳〉[119]。這篇願文是智旭入滅前三十八天所作，實際上可以稱是他最後的遺言。在文章中有：「若敷文演義，自有照南、靈晟、性旦」、「若授戒學律，自有照南、等慈」；另外在成時撰的〈續傳〉中，亦向照南與等慈傳授五戒與菩薩戒；並命照南、靈晟、性旦三人演經說法。從以上兩種文獻裡所記述智旭的後期弟子有四位，從而得知這四名弟子是傳承智旭的戒律學與教理學。但事實上，其最具名望的弟子堅密在此卻未被列名在內。所以，他的後期弟子合起來應該是五位。

就上述文獻中所提及的巨方照南，他是一位教學與戒律兼優之士，有關他的事蹟，在智旭的文獻裡，有兩則〈示巨方〉的法語[120]。其中一則是訓示觀心法要；另外一則是評論明末天台宗的狀態，以及智旭對天台教學的見解。據智旭的看法，天台宗學者視禪宗與法相宗為山外背教而加以排斥。因此，禪宗人士也認為天台教學是單傳直指的佛法道脈，而予堅決地抗拒。其實，排拒天台教學者固不待言，就是排斥禪與法相之士，恐怕對於禪與法相也不見得有較深切的了解，這是智旭所指出[121]。由此當可間接地顯示出巨方照南其人，是一位性相融會或諸宗合流論的接棒傳人，可是他的傳記卻不盡明瞭。

在智旭的著述中，載有蒼暉靈晟的記事，僅一處[122]而已。那是智旭為了出版《起信論裂網疏》、《選佛譜》、《楞伽經義疏》等三種著作，差遣堅密與蒼暉往留都去勸募的紀錄。在現存的《楞伽經義疏》末尾，載錄有「靈峰後學靈晟蒼暉氏」的跋語[123]；在《選佛譜》[124]的序文，則有「靈峰後學靈晟識」簡略的說明。從上述事實加以考證，蒼暉確實是智旭晚年的傑出弟子，概可認定。不過，他的傳記資料到目前尚未發現而已。但據民國初年的天台學者古虛諦閑（一八五八－一九三二）所發現天台山萬年寺的天台法系相承宗譜記載，已經把蒼暉受晟（蒼暉靈晟之誤）列為靈峰智旭的傳法弟子，並亦把智旭做為無盡傳燈的傳法弟子。而且還把傳燈列作天台宗的第三十代祖，智旭是第三十一代祖，而受晟（靈晟）則是第三十二代祖，一直接續下來，諦閑則是第四十三代的傳人[125]。上述這種法系傳承的觀念，對智旭來說，可能難以表示贊同。況且，在智旭的資料裡面，完全找不出有關靈晟傳法的記載，這恐怕是看到了「靈峰後學」的署名，從而加以推想才成立的不確實之說而已。

有關性旦的事蹟，在智旭的紀錄中也是出奇地稀少。依據堅密成時的〈性旦行狀〉[126]所述，在智旭入滅八年之後，性旦亦已去世。另據成時的〈阿彌陀經要解重刻序〉記載，智旭撰述《阿彌陀經要解》是在一六四七年，但於一六五三年，在安徽歙浦棲雲院再度作演講時，與舊本的解釋相異，所以名為歙浦本，此即《淨土十要》卷一所收錄的流通本。此流通本《阿彌陀經要解》的筆錄者，記載所示就是性旦[127]。而且在性旦的〈阿彌陀經要解歙浦講錄跋〉中，也有同樣的說明[128]。綜上所述，這位性旦，應該是智旭晚年隨身的淨土行業弟子。

等慈是特別對戒律學具有優異表現的弟子，關於他的紀錄，也僅此而已。另外還有位名叫用晦的弟子，在智旭的文集裡，留下了兩種有關他的資料[129]。智旭平時很少直接稱道弟子的名字，都是稱用他的號。例如對堅密成時，即稱「堅密」[130]或「堅密時公」[131]，對蒼暉靈晟稱「蒼暉」[132]，對巨方照南則稱「巨方」[133]。但在他最後的〈大病中啟建淨社願文〉[134]中，卻用照南、靈晟、性旦、等慈的名字，由此看來，也許等慈就是用晦的法名亦未可知，如果推想屬實，那麼智旭對用晦的評語則是：

> 汝志兼修福，甚慊予願。但汝資雖穎，質雖誠，志雖立，而稟氣柔弱，短於人情世故。（《宗論》二，五卷一六頁）

再從其修福、柔弱，而又短於人情、世故的性格來考量，他的態度可能就是一般持律者的類型。

在智旭的弟子中，堅密成時（？—一六四八—一六七八）的有關資料應該是較多的一位[135]。他曾經參訪巡禮於禪、教二宗的善知識，然後才與智旭會晤。這時，智旭已是五十歲（一六四八）之年[136]。但這是成時出家的第幾年，則依然不盡明瞭。智旭與堅密成時有關聯的著作，如下三種：

(1)〈預祝乾明公六十壽序〉（《宗論》八，二卷一五頁）

(2)〈送用晦還新安兼寄堅密三首〉（《宗論》一〇，四卷四—五頁）

(3)〈大乘起信論裂網疏跋〉（《卍續藏》四四卷，四六四頁B）

其中第一項資料，是為了《起信論裂網疏》、《選佛譜》、《楞伽經義疏》的出版，派遣堅密與蒼暉二人前往留都的紀錄。第二項資料，是贈送堅密「知君雛鳳可離竿」、「不負靈峰徹骨寒」的詩句。第三項資料稱「戒子堅密時公」，針對《起信論裂網疏》的內容，顯示與堅密成時的種種問答，給智旭帶來相當地啟發。可能是因為儒者出身的堅密成時，二十八歲出家以後[137]，依止在智旭座下稟受比丘戒，所以智旭才以「戒子」相稱。而堅密成時真不愧是儒者出身，具備了優越的學問與素養，故智旭稱譽他為「離竿之雛鳳」。

智旭示寂後，由於巨方照南與蒼暉靈晟等同門道友的推舉，堅密成時才執筆撰寫〈八不道人傳〉的〈續傳〉[138]，並編集蕅益智旭的文集——《靈峰宗論》及撰述〈靈峰始日大師私諡竊議〉、〈靈峰蕅益大師宗論序〉、〈序說〉等。此外，又為智旭選定的《淨土十要》作總序；將楚石梵琦的《西齋淨土詩》輯入《十要》中，也是由成時所提議[139]。他並為智旭的《阿彌陀經要解》作序，還為《十要》的每一章撰著了述要、題跋、評點、節略。

就以上所舉述有關堅密成時的事項看來，智旭嘉惠予成時的恩澤，可謂是最深厚[140]。但是，在智旭的遺囑〈大病中啟建淨社願文〉中，何以竟未提及堅密的名字？就這一點確實令人匪夷所思！容或也許是當時的堅密成時，業已離開靈峰山他去亦未可知。

第二節　智旭的傳記

一、智旭的略傳

智旭雖是江南出身，但其生歿年代，是從明末神宗萬曆二十七（一五九九）己亥年，到永明王永曆九年（一六五五），是即滿清世祖順治十二乙未年為止的五十六年期間。在智旭出生前十六年，中國的北疆方面，已經興起女真部滿洲人的政權。智旭十八歲那年，蓋即清太祖天命元年（一六一六），滿清王朝先期的「後金」，繼女真部之後崛起。智旭就是歷經此後的清太宗（一六二七—一六四三）時代，直到世祖順治十二年逝世。實際上就在智旭四十五歲那年，亦即順治元年（一六四四），朱氏王朝的明朝正統便已徹底滅亡。就在這明朝滅亡、清朝崛興的前後數十年中間，由於邊患、流寇、饑饉，以及諸王的作亂，使得中國陷入極端混亂、恐慌的局面時期。以之與日本的歷史對照，恰好時當日本戰國時代的終了，以迄江戶時代（一六〇三—一八六七）的初期，參見圖一。

因此而民心浮動，於是宗教信仰的必要性，便甚囂塵上。尤其是由於明末的袾宏、真可、德清、傳燈等的鼓吹，淨土念佛大行其道，幾乎已達代表明末佛教的程度。智旭便亦順應此一時代的傾向，亦以淨土念佛做為其信仰的中心。因此，考證智旭與上述四人的住世年代，恰好智旭正當他們四人的後繼者位置，這可由圖二加以說明。

由此可知，袾宏、真可、德清、傳燈四人，是在明朝神宗萬曆年間活躍，而智旭則是他們的後繼晚輩，是從明毅宗崇禎年間，一直活躍到清朝的初期。明代王朝從神宗萬曆年間開始，逐漸地響起王室末期的警鐘，但大規模的混亂局面尚未出現表面化，朝廷的佛教政策猶自存在。例如袾宏與真可二人，都承慈聖太后頒賜紫衣[141]，萬曆九年（一五八一）十一月，慈聖太后敕在五台山，以德清與真覺為中心啟建一百二十天的「祈儲道場」[142]，並供養德清《大藏經》與銀錢[143]。到了萬曆二十六年，竟發生了販賣僧職與僧位的事體，

圖一

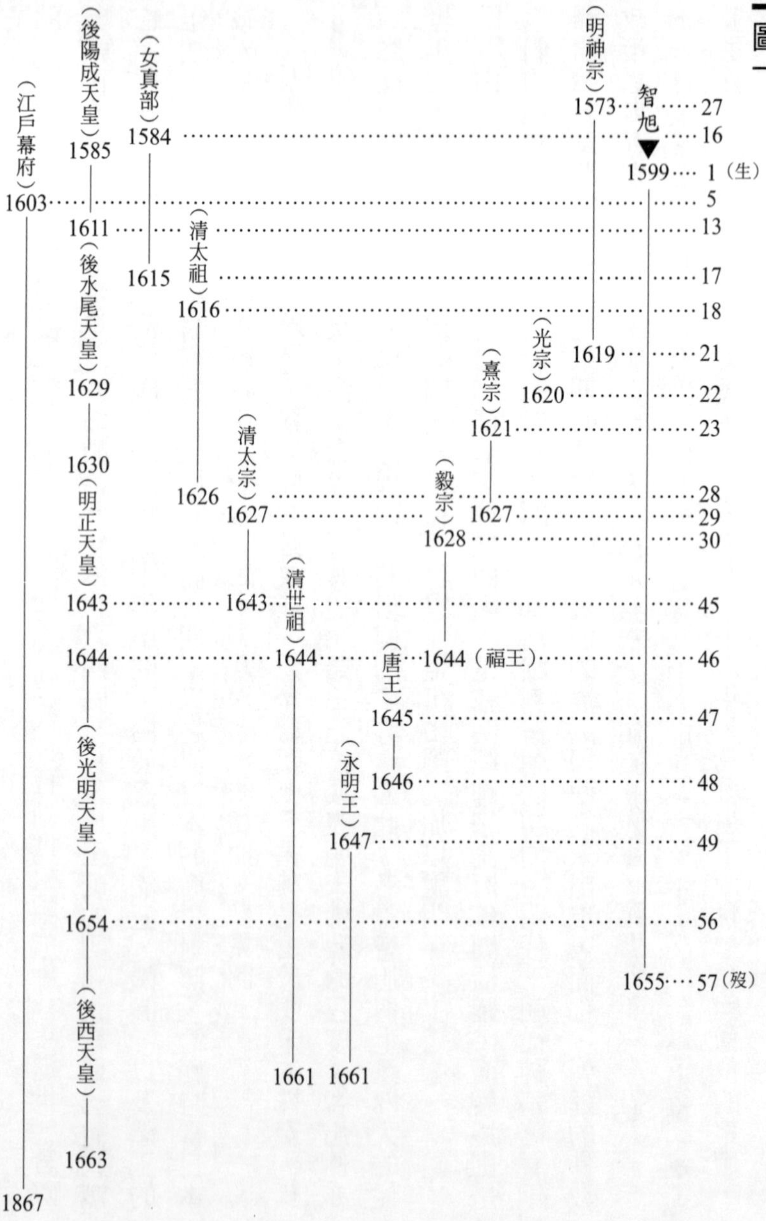
（明神宗）1573……智旭……27
（女真部）1584……16
（後陽成天皇）1585
1599……1（生）
（江戶幕府）1603……5
1611……（清太祖）……13
（後水尾天皇）
1615……17
1616……18
（光宗）
1619……21
（熹宗）
1620……22
1621……23
1629
1630
（清太宗）
（明正天皇）
1626
（毅宗）
……28
1627……1627……29
1628……30
（清世祖）
1643……1643……45
1644……1644……（唐王）……1644（福王）……46
1645……47
（後光明天皇）
（永明王）
1646……48
1647……49
1654……56
1655……57（歿）
（後西天皇）
1661 1661
1663
1867

圖二

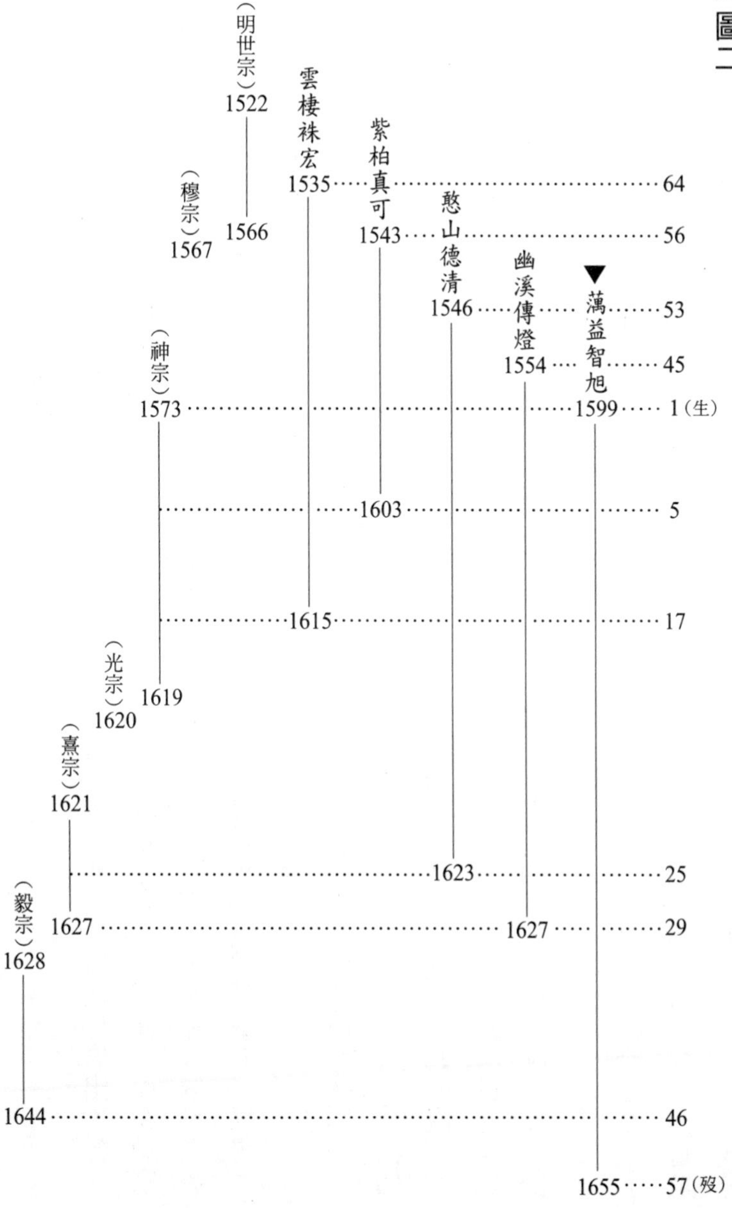
（明世宗）1522
1566
（穆宗）1567
（神宗）1573
1619
（光宗）1620
（熹宗）1621
1627
（毅宗）1628
1644
雲棲袾宏 1535
1615
紫柏真可 1543
1603
憨山德清 1546
1623
幽溪傳燈 1554
1627
蕅益智旭 1599
1655
64
56
53
45
1（生）
5
17
25
29
46
57（歿）

幽溪傳燈就在此時接受「僧錄覺義」的職位[144]。

但是，因為明末的政治紊亂，朝廷官僚對待佛教高僧，濫扣罪名的事例也層出不鮮。例如穆宗時代，徧融真圓即因刑部尚書的牢獄，遭受到「苦逼萬端」的肉刑[145]。而在神宗萬曆二十五（一五九七）丁酉年，憨山德清由於政府的命令而身陷牢獄，並在八個月之後被驅逐到廣東的雷州[146]。另在神宗萬曆三十一癸卯年，達觀真可也因為莫須有的「妖書」事件，同樣也由皇帝下詔而身繫牢獄，而且竟是在獄中了卻殘生[147]。

在如此迫害佛教的同時，明朝末年的社會，混亂紛擾的相狀，此起彼落相繼頻仍。熹宗天啟二年（一六二二），亦即智旭二十四歲出家之年，正是山東白蓮教暴徒徐鴻儒作亂之年；又在毅宗崇禎元年（一六二八），智旭三十歲時，陝西地方流賊蜂起暴亂。此後，接續便有高迎祥、李自成、張獻忠等匪寇流賊，在各地策動兵亂，相繼烽火四起；同時，各地也連年發生水災、旱魃、疫癘、饑饉等不幸事件，迭起頻生。就此狀況，亦製表如圖三。

在智旭活躍的年代裡，朝廷對於佛教，並未表示任何的關切。智旭則於政治關係，了無絲毫的接觸。另與智旭同時代的著名佛教人士，亦於智旭的事蹟也絕少有人提及，這是因為智旭對於佛教內部的批判態度，異常嚴厲所致。對於他的存在，不論是同一時代或是

圖三

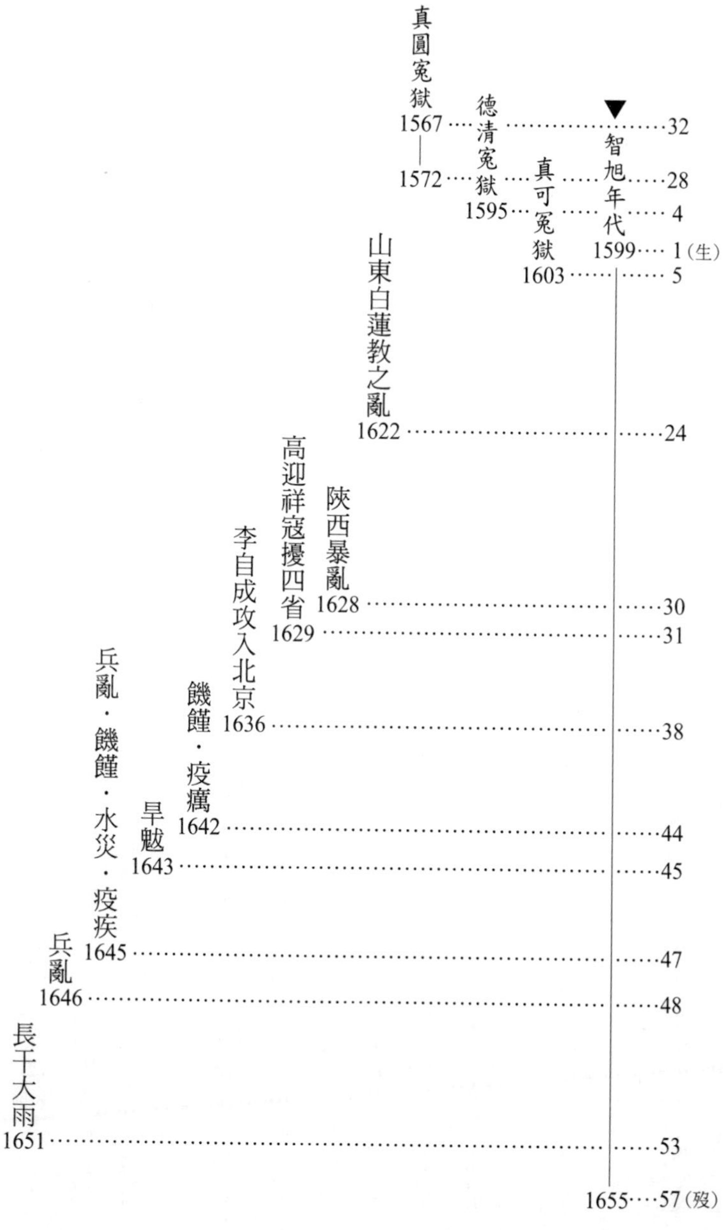
真圓寃獄
1567······32
1572······28
德清寃獄
1595······4
真可寃獄
1603······5
智旭年代
1599······1（生）
山東白蓮教之亂
1622······24
陝西暴亂
1628······30
高迎祥寇擾四省
1629······31
李自成攻入北京
1636······38
饑饉·疫癘
1642······44
旱魃
1643······45
兵亂·饑饉·水災·疫疾
1645······47
兵亂
1646······48
長干大雨
1651······53
1655······57（歿）

清初的佛教各宗人士，對於智旭的記述，毋寧說是採取忌諱的態度，應非過當之詞。

智旭的祖先，原來是汴梁地方的氏族。汴梁，是河南開封縣的古地名。他的家族後來遷移至南方江蘇地方。智旭的出生地，是瀕臨江蘇太湖北濱的木瀆鎮。這個地方因為是古昔的吳國，所以亦稱「古吳」。

在智旭的記述中，對家族方面的敍述極為稀少。但經考證加以判斷，列舉如下：(1)父親鍾之鳳，字岐仲。(2)母親金大蓮。智旭曾在很多願文中，列舉父母的名字，以修行的功德迴向父母的菩提增上。這種事例雖然很多，但有關父母的生涯，卻未曾提及。只有提到雙親生育他時，都已經四十歲了。另有智旭在二十歲時喪父，二十八歲時母親作古。(3)叔父的名字雖不盡明瞭，但在他出家的前夕，曾與叔父[148]話別，則確是事實。(4)舅父金赤城其人，當是智旭母系的親屬。有關這一點，在智旭的自白中，曾三次提及於此[149]，他是一位州府階級的地方官，在智旭二十六歲時便已逝世。

二、智旭的傳記資料

綜上所述的智旭傳記資料，除了以《靈峰宗論》為中心者外，其他的部分在數量上是少之又少。但為了研究的方便，依次仍將智旭的傳記資料，以《靈峰宗論》與其他的二類，分別加以介紹。

以《靈峰宗論》為中心的資料：

〈八不道人傳〉[150]（一六五二年）　這是智旭在五十四歲時述作的自傳，也可以稱是他的略傳記。

〈八不道人續傳〉[151]（一六五五年）　這是智旭晚年的弟子堅密成時所述作，內容記述智旭五十五歲直到五十七歲示寂為止，這段期間所經歷的事蹟。

《淨土聖賢錄》（一七八三年）卷六的〈智旭〉[152]　這是彭希涑居士[153]就智旭著述的〈八不道人傳〉、〈結壇持往生咒偈〉[154]、〈答卓左車茶話〉[155]、〈示念佛法門〉[156]等四種資料，針對智旭的淨土念佛法門見解為主體，加以介紹。

《新續高僧傳四集》[157]（一九二三年）卷九〈清青陽九華山華嚴庵釋智旭傳〉　其內容是以〈八不道人傳〉、〈續傳〉、〈退戒緣起並囑語〉[158]、〈答卓左車茶話〉、〈別眾偈〉[159]等著述所輯成。這可能也是以《淨土聖賢錄》的智旭項目為重心所集錄，對智旭的整體教學義理思想中，只就淨土的思想理念作了介紹，其他如性相融會、三學合一、三教同源等智旭的教義思想，卻根本未曾涉及。另就這篇傳記中所列的〈別眾偈〉，在智旭的著作中，卻未曾發現。就此所引用的〈別眾偈〉內容，就是智旭〈自像贊三十三首〉的第十八首，而《新續高僧傳》的作者，特意名為〈別眾偈〉的理由，卻令人費解。

智旭在三十八歲和三十九歲（一六三六—一六三七）這兩年之間，確實是住在九華山的九子別峰，但在他的署名之中，卻只有依據他的出生地「古吳」，以及根本道場北天目靈峰山，而用古吳智旭、靈峰蕅益沙門、北天目蕅益沙門智旭三種來識別他的身分，從未自稱九華山智旭。可是，《新續高僧傳》的記載「九華山華嚴庵釋智旭」究竟所據為何？實在令人費解！

《蕅益大師年譜》（一九三五年）　這是弘一演音（一八八〇—一九四二）所撰述，一如作者在序文中所記述，是就智旭的自傳〈八不道人傳〉、成時撰的〈續傳〉，以及《靈峰宗論》等各種文章而加以增改，並且參考另錄的諸疏、序、跋等而編集。在著作年代而言，是一九一九己未年提出初稿，一九二一辛酉年修訂，一九三五乙亥年經過再治，才完成了現行《蕅益大師年譜》的形式。歷經如此慎重編纂的《年譜》，把失誤減到極少程度，做為智旭傳的資料來說，該是當今最傑出的，應非過言之詞。但是此一《年譜》，只能算是智旭的簡歷或是履歷書罷了。對於想要進一步了解智旭的生涯及其教學義理思想，乃至時代背景、社會環境等關係的解說方面，幾乎無濟於事。

其他資料：

錢謙益撰述的《楞嚴經疏解蒙鈔》（順治十四年〔一六五七〕）在其卷首之一，只就蕅益素華法師的《楞嚴玄義》以及《楞嚴文句》，作了簡略的評論而已[160]。《八十八祖道影傳贊》所附錄高佑釲撰的〈敬書先公重編諸祖道影傳贊後〉[161]（一六六四年）這裡所記載有關智旭的記事，完全就是智旭的〈儒釋宗傳竊議〉的翻版，更嚴密地說來，應該說是《靈峰宗論》的一部分[162]。

蓮宗九祖說的考證　《蕅益大師年譜》的作者弘一演音，曾於一九〇五年留學日本東京上野美術專門學校。他中年出家，是一位持律嚴謹又念佛精純的近代高僧，也是遵從智旭的地藏信仰和念佛思想的代表型人物[163]。準此，在智旭《年譜》第一頁的表中，附有題款「清蓮宗九祖非天台宗下智旭大師」的畫像，畫像下面載有〈蓮宗九祖頌〉。當然，這裡的像與頌的作者該是同一人物，而且作者正是弘一演音。其中「非天台宗下」的說詞，也在蕅益《年譜》中，曾作相同的指述[164]，這一點必須加以留意。

再就弘一演音來說，他雖然認定智旭是淨土教的蓮宗第九祖，其實中國淨土教的祖師安立說是非常複雜的。蓋即南宋宗曉撰的《樂邦文類》卷三，曾列舉蓮宗始祖與繼祖的五大法師。在志磐的《佛祖統紀》（一二六九）卷二十六，也提倡蓮社七祖。另在元朝優曇普度撰的《廬山蓮宗寶鑑》（一三〇五），也列載有十二位祖師。

此外，明朝菴蘧大祐（一三三四－一四〇七）撰的《淨土指歸集》卷上，立有蓮社八祖；明末正寂撰的《淨土生無生論註》，也立有七祖；清朝的悟開撰有〈蓮宗九祖傳略〉（一八二四），楊仁山（一八三九－一九一一）撰的〈十宗略說〉則列有十祖。現在的中國佛教界，雖然也有部分人士流行十三祖傳統說，但以智旭作蓮宗九祖的敍述卻不多見。小笠原宣秀博士雖曾提到：「清彭希涑撰的《淨土聖賢錄》，以智旭為蓮社九祖。」[165]但詳查《淨土聖賢錄》之後，卻看不出有何具體證據。綜合上述有關蓮社祖師的文獻，加以整理以後，列表如圖所示：

書名／祖名／順位	初祖	二祖	三祖	四祖	五祖	六祖
樂邦文類	慧遠	善導	法照	少康	省常	宗賾
佛祖統紀	慧遠	善導	承遠	法照	少康	延壽
廬山蓮宗寶鑑	慧遠	曇鸞	智顗	善導	法照	少康
淨土指歸集	慧遠	善導	承遠	法照	少康	延壽
生無生論註	慧遠	善導	承遠	法照	少康	延壽
蓮宗九祖傳略	慧遠	善導	承遠	法照	少康	延壽
十宗略說	慧遠	善導	承遠	法照	少康	延壽

七祖		省常	省常	省常	省常	省常	省常
八祖			宗賾	宗賾		袾宏	宗賾
九祖			延壽			省菴	袾宏
十祖			遵式				省菴
			宗坦				
			宗主				

目前，中國佛教界傳行的十三祖說，其排行是：慧遠、善導（六一三—六八一）、承遠、法照、少康、延壽、省常、宗賾、袾宏、智旭、省菴、際醒、印光。事實上，智旭已是第十代祖師。假定依從《佛祖統紀》和《淨土生無生論註》，以及《蓮宗九祖傳略》的主張而把宗賾剔除，那麼智旭就可以做為第九祖了。

但據智旭的〈儒釋宗傳竊議〉記載，淨土教的祖師與此卻有相當地不同，為慧遠、智顗、知禮、遵式、飛錫、唯則、梵琦、妙叶、傳燈、袾宏、德清等十二位。我想，這可能是依思想與著作為準據加以甄選出來。如果是非常仰慕智旭淨土思想的人，就把智旭安置為第九祖，著實而言，這種做法也不能算是很妥當。弘一演音曾對《靈峰宗論》作了精詳的鑽研，並對智旭的念佛思想致以無限的敬仰，但在這一點上，恐未深切地致意所及。

三、智旭的姓名別號

姓名別號　關於智旭的俗姓，據他的自述所示，是「俗姓鍾，名際明，又名聲，字振之」⑯。可是，在資料上所表示智旭的名號約有十多種，將之詳加考證約有：

大朗優婆塞　這是智旭在出家之前，約在二十三歲時所寫的〈四十八願〉願文時所用的署名⑯。

智旭　這是二十四歲從雪嶺峻師出家時，由峻師正式授予的法名⑯。

蕅益　這是智旭的自號，另外也常用蕅益子、蕅益道人、蕅益沙門，示意依奉稱名念佛，求願往生極樂，期望能滋育七寶蓮池的蓮根⑯。

西有　這是智旭四十九歲時，撰著《阿彌陀經要解》所用的署名——「西有沙門智旭」。他在五十歲時自輯的文集，命名為《西有寱餘》。又在五十四歲時編集的文集，則署名《西有寱餘續集》。其所以使用「西有」名號的理由，在他的《西有寱餘》序文中有：「西有非所名，亦非號，祇西方有佛，標信現在說法。」⑰即在表明西方極樂世界有阿彌陀佛，時下正在說法，於此具有甚深的信仰心。

釋大朗、際明禪師、金閶逸史　以上三種名字，都是《闢邪集》所採用，其實這三種都是智旭在家時代所用的姓、名、號。大朗，是他二十三歲時居士身分的法名。際明，是他的在家名字。金閶，原是江蘇蘇州的別稱，即表示蘇州地方的隱逸之士。這裡是表示出家的智旭，與隱逸的俗人鍾際明，以及居士大朗，其實是同一人。但《闢邪集》是智旭在四十五歲那年（一六四三）所撰述，依然還用在家時代的姓名，這一點頗為引人匪夷所思。這也許因為《闢邪集》的對象是天主教，在智旭的本意，是為了邀得儒教學者的認同。而且他論述的思想點也盡量避免佛教的立場，是以儒教思想來論駁天主教。所以，智旭在此才採用在家時代的姓名、字號。

方外史旭求寂　這是智旭在《性學開蒙》中所用的署名。方外史，意即俗家之人；旭求寂，可能是智旭求寂的略稱，也或許是在刻板時脫漏「智」字，才成為「旭求寂」三字亦未可知。因為智旭平時極少只用自己名號的一個字來自稱的，不論怎麼說，「智旭求寂」與「智旭沙彌」，當是同一意義。

素華　這在智旭的著作中，雖從未一見，但可能是在他出家時，由剃度師授予的法號。用「素華」這個名號來稱呼智旭的，是與智旭同一時代或同年同輩的緇素。有四處的成例，可以判斷「素華」是智旭的法號。因此，智旭的全名稱呼應該是「靈峰蕅益素華智旭」[171]。

八不道人　這是智旭晚年的號，在他的著作中，見有「八不」之號的只有兩次[172]。其意義是依〈八不道人傳〉的註解所示的「取《中論》八不，《梵網》八不之旨」[173]而稱述的。但智旭所記述的「八不」，與此當另具有其他的意涵，以下列舉三種「八不」的內容，並加以註述如次：

(1)《中論》的八不——不生、不滅、不斷、不常、不一、不異、不來、不出。

(2)《梵網經》的八不——不生、不滅、不常、不斷、不一、不異、不來、不去。

(3)〈八不道人傳〉的八不——古者有儒、有禪、有律、有教，蹴然不敢；今亦有儒、有禪、有律、有教，艴然不屑。

也就是說，在智旭而言，像古代的儒教者、參禪者、持律者、闡教者等卓越之士，固然自己力有未逮；但另一方面，像近世的濫充儒教者、參禪者、持律者、闡教者的情形，自己則意猶不屑。而且自己的確也不像古代的儒者、禪者、律者、教者，但也絕對不是現代的儒者、禪者、律者、教者，於是自號「八不道人」[174]。

第三節　智旭事蹟的地理研究

一、智旭事蹟的地域分布

在智旭的生涯中，由其出生地到入滅的處所，統共在這五十六年的時間裡，他所遊歷的地理區域，幾乎都在長江以南的範圍。其中，他主要的活動地區，從南方的福建以北，經歷浙江、江西、江蘇、安徽五個省分。為了理解上的方便，製表舉列智旭所遊歷的地名及其年代，乃至有關聯的記事加以介紹：

地名（山寺名）	今省	今縣	年代	歲	典據	記事
木瀆鎮	江蘇	吳縣	一五九九—一六二一	一—二三	〈八不道人傳〉	出生地
徑山	浙江	新昌	一六二二	二四	《宗論》四，三卷二頁	始受一食法
			一六二二冬	二四	〈八不道人傳〉	坐禪
			一六二三夏	二五		坐禪開悟
雲棲寺	浙江	杭州	一六二二夏秋	二四	《宗論》八，二卷一頁及八頁	作務及聞《唯識論》
			一六二三冬	二五	《宗論》六，一卷四—七頁	受比丘戒
			一六二四冬	二六	《宗論》一，一卷五—六頁	受菩薩戒
			一六二二—一六二四	二四—二六	《宗論》七，四卷一三頁	躬逢水陸道場

天台山	浙江	天台	一六二三春	二五	《宗論》五，二卷一三頁	謁幽溪傳燈
					《宗論》八，三卷六頁	
			一六二三秋	二五	《宗論》二，五卷一六頁	靜住
留都（普德講堂）	江蘇	南京	一六一九	二一	〈選佛譜序〉	升佛圖購得
			一六四三	四五	《宗論》五，二卷八頁	示講堂大眾《唯識略註》
					《宗論》二，四卷二〇頁	
					《宗論》六，四卷二頁	張興公日來聽法
			一六四三冬	四五	《宗論》四，二卷九頁	弘《法華經》
					張蒼舒〈大乘止觀釋要跋語〉（《卍續藏》九八卷，四八二頁）	
					〈大佛頂經玄文序〉	弘《楞嚴經》
			一六四四春	四六	〈重刻蕅益三頌跋語〉	作三頌跋語
武林山（蓮居庵）	浙江	杭縣	一六二二	二四	《宗論》八，二卷一頁	初遇新伊大真
			一六二三	二五	〈選佛譜序〉	傳燈〈選佛圖〉隨喜

武林山	浙江	杭縣	一六三〇春	三二	《宗論》八，二卷一頁及一二頁	路過
			一六三一春	三三	《宗論》八，二卷一一頁	新伊大真共禮《大悲懺》
			一六五四春	五六	《宗論》一〇，四卷一二頁	路過
松陵鎮（觀音禪院）	江蘇	吳江	一六二五	二七	〈選佛譜序〉	又見一〈選佛圖〉
			一六二五夏	二七	《宗論》八，一卷五頁 《宗論》一〇，一卷二頁	結夏
			一六二六	二八	《宗論》八，一卷四頁	掩關
			一六二七	二九	《宗論》八，一卷四頁	
姑蘇城（承天寺）	江蘇	吳縣	一六二六夏	二八	《宗論》八，一卷五頁 《宗論》一〇，一卷二頁	結夏
古吳△吳門（幻住庵）	江蘇	吳縣	一六二五春	二七	〈八不道人傳〉	第一回閱律藏
			一六三四冬	三六	《宗論》六，二卷一三頁	講《毘尼集要》
			一六五三	五五	《蕅益大師年譜》二三頁	修正〈八不道人傳〉

普陀山	浙江	定海	一六二八春	三〇	《宗論》八，一卷四頁	巡禮
龍居（聖壽寺）	浙江	嘉興	一六二八夏	三〇	《宗論》一，四卷一一頁	結夏、第二回閱律藏
					《宗論》八，一卷四頁	毘尼社友訂盟
			一六二九冬	三一	《宗論》六，一卷一頁	結冬
			一六二九	三一	《宗論》一〇，一卷九頁	第三回閱律藏
			一六三〇春	三二	《宗論》六，一卷五頁	患病
			一六三二	三四	《宗論》一，二卷一頁	撰〈禮大悲懺願文〉
金庭山（西湖寺）	浙江	嵊縣	一六三三夏	三五	〈八不道人傳〉	結夏
					《宗論》一，二卷一〇一一頁	
					《宗論》一〇，一卷一三頁	
			一六三三冬	三五	〈占察經疏跋語〉	結冬
			一六五一秋	五三	《宗論》一〇，四卷二頁	重登西湖寺

檇李（東塔寺）（天寧寺）	浙江	嘉興	一六二九	三一	《宗論》一〇，一卷八頁	路過
			一六四二冬	四四	《宗論》一〇，三卷一頁	結冬
			一六四四秋	四六	《宗論》五，三卷二〇頁	卓錫
靈谷山	江蘇	江寧	一六二九	三一	《宗論》六，四卷一八頁	客寓於此
博山	江西	廣信	一六二九春	三一	《宗論》卷首，三頁	謁大艤元來
金陵	江蘇	南京	一六二九	三一	《宗論》卷首，三頁	巡禮
			一六四九	五一	《宗論》六，四卷九頁	卓錫
石城山（濟生禪院）	浙江	吳興	一六二九	三一	《宗論》八，二卷一二頁	初遇達源禪師
			一六四五	四七	《宗論》七，一卷二〇頁	雨阻
			一六四五春	四七	《宗論》九，二卷五頁	遊歷
			一六四五夏	四七	《宗論》一，四卷五頁	建「大悲行法道場」
					《宗論》七，一卷二〇頁	・講《大乘止觀》 ・作《周易禪解》

石城山	浙江	吳興	一六四五夏	四七	《宗論》六，三卷二六頁	路過
			一六四六	四八	《宗論》八，一卷一五頁	遊歷
					《宗論》一〇，三卷一一頁	閱藏
棲霞山 △攝山	江蘇	南京	一六二九秋	三一	《宗論》一〇，一卷五頁	遊歷
					《宗論》八，一卷一三頁	晤自觀
皐亭山（永慶寺）（佛日寺）	浙江	杭縣	一六三一春	三三	〈毘尼事義集要序〉	遊歷
			一六三一秋	三三	《宗論》八，一卷九頁	惺谷寂
孝豐	浙江	豐縣	一六三一秋	三三	《宗論》八，一卷七頁	路過
靈峰山 △北天目 △天姆峰（靈巖寺）（百福寺）	浙江	孝豐	一六三一秋冬	三三	〈八不道人傳〉	初入山
			一六三二夏	三四	《宗論》八，一卷一三頁	結夏
			一六三三春	三五	《宗論》一，四卷一二頁	山居

靈峰山	浙江	孝豐	一六四三夏	四五	〈淨信堂續集自序〉	結夏
					《宗論》一，四卷一二頁	閱藏
			一六四三秋	四五	〈闢邪集序〉	刻《闢邪集》
			一六四四秋	四六	《宗論》一〇，三卷八頁	歸山
					〈八不道人傳〉	述《四十二章經》等三經解
			一六四九秋冬	五一	《宗論》六，四卷九頁	撰《法華會義》
			一六五〇夏	五二	〈占察經疏自跋〉	結夏
					《宗論》一〇，四卷二頁	自恣
			一六五一冬	五三	〈選佛譜序〉	結冬
					《宗論》四，一卷二〇頁	除夕茶話
			一六五四春	五六	〈八不道人續傳〉	歸山
			一六五五春	五七		入滅

湖州 △菰城 △苕城 △苕溪（鐵佛寺）	浙江	吳興	一六三三秋	三五	《宗論》六，四卷一〇頁	路過
			一六四二	四四	〈八不道人傳〉	著《大乘止觀釋要》
			一六四二夏	四四	《宗論》一，四卷一頁	禮懺
					《宗論》八，二卷八頁	卓錫
			一六五四春	五六	《宗論》一〇，四卷一二頁	路過
祥符寺	江蘇	武進	一六三五春	三七	《宗論》八，一卷二〇頁	雨阻
武水（智月庵）			一六三五夏	三七	〈八不道人傳〉	結夏
			一六三五秋	三七	〈占察經疏自跋〉	講《占察經》
九華山	安徽	青陽	一六三六春	三八	〈八不道人傳〉	入山閱藏
					《宗論》一，四卷二一頁	隱居
			一六三七秋夏	三九	〈梵網經合註緣起〉	註《梵網經》
					《宗論》八，一卷一三—一四頁	撰〈壇中十問十答〉
齊雲山	安徽	休寧	一六三八	四〇	《宗論》一〇，二卷九頁	路過

新安△陽山（止觀山房）	安徽	休寧	一六三八夏	四〇	《宗論》六，二卷九頁 《絕餘編》三卷，三一頁 《絕餘編》四卷，三三頁 《絕餘編》四卷，三四頁	結夏
					〈楞嚴經文句後序〉	講《楞嚴經》
（天馬院）		歙縣	一六五三春	五五	《宗論》六，四卷二二頁 《宗論》四，一卷一〇頁	受堅密之邀入新安
（棲雲院）			一六五三冬	五五	性旦撰〈歙浦講錄跋〉	再講《彌陀要解》
			一六五三冬夏	五五	《宗論》卷首，五頁	・結夏〈選佛譜〉作成 ・結冬《裂網疏》作成
（仁義院）		歙西	一六五四春	五六	《宗論》四，一卷三頁	普說
					《宗論》卷首，五頁	出新安
洪塘	福建	福州	一六三八秋	四〇	《宗論》六，二卷一五頁	路過

溫陵 △泉州 （小開元寺）	福建	晉江	一六三八	四〇	《宗論》六，二卷一五頁	初至福建
			一六三九	四一	《宗論》九，四卷二三頁	撰《楞嚴經玄文》
（月台寺）			一六四〇	四二	〈妙玄節要跋〉	輯《妙玄節要》
			一六四一冬	四三	〈周易禪解跋〉	結冬
			一六四二	四四	〈八不道人傳〉	自溫陵至湖州
△北山 △巢雲山			一六三八	四〇	《宗論》一〇，二卷一一頁	遊歷
漳州 △丹霞岱山 △紫雲 （虎崆仙亭）	福建	漳浦	一六四〇	四二	〈八不道人傳〉 《宗論》六，三卷八頁	述《金剛破空論》
			一六四一	四三	《宗論》六，二卷一三頁	結夏
					《宗論》八，一卷一一頁 〈法華綸貫後序〉	講《法華經》
					〈周易禪解跋〉	
					《宗論》六，二卷二一頁	訪純如兄

鴛鴦湖（寶壽堂）	浙江	嘉興	一六四四	四六	《宗論》五，三卷一九—二〇頁	遊歷
祖堂山	江蘇	江寧	一六四四冬	四六	《宗論》一〇，三卷一〇頁	結冬度歲
			一六四五春	四七	《宗論》一，四卷七—八頁	結大悲壇
					《宗論》六，三卷二六頁	結淨社
					《宗論》六，四卷三頁	寓居
			一六四五冬	四七	《宗論》一〇，三卷九頁	病後作詩壽幽棲主人
			一六四六春	四八	《宗論》六，四卷三頁	居住
			一六四六秋	四八	《宗論》一〇，三卷一四頁	重陽登山
			一六四七冬	四九	《宗論》四，一卷一頁	除夕普說
			一六四九秋	五一	《宗論》七，二卷一五頁	由祖堂山回靈峰山
			一六五〇冬	五二	《宗論》七，二卷一五頁	居住

蕅華隖			一六四八	五〇	《宗論》六，四卷一八頁	寓居
葉園			一六四八	五〇	《宗論》七，二卷一五頁	寓居
金山	江蘇	鎮江	一六四六	四八	《宗論》七，四卷一三頁	遊歷
長干（大報恩寺）	江蘇	江寧	一六二九	三一	《宗論》一，一卷八―九頁	禮大報恩塔
			一六四九	五一	〈重刻寶王三昧念佛直指序〉	寓居
			一六五一春	五三	《宗論》六，四卷一三頁	撰《菩薩戒本箋要》
			一六五一夏	五三	《宗論》七，二卷一七頁　《宗論》八，二卷一五頁	結夏
長水△晟谿（冷香堂）	浙江	嘉興	一六五二夏	五四	〈八不道人傳〉	初草《楞伽義疏》
			一六五二秋	五四	〈楞伽義疏後自序〉	《楞伽義疏》作成
			一六五二秋	五四	《宗論》一〇，四卷三頁	送清源返江寧

長水（營泉寺）	浙江	嘉興	一六五二冬	五四	《宗論》一，四卷一二頁	閱藏
					《蕅益大師年譜》二三頁	草〈八不道人傳〉
秋曙（拈花庵）			一六五三春	五五	《宗論》一〇，四卷五頁	路過
黃山	安徽	當塗 休寧	一六五三秋	五五	《宗論》卷首，五頁	遊歷
白嶽					《宗論》卷首，五頁	
研山					《宗論》一〇，四卷三頁	
湯泉					《宗論》一〇，四卷九頁	
容溪					《宗論》一〇，四卷九頁	
白龍潭					《宗論》一〇，四卷九頁	
（文殊院）					《宗論》一〇，四卷九頁	
（臨塘寺）					《宗論》一〇，四卷一一頁	

（芙蓉苑）	安徽當塗	一六五三秋	五五	《宗論》一〇，四卷一一頁
（大蘇庵）	安徽休寧			《宗論》一〇，四卷一二頁

二、智旭事蹟的歷史地理學考證

地理學考證的意義　從上表列示的四十處地名來看其所在地點，當可明瞭智旭生涯的行跡，是只局限於江南地區的五個省分。這可能是因為智旭時代的中國，最易於居住，而且政治情況較為安定的，也就是這五省地區。再就研究中國的人文地理，從明末的儒教學者的觀點，或是從佛教學者的立場來看，都是長江以南的人較多。為了理解上的方便，將這些人的出身地列表以示：

佛教		
人名	年代	出生地名
雲谷法會	一五〇〇—一五七九	浙江嘉善
偏融真圓	一五〇六—一五八四	四川營山
月亭明得	一五三一—一五八八	浙江湖州

儒教		
人名	年代	出生地名
王陽明	一四七二—一五二九	浙江餘姚
王龍溪	一四八九—一五八三	浙江山陰
羅念庵	一五〇四—一五六四	江西吉水

妙峰真覺	一五三七—一五八九	江蘇崑山
象先真清	一五三七—一五九三	湖南湘潭
雲棲袾宏	一五三五—一六一六	浙江餘杭
古心如馨	一五四一—一六一五	江蘇溧水
紫柏真可	一五四三—一六〇三	江蘇吳江
雪浪洪恩	一五四五—一六〇八	江蘇金陵
憨山德清	一五四六—一六二三	安徽全椒

胡廬山	一五一七—一五八五	江西泰和
李卓吾	一五二七—一六〇二	福建晉江
焦弱侯	一五四〇—一六二〇	江蘇南京
陳　第	一五四一—一六一七	福建連江
顧憲成	一五五〇—一六一二	江蘇無錫
高攀龍	一五六二—一六二六	江蘇無錫
劉宗周	一五七八—一六四五	浙江山陰

以上所列舉的二十人，都稱得上是明末佛教和儒教的代表人物。與佛教有關的十人當中，包括了禪、華嚴、天台、唯識、律、念佛的學者；另一方面，在儒教的陣營中，也包含了陽明學派、陽明的再傳人、東林學派、考證學派等學者在內。縱然如此，再從地域的分類來看，依然仍以長江以南的人較多，尤其是江蘇、浙江兩省所占的比率最高。由此可以了解的是，在明朝末期，中國文化的中心地已經不是京城所在地的北京，而是以江南做為文化中心。如果更進一步來說，此一江南的文化中心地，就是江蘇和浙江兩省。而且智旭所活躍的地盤，就以江蘇和浙江兩省為中心。

但是，要明確地識別中國古代的地理名稱，顯然也絕不簡單。依據中國的慣例，一切文獻中所列示的地名或寺名，幾乎都把州、府、道、郡、縣、鎮、山、城、寺、院、庵等的名詞省略，概無詳明的記敍。而且同一地名、寺名或山名，其地點完全不同的，也不在少數。這種情形，智旭在他的著作裡所使用的地理名稱，亦不例外⑰⑤。特別是明末所用的縣以外的小地名以及新寺院的名稱，即使再怎樣地去查尋歷史地圖或歷代地名的參考書類，還是不得要領。

幸好在上表所介紹的地理名稱中，一時找不到出處的，僅只武水、藕華隖、菓園、秋曙等四處而已。因此，以下將查證的過程稍作報告。在這中間構成問題的是：留都的普德講堂、姑蘇城的承天寺、龍居的聖壽寺、博山、靈峰山、吳門、祥符、武水的智月庵、菰城的鐵佛寺、長干的大報恩寺、長水的冷香堂、晟谿等地。

留都的普德講堂　有關留都此一名稱的參考資料，遍查史地文獻一無所悉，不論是《中國地名大辭典》、《讀史方輿紀要》的索引、《明史》的〈地理志〉，一切有關史地文獻都已查過，依然仍無頭緒。但是，以一個古吳地方的人士，智旭在二十一歲時，即有曾往留都之行的記載。僅就此一事實⑰⑥來推測，此一留都的地理位置，可能是距離古吳木瀆鎮並不太遠的地方，只憑這一點，雖仍無法明確地判明智旭文獻裡的留都位置，但也許就是在浙江的檇李（嘉興府）與江蘇的江寧（南京）之間。此在智旭的文獻中，有兩點表示：

1.在〈與了因及一切緇素〉中有：

而新安，而閩地，而苕城、檇李、留都，虛名益盛。（《宗論》五，二卷八頁）

2.在〈淨信堂續集自序〉中有：

歷普德、濟生，而結社於牛首之幽棲，虛名日盛。（《宗論》六，三卷二六頁）

這裡的苕城與檇李，就是在浙江的地名。閩，是福建的代稱。另外的濟生（庵），是位於浙江石城山的寺名，而牛首山幽棲寺的所在地則是南京。普德，是位於留都的在家居士的講堂。智旭在四十歲時，從安徽新安地方，更往福建的泉州和漳州兩地去展開活動；四十四歲時，旋又回到北方，巡錫於浙江的湖州、嘉興、靈峰等地；然後又於四十五歲的冬季，進入留都的普德講堂。爾後的四十六歲及四十七歲兩年之間，曾在牛首山的幽棲寺和石城山的濟生庵從事弘法利生事業。

但是，此一留都的地名，到底在什麼地方？筆者最後終於在《明史．外國傳》第七之中，找到號稱「留都王豐肅、陽瑪諾」[177]的天主教教難事件的紀錄。此一教難事件的發生地點，就是南京[178]。另在智旭的〈刻重訂諸經日誦自序〉中，也有把留都與幽棲寺併論之處[179]。就上述各點合併起來考量，認為此一留都地方，其實可能就是南京。

據先前所引述的《明史．地理志》，雖然查無留都的名稱，但明成祖永樂十九年（一四二一），從南京遷都北京時，為了留守防衛南京，設置包括留守左衛、留守右衛、留守中衛、留守前衛、留守後衛的「南京衛」[180]。其意義所示，就是南京是留守中的都城，守衛其安全應屬重要，所以才有此一名實相副的名稱。也許就因為這樣，在《明史》的馬士英傳，才載有與南京、南都一起的留都名稱[181]。就上述各項論據，漸漸可以明朗：留都就是明朝時代南京的異名。

姑蘇城的承天寺　在智旭的〈松陵鑒空寧禪師傳〉中，敍述他在二十八歲時，曾「結夏承天」[182]。此一承天的地名，也在智旭的〈解制自弔示諸友〉文章中，有「今年結夏姑蘇城」[183]的詩句註說。因此推證承天的地名，應該既不是湖北的承天縣，也不是福建泉州或江西九江的承天寺，或許就是位於江蘇蘇州的承天寺。可是，若從歷史、地理資料中去查證蘇州的承天寺，顯然頗為困難。

龍居的聖壽寺　龍居此一地名，一向是不明其所以的。但依智旭的文獻去查證，龍居就是聖壽寺的所在地，可能是位於浙江嘉興府的地名。這可以由次列的三種文獻內容，得知龍居與聖壽寺是在同一地點；而其座落，就在浙江杭縣附近：

1. 在〈閱藏畢願文〉中有：

智旭年三十（一六二八），幻寓龍居，第二閱律。（《宗論》一，四卷一一頁）

2. 在〈松陵鑑空寧禪師傳〉中有：

戊辰（一六二八）遊普陀歸，憩聖壽寺之藏殿[184]。（《宗論》八，一卷四頁）

3. 在〈璧如惺谷二友合傳〉中有：

（惺谷）從吳門遊杭，抵龍居，時予在龍居閱藏。（《宗論》八，一卷八頁）

智旭著作這三種文獻都是在三十歲的年間，而且所敍述的內容也都與閱藏是同一回事。因而得知此一龍居的地名，不僅是聖壽寺，而且是位於龍居地方的寺名。查知此一聖壽寺，是來自嘉興府的文獻，即《續燈正統》卷四十一「嘉興府聖壽宜翁可觀禪師」[185]的傳記。

博山　據大監毒山的《支那仏教史地図》，在山東和江西都有博山的地名。稍加思考之後，我認為智旭所參訪的無異禪師，他所住的博山應該是江西的博山。在《永覺元賢禪師廣錄》卷十八的〈博山無異大師衣鉢塔銘〉中有：

萬曆壬寅（一六〇三）夏，往信州鵝湖圓戒。鵝湖亦以元座屬焉！是冬，隱靜於豐邑之博山。（《卍續藏》一二五卷，三〇七頁C）

信州就是江西的廣信，而豐邑則是江西南昌的古地名。另據《宗統編年》卷三十的記載，這一博山確實就在廣信[186]。準此，智旭所參訪的博山，就是在江西已很明顯。

靈峰山的異名　靈峰山雖是智旭的根本道場，但從他的著作中來看靈峰山，也有以不同的名稱來表達的：即北天目、鄣南的靈峰、北天目的靈峰山、靈巖寺的百福院、靈峰山的靈巖寺、越溪的天姆峰等稱號。位於浙江的天目山，雖有東天目與西天目兩座山峰，但北天目的山名，地圖上卻遍尋不著。因此，也許是智旭把靈峰山名之為北天目。靈峰山和靈巖寺都是在浙江樂清縣雁蕩山脈中的名勝。屬雁蕩山脈支峰的靈峰山，因為是在浙江安吉縣鄣城以南，所以才稱為鄣南的靈峰。這座山中主要的寺院，就是靈巖寺。在這座本寺之下另有幾座末寺，也就是分院；而智旭所住的寺院，可能就是萬福院的分院。另智旭所用的越溪天姆峰的名稱，就其意義則不太明瞭。不過，這一名稱在智旭四十五歲作《闢邪集》序文時，只用過一次而已。這篇序文的寫作日期雖是癸未（一六四三）年的秋季，但據查證所示，智旭這一年的夏安居地點是在靈峰山[187]，冬天才到普德講堂演講《法華經》，他應該一直都在靈峰山。而此稱為越溪天姆峰的地點，應該也是智旭所命名，其實就是北天目山的異名。

吳門與古吳　在智旭的文獻裡，時而將吳門稱作古吳，有時也以古吳來稱呼他的故鄉木瀆鎮。所謂古吳，雖是古代吳國的名號[188]，卻不曾有古吳這個固有名詞。而且經常也有將江蘇無錫縣，稱作吳縣的情形。但在智旭而言，他的正式署名，都用的是古吳；而在詩文內容方面，則用的是吳門[189]。

祥符寺　在智旭三十七歲的春季，曾有過「兩阻祥符」[190]的經歷。這裡所謂的祥符，究竟是地名還是寺名，一時頗難定論。如果是地名，該是河南開封縣的古地名，那正是智旭祖居汴梁的異名；如果是寺名，應是編纂《宗統編年》（一六九三）的紀蔭，曾一度為僧，駐錫在江蘇長州府武進縣的祥符寺[191]。但據實而論，智旭在三十七歲年間，不可能遠赴北方的開封；所以，因雨被阻的地點，可能就是武進縣的祥符寺。

武水的智月庵　武水是山東聊城縣的地名。智旭在三十七歲的春季，如前所述，可能是在武進縣祥符寺，翌年春天才進入安徽九華山。因此，他在三十七歲那年夏安居的地點，應是這武水的智月庵。就智旭的行跡來考證，在當年的夏天，突然跨越長江和黃河往復於山東聊城之間，委實令人難以置信。而且在江蘇棲霞山與智旭相識的自觀照印[192]，本是江寧（南京）人，曾在南京大報恩寺出家，他也是一六三五年到一六三六年的兩年之間，在這武水的智月庵，隨侍智旭的身邊。而且他在智旭離開之後，獨自在此閱律藏[193]。根據這一點，此一武水的地理位置，應該是在南京的周邊才較為合理。

湖州的菰城與苕城的鐵佛寺　湖州，是在現今浙江吳興縣境內的地名。菰城，是楚國的古城。苕城，則位於菰城的西側，因有名為苕溪的河川，故而亦名為苕城。不論用什麼名稱，都是指同一處，於此與智旭有關的則是鐵佛寺。依智旭的資料有：

1. 在〈與了因及一切緇素〉文中有：

而新安，而閩地，而苕城、檇李……。（《宗論》五，二卷八頁）

2.在〈樂如法姪四十壽語〉文中有：

壬午（一六四二）夏，幻寓菰城。（《宗論》八，二卷八頁）

3.在〈淨信堂續集自序〉文中有：

壬午（一六四二）從閩至吳興，奉三寶命，志在傳一隙之明也。艱阻沓出。捨鐵佛而遊檇李之天寧，捨天寧而居郭南之靈峰。（《宗論》六，三卷二六頁）

4.在〈八不道人傳〉文中有：

四十四歲（一六四二）住湖州，述《大乘止觀釋要》。（《宗論》卷首，一七頁）

在上述四種文獻中，顯示有苕城、菰城、吳興的鐵佛寺、湖州等四處地名。其年代，都是在智旭四十四歲（一六四二）的夏季，據此所示，很明顯是指同一地點。鐵佛寺是當時有名的大寺院，在雲棲袾宏的《竹窗隨筆》中，曾指出鐵佛禪寺是代表禪宗的寺剎。智旭在此寺開講《大乘止觀》之餘，並撰述註釋書《釋要》四卷；據悉，他亦在此行持盂蘭盆道場的禮懺法要[194]。

長干的大報恩寺　所謂長干，就是橫亙於南京以南五里處的嶺岡名稱。大報恩寺則是位於長干的寺院，是六朝時代遺跡建初寺的新寺名。但據智旭的著作所述，則有長干寶塔[195]、長干大報恩寺[196]、大報恩塔[197]等種種的稱呼。而且智旭經常稱讚憨山德清與雪浪洪恩二人，是明末萬曆年間大報恩寺的雙傑[198]。就此稱讚意識中的涵義顯示，從六朝時代直到明末，大報恩寺就不斷地在培育人才。當時智旭已經三十一歲，曾陪伴無異禪師大艤元來造訪古寺，並禮拜在此的佛舍利塔而撰作了一篇願文[199]。

晟谿與長水　長水可能是浙江嘉興的長水地方，這裡是宋朝號稱「楞嚴大師」子璿（九六五－一〇三八）的所在地。而晟谿所指為何？容或是指地名，但不悉其座落何處？可是，在智旭的〈楞伽義疏後自序〉中有：

壬辰（一六五二）結夏晟谿，無處借藏，乃以六月初三日舉筆，至八月十一日閣筆，於長水南郊之冷香堂。（《宗論》六，四卷一四頁）

因此，這裡的晟谿，推測可能是長水地方的小地名或寺名。正確地說來，智旭在五十四歲（一六五二）結夏安居的地點，雖然是在長水地方的晟谿（寺），但他撰作《楞伽義疏》的地點，可能在晟谿（寺）的冷香堂。

藕華隝、葉園、秋曙　這三個地方的地理位置儘管不夠明確，但就它們的年代次序與智旭的行跡加以查考，再合併起來考量，大致約可推測得出來。

智旭於四十九歲（一六四七）的大晦日，曾住在金陵（南京）的祖堂山幽棲寺。翌年五十歲的正月，曾一度假寓藕華隝[200]，並寓居葉園地方[201]。又在翌年（一六四九）五十一歲九月，他直接從金陵回到浙江靈峰山。智旭在四十八歲時的重陽節，去金陵的祖堂山[202]，直到五十一歲的九月才離開南京地區。在這段期間，他主要的住處就是祖堂山幽棲寺和長干大報恩寺。由此一事實加以推測，所謂藕華隝和葉園，可能不是地名，根本就是幽棲寺和大報恩寺建築的雅稱而已。此一構想的前例就是，在智旭三十年代時的梵網室和四十年代的淨信堂，都是智旭居處的雅稱。從而其五十年代的住處，也有藕華隝或葉園的雅稱[203]，應該也是不足為怪的事。

最後，再就秋曙的拈花庵，究竟位在何處？這可能是智旭在五十四歲的冬季，於浙江長水營泉寺結夏之後，在五十五歲的元旦至故鄉古吳途中的地點[204]。據推測所示，約在長水附近。

三、智旭生涯的環境意義

在智旭生涯中，足跡所到之處的重要地理環境，大略有徑山、龍居、金庭山、九華山、溫陵、靈峰山、普德講堂、祖堂山、新安等地。而這些地理環境，對於一位佛教學者的智旭，就其整個生涯具有何種程度的影響？以下稍作論述。

徑山　徑山亦稱徑山寺，是牛頭法欽（七一四—七九二）在此開山，為臨濟宗的專修道場。智旭於二十四歲（一六二二）出家後不久，就至徑山修行坐禪。翌年二十五歲時，他再度至徑山修行坐禪，在悟境上得到很大的體會，就智旭的整個生涯來看，這是他禪味最高的境界。智旭就在此年的冬季，稟受比丘戒；翌年二十六歲的冬季，求受菩薩戒。爾後，漸漸由禪道轉身成為一位持律的淨土念佛行者。實際上在明末的徑山，還沒出現過偉大的禪師。但由達觀真可所創刻的方冊本《大藏經》木版，依然被保存在徑山寺裡，而且真可的遺體也葬在徑山的文殊台；而在智旭來說，因為對真可懷著很深摯的敬仰心，所以才選定徑山為坐禪的道場。另外，智旭在徑山依靠自力而得到無二的悟境，誠亦確是事實。

雲棲寺　雲棲寺是在杭州「梵村」莊園中的寺院，為蓮池大師袾宏在明穆宗隆慶五年（一五七一）建造。袾宏在這裡，將受自偏融真圓的「老實持戒念佛」[205]教訓，充分地予以實踐。至於論及智旭與袾宏的會晤，在年代上來說雖然不太可能，但智旭所受的比丘戒和菩薩戒，其受戒道場都是在雲棲寺。因此，智旭曾表明在戒律上是私淑於蓮池和尚的[206]。智旭的初期淨土思想，受自袾宏的影響也很大[207]。而且當他初次聽講《唯識論》時，疑惑於性相矛盾的事情，也是發生在雲棲寺。既如上述，雲棲寺於智旭而言，應該是他邁向戒律思想、淨土念佛思想，以及性相融會的起足點。

龍居的聖壽寺　智旭在三十歲（一六二八）時，以持律者的心理準備，奔向終南山，在半路上遇見道友雪航智檝。恰好雪航也有心想學習戒律，因此才把智旭帶引到龍居的聖壽寺。聖壽寺在嘉興地方雖是相當大的一座寺院，但在佛教史上卻不甚著名。在明末年間，它就珍藏有《大藏經》。以此機緣，智旭在聖壽寺得以再度閱覽律藏，從而完成了《毘尼事義集要》的初稿。但他在聖壽寺的另一件重大的行事，是與智檝、道壽、受籌三人於此訂盟。智旭在三十一歲的冬季，與歸一受籌一起結制安居。在三次閱覽律藏的同時，完成十八卷的《毘尼事義集要》。

第二年，智旭三十二歲的春天，如是道昉隨從惺谷道壽由金陵回到龍居。智旭利用這一年的夏安居，在此向智檝、道壽、道昉三人，詳細地講解他的《毘尼事義集要》，並為這部《毘尼事義集要》作了跋文。現在考證這篇跋文的內容，當時智旭以為中心思想的戒律，並不是傳統南山道宣系的四分律，而是屬於東塔懷素系統的風範[208]。從上述種種事體看來，龍居的聖壽寺，我認為實際上可以說是智旭推行戒律運動的中心基地。

金庭山的西湖寺　金庭山位於浙江嵊縣東方的桐柏山。智旭生涯中的西湖寺，可以說是龍居聖壽寺時代的延長。此寺的興建，是經由受籌的勸請，集聚他們毘尼社全員的力量而建的新寺院。就這件事在智旭的資料中記載，大約如次：

1.在〈八不道人傳〉中有：

三十五歲，造西湖寺。（《宗論》卷首，四頁）

2.在〈卜居十八事〉中有：

順歸師雅癖，奉大士慈命，誅茅西湖。（《宗論》一〇，一卷一三頁）

這裡提到的「卜居」和「奉大士慈命」顯示智旭很喜歡占卜，可能是在觀音菩薩或地藏菩薩座前，用占卜的方式才前往金庭山建造了西湖寺。這座西湖寺，因為有「誅茅」的語句，實際上可能是數棟的茅舍而已。在此，智旭以毘尼社的師資成員九人為對象，再度講解《毘尼事義集要》。非常遺憾的是，他在這裡並沒多久，盟友歸一受籌即背盟離去。為此，智旭復興戒律的熱誠，受到很大的衝擊，於是捨棄比丘戒而退轉為菩薩沙彌。他推行戒律學的時代，也因此劃下了休止符。爾後，隨著夏安居圓滿，三十五歲的智旭便悵然離開西湖寺[209]。直到他五十三歲再度來到西湖寺時，悠然興起萬般的感慨之中，遂有：

風帆破浪陟危岡，轉憶交情空自傷；七十二峰明月在，千秋逸興付波光。（〈辛卯〔一六五一〕季秋重登西湖寺有感三首〉，《宗論》一〇，四卷二頁）

誠然也是即興的感喟！回想起往年，大家是基於復興戒律的心願，才共同盡心致力；如今眼前的金庭山七十二峰景觀依舊，但昔年的信念與心願卻宛如明月的光輝，與時間一起流逝。這座西湖寺，使智旭的悲楚深切，從詩句中可以明顯地看得出來。

安徽九華山

由於盟友歸一受籌的背盟，使得智旭復興戒律運動的心願，完全陷於破滅。智旭從三十五歲的夏季到三十六歲兩年（一六三三—一六三四）之間，該是他生涯中最為苦惱多艱的時期。因此，就他的史料中，對於這段期間的消沉顯示有兩點的記事：

1. 在〈退戒緣起並囑語〉中有：

予癸酉（一六三三）甲戌（一六三四），匍匐苦患。（《宗論》六，一卷六頁）

2. 在〈自觀印闍黎傳〉中有：

法友信我於舉世非毀之際，從我於九死一生之時。（《宗論》八，一卷一四頁）

這兩句「匍匐苦患」和「舉世非毀」的文字，當是智旭三十五、六歲兩年之間，生活心態的寫照。當他離開西湖寺之後，便四處雲遊參訪而未曾駐足一處；直到三十六歲（一六三四）的冬季，才回到故鄉吳門，被幻住庵的住持竺璠淨公挽留而開講《毘尼事義集要》。但這位住持對於律僧並不太尊敬，又熱中「密滲之禪」[210]，所以與具有禪、教、律並重性格的智旭，顯然不太契合。而且智旭在三十七歲這年的冬季，患病很嚴重，既如上述文句所示，是「九死一生」的情況。因此之故，基於地藏信仰，他以自己罪障深重的懺悔心意，發心隱遁於地藏菩薩聖地的安徽九華山。這是他三十八歲那年三月間的事情。如果再澈底地說來，他隱遁於九華山後的生活，更是苦難連綿的狀況。

據進入九華山的智旭的表示，這座山對修行人來說，確實深為契合。往日住在城市中的人事紛耘，乃至思想上的紛歧等人為的煩惱，都在這恬靜的深山中消逝。但是對於患病之身來說，卻不是醫療病患的好環境。智旭在九華山時，有一篇歌頌〈遣病歌〉，載有如次的詩句：

> 九華峰頭雲霧濃，三月四月如隆冬；厚擁敝袍供高臥，煖氣遠遁來無從。拾取松毬鎮日煨，權作參苓療我疾；我疾堪嗟療偏難，阿難隔日我三日。（《宗論》一〇，二卷七頁）

九華山因為處地高亢，到了春天的三、四月，依然很寒冷，即使身上裹著厚重的棉襖入睡，仍然不覺有暖意。在《楞嚴經》卷五，載有阿難「隔日瘧」的譬喻，但是阿難的隔日瘧，是喻意尚未斷除思惑煩惱[211]；而智旭的「三日瘧」，卻是被現實的瘧疾所苦。他在九華山沒有什麼醫藥品，只好撿拾松毬燒過之後，拿來當藥治病。當時生活條件的貧窘，約如以下各文的記載：

1.〈四書藕益解自序〉中有：

遠大病幾絕，歸臥九華，腐滓以為饌，糠粃以為糧。（《宗論》六，一卷二四頁）

2.〈自像贊三十三首〉之十二有：

九華靜室，曾喫腐滓粃糠。（《宗論》九，四卷一九頁）

3.〈自像贊三十三首〉之二十三有：

至年三十八，大病為良藥，高臥九子峰，糠滓堪咀嚼。（《宗論》九，四卷二二

頁）

這裡提到的「腐滓」，就是豆腐渣；「糠粃」，則是米糠。把豆腐渣曬乾，灑些鹽巴上鍋炒，用來當菜餚佐飯食用；另把米糠磨成像麥粉的細末狀，來取代米飯，當作主食。在這麼艱難和貧困的生活環境中過活的智旭，其健康狀況自是異常地惡劣。因此，他在〈山居六十二偈〉中有：

一病五百日，形神並已枯，緇素偶相值，稱我為禪癯。（《宗論》一〇，二卷一頁）

一年多的臥病生活，智旭的身體已是骨瘦如柴，偶爾與人會晤，他人便稱之為「禪癯」——一個瘦弱的禪者。縱然進入九華山是這麼艱苦的生活，經過半年之後，他的機運漸漸有了轉好的態勢。對此，智旭在〈與了因及一切緇素〉書翰中有：

夙障深重，病魔相纏，從此為九華之隱，以為可終身矣。半年餘，又漸流布。

（《宗論》五，二卷八頁）

終於在他三十九歲（一六三七）時，往日的道友如是道昉及弟子自觀照印等，相繼來到九子別峰拜訪，請教有關《梵網經》和《楞嚴經》的要義。因此機緣，他才撰作《梵網經玄義》和《合註》，並也趁機著作〈壇中十問十答〉和《性學開蒙》。以往，智旭的教理義學，看來是持小乘比丘戒律，而轉向弘揚大乘菩薩戒的行者。如今，他以戒律為中心的佛教學者，進一步成為以《楞嚴經》的實性論為依準的佛教學者。實際上在九華山的兩年生活，為智旭開拓「著述弘經、先修觀智」[212]的理想途徑。兩年的時間，是智旭的教理思想趨向成熟的最重要階段。

溫陵與漳州　一六三七年的夏秋期間，智旭在九子別峰的華嚴庵，開啟「著述弘經」的序幕。翌年，四十歲（一六三八）的夏天，他從九華山下來，前往安徽的新安陽山，再度宣講《楞嚴經》。到了秋天，應約與如是道昉去南方，遠赴福建的溫陵（晉江、泉州）。四十一歲（一六三九）的夏天，撰成了他的代表作《楞嚴經玄文》。四十四歲（一六四二）的五月，在回到浙江之前的三年之間，一直都在福建的溫陵與漳州兩地，從事「著述弘經」的生活。

這三年期間，他除了完成《楞嚴經玄文》之外，還包括《華嚴經》、《楞嚴經》、《法華經》三經的《蕅益三頌》、《妙法蓮華經玄義節要》、《法華綸貫》、《金剛破空論》等諸書。另外，為了「引儒入佛」的著述《周易禪解》，也是在這段時期著手的。智旭經歷九華山《梵網經》時代、溫陵《楞嚴經》時代、漳州《法華經》時代，終止了南方教化生活後又回到北方。

在智旭的著述中，提到當時溫陵與漳州的僧眾，惺谷道壽[213]與如是道昉[214]都是溫陵人，另有徐雨海居士[215]也是溫陵佛教界的著名人士。當智旭駐錫於此時，剛好曹洞宗名匠永覺元賢（一五七八—一六五七）也在福州鼓山[216]，但兩人卻未晤面。

北天目的靈峰山　這座靈峰山，雖然稱是智旭的根本道場，可是他從三十五歲由靈峰山下來，一直隔了十年之後，才再度回到山上。就在這年的秋季，眼見鶴群集聚在靈峰山，他認為這是一種靈瑞，於是賦作〈中秋後二日群鶴集於靈峰賦靈鳥〉[217]的詩篇，便出山外遊。後來又在四十六歲翌年（一六四四）回到靈峰山，於此留下入山四首[218]的詩句。智旭對於靈峰山的印象，在他的〈山客問答病起偶書〉短文中，有如次所述：

> 靈峰有五美四惡。何謂五美：一者泉甘且多，二者黜陟不聞，三者暑不酷，四者寒

燒柴火，五者蟲少。何謂四惡：一者病時醫藥難，二者貧時借貸難，三者大風能飄瓦，四者地瘠多砂、所生穀菜味皆劣。（《宗論》四，三卷一九頁）

從上述靈峰山的五美與四惡看來，當可想像到當時靈峰山的艱難與貧困的情形，與九華山不相伯仲。但是晚年的智旭，卻在此山中完成《法華會義》十六卷；接著，《占察善惡業報經義疏》、《閱藏知津》、《法海觀瀾》等重要著作，也是在此山中完成。而且他還在這座山中示寂，歸終的葬身處所也是在這裡。

普德講堂 在智旭的整個生涯中，出入靈峰山雖有九次之多，但那裡只是他修行與休養[219]的根本道場，卻不是他接眾教化的地方。因此，在他四十五歲那年，雖然夏季才在靈峰山安居，但秋季就出版了《闢邪集》；到了冬天，便在留都的普德講堂開講《法華經》[220]。有關這座講堂的性質，已在本書第一章第二節中敍述過，我認為這裡好像不是佛教的社團，可能是陽明學派的一個集會場所，智旭才自稱「座主」[221]。他在普德講堂演講的是《法華經》，以及《唯識論》[222]和《楞嚴經》[223]；後來著作《法華會義》的動機，也是由於普德講堂講座的機緣而來[224]。在他四十六歲的春季，再版《蕅益三頌》[225]和出版《大乘止觀法門釋要》[226]等，都是在普德講堂所從事。

當時做功德主的李石蘭和張孺含兩位居士，都是這座講堂的重要負責人，而且他們曾皈依於智旭[227]。出現在這座講堂裡的出家僧眾，在智旭以前卻很少見到；換句話說，在普德講堂講經時的智旭，正是其教學思想已臻圓熟的階段。他在這裡的活動時間雖然只有半年[228]，但披露其中心思想的《楞嚴經》、《大乘止觀》、《成唯識論》、《法華經》等諸經論所凝聚而成的性相融會理念，得以乘性發揮的道場，正是這座普德講堂。

可是，身體衰弱的智旭，經過半年的活動之後，在四十六歲的夏季又為病魔所侵擾，先是辭卸嘉興天寧寺的講座；接著，也告退了留都普德講堂座主的職務[229]，結束他的生涯中最多采多姿的教化活動時代。

祖堂山與長干　祖堂山的幽棲寺，亦稱祖堂寺的延壽院，在牛頭山以南的五里之遙，這裡是牛頭法融（五九四—六五七）所開山的禪宗道場。智旭時代的幽棲寺方丈是湛持公[230]，他並不是怎麼著名的禪僧。但從智旭四十六歲冬季直到五十一歲秋季（一六四四—一六四九），他都在幽棲寺和長干的大報恩寺與石城北的濟生庵中度過，不過其主要的駐錫地，實際上還是在祖堂山幽棲寺。他在這裡所從事的課業，包括結冬、結社禮懺、改訂諸經日誦、著述以及講經說法等活動。例如《周易禪解》、《成唯識論觀心法要》、《阿彌陀經要解》等重要著作，都是在他四十七歲到四十九歲之間所完成。因此，號稱是他最為傑出的弟子堅密成時，就在這段期間與他結識的。

住在幽棲寺時的智旭，時而也在長干大報恩寺掛搭。有關這座大報恩寺的歷史，已在本書二二八頁的第一九九項註釋，作過詳細的說明。但其中最能牽縈智旭感情的，還是他的剃度師祖憨山德清，因為憨山在十二歲（一五五七）時，就是這座大報恩寺的西林寧公[231]為他剃度的。因此，對智旭來說，大報恩寺的存在價值，就是自己出身源流的祖庭。因此之故，當時大報恩寺的方丈和尚乾明公[232]，雖然不是什麼名僧碩德，卻讚譽智旭是明朝末年的傑出高僧。

新安的諸寺　新安，是安徽的地名。智旭在四十歲（一六三八）的夏季，一度曾在新安休寧地方的陽山止觀山房弘揚教法。五十五歲的夏季，他再度去新安，其動機也許與上次在此弘法有所關聯。何以見得呢？因為上一次的弘法雖然是以陽山為目的，但這次卻是由於堅密成時的邀請和嚮導，而以堅密成時的故鄉歙縣為目的地[233]。來到這裡，其主要說法布教的場所，就是歙浦的天馬院和棲雲院，以及歙西的仁義院三處。是即：

(1)在歙浦的天馬院，撰著《起信論裂網疏》和《選佛譜》；寫作《較定宗鏡錄跋》，刪定《袁宏道集》。

(2)在歙浦的棲雲院，再度講演《阿彌陀經要解》，並作釋義與分科。

(3)在歙西的仁義院，留下勸修淨土念佛的《普說》文獻；並遊歷巡禮鄰近的文殊院、臨塘寺、芙蓉苑、大蘇庵等道場，但並未留下足以傳世的記述。

小結　從上述各端所列，得以了解智旭的生涯，今再就其所活躍的地理背景，作一結論。大致上，有以靈峰山為中心的浙江、以南京為中心的江蘇、以泉州為中心的福建，和以九華山、新安為中心的安徽。

註　釋

❶參考〈八不道人傳〉。（《宗論》卷首，二頁）

❷《宗論》一，二卷八頁。

❸參考〈退戒緣起並囑語〉。（《宗論》六，一卷五頁）

❹〈閱藏畢願文〉。（《宗論》一，四卷一二頁）

❺在〈大乘起信論裂網疏序〉中，智旭對於法藏的教判思想予以強烈地反駁。（《大正藏》四四卷，四二二頁B）

❻《宗論》九，四卷四—一六頁。

❼《宗論》九，四卷五頁。

❽《憨山老人夢遊集》卷三十四。（《卍續藏》一二七卷，三五四頁A—三五六頁C）

❾《宗論》五，三卷一六—一八頁。

❿在《華嚴經疏》卷二中：「第二敘西域者，即今性相二宗，元出彼方，故名西域。謂那爛陀寺，同時有二大德，一名戒賢，一名智光。」（《大正藏》三五卷，五一〇頁B）

⓫在常盤大定的《仏性の研究》，關於性相二宗的論諍與法藏的性相統一，有其簡略的論述。（國書刊行會發行，昭和四十七年〔一九七二〕）

⓬在智旭的〈合刻彌陀金剛二經序〉有：「如來一代教法，除聲聞藏，餘皆名大乘方等經典。」（《宗論》六，四卷一六頁）此一典據，可能是指《涅槃經．邪正品》卷七：「一切眾生有佛性者，九部經中所未曾聞。」「我於大乘大智海中說有佛性，二乘之人所不知見，……所謂方等大乘經典。」（《大正藏》一二卷，六四六頁A）

⓭智旭的〈大乘起信論裂網疏序〉。（《大正藏》四四卷，四二二頁B）智旭對此賢首的教判，持具反感態度之餘，並即相繼作成《成唯識論觀心法要》、《金剛經破空論》、《起信論裂網疏》，從而強調：唯識非立相，般若非破相，大乘法門，非在一切的二邊，應屬圓極一乘。

⓮慧遠的《法性論》，現已不存於世。但在《東域傳燈錄》卷下及《諸宗章疏錄》第二，載錄其參

考書目。

⑮《宗論》三，一卷五—六頁。

⑯〈法派稱呼辯〉。（《宗論》五，三卷一一—一三頁）

⑰《宗論》九，四卷一六頁及二〇頁。

⑱〈示蒼雲〉。（《宗論》二，五卷三頁）

⑲《宗論》六，二卷一三頁。

⑳大艤元來的傳記資料：《無異元來禪師廣錄》附吳應賓撰〈塔銘〉與劉日杲撰〈傳〉，以及永覺元賢撰〈博山無異大師衣缽塔銘〉，都收錄在《永覺元賢禪師廣錄》卷十八。這三種資料，都收載在《卍續藏》卷一二五。

㉑聞谷廣印的傳記資料，可參見《永覺元賢禪師廣錄》卷十八元賢撰的〈塔銘〉，以及《初學集》卷六八錢謙益撰的〈塔銘〉等文獻。

㉒憨山德清的傳記資料，收在《憨山老人夢遊集》附吳應賓撰的〈塔銘〉，以及錢謙益撰的〈塔銘〉之內。另在《顓愚禪師語錄》卷十二，也有觀衡撰的傳記。

㉓參閱《法華經持驗記》卷下。（《卍續藏》一三四卷，四七四頁A—B）

㉔《淨土聖賢錄》卷五。（《卍續藏》一三五卷，一四九頁A—一五〇頁A）此項記載所依循的資料，被視為同是前項《法華經持驗記》的記事。

㉕《宗論》八之三卷六頁所收錄的〈然香供無盡師伯文〉，是智旭三十歲（一六二八）冬季的著述。他初次面謁傳燈時，是在二十五歲的春天。至於傳燈示寂的年代，雖然可做一六二三至一六二八年的五年之間，但未必即如安藤博士所推斷的一六二七年。為了時代的識別方便，本論仍採用安藤的推斷年代。

㉖《宗論》九，四卷二二頁。

㉗雪浪洪恩的傳記資料，在憨山德清《憨山老人夢遊集》卷三十的〈雪浪恩公傳〉、錢謙益《初學集》卷六九的〈塔銘〉、鄒迪光《寶華山志》卷七的〈塔銘〉均有收錄。

㉘新城壽昌無明慧經，本是元來與元賢二人的嗣法之師。他的傳記資料，在憨山德清《憨山老人夢遊集》卷二十八的〈塔銘〉、《無明慧經禪師語錄》附元賢撰的〈行業記〉均有收錄。

㉙有關寶慶五台庵顓愚觀衡的傳記，在陳垣《釋氏疑年錄》三八七頁和《賢首傳燈錄》上，以及《紫竹林顓愚衡和尚語錄》附正印撰的〈行狀〉、熊文舉撰的〈塔銘〉，還有智旭撰的〈爪髮衣缽塔誌銘〉均曾予以介紹。但在日本現存的文獻，只有智旭的《靈峰宗論》卷八收錄的〈爪髮衣缽塔誌銘〉，以及〈爪髮衣缽塔文〉而已。

㉚《宗論》五，二卷一四頁。

㉛《宗論》九，四卷一三頁。

㉜〈十八祖像贊〉。（《宗論》九，四卷八頁）

33《起信論裂網疏》卷六。（《大正藏》四四卷，四六三頁A）

34（A）〈十八祖像贊〉。（《宗論》九，四卷九頁）

（B）〈募刻憨山大師全集疏〉。（《宗論》七，四卷八頁）

35「安心」與「覓心」的傳說，是很晚之後才興起的。關於這方面，関口真大在《達磨の研究》一書中，論述甚詳。（《達磨の研究》一四九—一五〇頁、二六八—二六九頁）

36〈十八祖像贊〉。（《宗論》九，四卷一頁）

37〈印禪人閱台藏序〉。（《宗論》六，一卷一六—一七頁）

38〈自像贊三十三首〉。（《宗論》九，四卷二〇頁）

39《宗論》九，三卷一〇頁。

40〈毘尼事義集要緣起〉。（《宗論》六，一卷一頁）

41〈較定宗鏡錄跋〉。（《宗論》七，二卷一六頁）

42《宗論》六，一卷一七頁。

43〈法華經台宗會義序〉。（《卍續藏》五〇卷，一八一頁A—B）

44〈成唯識論觀心法要緣起〉。（《卍續藏》八二卷，一九七頁A—B）

45在〈閱藏畢偶成〉中有：「（延壽）智覺芳踪庶許尋。」（《宗論》一〇，四卷一四頁）

46〈答卓左車彌陀疏鈔三十二問〉。（《宗論》三，一卷一—一二頁）

㊼引用山口光円的《天台浄土教史》一四四頁的資料，雖謂有《淨信堂初集》一書，但此書初集現已不存。

㊽參考山口光円《天台浄土教史》一四四頁。

㊾參考《觀無量壽經疏妙宗鈔》卷一。（《大正藏》三七卷，一五九頁A）

㊿〈參究念佛論〉。（《宗論》五，三卷二頁）

51同上。（《宗論》五，三卷三頁）

52《宗論》三，一卷五—六頁。

53〈祖堂幽棲禪寺藏經閣記〉。（《宗論》五，三卷二四頁）

54（A）三楚游士任的〈題相宗八要解〉，記述有「雪浪恩公，揭相宗於八要」。（《卍續藏》九八卷，三四二頁D）

（B）聖行的《敍高原大師相宗八要解》，曾有：「雪浪恩公演說宗教，特從大藏中錄八種示人，以為習相宗之階梯，是謂相宗八要。」的記述。（《卍續藏》九八卷，三四三頁A）

55同上註。

56〈十八祖像贊〉。（《宗論》九，四卷一五頁）

57〈紫竹林顓愚大師爪髮衣缽塔誌銘〉。（《宗論》八，三卷四頁）

58（A）在望月信亨的《仏教大年表》，把無明慧經做為曹洞宗三十一代傳人。

(B)在費隱通容的《五燈嚴統》凡例：「第壽昌之嗣廩山，雲門之嗣大覺，似覺未妥。……(中略)二老傑出宗匠，何曾得法於本師？出世拈香，僅假名色。從上來源，全無可據。……(中略)茲刻於壽昌竟，列之未詳法嗣。」(《卍續藏》一三九卷，四頁A—B)

(C)總之，明末的費隱通容將無明慧經做為法嗣未詳的禪者，就這一點，已在本書一〇六—一〇八頁有所論述。

59 (A)參閱〈與永覺禪師〉。(《宗論》五，一卷二四頁)

(B)元賢的傳記資料，有：《永覺禪師廣錄》所附林之蕃撰的《行業記》、潘晉台撰的《傳》，以及《為霖道霈禪師秉拂語錄》卷下由道霈撰的〈塔誌〉。

60 〈為大治〉的茶話。(《宗論》四，一卷一九頁)

61 〈示證心〉的法語。(《宗論》二，四卷一八頁)

62 〈然香供無盡師伯文〉。(《宗論》八，三卷六頁)

63 (1)《宗論》四，一卷二頁。(2)《宗論》五，一卷八頁。

64 《壇中十問十答》。(《宗論》三，二卷一三頁)

65 《卍續藏》六〇卷，三〇三頁C。

66 〈儒釋宗傳竊議〉。(《宗論》五，三卷一八頁)

67 (A)《明史》二八八卷，七七九九頁D，台灣開明書店鑄印本。

(B)《淨土聖賢錄》卷七。(《卍續藏》一三五卷,一六八頁C—一七〇頁B)

68 〈西方合論序〉,《淨土十要》卷十。(《卍續藏》一〇八卷,四三二頁A—B)

69 〈曹溪行呈無異禪師〉。(《宗論》一〇,一卷四頁)

70 〈淨土偈十四首〉。(《宗論》一〇,一卷六頁)

71 《宗論》卷首,二頁。

72 《宗論》五,一卷二頁。

73 《禮記》的〈曲禮〉:「涖牲曰盟」;又在其《疏》:「盟者,殺牲歃血,誓於神也。」

74 (A)參閱柳詒徵的《中國文化史》卷中三七五頁。(台灣正中書局出版,一九六七年)

(B)明末天啟年間(一六二一—一六二七)有「應社」,崇禎年間(一六二八—一六四四)有「復社」。

75 《宗論》九,二卷一—三頁。

76 〈尚友錄序〉。(《宗論》六,一卷一〇頁)

77 〈弔溫陵開元寺肖滿師伯〉。(《絕餘編》三卷,二二頁)

78 〈壁如惺谷二友合傳〉。(《宗論》八,一卷八—九頁)

79 〈割股救惺谷兄〉的詩。(《宗論》一〇,一卷九頁)

80 《鄞縣志》有:「唐陳藏器撰《本草拾遺》中言,人肉可療羸疾。世後孝子之割股療親,即根據其說。」

81〈答唐宜之二書〉的書簡中，有：「嗟呼！惺兄逝後，久不聞直諒之言矣！」（《宗論》五，二卷一八頁）

82〈復松溪法主〉的書簡。（《宗論》五，二卷一三頁）

83在〈尚友錄序〉有：「方能照我所短而奪我所守。」（《宗論》六，一卷一〇頁）

84（A）〈然香供無盡師伯文〉。（《宗論》八，三卷六頁）

（B）〈祖堂幽棲寺丁亥除夕普說〉。（《宗論》四，一卷二頁）

（C）另因惺谷的剃度師是大巘元來，按例，智旭也應稱元來為師伯，是即才有博山無異師伯像贊之作。（《絕餘編》四卷三—四頁）

85（A）《絕餘編》序中有：「蓋因乙亥（一六三五）仲秋，復遇一友背盟，而此志遂不啻如槁木死灰矣！」

（B）〈復智龍〉的書簡中有：「故退戒一事，雖痛心於歸師之負盟，亦以為今比丘則有餘，為古沙彌則不足。」（《絕餘編》三卷，一五—一六頁）

86〈樂如法姪四十壽語〉。（《宗論》八，二卷八頁）

87〈毘尼事義集要緣起〉。（《宗論》六，一卷二頁）

88〈為雪航檝公講律刺血書願文〉。（《宗論》一，一卷七頁）

89〈寄壁如兄〉。（《宗論》五，一卷八頁）
90〈壁如惺谷二友合傳〉。（《宗論》八，一卷六頁）
91〈毘尼事義集要緣起〉。（《宗論》六，一卷二頁）
92在《重治毘尼事義集要》卷首有：「庚午（一六三〇）春日，毘尼社弟幽溪後學受籌（歸一）敬跋。」（《卍續藏》六三卷，一六五頁C）
93〈誦帚師往生傳〉。（《宗論》八，一卷一一頁）
94〈壁如惺谷二友合傳〉。（《宗論》八，一卷九頁）
95《宗論》八，一卷一一頁。
96《梵網經合註緣起》。（《卍續藏》六〇卷，三一〇頁B）
97在《大佛頂首楞嚴經文句》後序中有：「今（一六三九）夏弘法溫陵，昉師及一切知己，堅請疏解，以發前人之所未發。」（《卍續藏》二〇卷，三八〇頁A）
98(A)〈寄靈隱兄兼訊影渠〉。（《絕餘編》三卷，二〇—二一頁）
(B)〈為靈隱兄〉。（《宗論》九，二卷一二頁）
(C)〈奠影渠靈隱二兄文〉。（《宗論》八，三卷八頁）
(D)〈影渠道山二師合傳〉。（《宗論》八，一卷二〇頁）
(E)〈靈隱兄像贊〉。（《宗論》九，三卷一三頁）

❾❾（A）〈成唯識論遺音合響序〉。（《宗論》六，三卷二三——二四頁）
（B）〈壽延壽院新伊法師六袠序〉。（《宗論》八，二卷一——二頁）
（C）〈壽新伊大法師七袠序〉。（《宗論》八，二卷一一——一二頁）
（D）〈寄奠新伊大法師文〉。（《宗論》八，三卷一三頁）
（E）〈蓮居庵新法師往生傳〉。（《宗論》八，一卷一六——一八頁）

❿⓪現存《卍續藏》八二——八三卷。

❿❶（A）《錦江禪燈》卷二〇。（《卍續藏》一四五卷，三六八頁A——B）
（B）《居士傳》卷四四。（《卍續藏》一四九卷，四八〇頁C）

❿❷據《居士傳》卷四四〈瞿元立傳〉的王宇泰（肯堂）附傳所述，對於他的生歿年代作未詳。（《卍續藏》一四九卷，四八〇頁C——D）

❿❸〈壁如惺谷二友合傳〉。（《宗論》八，一卷六頁）

❿❹因為在〈雪航法主像贊二首〉中曾有提及，所以認為是在智旭在世的時代即已去世。（《宗論》九，三卷一三頁）

❿❺在〈八不道人傳〉中，曾批判唐道宣撰的「隨機羯磨出，而律學廢棄」。（《宗論》卷首，四頁）

❿❻《宗論》六，四卷八頁。

107 永覺元賢撰的〈真寂聞谷大師塔銘〉，收於《卍續藏》一二五卷，三〇六頁C—D。

108 〈贈純如兄序〉。（《宗論》六，二卷一三頁）

109 《宗論》六，四卷八頁。

110 〈自觀印闍黎傳〉。（《宗論》八，一卷一三—一四頁）

111 在〈壽延壽院新伊法師六袠序〉中：「比丘果海，則師指示令其學於不肖者也。」（《宗論》八，二卷一頁）

112 參閱駒澤大學的瑞蓮寺藏《明藏．續藏》八十套九本四冊的《梵室偶談》。

113 (A)〈囑徹因比丘〉。（《宗論》五，一卷一五—一七頁）

(B)〈寄徹因大德〉。（《宗論》五，一卷二一頁）

(C)〈退戒緣起並囑語〉。（《宗論》六，一卷六頁）

(D)〈四書藕益解自序〉。（《宗論》六，一卷二三—二五頁）

114 在〈退戒緣起並囑語〉中，記有：「予癸酉（一六三三）甲戌（一六三四），匍匐苦患，公（徹因）獨盡心竭力相濟於顛沛中，毫無二心。」（《宗論》六，一卷六頁）

115 智旭在三十八歲時代，曾在退隱於九華山之前，特意把手書的《毘尼事義集要》全帙，以涕淚悲泣的心情，付予徹因果海，其緣故就是因為毘尼社的盟友紛紛離散而去。（《宗論》六，一卷六頁）

116 (A)〈寄了因〉。（《宗論》五，一卷六頁）

(B)〈與了因及一切緇素〉。(《宗論》五，二卷八頁)
(C)〈祭了因賢弟文〉。(《宗論》八，三卷一一—一二頁)
117 所謂房頭，即指從本山主寺分支出來的小僧院。
118 《宗論》一，四卷一四頁。
119 《宗論》卷首五—六頁。
120 (1)《宗論》二，三卷八頁。(2)《宗論》二，五卷二頁。
121 〈示巨方〉。(《宗論》二，五卷二—三頁)
122 〈預祝乾明公六十壽序〉。(《宗論》八，二卷一六頁)
123 《卍續藏》二六卷，一六五頁D—一六六頁A。
124 光緒十七年(一八九一)秋八月，金陵刻經處出版。
125 (A)《海潮音文庫》之二〈天台宗〉之九—一〇頁。
(B)《天台教學史》，釋慧嶽編著，三一八頁。
126 〈性旦行狀〉，就是在《宗論》卷首的附記。(《宗論》卷首，七頁)
127 《淨土十要》卷一。(《卍續藏》一〇八卷，三二八頁A)
128 同上。(《卍續藏》一〇八卷，三四三頁A—B)
129 (A)〈送用晦還新安兼寄堅密三首〉。(《宗論》一〇，四卷四—五頁)

（B）〈示用晦二則〉。（《宗論》二，五卷一六—一八頁）

130 (1)《宗論》八，二卷一六頁。(2)《宗論》一〇，四卷四頁。

131 〈起信論裂網疏跋〉。（《大正藏》四四卷，四六四頁B）

132 《宗論》八，二卷一六頁。

133 (1)《宗論》二，三卷八頁。(2)《宗論》二，五卷二頁。

134 《宗論》一，四卷一四頁。

135 《淨土聖賢錄》卷六「成時」條。（《卍續藏》一三五卷，一五三頁C—一五四頁D）

136 在〈宗論序說〉中，有成時：「不肖戊子歲（一六四八）始晤大師」的自白。（《宗論》卷首，一五頁）

137 《淨土聖賢錄》卷六。（《卍續藏》一三五卷，一三五頁C）

138 智旭的自傳〈八不道人傳〉，是他在五十四歲那年所撰作。因此，他示寂後的傳記，是成時為他所續寫的〈續傳〉。

139 參閱《西齋淨土詩述要》。（《卍續藏》一〇八卷，四〇九頁A）

140 在成時撰的〈續傳〉，他自己述謂：「成時受恩最深，負恩最重。」（《宗論》卷首，七頁）

141 《八十八祖道影傳贊》附錄高承埏撰的〈袾宏傳〉及〈真可傳〉。（《卍續藏》一四卷，五〇〇頁B及五〇一頁C）

142 同上的〈德清傳〉。（《卍續藏》一四七卷，五〇二頁C）

143 同上。這裡的所謂《大藏經》，多半是指明版的《北藏》。

144 《憨山老人夢遊集》卷二十一〈贈無盡上人授僧錄覺義住持平陽淨土禪院序〉。（《卍續藏》一二七卷，二五四頁B）

145 《錦江禪燈》卷九〈燕京大千佛寺徧融真圓禪師傳〉。（《卍續藏》一四五卷，三〇七頁B—C）

146 《宗統編年》卷三十。（《卍續藏》一四七卷，二二六頁C）

147 《宗宗統編年》卷三十。（《卍續藏》一四七卷，二二八B頁—C）

148 在〈將出家與叔氏言別〉中，曾謂：「世變不可測，此心千古然；無限他山意，丁寧不在言。」（《宗論》一〇，一卷一頁）

149 （A）在〈寄母〉的書簡中，曾有：「如大母舅宦正濃而忽殞。」（《宗論》五，一卷一頁）

（B）在《見聞錄》的第十二條中，述謂：「余母舅金赤城，守贛州。……（中略）未幾陞兗東兵道，歸家病三四日而卒。」（《卍續藏》一四九卷，二四〇頁C）

（C）在〈祖堂幽棲寺丁亥除夕普說〉中，曾有：「予出家時，母舅謂曰：『法師世諦流布，吾甥決不屑為，將必為善知識乎！』」（《宗論》四，一卷二頁）

150 《宗論》卷首，一—四頁。

151 《宗論》卷首，五—七頁。

152 《卍續藏》三五卷，一五一頁B—一五二頁B。

153 《淨土聖賢錄續編》卷二〈彭希涑條〉，胡埏編。（《卍續藏》一三五卷，二〇七頁C—二〇八頁A）

154 《宗論》一，二卷二—三頁。

155 《宗論》四，一卷一〇頁—一二頁。

156 《宗論》四，一卷一二—一四頁。

157 《新續高僧傳四集》是衡陽喻昧庵居士，從一九一八年到一九二三年，花費五年的時間才編撰完成，總共有六十五卷。審視其內容，也未足全可信賴。

158 《宗論》六，一卷四—七頁。

159 其實際內容，係出自〈自像贊三十三首〉。（《宗論》九，四卷二〇頁）

160 《卍續藏》二一卷，四三一頁D。

161 《卍續藏》一四七卷，四九八頁B—C。

162 〈儒釋宗傳竊議〉。（《宗論》五，三卷一四—一九頁）

163 《弘一大師年譜》，林子青編，六八—六九頁。（上海弘化苑出版，一九四四年）

164 弘一撰的《蕅益大師年譜》十一頁：「時人以耳為目，皆云大師獨宏台宗，謬矣！謬矣！」這裡

的「時人」，可能是指古虛諦閑（一八五八—一九三二）等近代天台宗學者。（香港福慧精舍印贈本，一九六八年）

165 小笠原宣秀《中国近世淨土教史の研究》，一八三頁。（百華苑出版，昭和三十八年〔一九六三〕）

166 〈八不道人傳〉。（《宗論》卷首，一頁）

167 《宗論》，一卷一頁。

168 《宗論》卷首二頁。

169 在〈自像贊三十三首〉之二十五有：「賴有一串數珠，卻是生平祕訣，所以喚作蕅益」的解釋。（《宗論》九，四卷二三頁）

170 在現存的《宗論》卷六之四有〈西有寱餘自序〉，雖然沒有這一節的文字，但在守脫大寶（一八〇四—一八八四）撰《教觀綱宗釋義會本講述》的卷首，卻曾引用。

171 (A) 在海眼槃譚的〈毘尼珍敬錄跋〉（一六三三年作成）裡有：「素華旭公」的字樣。（《卍續藏》六一卷，三二二頁B）

(B) 在歸一受籌的〈毘尼事義集要跋〉（一六三〇年作成）裡有：「素兄旭師」。（《卍續藏》六三卷，一六五頁B）

(C) 在錢謙益撰的《楞嚴經疏解蒙鈔》（一六五七年作成）卷首之一，有：「蕅益素華法師智旭」。（《卍續藏》二一卷，四三頁D）

(D)在高佑釲撰的〈八十八祖道影傳贊後〉(一六四四年作成)裡有:「靈峰素華法師」。(《卍續藏》一四七卷,四九八頁B)

⑰ (A)〈八不道人傳〉。(《宗論》卷首,一頁)
(B)〈自像贊三十三首〉之十七。(《宗論》九,四卷二〇頁)

⑰ 《宗論》卷首,一頁。

⑰ 在〈自像贊三十三首〉之十七有:「只因沒有的確師承,到底只是個八不就。」(《宗論》九,四卷二〇頁)

⑰ 上例圖表所示的地名,乃是經過筆者加以整理作成,並非原有資料。

⑰ 參考〈選佛譜序〉。

⑰ 《明史》卷三二六〈列傳〉第二一四「外國」七。(八三六頁C,開明書店鑄版)

⑰ 徐宗澤編著的《明清間耶蘇會士譯著提要》三五八頁,記載一六一六年在南京發生的王豐肅事件,就是這件事。(中華書局出版,一九四〇年)

⑰ 在〈刻重訂諸經日誦自序〉述謂:「雲棲和尚較刻定本,古杭諸處,多分遵行,而留都積弊,分毫未革。適與幽棲學侶,力正其譌,重謀付梓。」這篇序文的寫作年代,就是智旭四十九歲和五十歲之間卓錫在南京幽棲寺的時期。(《宗論》第六,三卷二二頁)

⑱ 《明史》卷七六〈志〉第五十二「職官」五。(開明書店鑄版,一七二頁C)

❶❽❶《明史》卷三〇八〈列傳〉一九六「奸臣」的馬士英傳。（七七六頁C—D，開明書店鑄版）

❶❽❷《宗論》八，一卷五頁。

❶❽❸《宗論》一〇，一卷二頁。

❶❽❹閱覽藏經的地方，叫作藏殿；坐禪的地方，叫作禪堂；禮懺的地方，叫作懺堂，也叫作懺壇。

❶❽❺《卍續藏》一四四卷，四八三頁D—四九四頁A。

❶❽❻在《宗統編年》卷三十壬寅（一六〇三）年條，記載為：「無異來和尚住廣信博山」。（《卍續藏》一四七卷，二二八頁B）

❶❽❼〈閱藏畢願文〉。（《宗論》一，四卷一二頁）

❶❽❽春秋時代的吳王闔閭所建造的太伯城，在今江蘇無錫縣地方，故而一般人稱吳錫縣為吳縣。

❶❽❾(A)例如使用「古吳智旭」或「古吳沙門智旭」。

(B)例如在〈自像贊三十三首〉之二十四：「此是吳門不唧嚁的鍾振之。」（《宗論》九，四卷二二頁）

❶❾⓪〈影渠道山二師合傳〉。（《宗論》八，一卷二〇頁）

❶❾❶《卍續藏》一四七卷，一頁A。

❶❾❷〈自觀印闍黎傳〉。（《宗論》八，一卷一三頁）

❶❾❸同上。

194〈鐵佛寺禮懺文〉。（《宗論》一，四卷一頁）

195〈長干寶塔放光序〉。（《宗論》六，一卷一二頁）

196〈預祝乾明公六十壽序〉。（《宗論》八，二卷一六頁）

197〈禮大報恩塔偈〉。（《宗論》一，一卷八—九頁）

198〈自觀印闍黎傳〉。（《宗論》八，一卷一四頁）

199據此寺的沿革，大報恩寺是三國時代孫吳赤烏年間（二三八—二五〇），康僧會求得佛舍利，因此吳王孫權為之建造建初寺。後來在宋朝天禧年間（一〇一七—一〇二一）改為天禧寺，元朝末年為兵火所焚毀。明朝永樂十年（一四一二）再建，並蒙朝廷頒賜大報恩寺的匾額。依上項記述，這座大報恩寺的開山祖師是康僧會。智旭因為與大報恩寺的關係深厚，才把康僧會也集錄於〈十八祖像贊〉中。

200〈西有寱餘自序〉。（《宗論》六，四卷一八頁）

201〈西有寱餘自跋〉。（《宗論》七，二卷一五頁）

202〈丙戌（一六四六）重陽同湛公登祖堂山頂〉。（《宗論》一〇，三卷一四頁）

203（A）①在〈梵網室銘〉有：「諦觀心地門，應信室非遍。」（《宗論》九，二卷一一頁）

②另在〈梵網室銘〉也有：「我所住室，即名梵網。」（《宗論》九，二卷一三頁）

（B）在〈淨信堂銘〉中有：「我所住堂，皆名淨信。」（《宗論》九，二卷一二頁）

204〈癸巳（一六五三）元旦過秋曙拈花庵四偈〉。（《宗論》一〇，四卷五頁）

205《蓮池宏禪師傳》，高承埏述。（《卍續藏》一四七卷，五〇〇頁A）

206《宗論》八，二卷一五頁。

207智旭三十三歲時述作〈毘尼事義集要緣起〉，內有「思樂土可歸，羨蓮師而私淑」的記述。

208歸一受籌撰的〈毘尼事義集要跋〉中，有：「自戒筏流入真丹，肇興於曹魏鎧公，嗣徽及懷素律師，迄於今日。」（《卍續藏》六三卷，二六五頁B）（《宗論》六，一卷一頁）

209智旭在三十五歲秋季，出西湖寺去往菰城。（《宗論》六，四卷一〇頁）

210《宗論》六，二卷一三頁。

211在智旭撰的《楞嚴經文句》卷五，有：「猶隔日瘧者，須陀洹人，見惑已斷，思惑未除。入無漏觀，便如健人。出觀之時，習染仍在也。」（《卍續藏》二〇卷，二九六頁B）

212《絕餘編》二卷，二二頁。

213在智旭撰的〈壁如惺谷二友合傳〉，有：「惺谷禪師諱道壽，溫陵何氏子。……（中略）因父在，不得出家，以居士身，與道友如是雨海等，日相砥礪。」（《宗論》八，一卷八頁）

214在〈誦帚師往生傳〉，有：「師諱弘思，一字如是，晉江溜澳人。」（《宗論》八，一卷一一頁）

215 關於徐雨海的傳記資料，有：(1)〈占察疏自跋〉。（《宗論》七，二卷八頁）(2)〈寄徐雨海〉。（《絕餘編》三卷，一六—一七頁）(3)〈寄徐雨海〉。（《宗論》五，一卷二〇—二一頁）

216 參閱〈與永覺禪師書〉。（《宗論》五，一卷二四頁）

217 《宗論》一〇，三卷二頁。

218 參閱〈北天目靈峰寺二十景頌〉。（《宗論》九，二卷五頁）

219 同友的序文，有：「乙酉（一六四五）春，偶遊石城，直至己丑（一六四九）深秋，方獲歸臥也。」（《宗論》九，二卷五頁）

220 《宗論》四，二卷九頁。

221 參閱張蒼舒撰〈大乘止觀釋要跋語〉。（《卍續藏》九八卷，四八二頁D）

222 參閱〈示講堂大眾並註〉。（《宗論》二，四卷二〇—二二頁）

223 在〈重刻大佛頂經玄文序〉中，謂有：「幻遊普德，略露（楞嚴）臟私。」（《卍續藏》二〇卷，一九五頁B）又在〈重刻大佛頂經玄文自序〉中，述有：「茲遊普德，略露臟私，諸友重刻，復述片言。」（《宗論》六，三卷一〇頁）

224 在〈復松溪法主〉，述謂：「留都久染知音，大竅酸臭氣味，絕不知權實本迹綱宗，……（中略）不得已，竊取文句，妙樂之旨，別抒平易顯豁之文。」（《宗論》五，二卷一四頁）

225 〈重刻三頌自跋〉。（《宗論》七，一卷一八頁）

226 同前註的221（《卍續藏》九八卷，四八二頁D）

227 （A）同上註。（《卍續藏》九八卷，四八二頁）
（B）〈孕蓮說〉。（《宗論》四，二卷九頁）

228 （A）在〈孕蓮說〉中有：「癸未（一六四三）冬，予弘法華於普德。」（《宗論》四，二卷九頁）
（B）在〈與了因及一切緇素〉中有：「今（一六四四）夏感兩番奇疾，求死不得。」（《宗論》五，二卷八頁）
（C）所謂半年的期間，是在一六四三年冬到一六四四年夏這段期間。

229 在〈與聖可〉中，述謂：「辭嘉興事竟，嗣當辭留都事也。」（《宗論》五，二卷八頁）

230 （A）〈答湛持公三問〉。（《宗論》三，二卷三頁）
（B）〈丙戌（一六四六）重陽同湛公登祖堂山頂〉。（《宗論》一〇，三卷一四頁）

231 參閱高承埏撰述的《憨山清禪師傳》。（《卍續藏》一四七卷，五〇二頁A）

232 〈預祝乾明公六十壽序〉。（《宗論》八，二卷一五頁）

233 （A）在〈幻遊襍集自序〉，述謂：「癸巳（一六五三）之春，單丁行腳，戒子堅密，邀入新安結夏，冬於歙浦，覽湯泉，白嶽之勝於深秋。」（《宗論》六，四卷二二頁）
（B）在〈歙浦天馬院普說〉，述謂：「今（一六五三）篁南聖河吳居士與堅密法友，特為令先慈成淨優婆夷洪太孺人，請說法要，敬為拈出。」（《宗論》四，一卷一〇頁）

（C）據《淨土十要》卷一，在棲雲院的《彌陀要解》的講筵上，也有堅密成時在座。（《卍續藏》一〇八卷，三四三頁B）

第三章　智旭的宗教實踐

第一節　智旭的信仰及其時代背景

一、有關宗教實踐的資料

與現今的時代相比較，從前的佛教學者，縱使他本身的學問再優越，但其目的，也是毫無例外地而為佛教信仰的實踐，以及社會的弘宣而致力。在智旭的狀況，自亦並無例外。從而他的教學思想，當亦應予注意，假若他於佛教信仰及其實踐層面漫予忽視，只是以教學思想是務，實在也可以說是流於偏頗。

二佛與二菩薩的信仰，一向是中國民間佛教所標榜，幾乎可以說是代表了整個佛教，應是洵非過言之詞。是即所謂二佛者，就是順應現世利益、延命思想的藥師如來，以及死後接引極樂世界的阿彌陀如來。所謂二菩薩，就是救援現世苦難的觀世音菩薩，以及死後銷免罪報的地藏菩薩。而智旭雖是明末的佛教思想家，但對他的信仰基礎加以考證，依然尚未超越民間佛教的範圍，是很明顯的。為了理解智旭的信仰，僅將下述資料列表以示：

年歲	資料（作成年代）			
	結壇水齋持〈大悲咒〉願文（一六三〇）❶	刻〈淨土懺序〉（一六三二）❷	〈自像贊三十三首〉之二十三（一六五一）❸	〈八不道人傳〉（一六五二）❹
一（一五九九）				以父岐仲公，持〈白衣大悲咒〉十年，夢大士送子而生。
七（一六〇五）	七歲斷肉，未知出世正因。			七歲茹素。
一二（一六一〇）	十二歲學儒，乃造謗法重業。		十二從外傳，立志為聖學，誤造謗法罪，幾至大墮落。	十二歲就外傳聞聖學，即千古自任，誓滅釋老。開葷酒，作論數十篇，闢異端。夢與孔顏晤言。
一七（一六一五）	賴善根未絕，每潛轉默移，一觸念於《自知》之序，次旋意於寂感之譚。		十七聞佛言，幡然始改惡。	十七歲閱《自知錄》序及《竹窗隨筆》，乃不謗佛，取所著闢佛論焚之。

二〇（一六一八）	禮藥師妙典，知佛與神殊，聞地藏昔因，知道從孝積。		二十丁父憂。悲極如夢覺，見地藏本願，且哭且欣躍。	二十歲冬喪父，聞地藏本願，發出世心。
二一（一六一九）	既懷喪父之哀，復切延慈之想，書慈悲懺法❺，矢志尸羅。		次年書懺法，葷酒戒不卻。	
二二（一六二〇）				二十二歲，專志念佛，盡焚窗稿二千餘篇。
二三（一六二一）	聽《大佛頂經》，決思離俗。		二十三聽《楞嚴》，急參「者一著」。	二十三歲，聽《大佛頂經》謂：「世界在空，空生大覺。」遂疑何故有此大覺，致為空界張本？悶絕無措，因決意出家。
二四（一六二二）	捨母披緇，剋期取果。	予初志宗乘，苦參力究者，數年。雖不敢起增上慢，自謂到家。而下手工夫得力，便謂：淨土可以不生。	二十四逃出家，處處偏尋摸。雲棲及雙徑，天台來往數，但自究根源，不問他人杓。	二十四歲，……（中略）乃從雪嶺峻師剃度。……（中略）夏秋作務雲棲，聞古德法師講《唯識論》，一聽了了，疑與《佛頂》宗旨矛盾。……（中略）不能分曉，竟往徑山坐禪。

二八—二九（一六二六—一六二七）		逮一病瀕死，平日得力處，分毫俱用不著，乃一意西歸。然猶不捨本參，擬附「有禪有淨」之科。		二十八歲……（中略）掩關於松陵，關中大病，乃以參禪工夫，求生淨土。
三〇（一六二八）				三十歲出關朝「海」❻。
三一（一六二九）		至見博山後，稔知末代禪病。索性棄禪修淨。雖受因噎廢飯之誚，弗恤也。	〈佛頂玄文後序〉（一六三九）❼己巳春，與博山無異師伯，盤桓百日，深痛末世禪病，方乃一意研窮教眼，用補其偏。	三十一歲，送惺谷至博山，隨無異禪師至金陵，盤桓百有十日，盡諳宗門近時流弊，乃決意弘律。

二、民間佛教與智旭的信仰

既如上表所示，智旭的信仰中心，實際上也可以說是中國民間佛教所反映。智旭之父就是誦持觀音菩薩的〈白衣大悲咒〉十年有餘，才於夢中見得觀音菩薩而蒙獲賜麟兒，此子就是智旭。這一事蹟也就是〈普門品〉中所說示的信仰❽，在中國民間甚為盛行。智旭就是在這樣的信仰之下誕生，從七歲開始就茹素。但是到了十二歲時，因為受儒學的影響，做下「謗法」之罪；直到十七歲時，讀到雲棲袾宏的〈自知錄序〉和《竹窗隨筆》，才又恢復佛教的信仰。這兩部袾宏的著作，深切地流露著儒佛道三教同源論的思想。因此，這一階段智旭的信仰，可能是以純摯的觀音信仰為出發點，邁向佛教教理信仰。

他在二十歲時，因為父親患病，曾禮拜延命信仰的《藥師經》，但最終，父親還是作古了。因此，一部順應中國孝道思想的經典，又契合於追思祖先的經典——《地藏本願經》，便深入到他的信仰領域裡，也激起他的出世願望。後來他為了祈願母親的延命長壽，毅然執筆書寫《慈悲藥師寶懺》，從而開啟了他持戒念佛的信仰實踐路程。這是智旭從一般民間佛教，進一步邁向正信佛教，乃至走向出家佛教之路的證據。貫徹其畢生之戒律思想與念佛思想雛形，可能也就是此一時期醞釀而成的。

雖然智旭自二十三歲聽講《大佛頂首楞嚴經》以來，一直到二十八歲，尤其在身患重病時，都在祈願往生極樂世界，但始終猶能堅守禪道的行持。三年後，三十一歲的春季，他從江西博山的無異禪師大艤元來處，聽得了末世禪宗的諸多流弊之後，便捨棄禪道，專志修行淨土念佛，同時堅決地致力於教學與戒律的弘揚。在教理方面，《楞嚴經》是他最初引發信心的經典，遂即成為他中心思想的依歸。二十四歲時聆聽《唯識論》以後，因感覺上和《楞嚴經》相矛盾，又找不到解決的方法，才傾心禪道，後來便由禪而趨向念佛的歸趣。因此，智旭的念佛，是從性相融會的理念，也是依禪觀與唯識觀的觀行，後來才歸向淨土念佛的信仰之路。

念佛雖然是智旭最高極致的信仰，但從智旭的資料來考證，直到他四十八歲為止，智旭的信仰活動，毋寧說是以觀音與地藏二大士為中心。而藥師信仰，則是在他二十歲和二十一歲，兩次於資料中看過，但後來不曾再見。

三、觀音信仰與地藏信仰

有關觀音菩薩信仰的經典，望月信亨的《仏教大辭典》❾說明得很詳細，在此不再贅述。在《法華經》以前的古代經典，並未說示其本緣等事。及至《法華經》問世，才特別設有觀音菩薩的一品。最先是西晉竺法護的《正法華經》（二八六年）譯出以後不久，便興起觀音菩薩的信仰；到了姚秦時代，鳩摩羅什的《妙法蓮華經》（四〇五年）傳譯以後，使得這種信仰益趨興盛。有關這方面的事蹟，傳行的文獻記載很多。因此，觀音信仰遂即成為中國的民間佛教，之後與觀音有關的偽經也相繼出現⑩。

唐宋以後，觀音菩薩的形象，是觀音送子、觀音老母、觀音娘娘的民間信仰，顯現的都是女子形態。尤其在江蘇、浙江、福建、廣東、台灣及南洋的華僑社會，觀音信仰是他們唯一的精神歸依對象⑪。從而明末時期，在江蘇出生的智旭，自幼即於觀音信仰習以為常，想來亦事屬當然。

其次，關於地藏菩薩的經典，計有：《大方廣十輪經》、《大乘大集地藏十輪經》⑫、《占察善惡業報經》⑬、《地藏菩薩本願經》⑭，以及敦煌出土的《地藏菩薩經》⑮等。隋唐以後，地藏信仰很盛，其中宣揚《地藏十輪經》最為有力的是三階教的信行（五四〇—五九四）。他依《十輪經》而提倡普佛普法之說，並開示地藏菩薩的禮懺。當時一般對他的教說，稱為地藏教⑯。宋代常謹的《地藏菩薩靈驗記》，是集錄梁代以後直到宋代的地藏菩薩靈驗事蹟三十二種。另外，也有清代岳玄的《地藏菩薩本願經科註》一卷、靈耀的《地藏菩薩本願經綸貫》一卷及其《科註》六卷、真常的《地藏菩薩本願經手鑑》六卷。此外，在智旭的著述方面，則有：《占察善惡業報經玄義》一卷、《占察善惡業報經疏》二卷、《占察善惡業報經行法》一卷，以及《禮地藏儀》一卷。

於此，就地藏經典群在中國流傳，依編年的方式加以整理，應是《十輪經》、《占察經》、《本願經》的順序，其註疏流傳年代順序也是如此。但是《占察經》與《本願經》等五種地藏經典，據部分近代學者表示，可能都是在中國所撰作的偽經⑰；也有說地藏思想，是依如來藏思想為基本而發展出來的⑱。這對當時的智旭及現世的地藏信仰人士而言，是思慮所未及的事情。因此，天台系統的學者，信仰觀音與阿彌陀佛的人比較多些。自智者大師開始，雖然幾乎人人如斯，但致力於地藏信仰者，可以說未必盡然。

智旭對於觀音與地藏的心思，應該說是恩義無量的。何以故呢？因為他是依觀音菩薩的咒力而出世，生來就具備了佛教的信仰。但在十二歲時，受到儒教程朱學派的影響，曾寫作闢佛論數十篇之多，從而造作了謗法的重罪；正當身臨危境之際，地藏經典忽然展現在面前，於是他又再度恢復了佛教信仰。就這一點，在智旭的自述中，錄出以次三種著述以為參考：

1. 在〈禮大悲銅殿偈〉中有：

我本仰承咒力生，我父夢中曾覺悟，我幼持齋甚嚴肅，夢感大士曾相召。（《宗論》一，一卷一二頁）

2.在〈與了因及一切緇素〉中有：

旭十二三時，因任道而謗三寶，此應墮無間獄，彌陀四十八願所不收。善根未殞，密承觀音、地藏二大士力，轉疑得信，轉邪歸正。（《宗論》五，二卷八頁）

3.在〈化持滅定業真言一世界數莊嚴地藏聖像疏〉中有：

旭少習東魯，每謗西乾，承觀音大士感觸攝受，後聞《地藏本願》尊經，始發大心，誓空九界。（《宗論》七，三卷一頁）

從上述資料看來，智旭是依觀音菩薩的咒力而感生的，觀音菩薩就像慈母般守護著他的平安，所以有時也會在夢中顯現。智旭更在撰作的闢佛論中提到，他自覺觀音菩薩冥中加護，不曾遠離於他。在佛教的解說，毀謗三寶的罪愆之重，是應墮無間地獄的；還有阿彌陀佛的四十八願，雖然非常地慈悲廣大，但對毀謗三寶的人則是例外的。

在智旭的立場，因為他的善根還未泯滅，到頭來觀音與地藏二大菩薩總是會加被的。

智旭的觀音信仰是與生俱來，而且是基於大悲救苦菩提心的理念而生起的；但對地藏菩薩，則純粹是基於罪報感而發心信仰的。因此，表面上看來，他雖把觀音與地藏放在平等的信仰位置來加以崇拜，可是依推想所示，在智旭的心中，仍以地藏信仰占較大的位置。

換句話說，這種信仰，就是從「苦」的思想，把佛陀的大悲精神人格化，從而出現觀音菩薩；另一種是「罪惡」的思想，經歷過皆有佛性的如來藏思想階段，更進一步，可說是求脫一切眾生罪業，而出現人格化的地藏菩薩。「苦」的思想，是佛教的根本精神，後來才把救苦的大悲思想示現以人格化的觀音菩薩。這種變化在初期的大乘經典中早已出現，由這一點也可以明顯地看出，從小乘佛教自求脫苦的解脫道，進展向大乘佛教拯救眾生的菩薩道的過程。

關於罪惡思想，在小乘佛教律部的《大毘婆沙論》卷一百十六、《俱舍論》卷十八等論典中均有記載。但與「苦」的思想相比較，應說是居於次要的地位。而罪惡思想中人格化的地藏菩薩，是在中期大乘經典如來藏思想完成之後，由於密教思想的盛行而附帶出現的。最初鼓吹地藏信仰以防範罪惡與滅除罪業的《十輪經》，它的出現可能也是在這一時期。有關《十輪經》的宗旨，在其卷九中有如下的說示：

為欲長養一切眾生，利益安樂，菩提道故。為欲除滅一切眾生，業煩惱苦，令無餘故。（《大正藏》一三卷，七六七頁C）

賜與眾生以利益與安樂，正好與觀音菩薩的性質是相同的。在地藏菩薩的情形尚不止於此，而是更進一步為了成長一切眾生的菩提道，才以菩薩、二乘、諸天、輪王、鬼神、四姓、男女、種種鳥、種種獸、閻羅王、地獄卒、地獄眾生等三十九種化身，拯救眾生的。針對這一點，無疑當是受到〈普門品〉中觀音菩薩三十三種化身的影響；而在滅除罪業果報的「煩惱苦」方面，則是得自《十輪經》的獨特理念。依據業感緣起的理論，一切眾生自己造作的業，雖然不一定就接受果報，但若是具決定性的「性罪」，則就不可能改變或滅除。但在這部《十輪經》中，卻強烈地強調滅罪思想，例如：

一切過去，所引未盡，惡不善業，無暇惡趣，諸有諸趣，死生諸業，皆能除滅，令盡無餘，不受果報。（《大正藏》一三卷，七七五頁A）⑲

這裡的所謂「所引未盡」和「不受果報」，只要是引業的總報猶未終了，還是必須受報。但若歸依於地藏菩薩法門，即使再重罪的定業或引業，也可以消滅的。

智旭的地藏信仰，最初是從《地藏本願經》的孝道思想發端⑳。後來為了懺悔他的謗法罪，才崇拜起地藏的滅罪思想。智旭對卜筮思想原本就很表興趣，後來接觸到說示占卜法門地藏經典的《占察善惡業報經》，發現這才是他最重要的信仰對象。以下就地藏信仰，抄錄幾點有關智旭的資料，當更能了解事實。

1.在〈陳罪求哀疏〉中有：

稽首大孝能仁父，孝順為宗《梵網經》，地藏目連達孝尊。（《宗論》一，三卷一二頁）

2.在〈化持滅定業真言一世界數莊嚴地藏聖像疏〉中有：

釋迦佛謂定業不可救，所以寒造罪之心。地藏菩薩說〈滅定業真言〉，所以慰窮塗之客。（《宗論》七，三卷一頁）

3. 在〈刻占察行法助緣疏〉中有：

此《占察善惡業報經》，誠末世多障者之第一津梁也。（《宗論》七，三卷一三頁）

上述三種文獻中所述，都是把孝道思想和地藏信仰結合的想法。在印度佛教中，雖然亦不無孝道思想㉑，卻不如中國佛教那樣，竟然作成了孝道經典。如《梵網經》中的世尊㉒、《地藏本願經》的地藏菩薩本緣，以及《盂蘭盆經》㉓的目連供僧救母等孝道思想，可能都是順應儒教的孝親，以及追思祖先的「慎終追遠」㉔要求而成立的。當時這位少年儒者出身的智旭，尤其是父親逝世之後，他所接觸的《梵網》、《地藏》等孝道經典，是比什麼都富具親近感；換句話說，智旭的入佛關係，也可以說是在孝道思想之下產生的。另就他與天台教觀的私淑因緣，是當他選擇註釋《梵網經》方法時生起的，而他最初的釋經註書，是三十七歲時所完成的《盂蘭盆經新疏》。

智旭沒有得到健康的施惠，拖著病弱的身體，他深深地感受到先天的業報和業障之累，更自感具毀謗三寶的罪業；但幸運地遇到地藏菩薩除罪法門中說示「滅定業」之說及「滅定業」的陀羅尼，尤其在《占察善惡業報經》中也有關於除障的內容。總之，他是依

《占察行法》而得到比丘戒的清淨輪相。在智旭的認定，《占察經》確實是末法多障眾生的無上法門。

第二節　禮懺與律儀

一、智旭的禮懺修行

就佛教一般常說的「定業不可救」說，智旭原本即已承聞明瞭，他強調這與地藏菩薩的「滅定業」說，絕對不矛盾。這在先前的資料中，已經加以說明，其理由是：在世尊的立場，是向造罪之前的眾生，施以警告；在地藏菩薩的立場，是對已經陷入造罪事實的眾生，施與拯救而說示的法門。對於「定業」的滅與不滅理論，智旭具有如次見解：

> 特凡夫不達能造所造，能受所受，當體三德祕藏，而以殷重倒心，作殷重惡業，必招殷重苦報，名為定業。彼心既定，不可挽回，大覺亦不能即令消滅。故大慈悲巧設方便，令地藏大士說咒勸持，即是轉其定心，漸使消滅也。（〈答黃稱谷三問〉，

（《宗論》三，一卷二二頁）

這是出於唯心論立場的理論。另從天台教學的一心三觀思想來衡量，眾生一念心的當體，就是清淨法身，而自具法身、般若、解脫三德祕藏。但因自身被煩惱所迷惑，卻已忘失其清淨本心，反而被幻有的煩惱心所執著，所以才成為輪迴轉生的業報體，故名定業。定業既是如此，縱使有佛的神通力，也難施救援之手。從而透過地藏菩薩的口中，說出若有眾生信受誦持「滅定業咒」，即能漸漸把煩惱心轉趨清淨，由此當可恢復眾生的真實心性，自然可以消滅定業。

智旭崇敬的《占察經》，在這部經中，關於滅罪的方法，說有：懺法、定慧、持名三個階段。智旭對於這方面的理論，有如次的見解：

（占察）經曰：惡業多厚者，不得即學定慧，當先修懺法㉕。……又曰：雖學信解，修唯心識觀，真如實觀，而善根業薄，未能進趨，諸惡煩惱，不得漸伏，其心疑怯怖畏，及種種障礙，應一切時處，常勤誦念我之名字㉖。（〈化持地藏菩薩名號緣起〉，《宗論》六，一卷八頁）

《占察經》的修行方法，雖有唯心識觀與真如實觀兩種觀行，但對「惡業多厚」者，卻很難讓他立即入於這兩種觀行。因此，必須先修懺法，然後再學習定慧的觀行。此外，在「善根業薄」者方面，因為得抑制諸惡煩惱，所以更應在一切時、一切處，經常誦持地藏菩薩名號，準此，是把觀行的難處明顯地表示出來。又因為智旭對罪報的感受很強烈，所以在他的著述中，經常見有「教觀並重」和「隨文入觀」的論旨，而他本身於佛教生活的實踐，實行懺法與持名當較禪觀更為努力。

因此，在智旭的信仰上，其所行的懺法、持咒、持名，都是為了消滅定業而實行的。就這一點，為了明瞭他的見解，當如次述：

1. 在〈答卓左車彌陀疏鈔三十二問〉文中有：

> 千年暗室，一燈能破。懺力既殷，業便無定。（《宗論》三，一卷一一頁）

2. 在〈答元賡問〉文中有：

> 今勸持咒，與勸持佛名無異。（《宗論》三，一卷二五頁）

智旭求懺悔的心力，果真是很強烈，深信即使再深厚的罪業，也可以消滅。因此，在他的生涯中，從三十三歲到四十八歲之間（一六三一—一六四六），就他所行的懺法次數及種類，經過查證之後，當如次表所列：

年齡	懺法名稱	資料根據
三三	大悲懺　四明知禮集	〈壽新伊大法師七袠序〉。（《宗論》八，二卷一一頁）
三四	大悲懺	〈龍居禮大悲懺文〉。（《宗論》一，二卷一頁）
	大悲懺	〈結壇禮大悲懺文〉。（《宗論》一，二卷三頁）
	大悲懺	〈禮大悲懺願文〉。（《宗論》一，二卷七頁）
	金光明最勝懺儀　知禮集	〈再禮金光明懺文〉。（《宗論》一，二卷五頁）
	大悲懺	〈結壇禮懺並迴向補持咒文〉。（《宗論》一，二卷七頁）
三五	往生淨土懺儀　慈雲遵式集	〈禮淨土懺文〉。（《宗論》一，二卷一〇頁）
	往生淨土懺儀	〈禮淨土懺文〉。（《宗論》一，二卷一五頁）
	梵網經懺悔行法　智旭自集	〈前安居日供鬮文〉。（《宗論》一，二卷一三頁）
	占察經行法　智旭自集	〈與了因及一切緇素〉。（《宗論》五，二卷八頁）　禮四七日
三六	金光明最勝懺儀	〈禮金光明懺文〉。（《宗論》一，二卷一六頁）
三七	金光明最勝懺儀	〈講金光明懺告文〉。（《宗論》一，二卷一七頁）

四〇	慈悲水懺	〈陳罪求哀疏〉。（《宗論》一，三卷一四頁）	
四五	占察經行法	〈與了因及一切緇素〉。（《宗論》五，二卷八頁）	禮二七日
四六	慈悲道場懺法	〈甲甲七月三十日願文〉。（《宗論》一，四卷二頁）	
	占察經行法	〈與了因及一切緇素〉。（《宗論》五，二卷八頁）	禮一七日
	占察經行法	〈佛菩薩上座懺願文〉。（《宗論》一，四卷四頁）	得比丘戒清淨輪相
四七	大悲懺	〈大悲壇前願文〉。（《宗論》一，四卷一〇頁）	
	大悲懺	〈祖堂結大悲壇懺文〉。（《宗論》一，四卷七頁）	
	大悲懺	〈大悲行法道場願文〉。（《宗論》一，四卷四頁）	
四八	占察經行法	〈占察行法願文〉。（《宗論》一，四卷九頁）	

依上表所示，先就其禮懺次數來看，當是三十三歲一次、三十四歲五次、三十五歲四次，三十六歲、三十七歲、四十歲、四十五歲各一次，四十六歲、四十七歲各三次，以及四十八歲一次，總共是二十一次。接著，再就懺法的類別來看，《大悲懺》是八次，以此為最多；其次是《占察經行法》五次、《金光明最勝懺儀》三次、《淨土懺》兩次，以及《梵網懺》、《慈悲水懺》、《慈悲道場懺法》各一次；換句話說，他把觀音信仰的《大悲懺》擺在第一位，地藏信仰的《占察經行法》則占第二位。

智旭之所以把懺法看得如此重要，雖然確實受《占察經》的影響，但他之開始讀誦《占察經》，是在三十三歲的冬季[27]。然而，他的禮懺紀錄中的三十三歲春季，在杭州武林山的蓮居庵所修持的《大悲懺》，卻與《占察經》思想了無關聯。這可能因為智旭誦持觀音〈大悲咒〉，更進一步也禮拜《大悲懺》。何以致此呢？這是因為智旭的持咒紀錄，早自三十一歲即已開始[28]。他更在三十二歲時，因決心私淑天台，所以對於四明知禮的《大悲懺》及天台智顗的《金光明懺》異常重視乃至奉持，從此一立場來考量，自亦事屬當然。

二、天台宗與懺法及其源流

懺法者，原本是律儀的一部，是梵文羯磨（Karman）的一種，泛指授戒、說戒、懺罪、治罪、滅諍等僧團行事，一律均稱羯磨。因此，在羯磨中自亦包括了懺法在內。若單指懺罪與除惡的僧門行事，則另用Kṣamayati的語彙來示意。在舊譯的經律中，則把Kṣamayati譯作「懺悔」；而在道宣的《四分律比丘戒本疏》卷一下，以及知禮的《金光明經文句》卷三也都沿用舊譯的「懺悔」二字來作解釋。但在義淨（六三五—七一三）的《南海寄歸內法傳》卷二[29]，以及《根本說一切有部毘奈耶》卷十五的《註》[30]，都對於把Kṣamayati譯為「懺悔」二字，表示批判的見解。據義淨的理解所示：梵文的Kṣamayati（懺摩），是乞求饒恕與容忍的意義，並無追懺的意思，所以將之譯為懺悔是很不妥當而加以論斷。所謂追悔，就是有說罪的意義在，但說罪的梵文並非Kṣamayati，而是āpatti deśanā（阿鉢底提舍那）㉛。誠然，義淨所論證確實是恰中正鵠。因之，在各種經律中所記述的「懺悔」用語，我們必須了解未必就是Kṣamayati的對譯。

關於禮懺的方法及其儀軌，依據唐代道宣著述的《四分律刪補隨機羯磨疏》卷四的〈懺六聚法篇〉，當如次所述，是即：「欲行懺時，須具五緣，五緣者：一、請十方佛菩薩事，二、誦經咒，三、說己罪名，四、立誓言，五、如教明證。」實際上，這可以說是參考大乘經律之後，所成立的說詞。原本在小乘律的懺罪儀則，只是依據所犯篇聚的罪名輕重，各在一位比丘、三位僧眾或四位僧眾，乃至二十位僧眾之前，分別說罪懺除而已。在三位僧眾以上的情形，稱為眾法懺；只對一位比丘時，稱為對首懺。如果只是犯了極微細的威儀戒時，只須獨自譴責己心即可，這稱為心念懺。

在中國的佛教界，根本未曾施行小乘懺㉜，修的幾乎都是大乘懺法。中國佛教的天台系統著書中，有關懺法方面的比較多些。所謂大乘懺法，據《摩訶止觀》卷二上所述，有事懺與理懺兩種。事懺亦名隨事分別懺悔，亦即事懺者以禮拜、稱唱、讚誦來觀想，存念於佛菩薩的聖容。而理懺亦稱觀察實相懺悔，即因為過去與現世所造作的一切罪業，都是從心而生起的，若能了然自心本性空寂，那麼，一切罪相自亦同是空寂。這樣看來，真正的滅定業，是由理懺而具其功能，該是很明顯的。

另在智者大師的《釋禪波羅蜜次第法門》卷二等[33]，亦有作法懺、取相懺、無生懺三種懺悔法[34]。作法懺與取相懺屬於事懺，無生懺則屬於理懺。《摩訶止觀》卷二上所述的事懺，是懺悔苦道與業道的，理懺則是懺悔煩惱道的[35]。又在同書卷四之上，述謂小乘是沒有懺法的[36]；在同書卷七下，猶特別強調說五悔法。所謂五悔，就是懺悔、勸請、隨喜、迴向、發願等。行此五悔，能成就法華三昧的助行。所以，由最初的五品位，以至最後的等覺，位位都必須勤行這五悔的方便，用以助開觀門。同書又述說：能於日夜六時行此五悔方便，可破大惡業罪，以勸請破謗法罪，以隨喜破嫉妒罪，以迴向破諸有罪，所得功德則是無限無量。從而，智者大師亦述作了《法華三昧行儀》、《方等三昧行法》，以及已經闕佚的《金光明懺儀》、《般舟證相行法》、《修三昧常行法》等很多懺法儀軌[37]。由此，如果擬將智顗譽為中國佛教懺法書之祖，應該也是適切的稱號。

另外，荊溪湛然有《授菩薩戒儀》的制作；宋朝的慈雲遵式（九六四—一〇三二）有《金光明懺法補助儀》、《請觀音懺儀》、《往生淨土懺儀》、《熾盛光懺儀》、《法華三昧懺儀》、《授菩薩戒儀式附授五戒法》，以及闕佚的《小彌陀懺儀》等儀軌；四明知禮也有《禮法華經儀式》、《修懺要旨》、《光明懺儀》、《大悲懺》、《準提懺》、《出像大悲懺法》等。而大石志磐的《水陸修齋儀軌》也是宋代天台宗的作品，但也是懺法書的一種。由之可見，現存的懺法書類幾乎都屬於天台系統。

另就田島德音提到佛教的懺法，帶有道教的風格在盛行的問題，也有易生誤解之點，下列事項尤須注意。蓋即佛教從原始佛教時代，即已傳行羯磨法，其進一步由羯磨法轉換成密教的儀規，乃是受自印度教的咒法儀軌怛特羅（tantra）的影響。在中國方面，遠自周秦以前的時代，即在政教合一的社會型態中，實行天地四時的大祭，在《禮記》中已有所記載。但是，道教最初的基礎儀軌書，有寇謙之（三六三—四四八）的《雲中音誦新科之誡》（四一四年作成）二十卷，這並不是載錄於《禮記》中純樸的祭儀。

另，從中國傳譯佛教羯磨法的最上年限加以檢討的結果，曹魏時代的天竺三藏康僧鎧，在嘉平四年（二五二）譯有《曇無德律部雜羯磨》一卷。此一康僧鎧譯說或有疑問㊳，另有曹魏正元元年（二五四）的安息沙門曇諦譯出《羯磨》一卷，遠比寇謙之的《新科之誡》還要早一百六十年。至於後世道教的《齋醮科儀》，也與北魏時代的《新科之誡》有異。而隋唐以來的佛教懺法，與印度傳來的羯磨法，在內容形式上自然也有所不同，因為非常類似密教的儀軌，或許是佛教與道教之間的相互影響。但是，若說懺悔儀的主要元素，是出自佛教方面，應是比較適當的推想。因為智旭曾遍閱密教的典籍，對懺悔行法和密部壇儀皆作同樣的看法[39]。

三、智旭的懺法思想

現存與懺法有關的著作，幾乎全是由天台學系統的學者所撰述，但在智旭的《閱藏知律》卷四十二中所記載的懺儀類著作，也就是他當時閱讀的懺法書有十八種之多。將之列表，以示如次：

懺法名稱	卷數	撰述者	現存所屬
慈悲道場懺法	10	梁・真觀[40]	《大正藏》四五
方等三昧行法	1	隋・智顗	《大正藏》四六
法華三昧懺儀	1	隋・智顗	《大正藏》四六
法華三昧行事運想補助儀	1	唐・湛然	《大正藏》四六
慈悲水懺法	3	[41]	《大正藏》四五
金光明懺法補助儀	1	宋・遵式	《大正藏》四六

金光明最勝懺儀	1	宋・知禮	《大正藏》四六
往生淨土懺願儀	1	宋・遵式	《大正藏》四七
請觀音菩薩消伏毒害陀羅尼三昧儀	1	宋・遵式	《大正藏》四六
千手千眼大悲心咒行法	1	宋・知禮	《大正藏》四六
熾盛光道場念誦儀	1	宋・遵式	《大正藏》四六
觀自在菩薩如意輪咒課法	1	宋・仁岳	《大正藏》四六
禮法華經儀式	1	宋・知禮	《大正藏》四六
釋迦如來涅槃禮讚文	1	宋・仁岳	《大正藏》四六
集諸經禮懺悔文（儀）	2	唐・智昇	《大正藏》四七
天台智者大師齋忌禮懺文	1	宋・遵式	《大正藏》四六
往生淨土決疑行願二門	1	宋・遵式	《大正藏》四七
修懺要旨[42]	1	宋・知禮	《大正藏》四六

在以上的十八種之外，另有宋朝大石志磐撰的《水陸修齋儀軌》，也列載於智旭的作品當中[43]。此部《水陸修齋儀軌》，據說是受梁武帝時代成立的《慈悲道場懺法》[44]影響而撰作；但從智旭的〈水陸大齋疏〉中明顯地得知，這部《水陸修齋儀軌》歷經元朝而至明末，已經失去了它原本的內容，後來才由雲棲袾宏予以加筆補正。而且智旭從二十四歲

到二十六歲之間，在雲棲寺亦曾參加《水陸修齋儀軌》的修行法會㊺。不過，這只是隨喜參加的性質，相信並不是智旭自己發心的修行懺法。因此，他才未把它收錄在《閱藏知津》之中。

智旭之注重懺法，雖是毋庸置疑，但他對懺法的見解，如今更須作進一步的探討，這在他的〈涵白關主禮懺持咒募長生供米疏〉文中，即有如次表示：

> 三世諸佛，始從名字初心，極至等覺後際，罔不以五悔為進修方便。當知作法懺，能滅業障，取相懺，能滅報障，無生懺，能滅煩惱障。（《宗論》七，三卷一〇頁）

這裡的五悔方便與三種懺法之說，原本就是繼述智者大師之說。而歷來的天台學者，雖亦撰述有《法華》、《方等》、《請觀音》、《金光明》、《大悲》、《淨土》等懺法，但有關地藏信仰的《占察善惡業報經》懺法的述作，則有賴智旭的努力。此一《占察經行法》，是智旭受自天台宗懺法思想的影響，與他自己所獨具的孝道精神及罪報感而凝結完成的。

其次，再就智旭禮懺的次數順序，占第一的是《大悲懺》，第二是《占察經行法》，第三是《金光明懺》，第四才是《淨土懺》，就此再稍作論述。

《大悲懺》　《大悲懺》的具體稱謂，應該名為《千手千眼大悲咒行法》，是四明知禮依據唐永徽年間（六五〇—六五五），伽梵達摩三藏所譯的《千手千眼觀世音菩薩廣大圓滿無礙大悲心陀羅尼經》一卷，而制作的三昧行法，區分為十科。田島德音對此行法加以論述說：「這種行法也是中國一般民眾求願富饒、官祿、除病三利益，以及獲得善友，同願往生淨土的方便行。它帶有道教風格傾向，以期宣揚天台宗止觀行，而崇奉本尊觀音。」㊻當然也是唐朝以來，由於密教經典的相繼譯出，觀音信仰已深入民間的事實。

到了明朝，此一《千手千眼大悲心陀羅尼經》更趨盛行的原因，主要是由於當時的君主所提倡。因為《大正藏》第二十冊在收錄此經以前，就有永樂九年（一四一一）的〈御製大悲總持經咒序〉。此御製序的作者，推想當然就是明朝的成祖皇帝。當時一般民眾依奉此一經典的行法，求願富饒、官祿及除病三益。但在智旭的立場，當是求願往生淨土，同時也是祈求滅罪，這正是一般民間佛教的觀音信仰，與智旭的觀音信仰所不同者當即在此。是即在經典中，固屬說示現世的三益，但其滅罪思想亦如以次所示：

> 一切罪障悉皆消滅，一切十惡五逆，謗人謗法，破齋破戒，破塔壞寺，偷僧祇物，

汙淨梵行，如是等一切惡業重罪，悉皆滅盡。（《大正藏》二〇卷，一〇七頁A）

即使再重的罪行，如能誦持〈大悲心咒〉，也必將消滅淨盡。罪報感很強烈的智旭，服膺於此〈大悲心咒〉的威力，自然是無限的感慨難量。智旭之對觀音與地藏的信仰原因，只有一種理由可以解釋，那就是為了滅罪。因此，他才經常稱讚觀音與地藏。例如在〈刻占察行法助緣疏〉中有：

觀音應十方世界，尤於五濁有緣。地藏遊五濁娑婆，尤於三塗悲重。（《宗論》七，三卷一三頁）

觀音與五濁惡世的眾生特別有緣，而地藏也是專事遊化於這五濁娑婆世界的菩薩，尤其頻頻向刀塗、火塗、血塗，所謂的三塗苦趣伸出援手。雖然智旭將觀音與地藏併稱，但他個人的情意還是比較偏向於地藏菩薩。這可能是因為在十方世界之中，娑婆世界的苦惱最多，而處身在這娑婆世界，又以三塗眾生的痛苦最深切。但是，觀音菩薩的三十三種或三十二種化身[47]之中，卻沒有三塗之身；而地藏《十輪經》的三十九種化身中，卻有鳥、獸、閻羅、地獄等身。因此，智旭對地藏的崇敬心比觀音更為深摯的想法，該是甚為妥當。

《占察善惡業報經行法》　這是由智旭所撰述。在《占察善惡業報經》中所說的修行方法，是說示以持名、懺悔、兩種觀道的三個階段，漸次悟入究竟的「一實境界」。對於罪障深重的人，由持名行而入懺悔行，一旦罪障得以消滅乃至減輕，再修所謂唯心識觀及真如實觀兩種觀道，然後則以證入「一實境界」為目標。因此，智旭提倡誦持地藏菩薩名號，才撰述這部《占察經行法》。對於罪業的輕重多少或罪業類別的高下，依本經的三種輪相，便可得以明瞭。即先占輪相，然後再入懺法之行，依憑懺法的實踐，如得消除罪業障難，在占卜輪相時，便有清淨的輪相出現。

因此，智旭在四十七歲的元旦，於比丘戒的求得方法，就是修此《占察經行法》，獲得清淨的輪相。這是因為他在二十五歲（一六二三）十二月八日，在雲棲寺求得比丘戒時，當時的雲棲袾宏業已示寂，他只是在袾宏的像前舉行受比丘戒的儀式。因此，從戒律的規則而言，這種受戒方法，絕對不是正規地秉受比丘戒體的道理㊽。所以，智旭在研究過全部的律藏之後，便在三十五歲的秋季捨棄比丘身分；又在四十六歲時，進而捨去沙彌的身分。

總之，他是依據《占察經》的懺法，才獲得比丘戒的清淨輪相。所以，他主張末世的佛教徒，如不依奉《占察經》的懺法，是不可能得到清淨比丘戒的[49]。因此，他於《占察經行法》的修行次數，雖比《大悲懺》來得少些，但在實踐佛教生活的比重上，依然還是《占察經行法》較為殊勝。

《金光明最勝懺儀》 這是宋朝四明知禮依《金光明經》而編述的懺法。尤其以本經的〈功德天品〉（新譯〈大吉祥天女品〉）說示，做為準據的懺悔得脫行儀作法，是把收錄在《國清百錄》的天台智顗的《金光明懺法》加以補足而集成的懺法，並把闕失的讚歎、五悔等加以補充而說述。但以之與慈雲遵式的《金光明懺法補助儀》相比較，則稍嫌簡化。又因為亦曾採用義淨譯的〈最勝王經咒〉，才又加上「最勝」二字。這和智顗與遵式都是採用曇無讖譯的〈功德天品咒〉情形，是不同的。

再就《金光明經》的內容，它同時具有《華嚴經》的法身、《般若經》的智慧、《大涅槃經》的四德等諸經所共有的宗旨。此外，在曇無讖的四卷本，與唐朝義淨譯的十卷本，兩者也都具備了懺罪思想的〈懺悔品〉，和放生思想的〈流水長者子品〉。智者大師就是依奉〈懺悔品〉的思想，而集成《金光明懺法》；也奉行〈流水長者子品〉思想，而致力於放生運動[50]。放生思想原本是從《梵網經》卷下的戒殺生和斷肉食思想發展而來的。

自從齊梁時代發起戒除肉食運動以來，並且與《金光明經》的放生思想合流，結果智者大師興起了致力於放生池的設置，四明知禮也撰述〈放生文〉。到了元朝，奉君主的敕命，書寫《金光明經》也在誌傳中時有所見。及至明朝，更由雲棲袾宏為始，達觀真可、憨山德清、蕅益智旭等都致力於放生運動[51]。

綜上所述，《金光明懺法》是由大乘諸經所說的護國、滅罪、放生、捨身等教法經典中，所產生的懺法。對智旭而言，尤以義淨譯的十卷本之〈滅業障品〉，更與他的地藏信仰滅罪思想相一致。因此，他對依從義淨譯本由知禮所撰述的《金光明最勝懺儀》，致力於實踐並予講解。

《往生淨土懺儀》　據撰作懺法的慈雲遵式的自述得知，它是由大本《無量壽經》和稱讚阿彌陀佛極樂淨土的諸大乘經，加以採擇之後所編集而成的懺法[52]。在遵式的淨土教義中，列有決疑與行願二門，而此項懺儀就是屬於行願門。據其要旨所顯示，當是滅除罪障功德，進而達到念佛三昧。這對智旭的思想而言，是極為相應的。

總而言之，智旭實踐的懺法目的，是基於滅罪思想而達到往生淨土。他並不是為了自己，更為僧侶同道、君、親、國，乃至一切眾生求願滅罪除障與離苦得樂。

第三節　持咒及卜筮信仰

一、智旭的持咒修行

懺悔與持咒都具有除障滅罪的功能，所以智旭才由持咒行而入懺悔行；於修持懺法之餘，也修持咒之行。依由懺法而獲得無生懺的理懺功能，此即證入三觀三諦的中道實相。再論及持咒修行，由於它具有與稱名念佛行的同樣功能，故而專意念佛而得的三昧，稱為念佛三昧。念佛三昧，是三昧中的寶王三昧，也是至頓至圓的止觀行[53]。這也就是智旭的理懺與持咒理論的基礎。因此，他依滅罪思想而實行懺悔法，把念佛思想與滅罪思想聯繫起來，邁向持咒的法門，而其歸終之點則是止觀行。

此外，智旭是基於孝道思想而生起地藏信仰；由滅罪思想，起而仰慕地藏經典群所教示的懺悔、持咒、稱名等行持。懺悔法的基礎，在於律儀與密教的壇儀。持咒的行持，也具有密教行法的內容，而稱名則屬於淨土念佛的範疇。因此，我認為智旭的佛教信仰，是概括戒律、密教、念佛而達成圓頓止觀的功能。智旭在天台家的所謂：世界、各各為人、對治、第一義四種悉檀，於其各別的標準之下，雖然把一切法門都置於最高無上的地位而加以讚歎[54]，但他自己卻偏重於持咒、禮懺、念佛三種法門而作的採擇。

於此，僅依智旭的年齡順序，查證其修行法門，他從二十三歲到三十歲，是參禪的階段；三十一歲到五十七歲圓寂之間，則是信仰淨土的階段。再就這兩個階段，加以微細地畫分，就是：

(1)三十一歲到三十九歲，是以持咒行為中心的階段。

(2)三十三歲到四十八歲之間，是以禮懺行為中心的階段。

(3)四十九歲起終其一生，都是專心致志於念佛的階段。

有關他的禮懺行為先前已作介紹，以次再就智旭的持咒行為稍作敍述。茲亦同以年代的順序整理其有關資料，圖示如下：

年歲	咒名	持咒遍數	持咒目的	資料根據
三一（一六二九）	地藏滅定業真言	百萬	願如來正法復興	〈持咒先白文〉。（《宗論》一，一卷八頁）
	觀音靈感真言	十萬		
	七佛滅罪真言	十萬		
	藥師灌頂真言	十萬		
	往生淨土真言	十萬		
	大悲咒	十萬		

	諸部咒品	二萬三千一百	為亡母追善	〈為母發願迴向文〉。（《宗論》一，一卷一〇頁）
	準提咒	一百五十萬	為毘尼實義，修治大藏，無邊法門。	〈持準提咒願文〉。（《宗論》一，一卷一一頁）
	大悲咒	十萬	為斷惡業	《宗論》一，一卷一二頁。
	大佛頂首楞嚴咒	七	願戒根永淨	《宗論》一，一卷一三頁。
	地藏真言及諸咒品	？		
三二（一六三〇）	大悲咒	十萬八千	戒根永淨	《宗論》一，一卷一八頁。
	咒品	二萬三千餘	為母追善	《宗論》一，一卷一七頁。
	咒品	七萬	為父追善	《宗論》一，一卷一九頁。
三三（一六三一）	大佛頂首楞嚴咒	十一萬	為毘尼住世	《宗論》一，一卷一九－二〇頁。
	地藏滅定業真言	五萬	願同生極樂	
	大佛頂首楞嚴咒	一萬	懺十惡根	
	地藏滅定業真言	五萬	為十一友人	
	地藏滅定業真言	九十萬		
	地藏滅定業真言	三百二十萬	為諸檀護	
	地藏滅定業真言	四十八萬	為眾善友	

三四（一六三二）	大悲咒	一萬	精進護法	《宗論》一，二卷二頁。
	往生淨土真言	七日	求生極樂	《宗論》一，二卷二頁。
	地藏滅定業真言	四百六十八萬	滅自他定業	《宗論》一，二卷四頁。
	地藏滅定業真言	一百四十萬	為眾同修	
	地藏滅定業真言	二千萬	救拔父母	《宗論》一，二卷五頁。
	大悲咒	十萬八千	滅自他定業。為緇素同道。	《宗論》一，二卷七頁。
	地藏滅定業真言	百四十萬		《宗論》一，二卷七頁。
	大悲咒	一萬	為斷惑方便	《宗論》一，二卷八頁。
	大佛頂首楞嚴咒	一千		
三八（一六三六）	大悲咒	二百七十	為離病因緣	《宗論》一，三卷四頁。
三九（一六三七）	地藏滅定業真言	十二萬	為同仁	‧《宗論》一，三卷八－一二頁。 ‧《宗論》七，三卷一頁。
		五百萬	為自勵	
		二十萬	為九華山二寮	
		二十萬	為助成緇素	
		十萬	為聽法大眾	
		十萬	為往來流寓	

		五十萬	為○○	
	大悲咒	千二百四十		
	地藏滅定業真言	十萬		
		五萬	為○沙彌	
		十五萬	為三沙彌	
	大悲咒	七百七十	為○比丘	

以上表所列示得知，智旭受持的密咒約有八種，其中尤以〈地藏滅定業真言〉、觀音菩薩〈大悲咒〉、〈大佛頂首楞嚴咒〉，是他一向所受持的。就其目的看來雖是形形色色，但其共通之點都是求願生善滅惡，也可以說是所謂要求速得成就現世利益的方法。就這一點，在智旭的說詞當如次述：

有聞佛說而歡喜生善滅惡入理者，佛即自說，如楞嚴、尊勝諸咒，皆滅定業也。有聞菩薩說而歡喜生善滅惡入理者，須菩薩說，如此咒及大悲等咒是也。（〈答黃稗谷三問〉，《宗論》三，一卷二二頁）

既如智旭在文章中所述，雖然不見有「即身成佛」的文句，但其「生善、滅惡、入理」的思想，事實上應也是作「即身成佛」考量的。如果配合天台宗的六即理念來說，與滅卻見思惑的惡而得六根清淨的圓教十信位的相似即佛，應是相通的。

二、智旭的持咒思想

智旭先是以菩薩所顯現的〈地藏咒〉和〈觀音咒〉做為他的信仰基礎，亦以世尊說的〈大佛頂首楞嚴咒〉[55]為其持咒思想的最高理論依據。縱然同是具有滅罪的功用，但在受持〈大悲咒〉和〈地藏滅定業真言〉的階段，僅具單純的念佛功用；及至〈楞嚴咒〉，於理論層面上便有與密教思想相連結。尤其在他三十九歲時，正式地研究[56]《楞嚴經》以後，他的持咒觀念便有根本上的變化。是即：三十九歲以前的智旭，對於單純地固守於持律者、習教者、參禪者，乃至淨土行者的立場，雖然稍持否定的情感，然而他自己受持〈地藏滅定業真言〉，也普遍地勸勉大眾[57]。但在三十九歲以後，當他接觸到《楞嚴經》問題後，便顯現出顯密平等的見解。就這一點，從以次的資料中可以揭示出來：

若念念與此定慧相應，便可謂常持如是咒，百千萬億徧。若念念讀誦書寫此咒，便

與性定本智相應。（〈示本光〉，《宗論》二，二卷八頁）

如果我們的現前一念心，能與定慧相應，就等於是經常在讀誦〈楞嚴咒〉；假若再能念念讀誦〈楞嚴咒〉或書寫，自亦將與定慧相應。這是就顯密不二的考量或顯密互資的思想[58]。在智旭的《楞嚴經文句》卷七，也論及與此相同的見解[59]。顯說與密詮，都不過是表現佛的不可思議境界而已。但他在同書的卷八，卻與此相異，而是修持正行與助行兩種行門。並且說示：正行者，就是慧觀；助行者，就是持戒與持咒等[60]；同時提出「若無障緣，直修境觀；若恐障侵，兼持密印」[61]的主張。這明顯地可以看出，智旭是從持咒的第一階段，轉換向慧觀的最高階段。從而他在四十歲以後，便不再鼓吹持咒的行持，究其原因，稍作如下的探討。

智旭初期的持咒行，我認為是由民間佛教，漸次移向單純的修行。因此，智旭把持咒修行，當作與稱名念佛是同樣的方便法門而已。可是，當他了解到《楞嚴經》的持咒規則，對規則中說示持咒行的嚴格要求，才領會它畢竟不是普通的狀況所能比量。《楞嚴經》卷七所規定的持咒修行要求是：

若有末世欲坐道場，先持比丘清淨禁戒。要當選擇戒清淨者，第一沙門以為其師。若其不遇真清淨僧，汝戒律儀必不成就。戒成已後著新淨衣，然香閑居，誦此心佛所說神咒一百八遍。然後結界建立道場，求於十方現住國土無上如來，放大悲光來灌其頂。（《大正藏》一九卷，一三三頁A）

依據這項規範，必須先選擇一位清淨比丘，做為持咒道場的導師。若一時找不到清淨比丘，便不能成就戒律，當然就不能成立持咒道場。但能依奉這項規定去修行，即使是智旭，也是不可能的。因為在他心目中所考量的清淨比丘，在當時的佛教界，實際上並不存在。所以，他在三十九歲時才捨棄比丘戒。如果不能依照戒律的要求去守持，勢將不能成立受持〈楞嚴咒〉的道場。其實，當初智旭並未想到它是那麼地嚴格。而且智旭在《法海觀瀾》卷四裡，就同樣也是密教經典的《牟梨曼陀羅咒經》62介紹之餘，在旁邊也抄錄誦持規則如次：

若於起貪欲心，而誦咒乞效驗者，當來成於夜叉種子。若於無智心中，而誦咒求索驗者，當來成於鬼神種子。若於慈愍之心、大慈悲心、念佛之心，如是心中，誦咒乞

效驗者，當來成於如來種智。（《大正藏》一九卷，六六五頁A）

若以貪欲心持咒，求其效驗，必招夜叉的果報；若以愚昧無智的心持咒，求其效驗，必將帶來鬼神果報的恐懼。但是，若以慈悲心和念佛心讀誦持咒時，將來必成就「如來種智」。由此可見，以散亂心誦持真言神咒時，將招致何種果報，雖然經中並未明確地指出，相信必得不到好的果報，則是可以推測出來的。這是智旭在閱覽密教經典以前，可能還不曾明白的，後來當他有了這項認識，便在《閱藏知津》卷十一，敍述以次的見解：

但密壇儀軌，須有師承，設或輒自結印持明，便名盜法，招愆不小。今此道失傳久矣。典籍僅存，何容僭議。

在中國的密教傳承，經過唐武宗時代的會昌法難，幾呈滅絕的狀況，以後才流向日本。所以，它在中國本土已經是絕跡的狀態，連閱讀密教經典的人，亦已不存在。能像智旭這樣閱覽一切密教經典之人，當時實在極其難得。這可能是因為智旭想要撰寫《閱藏知津》和《法海觀瀾》二書，才特意去閱覽密教典籍；至其論述懺悔行法和真言明咒，才經常涉獵密教經典，這應該是其理由之所在。

體認到密教重視傳承的智旭，對於擅自結印契或讀誦明咒，認為是造作盜法之罪，判斷那是犯了一種大的過失。而且最遺憾的是，即使還遺留下密教的經典，但繼續其師承傳統的人，卻早已斷絕。因此，便沒辦法去實行密壇儀規。所以，晚年的智旭，對於師承傳持的觀念縱或有所批判63，但對密教的師承規制卻不曾反駁。而且四十六歲以後的智旭，雖對密宗曾以圓頓教予以尊敬64，但對密咒的誦持，則表示極其慎重的態度。

爾後，智旭便專心致力於結壇禮懺的行持，把持咒的意識轉入到懺悔行法之內。例如他在四十七歲時著作的〈祖堂幽棲禪寺大悲壇記〉，即將「大悲懺」的壇儀與密教的壇儀加以並論；更以密教的立場，對於由四明知禮撰述的《大悲懺法》，給予絕好的評論：

> 有宋四明尊者，法智大師，佛子羅睺羅再來，專修密行。依天台教觀，創立《大悲三昧行法》，十科行道，十乘觀心，並是佛祖祕要，萬法總持。（〈祖堂幽棲禪寺大悲壇記〉，《宗論》五，三卷二二頁）

天台學系統的學者格外地重視懺法，已是不爭的事實。現代學者雖然也有研究《大悲懺》的歷史及其型態的變遷問題65，但對四明知禮之具有密教的色彩，除了智旭之外，尚未見有何人曾有如此的發現。以之與事實對照起來，在天台學系統的懺法中，以明咒為中心而制作懺法者，只有知禮的《大悲懺法》、《金光明最勝懺儀》，以及遵式的《消伏毒害陀羅尼三昧儀》、仁岳的《如意輪咒課法》等極少數而已。在中國的天台宗，雖然根本不曾存在天台密教說或台密說，但在智旭心目中所看到的知禮，是依天台教觀來修持密行，從而創立〈大悲咒〉的三昧行法，以之為佛祖的祕要，並且以站在萬法的總持，所建立的理解。其實不就正是天台密教的立場嗎？

三、智旭的卜筮信仰與行事

本來佛教徒，尤其是沙門釋子，是禁止涉獵醫、卜、星、算等行為，否則恐怕會被指責為邪命外道。因為佛陀示教的八正道中的「正命」，是指正當的生存方式，須避免以這些醫、卜、星、算等行為來謀生。因此，卜筮在印度雖猶存在66，但那絕對不是佛教徒所應信行。另一方面，在中國的卜筮種類，非常之多。據顧炎武的《日知錄》卷四所記載：在《史記》中有〈天官書〉、〈賈誼傳〉、〈龜策傳〉；在《漢書》、《後漢書》及《禮記》中也有占夢等行事。其中有的是以月之所行為占卜，也有以日占事，更有依時來占事，還有以觀天地之會來辨別陰陽的氣象，乃至有以日月星辰來占六夢的凶吉等。像這些在中國的卜筮理論基礎，該是《易經》的八卦六爻，這在《日知錄》卷四有：

群物交集，五星四氣，六親九族，福德刑殺，眾形萬類，皆來發於爻。（《日知錄》集釋九七頁．台灣世界書局印行本）

既如上述，卜筮的原理雖然是依據儒家的《易經》，但把《易經》哲學化，則是宋明時代儒教一樁大事件的契機。所以，少年儒教人士出身的智旭，對與《易經》相連結的卜筮信仰大為所好，也就不足為怪。不僅如此，即如智旭在《選佛譜》序文所明示：明末時期的佛教界，占卜信仰已經導入佛教之中，由民間信仰滲透到佛教的學者之間，成為佛教模式的理論化。其中之一，是由捺麻僧[67]所創作的《選佛圖》，就是卜筮法的一種。這是由方角的層次與數字的排列，作成十法界的升沉流轉圖，然後再以此占卜各人未來的位置。

如果是善行或功德增上時，其位置即得以上升；如果是做下惡業罪行，其位置即趨下降。它最高的位置是圓教究竟妙覺位，所以稱為《選佛圖》。這種《選佛圖》可能與袁了凡的《功過格》之間，有某種程度的因果關係，多半是把《功過格》加以改良後製成了《選佛圖》，使之化為純粹佛化的占卜行事。經由此一方法，縱然我們不是天眼通，也可以了解到自己的未來。如果能日日修善，可漸次趨向佛果的位置；如果日日造作罪惡，則將漸漸墮落至地獄的境界。

明末的天台學家幽溪傳燈，據說也曾撰寫過一本《選佛圖》。繼傳燈之後，智旭再就前輩的著述加以改正之後，撰述六卷本的《選佛譜》。但在智旭的著作中，使用這項《選佛譜》占卜方法的紀錄卻是少之又少，恐怕是這種方法在使用上太過困難所致也不一定。

在智旭的資料中，關於卜筮信仰的紀錄，當有以次的幾點：

先是在二十一歲時：

> 男憶二十一，至星家問母壽。言六十二三，必有節限。遂於佛前立深誓，唯願減我算，薄我功名，必冀母臻上壽。（〈寄母〉。《宗論》五，一卷一頁）

這是智旭二十一歲時的事情，當時他雖還未考慮出家，卻已經是佛教的信仰者，而且是基於儒教的孝親思想而信仰佛教，同時也信服於占星術的卜筮信仰。他為了想預知母親的壽命而去造訪過星象家，結果獲知母親在六十二、三歲時，將有壽命的節限。於是，他便在佛前誠摯地求願，希望縮減自己的壽命，以及削薄自身的功名，用以祈禱母親的長壽。這雖然不是純粹的佛教思想，但由之當可看出，他是在卜筮信仰上加添道教的延命信仰，進而更與儒教的孝道思想深心切志相糅合。

其次是在三十一歲時，有以下所述兩種與卜筮有關的記載，是即：(1)〈壽兄得廣參博訪鬮賦贈〉（《宗論》一〇，一卷三頁），以及(2)〈惺谷壽得出家鬮將往博山薙髮二首〉（《宗論》一〇，一卷三頁）。這兩者都是為盟友惺谷道壽的出家或參訪時，所做的卜筮信仰行為。

在三十二歲時，也有如下的記載：

> 三十二歲，擬註《梵網》，作四鬮問佛：一曰宗賢首，二曰宗天台，三曰宗慈恩，四曰自立宗。頻拈得台宗鬮。（《宗論》卷首二頁）

這段記事雖然在自傳中明示出來，但他的佛教思想直到三十二歲為止，一向是以禪、淨土與戒律為研修的重點。另一方面，在教學思想上，他雖於天台宗方面稍致敬意❻❽，但決心採擇天台宗的立場，則尚未考慮及此。以故，當他在註釋《梵網經》時，就其註釋方法的採擇，不論賢首、天台、法相都是奉為準據的，因而頗為困惑難決，最後採取卜筮信仰的佛前抽籤方式，決斷私淑於天台。

另在三十五歲時，有：

> 而自受具，心雖殷重，佛制未周，爰作八鬮，虔問三寶。（《宗論》一，二卷一二頁）

這是智旭在〈前安居日供鬮文〉願文中所記載。有關他的戒體問題，到他四十七歲為止，二十多年之間一直都為其所困惑。據《重治毘尼事義集要》序文所示，他在二十四歲出家，二十五歲的冬季便在雲棲袾宏像前受比丘戒；二十六歲時，又在袾宏像前受菩薩戒❻❾。但除了菩薩戒之外，在比丘戒方面，須依照小乘的律制，像他這樣的受戒儀式，是絕對得不到戒體的。進而他便在三十五歲夏安居終了之日，作八個鬮抽籤，在佛像前以占卜的方式，占問戒體的有無，來決疑自己所得戒體的現況。結果，即如〈自恣日拈鬮文〉❼⓪及〈退戒緣起並囑語〉❼①二文所示，他以「拈得菩薩沙彌之鬮」而白示大眾。

此外，在三十八歲時又有：

又然臂香四炷，重復供養法界三寶及地藏大士，求決所疑。至誠占於第三輪相。一者依《占察法》，先悔罪障。二者住阿蘭若，先修禪定。三者著述弘經，先修觀智。四者植諸善本，行眾三昧。（〈滅定業真言咒壇一百十日圓滿然香懺願文〉，《絕餘編》一卷二二頁）[72]

這是智旭在九華山隱遁時期的事情。當時的他，已經自行捨棄比丘身分，展望未來，前途一切茫然，到底是該以《占察行法》懺罪求戒呢？還是獨自在阿蘭若（āraṇya）專修禪定呢？或是從事著述，弘揚教法？抑或興辦一切福業善行呢？種種的思索之後，他仍然依《占察經》第三種輪相的占卜方法，來決定今後的奉行方式，結果抽到「著述宏經，先修觀智」的鬮[73]。

這段時期，是在智旭二十八歲、母親逝世以後，一直到三十八歲在九華山的隱遁生活。在這十年間，他的精神狀況可以說頗不安定。例如他在自我反省中有「長於著述」[74]的言詞；但是在二十八歲夏季，受到喪母的哀慟，乃決心「焚棄筆硯，矢往深山」[75]。因此，他在著述方面，除了撰述《毘尼事義》、《占察行法》、《梵網懺法》、《盂蘭盆經新疏》之外，也只是一些短篇願文或雜文而已。所幸到了三十八歲之後，憑著卜筮信仰的占卜力，漸漸地恢愎他的著述願望。

最後到了四十六歲時，便有：

> 勤禮千佛萬佛，及《占察行法》，幸蒙諸佛菩薩大慈大悲，於今年正月元旦，錫以清淨輪相，稍自安慰。（〈祖堂結大悲壇懺文〉，《宗論》一，四卷七—八頁）

智旭修持《占察行法》，把罪障懺悔除滅以後，求願顯現清淨菩薩比丘戒所獲得的輪相，正是三十五歲[76]。從此之後，儘管他不只一次地修行，可是終未出現清淨比丘戒的輪相[77]。但是這一次，終於獲得了清淨輪相。自此以後的智旭，從而不再有不安的感受，一切行止都得以穩定。

從上述資料中所見到的智旭，他在為母親延命、為盟友的出家與參訪、為經典的註釋方法等場合；或在決疑判斷身分的位置上，或是決定著述弘經的修行方法，甚至恢復比丘身分，都是憑卜筮信仰決定。像這樣的佛教學者，在中國佛教史上，相信該是極端的異例。

有關卜筮信仰的佛典根據不是完全沒有，就此問題，智旭在《占察善惡業報經玄義》中，於此理論依據論述如次：

如永明大師，已悟圓宗，仍作坐禪、萬善二鬮。當知，拈鬮一法，出《圓覺經》，與今輪相，及《灌頂神策經》。同名正法，不比世間卜筮也。（《卍續藏》三五卷，六二頁A）

智旭揭示的占卜信仰所根據的佛典，有《圓覺經》、《占察善惡業報經》、《梵天神策經》三種經典，而且他還介紹永明延壽的拈鬮先例。但據望月信亨的《仏教経典成立史論》所述，他推定《圓覺經》和《占察經》是在中國所造作的疑偽經[78]。另就《灌頂神策經》問題，在《法經錄》卷四、《彥宗錄》卷四、《大唐內典錄》卷十等[79]，都作偽妄經來處理的。關於這三種卜筮信仰的經典，如果不是來自印度，那麼在中國所撰述的可能則非常地強烈。如果這些卜筮信仰的經典，確實是在中國本土所產生，當時已經佛教化的卜筮信仰，未始不是中國佛教可取的一項特色。

既如上述，《占察善惡業報經》的輪相源流，是從《地藏十輪經》的十輪發展而成。《十輪經》的十輪，就是十善。至於《占察經》的內容，是十輪觀念更趨細密，並發展成三種輪相占法，是即：第一種輪相法，是占察十善與十惡業；第二種輪相法，是占察宿世集業的大小；第三種輪相法，則是占察三世中受報的差別。

準上所述，《占察經》的輪相占法，與世俗信仰的卜筮相比較，顯然相當地進步，而其佛教理論化則可予認定。在中國，闡揚《占察經》的人物雖然只有智旭，但據《三國遺事》卷四所述，新羅的真表律師早在八世紀已實行過《占察經》的行法[80]。

第四節　血書及燒身信仰

一、血書的佛教典據

以自己的血液當作朱墨，用以書寫經文等，就叫作血書。這種行事，在部派佛教時代的小乘經典雖然不曾見過，但在初期的大乘經典，例如《法華經》的〈法師品〉雖未說到血書，卻對受持、讀、誦、解說、書寫等五種法師行，列有書寫的行事。在《佛說菩薩本行經》[81]卷下也有：

梵天王時，為一偈故，自剝身皮而用寫經。毘楞竭梨王時，為一偈故，於其身上而啄千釘。優多梨仙人時，為一偈故，剝身皮為紙，析骨為筆，血用和墨。（《大正藏》三卷，一一九頁B）

這段經文，更進一步提到以皮作紙，析骨為筆，用血為墨來書寫的記載。這是有關世尊的三種本行故事，可能在經典成立時代，因為當時一切經典的流通都是用手書作成，在數量上極其有限，因而求得也非常困難；也就是說，如果有了經典，即使剝去自己的外皮當紙，剖析骨頭當筆，刺出鮮血來書寫經典，也在所不惜。後來在《梵網經》卷上也傳承這一思想，對於受菩薩戒者，在第四十四條的輕戒，把這件事制定在戒律中：

若佛子，常應一心受持讀誦大乘經律，剝皮為紙，刺血為墨，以髓為水，析骨為筆書寫佛戒。（《大正藏》二四卷，一〇〇九頁A）

佛典中強調受持、讀、誦、解說、書寫五種功德，乃是大乘經典的一項特色。《梵網經》在傳承這項特色意義上，也參酌《菩薩本行經》所記載的菩薩行，規定受菩薩戒的初發心菩薩，必須行持像世尊在因地時代的修行方法。

此外，在《大智度論》卷十六也記述一則故事：往昔有一位愛法梵志，當時是住在無佛和無法的世間，他聽說有位婆羅門懂得一句偈的佛法，便去拜訪他。但是，這位婆羅門提出一個很嚴苛的條件，是即：

若實愛法，當以汝皮為紙，以身骨為筆，以血書之，當以與汝。（《大正藏》二五卷，一七八頁C）

結果這位愛法梵志竟然順從婆羅門的指示，剝下自身的外皮，折斷骨頭，刺出身血，寫下這一句偈的佛法。

在四十卷本的《華嚴經》卷四十，也有同樣的記載：

如此娑婆世界，毘盧遮那如來，從初發心，精進不退，以不可說不可說身命而為布施，剝皮為紙，析骨為筆，刺血為墨，書寫經典，積如須彌。為重法故，不惜身命。（《大正藏》一〇卷，八四五頁C）

就以上揭示的四種資料加以探討，《大智度論》是印度所成立的事實，一般大眾都能予以肯定。《菩薩本行經》的譯者名字儘管已經失傳，但從被收錄在《東晉錄》看來，當可推定與《大智度論》同是印度所撰述。上述一經一論中所說示的都是本緣事蹟，而且可以說是在沒有佛法的地方所發生的故事。《華嚴經》雖是印度的初期大乘經典，但有關血書的記載，不論是晉譯的六十卷本，或是唐則天武后時代譯出的八十卷本，都未曾見有此項說示。因此，即使是印度思想，也是時代很晚的作品。而且在四十卷本中，有明確記述毘盧遮那如來的因地本行。所以論其本質，應該與《菩薩本行經》中所說一併來考量。

此外，在《梵網經》中規定，對稟受菩薩戒者必須血書這件事，可能受自《菩薩本行經》和《大智度論》等的記載所致。因地中的世尊和愛法梵志，因為都曾做過血書經偈的功德，所以後世發起菩薩心的人也應仿效於此，故而在戒律形式上激勵初發心菩薩，才有此血書的行事。儘管《梵網經》的成立年代及其地點，一向是學界所評論的對象，據上所述各端，當知不是中國所撰述已毋庸置疑[82]。

二、智旭的血書行踐

所謂的血書，其在印度的情形容當另論。有關在中國的血書信仰行為，明顯地是受

《梵網經》和四十卷本《華嚴經》的影響而流行。《梵網經》是《華嚴經》系統的經典，智旭是以《梵網經》和《楞嚴經》二經為中心的佛教學者，所以他之實踐血書信仰，想來事屬當然。智旭之所以贊成血書的理由，他在〈寄南開士血書法華經跋〉中曾作論述，茲抄錄如次：

> 血書一法，攝歸普賢行海，條例梵網戒章，特所以然之故，未有揭示。致狂慧之徒，蔑為有相。夫無始生死根本，莫甚身見。出世妙法，莫先摧破薩迦邪山。薩迦邪見破，則生死輪永息，是名尊重正法，是名以法供養如來。《法華》、《楞嚴》，深歎然臂指，及然香功德，亦以此耳。（《宗論》七，一卷五頁）

這裡面所提到的「普賢行海」，就是指四十卷本《華嚴經》中的〈入不思議解脫境界普賢行願品〉所說：「刺血為墨，書寫經典」[83]；而所謂「梵網戒章」，是指《梵網經》卷上的：「刺血為墨，以髓為水，書寫佛戒。」[84]但是，因為沒有經典明示血書的緣由，所以無從理解當時的一般狀況。不過，智旭曾就其理論作了解釋，即是為破除眾生的身見而設置的修行法門。《華嚴經》、《梵網經》的血書法門，與《法華經》、《楞嚴經》

的燒身法門[85]，都是「尊重正法」或「以法供養」[86]的菩薩行，也是為終止生死輪迴的行為。實際上在明末的佛教界，實踐血書的人物不只智旭一位，另如紫柏真可也是其一。在《紫柏尊者全集》卷首記載，明神宗萬曆三年（一五七五），真可刺得臂血一碗，寫出以下的聯句：

若不究心，坐禪徒增業苦；如能護念，罵佛猶益真修。（《卍續藏》一二六卷，三一四頁C）

此外，在《紫柏尊者全集》卷十四及卷十五中，收錄有關血書的文章有〈麟禪人刺血跪書華嚴經序〉及〈跋麟禪人血書華嚴經〉。

其次，據憨山德清的傳記，他在萬曆五年（一五七七）閱讀南獄慧思禪師的〈立誓願文〉後，發心血書《華嚴經》[87]。在德清的《憨山老人夢遊集》卷三十一中，紀錄有關血書記事，約有以下六點[88]：

(1)瑞之麟禪人，刺血書《華嚴經》。
(2)居士賀學仁，刺血書《金剛般若經》。

(3)三峰禪人，血書《法華經》。
(4)公全禪人，血書《法華經》。
(5)學人真照，刺舌根血書《梵網經》。
(6)曹溪之方覺沙彌，刺血書《金剛般若經》。
其中的瑞之麟禪人，與《紫柏全集》的麟禪人，可能是同一人。
在智旭的著作中，當時實行血書的紀錄，約有下述十三點[89]：
(1)對峰弘禪師，血書〈受戒文〉。
(2)為鉅沙彌，血書《梵網》、《地藏》等經。
(3)寄南開士，血書《法華經》。
(4)乳生法友，血書《法華經》。
(5)願彌開士，血書《法華經》。
(6)禪師三學，血書《華嚴經》。
(7)觀泉開士，血書《法華經》。
(8)行幻佛子，血書《金剛般若經》。
(9)月心開士，刺血書《華嚴經》。

(10)澹居大德，血書《華嚴經》。
(11)省中開士，血書《華嚴經》。
(12)恆生法主，血書《法華經》。
(13)雨白開士，血書《華嚴經》。

既如上述，明末年間，從真可、德清、智旭三人的資料中摘錄出來的件數，除了他們三人之外，另外還有二十一點。如果再把血書加以分類，是即：書《華嚴經》八人、《法華經》七人、《金剛般若經》三人、《梵網經》二人、《地藏經》與〈受戒文〉各一人。《華嚴經》與《法華經》二經較其他經典都多的原因之一，是由於明朝年間最為盛行的佛典，就是這兩部經。另外一種原因，是四十卷本的《華嚴經》鼓吹血書信仰，《法華經》則是讚歎燒身供養，兩者都是痛炙自己的肉體，以表達對正法的最高虔誠心。其次，當時的中國佛教幾乎全是禪者的佛教，因此屬於禪宗的《金剛般若經》占第二位，占第三位的《梵網經》與《華嚴經》同是鼓勵血書的經典。而《地藏經》因為也是依據滅罪思想，所以才以血書來求願消滅罪業。

有關智旭本身的血書紀錄，為便於了解，故而列表予以介紹：

年齡	血書事件	資料根據
二六	敬然臂香，刺舌血，白母親大人。	《宗論》五，一卷一頁
	戊辰春，刺舌端血，留別諸友。	《宗論》一〇，一卷三頁
三十	刺舌血，書大乘經律。	《宗論》一，一卷六頁
	戊辰冬，刺血書一，然香供師伯文寄至台嶺。	《宗論》五，二卷一三頁
三一	為雪航檝公講律，刺血書願文。	《宗論》一，一卷七—八頁
三二	然臂香，刺舌血，致惺谷書。	《宗論》六，一卷五頁

智旭的血書紀錄，既如上表所示：二十六歲時一次、三十歲時三次，三十一歲和三十二歲各一次，合起來只有六次；其中，血書大乘經典的事例只有一次而已，其餘寫的都是書簡、祭文、詩偈、願文等。所以，他血書所表現的精神，與其說是法供養，不如說是表達其求願的虔誠心來得更為深切。

三、佛教的捨身思想

血書、燒身、燃臂、燃指、燃頂等行持，站在原始佛教的立場，不能算是真正的佛教。原始佛教的八正道，是非樂、非苦的所謂中道生存方式，使肉體能平安而正常地活下去。但在佛的《本生譚》等故事和寓言90經過發展演繹之後，而有「為法亡軀」的捨身說91。先前所論述《華嚴經》、《法華經》、《梵網經》、《楞嚴經》諸經中說示的苦行思想，都是由捨身說演變而流傳下來。

在中國系的大乘經典，依據此項捨身思想而亡身或遺身的實例，實際上多得難以計數。在《高僧傳》類，有〈亡身篇〉和〈遺身篇〉92；在《弘贊法華傳》卷五，有〈遺身篇〉93；在《法苑珠林》卷九十六，也有〈捨身篇〉94。韓國的情形，在其《三國遺事》卷五，記載有少女郁面婢苦行念佛的記事95。其中最盛行的是燃頂、燃臂、燃指，而智旭所實行的則是燃頂與燃臂兩項。

這種痛炙肉體的苦行思想，原屬世尊飭禁的所謂戒禁取見96之類。在義淨的《南海寄歸內法傳》卷四，就當時有關印度佛教的習俗，以及「燒身不合」的論調，曾有敍述97。

但在大乘經典中卻指出：

(1)在《法華經》卷六的〈藥王菩薩本事品〉，說示燒身供養。

(2)在《金光明經》的〈捨身品〉，說示投身餓虎的本生故事98。

(3)在《大般涅槃經》卷十四，說示施身聞偈的本生故事。

(4)在《大智度論》卷十二，說示：「能以一切寶物、頭、目、髓、腦、國、財、妻、子，內外所有，盡以布施。」

(5)在《大丈夫論》卷上的〈捨身品〉，說示捨身的意義：菩薩的捨身，是為求一切種智，以及為悲愍眾生故。

(6)在晉譯《華嚴經》卷六十，記載有：「或施妻、子、城、邑、聚落、頭、目、髓、腦、肢節、血肉，一切身分；不惜壽命，一向專求一切種智。」

(7)在《法華經》卷四的〈提婆達多品〉，說示應布施象、馬、七珍、國、城、妻、子、奴婢、僕從、頭、目、髓、腦、身肉、手、足。

探討這些大乘經論所記載的捨身行，在《法華經》、《金光明經》、《大般涅槃經》等三經中所敍述的，不過是本事或本生故事而已。但《大智度論》、《大丈夫論》、《華嚴經》、《法華經・提婆達多品》等經論所述，是菩薩為求得一切種智，縱使布施一切外財：國、城、邑、村、財產、妻、子，以及內財的生命肉體，亦在所不惜。

後來到了《梵網經》，這項捨身思想便轉變成戒律條文指出，如果不能實踐這種捨身行為，就違犯了菩薩行。在《梵網經》輕戒第十六條的規定是：

後新學菩薩，有從百里千里來求大乘經律，應如法為說一切苦行。若燒身、燒臂、燒指，若不燒身、燒臂、燒指，供養諸佛，非出家菩薩。乃至餓虎、狼、師子、一切餓鬼，悉應捨身肉手足，而供養之。（《大正藏》二四卷，一〇〇六頁A）

如今對《梵網經》的思想加以考證，其中的燒身說，是承襲《法華經》的〈藥王品〉；而捨棄自身以為餓虎等猛獸的餌食，則是承受《金光明經》的〈捨身品〉經意[99]。但是對新發心的菩薩，要求他們燒身亡身、捨身飼虎等激烈的行為，不但於比丘戒有所違反[100]，且就現實立場來考量也是不太可能。

四、智旭的燃臂與燃頂

《梵網經》的燒身及捨身思想根源，在《法華經》與《金光明經》。但智旭有關這方面的信仰行為，是以《梵網經》與《楞嚴經》為中心。如果說《梵網經》與《楞嚴經》二經是在中國所成立的疑偽經，那麼智旭的信仰，可以說完全屬於中國佛教的實踐。準此，對於智旭的燃臂與燃頂信仰行為所導致的後果，將沒有什麼不自然的感受。

在此，先就智旭的燃臂與燃頂事項有關的記載，列表如次：

年齡	燃頂	燃臂	燃香炷數	燃香理由	資料根據
二六		○	?	寄母親書。	《宗論》五，一卷一頁
三〇		○	12	為發十二願。	《宗論》一，一卷六頁
三一		○	5	為持滅定業真言等。	《宗論》一，一卷八頁
		○	3	為璧如廣鎬等作證明。	
		○	7	為母親棄世三週年。	《宗論》一，一卷九頁
		○	10	供養觀音大士。	《宗論》一，一卷一二頁
		○	3	第三次閱律藏畢。	《宗論》一，一卷一三頁
		○	3	代同學某等供養三寶。	
三二		○	?	刺舌血致惺谷書。	《宗論》六，一卷五頁
		○	28	懺摩發願。	《宗論》一，一卷一五頁
		○	25	供養本師世尊。	
		○	6	持滅定業真言。	《宗論》一，一卷二〇頁
		○	7	為十一道友持滅定業真言。	
		○	3	供養善友知識，啟請廣運慈悲，同垂濟拔。	《宗論》一，一卷一八頁
三四	○		4	發弘願誓，斷惡修善。	《宗論》一，二卷二頁
		○	3	慚愧剋責，持〈大悲咒〉。	《宗論》一，二卷二頁

三四		○	3	以至誠心、深心、迴向心，專持〈往生咒〉。	《宗論》一，二卷二頁
	○		3	禮大悲懺，供大悲三寶。	《宗論》一，二卷三頁
	○		5	禮大悲懺建壇日。	《宗論》一，二卷八頁
		○	21	禮大悲懺圓滿日。	
三五	○		6	自恣日拈鬮。	《宗論》一，二卷一四頁
三八		○	6	供切利、大集、六根聚之三會地藏菩薩，懺悔三業。	《宗論》一，三卷一頁
		○	9	供養三寶及地藏、觀音。	《宗論》一，三卷三頁
三九		○	21	《梵網合註》作成，迴向。	《宗論》一，三卷五頁
		○	3	供養法界三寶，祈占察壇法，早獲流通。	《宗論》一，三卷九頁
		○	5	供養三寶，代彼地藏真子，紹我地藏願王。	《宗論》一，三卷一〇頁
四一		○	6	為如是師六七禮懺，供養千佛及法界三寶。	《宗論》一，三卷一五頁
四六	○		3	禮《占察行法》，求清淨輪相，供養十方一切三寶。	《宗論》一，四卷三頁
四七	○		6	願滌自他塵垢，發六種願。	《宗論》一，四卷五頁
		○	10	發十種願。	
		○	?	願消疾疫饑荒，干戈兵革。	《宗論》一，四卷六頁
		○	3	懺悔無始以來種種罪業。	《宗論》一，四卷七頁

四八		○	10	願永離違緣，閱完大藏，撰述《閱藏知津》、《唯識心要》等書。	《宗論》一，四卷一○頁
五六		○	4	閱藏畢，供養十方三世一切三寶。	《宗論》一，四卷一一頁

據右表所列的燃臂次數，共計是二十八次，其中燃頂的次數則是六次。綜合看來，智旭從二十六歲到五十六歲（一六二四—一六五四）之間，計有三十四次燃香的紀錄。此一數字，只是依據智旭的願文和書簡中，記載有「然臂香」或「然頂香」的紀錄而已。在這之外，文獻中的「又然香」或「再然香」的紀錄，勢必更多。

這裡最值得注意的是：把燃頂和燃臂的信仰行為年代，與其他的信仰行為相比較，當可明瞭這段時間最為長久。智旭在二十六歲的正月三日，曾致書母親，稟知「然臂香、刺舌血」；後來又在同年的十二月二十一日稟受菩薩戒，可能在這以前，已經相當地崇敬《梵網經》與《楞嚴經》。因此，他燒身、刺血、燃香等信仰，已經進入實踐的階段。

在佛教史傳中，列有燒身、燒臂、燃指、燃燈等種種方法。但智旭所採行的方法，顯然不是什麼殘酷的手段。因為他沒有使用過燒臂或燒頂的詞句，而是用燃臂香或燃頂香的言詞。這種情形並不是直接燃燒腕臂或腦門，只是用一節供香放在腕臂或腦門上，點燃之後，待火熄餘燼，炙及臂或頭頂而已。由此看來，智旭此項行為的基礎，當源自

《梵網經》，但其實際所採用的方法，則屬於《楞嚴經》卷六的說示。茲抄錄其經文內容如左：

若我滅後其有比丘，發心決定修三摩提，能於如來形像之前，身然一燈，燒一指節，及於身上爇一香炷。我說是人，無始宿債，一切酬畢，長揖世間，永脫諸漏。雖未即明無上覺路，是人於法，已決定心。若不為此捨身微因，縱成無為，必還生為人，酬其宿債。（《大正藏》一九卷，一三二頁B）

就這段經文所表達的「若我（世尊）滅後」來考量，可知其捨身、燒身、燃香的苦行法門，絕不是佛陀在世時的教法。但佛滅以後，如有比丘發修三摩提（Samādhi）的決心，即須在如來的形像之前，在身上點燃一燈，或燒一節的手指頭，或至少於身體的某部位點燃一炷香作供養。這樣一來，即可完全酬償無始以來的一切宿債。如果不能燃此捨身的一炷供香，即使上昇至無為的無漏果，假若還有宿債的話，必將再度降生人間，償報其宿世的業債。這是《楞嚴經》裡的獨特捨身思想。

既如先前反覆所述，智旭因為常有深重的罪惡感，因而對於《楞嚴經》中說示的即生就可以酬報宿世業債的方便法門，自是無限地感激。但是，因為他一向重視比丘戒，所以並不採取那些燒身自殺、燒臂斷指等激烈的捨身手段。終其一生，他只是以燃香的方式，實踐其懺悔罪業而已。而且智旭的燃香信仰，幾乎都是和他的禮懺、持咒、發誓願等信仰行為同時實行的。

有關捨身供養，自古以來就流傳有種種苦行的方法，而其實踐業如上述。其中燒身之說，是依據《法華經》的〈藥王品〉；及至《梵網經》成立，才有燒身、燃臂、燃指的說示；進一步在《楞嚴經》中，則更出現燃燈與燃香之說。而智旭所實踐的並不是燒身、燒臂、燒指、燃燈等項，而只有燃香一個項目。但他把《楞嚴經》所說的燃香分成燃頂香與燃臂香兩種，並且抱持著燃頂香的行持，比燃臂香更為莊嚴。

關於燃香在《楞嚴經》的經文，只記載「於身上，爇一香炷」[101]，卻未就燃臂香與燃頂相有何教示。如果進一步加以考證，認為燃臂香是燒臂與燒指的簡化，那麼燃頂香的經典依據，可能就是「頂禮」的意義所衍生出來的苦行觀念[102]。因此之故，時至今日，在中國佛教界，當稟受菩薩戒時，不問僧俗男女，都必須以《梵網經》的菩薩戒為準據：即在受戒以前，必須施以燃香的苦行，亦即：出家菩薩燃頂香，在家菩薩燃臂香，而習以為常例。但出家燃頂香的風氣，究竟始自何時？則無從判明。

針對《梵網經》註釋中的燒身、燒臂、燃指等思想，經過查證的結果，註釋《梵網經》者，始自隋朝的智顗。爾後更有唐朝的明曠、法藏、義寂，乃至明末的袾宏、智旭、弘贊、寂光等人。其中，針對初發心菩薩的捨身行為，持反對意見者，有：唐勝莊的《菩薩戒本述記》卷三[103]、宋興咸的《菩薩戒經疏註》卷七[104]、明末智旭的《菩薩戒經義疏發隱》卷四[105]等。表示贊成意見的則有：唐法藏的《菩薩戒本疏》卷五[106]、智旭的《梵網經合註》卷五[107]、明末弘贊的《菩薩戒略疏》卷四及卷五[108]。此外，對此一問題，引據《楞嚴經》的經文，除了智旭之外，只有宋慧因的《梵網經菩薩戒註》中卷而已[109]。

從上述各節看來，對於《楞嚴經》的燃香說，最早即予注目的是宋朝慧因，但實際付諸實踐的也許是智旭。明末袾宏對這般的苦行表示否定的見解，所以直到明朝末年，在中國佛教受持菩薩戒的儀式中，並未安排必須燃頂香和燃臂香的苦行程序，認為菩薩戒與燒香燃頂的苦行未必有何關聯；也就是說：當時的中國佛教，稟受菩薩戒儀式，在《傳戒正範》中並未列載有燃香的行事。此一儀軌書，是明末見月讀體（一六〇一—一六七九）所編撰[110]。可知當時菩薩戒受戒儀式和燃香苦行，並無任何關係是很明確的。時至今天，在中國佛教界，把菩薩戒與燃香苦行扯上了關聯，據推測所示，多半是從清朝時代開始的，或許也就是由智旭所倡導。

第五節　智旭的破戒論與罪報觀

一、罪報觀與破戒墮獄思想

從比較宗教學的立場而言，佛教的宗教基礎，是以苦為中心的；而基督教的宗教原理，則是以罪為基礎的。至於苦的發生原因，則是無明（avidyā）；而罪者，是依據原罪或宿罪（theory of original）而來的。至於無明之說的由來，是起因於十二因緣的流轉與還滅之說。這是說眾生的根本，是由各人的業力（Karman），來決定其生命位置的浮或沉。再就宿罪來說，由人們自己可以決定的著實有限，一切都由神的意願來決定懲罰或赦免人類的罪行。因此，基督教便產生贖罪（redemption）之說，由神來代替信徒酬償其罪，以赦免其信徒。

因此，此項罪的說詞，在佛教的看法是否認為恰當，研究起來是很有趣味的。至少在梵文中，「罪」這個單字是較合理的。因為āpatti的漢譯有：罪、罪咎、有罪、過失、有犯等譯詞，其原意是指所構成的事體或招致的意思，例如指招致乖舛的命運⑪。在中國古代，因為有過失或違犯法律即稱為罪過。所以漢譯佛典時，也以違背法性之理或觸犯禁戒的行為，應該招致命運不濟的苦報，才譯為罪的。因此，在《大毘婆沙論》卷一百十五，舉有以下的三種大罪之說：

或有說者，罪有三種：一業、二煩惱、三惡行。業中意業為大罪，煩惱中邪見為大罪，惡行中破僧、虛誑語為大罪。復有說者，惱亂大眾故，意業為大罪；滅一切善根故，邪見為大罪；能感大苦異熟果故，破僧、虛誑語為大罪。（《大正藏》二七卷，六〇一頁A）

業、煩惱、惡行這三種大罪之說，既如上述，可能這是又進一層的思想化⑫。但是「滅一切善根」或「能感大苦異熟果」之說，也會招致命運乖舛的。

佛教的最初罪業說，可能是傳自戒律。例如在律藏中，即有七聚罪行和五篇的罪名。在五篇的罪名中，規定如果觸犯波羅夷罪（Pārājika），是無法除罪的，必將被僧團驅逐；但若觸犯了僧伽婆尸沙（Saṁghāvaśeṣa）、波逸提（Prāyaścitika）、波羅提提舍尼（Pratideśanīya）、突吉羅（duṣkṛta）等四類的罪名，可以在每半月的誦戒布薩

（Poṣadha）集會席上，憑著羯磨（karman）除罪法而得以懺除。而且在印度部派佛教時代現存的律部[113]之中，並未見有犯戒墮獄的記載[114]。但在《佛說犯戒罪報輕重經》及《佛說目連問戒律中五百輕重事經》中，卻明確地記載因犯戒罪而墮地獄的年數。其實，這兩部經的譯出年代及譯者的名氏是很有問題的[115]；換句話說，也就是中國所撰述的經典。針對這兩部經，智旭在《閱藏知津》卷三十三中，曾指出為「疑似雜偽律」[116]之類。

另在智旭的《重治毘尼事義集要》卷首，也再度指責這兩部經的思想，與五部諸律論有著很大的矛盾[117]。但對智旭而言，儘管認為這兩部經疑似雜偽律，卻未影響到他本身的罪報感的基本觀點。因為他的罪報信仰，是植基於地藏菩薩經典群的。但《佛說目連問戒律中五百輕重事經》是依目連信仰而成立，而地藏信仰原本可能是由目連信仰敷演出來的。因為目連的母親，以「罪根深結」[118]的原因而墮入到餓鬼道。目連為了孝親而設下盂蘭盆大齋，用以援救母親，這充分表現了罪報思想與孝道思想。

另在地藏菩薩經典群中，尤其是《地藏本願經》，可能就是繼續目連信仰和孝道思想的發達而成立的。智旭就是基於儒教的孝道思想，轉而構成佛教的地藏信仰和孝親思想；然後專心致力於地藏信仰的罪報思想，並就《盂蘭盆經》而撰著了註釋書。因此，他雖然對《佛說目連問戒律中五百輕重事經》抱持批判的態度，但對目連或地藏的信仰心，卻絲毫未受變異。《佛說目連問戒律中五百輕重事經》的本質，與其他的目連及地藏系統經典群的一致之點，我認為智旭並未加以留意。

本來戒律的基準，只不過是僧團生活的公約或守則而已。如果有人違犯這些守則，可以憑會議方式的羯磨來懺除；如果犯的是波羅夷最重大的四種罪，則須接受被僧團驅逐的制裁，但不必畏懼墮落地獄。不過，傳來中國以後的佛教僧團，律儀中規定每半月說戒布薩的行事，幾乎已被廢止；縱或實行說戒布薩，也未如法地執行舉罪與出罪的羯磨法。因此，為了防範僧侶行為的腐化，便出現如《佛說目連問戒律中五百輕重事經》和《佛說犯戒罪報輕重經》所說的犯戒墮獄，及其墮獄的年數說，說來亦事屬當然。

二、破戒思想與犯罪思想

既如先前所述，有關罪的思想，到了《大毘婆沙論》時代，已有相當地進步；到了大乘經論的時期，則更趨論理化、組織化。例如在《瑜伽師地論》卷九十九，即已把「罪」分成兩種：

云何性罪，謂性是不善，能為雜染，損惱於他；能為雜染，損惱於自。雖不遮制，但有現行，便往惡趣。雖不遮制，但有現行，能障沙門。云何遮罪，謂佛世尊，觀彼形相，不如法故；或令眾生，重正法故；或見所作，隨順現行，性罪法故；或為隨順護他心故；或見障礙善趣壽命沙門性故，而正遮止。若有現行如是等事，說名遮罪。

（《大正藏》三〇卷，八六九頁C—八七〇頁A）

關於《瑜伽論》中的性罪與遮罪的內容，在屬「正量部」的《律二十二明了論》[119]中記載，有：性罪、制罪、性制二罪三種罪說[120]，以及《大涅槃經》卷十一的〈聖行品〉中所說的性重戒與息世譏嫌戒[121]，或性重戒與遮制戒[122]兩種戒說，把它加以組織化與論理化。所謂的性罪，是指殺、盜、淫、妄四種根本戒波羅夷。如果違犯這四種根本戒，已受佛戒的人，當然須受報；即使未曾受戒的人，也要接受果報。

至於遮罪，則是為了履行佛教的規範，或是信守佛教的名譽，而由世尊所制定的禁戒。原則上，如果造作根本戒的性罪，依準比丘戒的規定，是要被驅逐而完全沒有懺除的可能性；但在大乘菩薩的情形，則是可以懺悔，也可以重受[123]，這是與比丘戒所不同之處。其緣故就是因為比丘戒的性罪只有四種，而在《梵網經》的菩薩戒性罪則有十戒，因此在凡夫的情況，如果說絕對沒有破犯，是不可能的。即如先前所述，違犯性戒就成立了性罪。所謂性罪，就是縱然未曾受戒，但如果做了相當於性戒的惡行，還是要接受果報的。

因此，智旭在十二歲時雖然未曾受菩薩戒，但是因為感染到程朱學派的儒教思想而寫作闢佛論的種種，這是觸犯《梵網經》的菩薩戒和《瓔珞經》菩薩戒第十條「謗三寶」的性戒。由此我們當可了解，智旭的罪報思想，是由地藏信仰歷經比丘戒而歸終於菩薩戒的；也就是說，他是基於地藏信仰而生起罪報感，依據菩薩戒而圓滿懺除清淨的願望。

依《梵網經》的說示，欲懺除罪業而獲得清淨的方法，必須讀誦十重四十八輕的戒本，而且須禮拜三世的千佛，以此虔誠功德，感得見光見華的好相出現於行者的面前，才能算是懺除清淨的證據。在《占察善惡業報經》中提示：若實踐《占察行法》，見到清淨輪相現前，當即獲得驗證。因此，智旭從三十五歲開始，一直都在修行《梵網懺法》和《占察行法》。即如上舉文獻中所述，他是在四十七歲元旦，終於因為修持《占察行法》，才獲得比丘戒的清淨輪相的顯現。

就智旭所持具的罪惡感，大約可分為菩薩戒的謗三寶罪和比丘戒的性遮二罪兩大類別：

謗三寶罪　就這方面，在智旭的資料裡雖已再三複述，於此仍須抄出其中的四則以示：

1.在〈復九華常住〉中有：

不肖智旭，少時無知，毀謗三寶，罪滿虛空。（《宗論》五，二卷一頁）

2.在〈與了因及一切緇素〉中有：

旭十二三時，因任道學而謗三寶，此應墮無間獄，彌陀四十八願所不收。（《宗論》五，二卷八頁）

3.在〈祖堂結大悲壇懺文〉中有：

智旭少年謗三寶業，今尚憶知，誠心懺悔，願盡消除。（《宗論》一，四卷七頁）

4.在〈自像贊三十三首〉中有：

十二從外傳，立志為聖學，誤造謗法罪，幾至大墮落。（《宗論》九，四卷二二頁）

這項謗三寶罪，在比丘戒依《四分律比丘戒本》的「無根謗僧」是僧伽婆尸沙[124]，在謗佛與謗法則是波逸提[125]。僧伽婆尸沙是必須在二十名僧人中說罪出罪的；波逸提則須在一位比丘面前表明悔過的決心，就可以恢復清淨的戒體。但毀謗三寶，在菩薩戒是非常重的罪。如果行毀謗三寶是性罪，雖然允許懺除，但想求得種種的異相顯現，則大非易事。如果不能感得異相的顯現，縱使連續幾年的乞求，也是無濟於事的。再據《地藏本願經》卷上的〈觀眾生業緣品〉所示，謗三寶罪，是該墮無間地獄的[126]。這種恐懼感，對一向抱持地藏信仰和《梵網經》教誡的智旭而言，實在是一項很大的衝擊。

比丘戒的性遮二罪　智旭在三十歲前後，曾認真地致力於復興比丘戒律活動，但處身在中國的環境中，想如實地去實踐比丘戒，誠然絕非易事。因此，他依《占察行法》求得清淨菩薩比丘戒的輪相以前，也可以認為是破戒僧或無戒僧；即使已經獲得清淨輪相以後，他也經常自我反省是否真是清淨比丘。於此，列舉以下數列資料以示：

1. 在〈安居論律告文〉中有：

又以業重福輕，障深慧淺，染心易熾，淨德難成。性罪僅持，遮罪多犯。（《宗論》一，一卷一六頁）

這是智旭三十二歲時的著述，此一時代的智旭，雖然無犯於根本戒的性罪，但觸犯一般的息世譏嫌戒而招致的遮罪，他自己感覺相當多。事實上遮罪自不待言，即在性罪方面，如謂絕對不犯，恐怕是不太可能。因此，三十八歲和四十歲時的智旭，有以下的一段自白：

2. 在〈復水部胡善住〉中有：

即比丘二百五十戒相，雖於開遮持犯之致，了了分明，而未能行其萬一。又，無論遮罪中，除飲酒、過午二條，餘皆未淨。即性罪七支，能免故殺，而不能防誤殺。能不錯因果，不敢以三寶物私自取用，而不能磚錢決不買瓦，猶如古人。能執身不犯世間男女，而不夢寐清淨。能不作妄語兩舌，而不能無惡口綺語。（《絕餘編》三卷，一〇——一一頁）

3.在〈滅定業咒壇懺願文〉中有：

而撫躬內省，慚悚彌增。我實婬機盜意殺習未除，云何使人永除身三惡業？我實妄言綺語惡口兩舌，種現未消。（《宗論》一，三卷九頁）

從上述兩點資料看來，實在有驚人的變化。智旭在三十二歲時，縱然於遮罪多所違犯，卻非常自負於守持性戒。可是，到了三十九歲前後，於他頗有自信的，也僅有遮戒中的不飲酒與不過午食二戒而已。對身口七支的四根本戒，身業的淫、盜、殺戒，口業的妄語、綺語、兩舌、惡口之中，雖然不犯男女的交媾，卻不能達到根絕夢遺的程度；雖能不犯偷盜，卻不能以買磚的錢，絕不買瓦；雖然能做到不故意去殺生，卻做不到絕不誤殺蟲類眾生。就口業方面，在第2項資料中，縱然或有惡口與綺語之罪，卻能不犯妄語與兩舌，但就第3項資料，卻說尚未完全消除口業的四支性罪的種子與現行。

再由比丘戒律來看，就破根本戒方面，有：男女交媾、盜物過五錢值、殺人、大妄語等四條，縱有夢遺、誤殺昆蟲、惡口、綺語等行為，猶不能適用於根本性戒罪的波羅夷，只能屬於息世譏嫌戒遮罪第三的波提逸或第四的突吉羅而已。但智旭以《梵網經》菩薩戒的所謂心地戒標準來較量於此，判斷其構成性罪，未必就不是一種錯誤的理解。

總之，在智旭本身，他總認為自己不是一位清淨的持戒僧，而且不論在獲得清淨輪相之前或以後，經常都自慚形穢地以破戒僧來責備自己。就他這種心情，可以從下列的資料中看得出來：

4.在〈與了因及一切緇素〉中有：

二十年來，力弘正法，冀消謗法之罪，奈煩惱深厚，於諸戒品，說不能行。（《宗論》五，二卷八頁）

5.在〈大悲行法道場願文〉中有：

明知大小毘尼，而不能清淨性遮諸業；明知殺業是刀兵劫因，而殺機尚未永忘；明知偷盜是饑饉劫因，而偷心尚未全斷；明知婬欲是疫病劫因，而婬機尚自熾然。（《宗論》一，四卷四頁）

6.在〈祖堂結大悲壇懺文〉中有：

今年正月元旦，錫以清淨輪相，稍自慰安。無奈夙習根深，不能自拔。出壇後，又起種種身口意業，乃至濟生庵修大悲行法，然香懺悔以後，默簡長夏初秋，仍復多諸違犯。（《宗論》一，四卷八頁）

以上三項資料，是智旭四十六歲到四十七歲，在獲得比丘戒清淨輪相的前後兩年之間所撰寫。他說在顯現清淨輪相以前，於諸戒品很難實踐；即使顯現清淨輪相以後，依然難以令性遮諸業清淨。是即：屬於性罪的殺念、盜心、婬意等煩惱，還是妄自熾盛。當結壇禮懺時，雖然一時暫得清淨，出壇之後，身、口、意三種惡業又萌復如故。因此智旭的一生，始終難以掙脫為破戒所困惑的苦惱。他的問題癥結，在於以小乘比丘的律儀戒，來擬配大乘菩薩的《梵網》心地戒[127]，亦即所謂的菩薩比丘理念。事實上比丘戒是以生理的身體行為為主的律儀，而菩薩戒則是以心理的思想行為為主的律儀。因此，如果硬要以菩薩戒的要求基準來解釋比丘戒，或在受持菩薩戒的同時也要求受持比丘戒，那是極為困難的。

而且中國的風俗環境，與印度世尊時代或部派佛教時代的環境相比較，有相當程度的不同。後漢時代，佛教由印度傳來中國，直到明朝末年的一千五六百年之間，雖然不乏研究或宣揚戒律的學者，真能如法實行戒律的僧團，尚未曾多見。此一事實，智旭並非不了解，但他還是強調必須守持比丘戒的極微細戒[128]。實際上像智旭的高僧行儀標準，如果猶未達到清淨比丘的資格，那麼一般的僧侶，在實行上更是難以達到。

智旭於復興戒律運動的願心，雖已成為懸想，但他的遺憾之念卻時刻浮現心頭。就這方面，可以列舉以下四點來證實：

1.在〈絕餘編自序〉中有：

迨乙亥（一六三五年，三十七歲）仲秋，志終不伸。丙子（一六三六年，三十八歲）春，乃遁。（《宗論》六，二卷五頁）

2.在〈陳罪求哀疏〉中有：

始閱律時，稔知末世種種非法，誓集同志五人，若過五人，如法共住，令如來正法

復興，而自既障深業重，不克與比丘列，復失方便，乖我良朋。（《宗論》一，三卷一三頁）

3. 在〈淨信堂續集自序〉中有：

虛名日盛，志終不行，已矣乎。（《宗論》六，三卷二六頁）

4. 在〈示用晦二則〉中有：

三十年來，自利既不究竟，利他又無所成，雖種種著述，僅與天下後世結般若緣，而重興正法之志，付諸無可奈何矣。（《宗論》二，五卷一六頁）

透過上述這些資料，可見為他留下悲愴、孤寂而未竟之願的遺憾。智旭二十七歲閱讀律藏，並且盡全力推行復興戒律的運動，號召志同道合之士，且又實地講解律學，進而組織毘尼社；可惜這些運動終於失敗，之後他便毅然隱遁於九華山。雖然直到命終之年，這項復興正法律儀的志願仍未達成，但他的持戒思想與弘律的願心，從以上四點資料中反映所示，即可明瞭他內心的自責與失望。

三、贖罪思想

依罪報思想為準據的智旭，為了滅除自身的罪障，經常修持禮懺、持咒、血書、燃香等行持；同時也為除滅別人的罪障，而出現以身代受的贖罪思想。在佛教思想史上，智旭的贖罪觀，實在稱得上是獨特的思想。贖罪的觀念，在一般的情形，雖然亦為基督教所標榜，但智旭的贖罪思想，顯然與基督教所主張的完全毫無關聯。

智旭明瞭基督教的教義，在他四十歲及四十五歲時，曾撰寫過反基督教的著書──《闢邪集》。假若追溯智旭贖罪思想的發生年代，當是在他二十六歲至三十九歲的時期。在他充分了解基督教的贖罪觀以後，對他早期所抱持的基督教贖罪思想，有了若干的改變。如果考察智旭的贖罪思想根源，當然仍以佛教的理論依據為主。儘管不能算是原始佛教思想，但在智旭信仰基礎的《梵網經》菩薩戒的重戒第七條：

而菩薩應代一切眾生受加毀辱，惡事自向己，好事與他人。（《大正藏》二四卷，

一〇〇四頁C）

這是針對受持菩薩戒者的規範。發菩薩心的人，正是代一切眾生接受其侮辱與毀謗，惡行的果報由自己承受；凡是美好的回報，都嘉惠予一切眾生。這雖然屬於原始教典所垂示的忍辱行，但代替一切眾生實踐忍辱行，可以說是由原始佛教思想的發展而成立。例如《賢愚經》卷二的〈羼提波梨品〉說示的忍辱仙人本生故事[129]，就不是以身代受別人的惡業罪報。從而智者大師在《梵網菩薩戒經義疏》卷下，解釋這段經句時，即以「推直於人，引曲向己」[130]來加以說明，是即：對於別人的罪過應予寬宥，對自己則採謝罪的態度。於此，雖然並未提及有關贖罪之說，但這樣的態度，就是中國古代的君主帝王，對一般百姓經常所使用的「罪己」語句。譬如在《左傳》中，即有如次的記述：

禹湯罪己，其興也悖焉；桀紂罪人，其亡也忽焉。（《春秋左氏傳．莊公十一年》）

這是把天下萬民的造罪，視為自己的責任，稱為「罪己」；由於自己的過失而使萬民致罪，謂之罪人。因而為聖王的禹和湯，稱是「罪己」，所以他的國家非常興隆與幸福；而暴君的桀與紂，因為常造罪，所以他的國家沒多久即滅亡⑬。縱然如此，這種「罪己」思想，只是把罪攬為己有，故而還談不上贖罪思想。

但在《詩經》的〈秦風・黃鳥〉篇，可以查到有關贖身的記載，即如：

彼蒼者天，殲我良人，如可贖兮，人百其身。

這首詩的意義是表示：神啊！我所敬仰的賢人，不要把他從我們這個世界裡奪走。如果允許的話，我願在百世之中，輾轉為人，以百世的百身，贖還這麼一位賢德的人。在這裡，它把中國古典中的贖罪思想，如實地顯露無遺。智旭的贖罪觀，可能是發自《本生譚》的忍辱仙人，歷經《梵網經》的代受毀辱說，再輔以《左傳》的罪己說，以及《詩經》的贖身說之後，才與《地藏本願經》的罪報說相結合的。儒者出身的智旭，之所以成立這項儒佛混融的見解，也是順理成章的。

茲將有關智旭贖罪觀的紀錄，列舉如次表：

年齡	贖罪事件紀要	資料根據
二六	若一切眾生定業當受報者，我皆代受。偏微塵國界，歷諸惡道，終無厭悔。	《宗論》一，一卷六頁
三一	若其從無始來，至於昨日，所有一切惡業，應受報者，智旭悉皆代受，令得解脫。	《宗論》一，一卷七頁
	救贖眾生，普法界之慈緣。	《宗論》一，一卷一二頁
	盡法界眾生，無始至今，一切殺、盜、婬、妄語、飲酒、貪、瞋、癡等，塵沙等罪，智旭普皆代受。	《宗論》一，一卷一〇—一一頁
	隨於剎塵劫，永處眾苦中，普代眾生苦，令得先成佛。	《宗論》一，一卷二一頁
三六	為先慈金大蓮，先嚴鍾之鳳，智旭誓處處同為影響，永永代受眾苦。	《宗論》一，二卷五頁
三七	奉為恩師某供三寶，懺假稱悟道妄評公案之罪，妄造懺法謗毀先聖之罪，損尅大眾錯因昧果之罪，……願皆代受。	《宗論》一，二卷十七頁
	惡魔眷屬，外道流裔，……若罪惡障力，決不能悔悟消融，智旭願皆代受。	《宗論》一，二卷一八頁
三九	願智旭早生淨土，隨乘願輪，普于十方不可說不可說世界海，阿鼻等獄中，代其受苦，令彼眾生，先證菩提。假使法界，唯一眾生，未成正覺，智旭甘于無量獄，代受楚毒，盡一切劫，無厭無疲。	《宗論》一，三卷七頁

除上述外，在智旭的著書中，含有「代受眾苦」的贖罪思想，還有他五十二歲時寫的《占察經玄義》⑫及《占察經疏》卷上⑬各有一次；另在他五十六歲時，在〈病起警策偈〉的第四偈⑭也曾提及。但《占察經玄義》和《占察經疏》在解釋經義方面，是引用《大方便佛報恩經》卷四，提婆達多處身在阿鼻地獄，猶如入第三禪的比丘那樣地自得其樂⑮，這就是說明「代眾生苦」的菩薩行。

上述例子，並不是智旭自己的事；而〈病起警策偈〉是他在體驗病苦的同時，道出往昔「發心代苦」的回憶。因此，論及智旭的贖罪思想正趨旺盛的時代，該是從他二十六歲直到三十九歲之間的事情；而其思想的發軔時期，相信在他二十一歲時即已顯現出來。是即他在〈寄母〉的家書中，述說：「願減我算，薄我功名，必冀母臻上壽」⑯的祈願詞，是想以他自己的壽命，轉作增長母親的長壽。這種信願信仰，明顯地就是救贖思想，相信也就是中國的民間信仰，或道教的延命信仰與《詩經》的贖身說，相互混合而成立的。智旭從佛教所得到的贖罪思想，是在他二十歲時，讀誦《地藏本願經》至「生死業緣，果報自受」⑰或〈地獄名號品〉中的經句：

是故眾生，莫輕小惡，以為無罪，死後有報，纖毫受之。父子至親，岐路各別，縱

然相逢，無肯代受。（《大正藏》一三卷，七八二頁A—B）

這段經文的真義，是說眾生如果做了惡行，即使再微細的罪行，也必將獲罪，而且死後也要接受報應。因為每個人的罪報不同，即使是親子關係，也必須各自走上不同的受報之路；縱使在同一個受報地點，也是各自受報，無法由他人代受罪報的可能。此一原則所顯示，是一般眾生都是依由業力所招感；而菩薩則是依其本誓願力，為了拯救三塗惡趣眾生，有其「代受」的可能性。而且在《地藏本願經》中，有所謂「度盡眾生，方成佛道」[138]，正是地藏本願的示現。另在《楞嚴經》中，也有阿難的「如一眾生未成佛，終不於此取泥洹」[139]的誓願存在。

上述各端，都是為度脫一切眾生得令成佛，然後才誓入大涅槃，所以智旭認為有「代受」的意義在。其實，地藏本願與阿難誓願的本意，未必就是「代受眾苦」的，而是依大悲心拯救一切眾生的菩薩行，智旭是善意地把它加以擴大解說所致。因此，直如先前表列所示，智旭是發自大悲心[140]，誓願以身代受一切眾生的罪報、道友雪航的罪報、雙親的罪報、恩師的罪報，乃至惡魔眷屬等一切罪報；換句話說，智旭是基於大菩提心而發大誓願，從而寬容了一切眾生和一切寃親的罪報。如果得令他們及早成佛，縱然只有他一人墮入無量數的地獄，接受無盡期的痛苦懲罰，自己也甘心情願地祈念於此。這實在是一位宗教家的偉大心懷，但與佛教業感緣起的理念有所違背。所以，四十歲以後的智旭，一改其贖罪思想，而專心一意地接納地藏本願與阿難誓願的理念。

因此，概觀智旭的度生悲願或度生方便的變遷，約有以次三個階段，即可畫分為最後解脫、經由極樂和同生極樂三種誓願。

最後解脫的誓願　關於這方面，約有五點資料[141]。從這五項資料中得知，在三十一歲到四十六歲這中間的智旭，雖然經常都在祈願最後解脫的立場，卻猶謂須先令一切眾生皆得解脫；但在四十七歲以後，他的誓願便有了改變。

經由極樂的誓願　就這方面，可舉出以下兩點資料：

1. 在〈祖堂結大悲壇懺文〉中有：

> 捨此幻軀，決生極樂，盡未來際，廣度群迷。（《宗論》一，四卷八頁）

2. 在〈大悲壇前願文〉中有：

又願以此功德，普施法界眾生。臨命終時，決定得生阿彌陀佛極樂世界。親承供養大悲觀音，得無量無邊三昧神通，總持智慧。同地藏慈尊，普入法界諸大地獄，救度一切苦惱眾生。（《宗論》一，四卷一一頁）

這是智旭在四十七歲和四十八歲時所撰寫。在這之前的智旭，曾以地藏菩薩「地獄未空，誓不成佛」的誓願，做為他自己願行的時代，縱然自己不得解脫，也要先代受眾生的罪報，接受無量地獄的苦報；及至四十七歲，此一目的則有了若干的變更，是即：先須求生阿彌陀佛的極樂淨生，得到無量無邊的三昧神通和總持智慧之後，才和地藏菩薩一樣普入十方法界的諸大地獄，去救度一切眾生；換句話說，就是自己得到解脫之後，再來救脫地獄的眾生。

同生極樂的誓願　關於這方面，也有兩點資料可以舉出：

1.在〈閱藏畢願文〉中有：

以茲法施功德，迴向西方淨土。普與法界眾生，同生極樂世界。（《宗論》一，四卷一三頁）

2.在〈大病中啟建淨社願文〉中有：

願與法界眾生，決定同生極樂……。以此殊勝淨因，迴向無上極果，普與含生，咸歸祕藏。（《宗論》一，四卷一四頁）

上述這兩點資料的作成年代，都是在智旭五十六歲時，因此可以看成是他最後期的度生思想。此一時期，他已不再有「代受眾苦」、「最後解脫」，乃至「救脫地獄」等的悲願思想；在此所見的，只有願與眾生共同仰賴阿彌陀佛的願力，和本身的修行功德，求願一起往生極樂世界。簡單地說，二十六歲時期的智旭，懷有以一人的願力度脫一切眾生的雄偉壯志；但是到了四十歲以後，即從地藏本願「最後解脫」的誓願中轉向，隨著年時的變遷，其志氣也呈現漸次減低的趨勢。因此，談到智旭的贖罪思想，只是他三十九歲以前的事；爾後，是他的最後解脫，經由極樂與同生極樂等的誓願而已，並不是贖罪之說。而且就其內容所示，也只是反映《地藏經》、《楞嚴經》、《阿彌陀經》等經典中所說的教義思想而已。

四、智旭的疾病及其罪報感

說示罪報思想的大乘經典數量雖然很多，但智旭所重視的《地藏本願經》卷上及《楞嚴經》卷八中，說示得尤其充分。而且針對果報說，也有華報之說。例如《大涅槃經》卷十九，阿闍世王由於殺父的惡行而感得罪報現前，記載有以次的華報狀況：

心悔熱故，遍體生瘡，其瘡臭穢，不可附近。尋自念言，我今此身，已受華報，地獄果報，將近不遠。（《大正藏》一二卷，四七四頁B）

此中的所謂華報，是說在結實之前，先行開花；在感得未來的業果以前，現在須接受類似的果報。所謂果報，在這裡的情形，就是墮入地獄；而所謂華報，就是今世罹患疾病。因此，智旭能毅然地承受罪報感的根柢，可能與其多病的體質頗有關聯。因為綜觀他的整個生涯，每在他患病時期，必自我反省，或持咒、或禮懺、或作願文等，均曾有所指陳。實際上智旭的宗教情操，由於被病魔所侵襲而愈形深刻化，是不容爭辯的事實。有關華報的現世罹病事例，在智旭的著作中，固然未曾一一指陳，但在他的觀念裡，認為罪報而致病的意識卻隨處可見[142]。在智旭的生命歷程中，有關疾病的記載，如次表所示：

年齡	疾病事件紀要	資料根據
二八—二九	掩關於松陵，關中大病。	《宗論》卷首，三頁
	一病瀕死，平日得力處，分毫俱用不著。	《宗論》六，一卷一四頁
三二	庚午春，予病滯龍居，然臂香，刺舌血作書。	《宗論》八，一卷九頁
三五—三六	予癸酉、甲戌，匍匐苦患。	《宗論》六，一卷六頁
	法友信我於舉世非毀之際，從我於九死一生之時。	《宗論》八，一卷一四頁
三七	大病幾絕。	《宗論》六，一卷二四頁
	乙亥冬，予遘篤疾。	《宗論》八，三卷八頁
三八—三九	丙子，予病隱九華。	《宗論》八，一卷一三頁
	至年三十八，大病為良藥，高臥九子峰，糠滓堪咀嚼。	《宗論》九，四卷二二頁
	眾生良藥無如病，病極形枯心亦灰。	《宗論》一〇，一卷一八頁
	藉大病為良藥，方遂入山本志。	《卍續藏》六〇卷，三一〇頁B
	一病五百日，形神並已枯。緇素偶相值，稱我為禪癯。	《宗論》一〇，二卷一頁
	為療惡瘧，持完大悲章句二百七十堂，而瘧漸愈。	《宗論》一，三卷四頁
	我疾堪嗟療偏難，阿難隔日我三日。	《宗論》一〇，二卷七頁
	病臥荒山，惡疾纏身，衰老日侵。	《絕餘編》三卷，二〇頁

四〇	嗚呼負茲莫大七罪，復淹淹殘喘，九死一生。半體酸楚，已經十有餘年。三日惡瘧，更纏三年之外。	《宗論》一，三卷一四頁
四一	抱病述玄文[143]，抉開千古膜。	《宗論》九，四卷二二頁
四六	今夏感兩番奇疾，求死不得。	《宗論》五，二卷八頁
四八	祈比丘智旭，身無病苦，心脫結纏。	《宗論》一，四卷一〇頁
四九	予且大病，公執侍不異事顓師[144]。	《宗論》八，三卷一一頁
五四	譚埽庵，招同王止庵，高念祖，遊研山，予大病而返。	《宗論》一〇，四卷三－四頁
	病起感時七偈。	《宗論》一〇，四卷五頁
五六	今夏兩番大病垂死，季秋閱藏方竟，仲冬一病更甚，七晝夜不能坐臥，不能飲食，不可療治。	《宗論》五，二卷二〇頁
	五月二十七日，大病初起，偶述三偈。	《宗論》一〇，四卷一三頁
	病起警策偈六章。	《宗論》一〇，四卷三頁
	夏病不知暑，冬病不知寒。夜長似小劫，痛烈如刀山。（十月十八日）	《宗論》一〇，四卷一五頁
	病間偶成。（十二月初三日）	《宗論》一〇，四卷一五頁
	大病初起，求生淨土六首。	《宗論》一〇，四卷一六頁
	又願智旭，從今以去，病苦消除，煩惱冰釋。	《宗論》一，四卷一三頁
五七	正月二十日病復發，二十一日晨起病止。午刻，趺坐繩牀角，向西舉手而逝。	《宗論》卷首，六頁

透過上表看來，在智旭的生涯中，從二十八歲直到五十七歲正月二十一日示寂，在這約二十九年之間，他沒有患病紀錄的年月，只有十三年而已。而且所謂無病，是沒有大病的意思，而不是完全無病健康。因為在他四十歲的紀錄所示是「半體酸楚」的病態，持續了十餘年，這可能患的是慢性風濕病。因為這種病，而在營養不良的情形下過活，似乎直到臨終仍未痊癒。尤其在進入九華山的時期，也是拖著病弱的身體[145]。他對自己的病，曾敍謂：

余多病，名醫鮮應手愈者，獨（孟）景沂，每投一劑，隨即霍然。（〈孟景沂重刻醫貫序〉，《宗論》六，三卷二六頁）

智旭的病固然很多，即使是名醫，也很少能予治癒，唯有一位名叫孟景沂的醫師，只要一副藥劑服下去，病體即可霍然痊癒。可惜因為他的身體虛弱，縱然一度稍癒，又很快地再罹重病，因此經常煩勞孟醫師給予處方。在智旭來說，一些傷風感冒的小毛病並不能算是生病，而是每每都有九死一生的大病生起。茲就上列圖表資料加以整理，以下表列示出來。

病狀	年齡
大病	二八－二九
一病瀕死	
匍匐苦患	三五－三六
九死一生	
遘篤疾	三七
大病	三八－三九
一病五百日	
惡瘧療偏難	
九死一生	四〇
半體酸楚	
兩番奇疾	四六
求死不得	
大病	四九
大病	五四
兩番大病垂死	五六
夜長似小劫	
痛烈如刀山	
病復發	五七
病止而逝	

就上表看來，智旭瀕死的大病，竟達十一次之多。但對他來說，患病誠然惱害於人，但他都以逆來順受的態度看待，以病苦是良藥，泰然接受而無怨言；並且認為這是在轉將來的重報，而在生前輕受[146]。因此，即使病苦再深，也無厭煩的心態，這是由於他的佛教信仰及其精神面，透過病苦的體驗而益趨精進，從而所獲得的清淨、灑脫境界。

他儘管那麼體弱多病，依然守持嚴格的戒律生活，並且致力於人類社會與僧侶教團的教化活動，同時猶自留下許多著作，令人歎服。他對於佛教信念的原動力，就是他多病的體質，唯因其體質多病，才對罪報或業報異常敏感。所以，他才強烈地感受到處此娑婆世界，確實是苦趣，而興起自求解脫或度脫眾生的熱望與責任感，這是可以推想而知的。

智旭的壽命，不到六十歲即告終息，虛歲也只不過五十七歲。他於一五九九年農曆五月三日出生，直到一六五五年農曆一月二十一日入滅。就此算來，他來到這個世間，也只生存了五十五歲又八個月十八天而已。這樣的年紀在當時來說，雖然未必算是短命，但也絕對不是長壽。以他與同一時代的高僧和名居士相比較，智旭在世期間，應該屬於短的一類。況且他又多病，在三十八歲和三十九歲時，即已時有表現暮年的「衰老日侵」147的文字出現。而在四十七歲春季，他在南京的祖堂山幽棲時，於乞求清淨比丘輪相的同時，也有「所患命盡」148的警示語表達出來，涵義中顯示生命來日無多。他對風燭殘年的感受非常地敏銳，但他當時的「閱藏著述」心願尚未達成，所以一而再地在佛菩薩像前哀求，祈願能在完成心願之前，保持健康體力149。

因此，在此後的歲月裡，他就是在所謂「病冗交沓」150的生活狀態中；直到五十六歲秋天，他一向所瞻望的著述終於完成。是即從他三十歲開始，花費二十五、六年的心力，終於完成他的精心傑作——《閱藏知津》和《法海觀瀾》二書。此外，其主要著述《成唯識論觀心法要》、《大乘起信論裂網疏》等論作，也是在此一時期所完成。

第六節　智旭的悟境變遷與淨土信仰

一、信仰行為的年代特質

綜上所述，再就智旭的信仰生活加以分析，可作如次六種區分：

(1)卜筮：二十一—四十六歲（一六一九—一六四四）
(2)血書：二十六—三十二歲（一六二四—一六三〇）
(3)贖罪：二十六—三十九歲（一六二四—一六三七）
(4)持咒：三十一—三十九歲（一六二九—一六三七）
(5)禮懺：三十三—四十八歲（一六三一—一六四六）
(6)燃香：二十六—五十六歲（一六二四—一六五四）

由此當可了解，智旭血書的期間最短，持咒與贖罪同是在三十九歲時為止。由其發生的年代來看，贖罪信仰比較在先，而卜筮信仰則是當他得到比丘戒清淨輪相時，即已終止。此外，禮懺信仰在他邁入第四期淨土修行[151]的同時，亦告終了。而其所經歷最長期的信仰行為，就是燃香。那是從他二十六歲受持菩薩戒以後，直到命終為止，這項燃香的苦行就不斷地在實踐。此一事實，正顯示智旭的佛教信仰，構成其指導原則的，應該是《梵網經》和《楞嚴經》的義理精神。

智旭自從走上純樸的念佛行者之路以後，歷經禪、律、密乃至天台教學；直到最後專精歸結於阿彌陀佛的極樂淨土為止，一直都以《楞嚴經》為其依據。另外，雖然他也很重視《梵網經》，但與《楞嚴經》相比較，前者仍是占第二位的指導經典。

因此，在論及智旭的證悟以前，先抄錄他所經歷有關的兩種資料，並以圖表列示於次：

年齡／文獻	大佛頂經玄文後自序	四書蕅益解序
一二		蕅益子年十二，談理學而不知理。
二〇		年二十，習玄門而不知玄。
二三	旭年二十三，歲在辛酉，創獲（楞嚴經）聞熏，決志離俗。	年二十三，參禪而不知禪。
二四—二五	次年剃染，坐禪雙徑，每遇靜中諸境，罔不藉此（楞嚴）金錍。	

二七—二八	乙丑、丙寅兩夏，為二三友人，逼演二遍，實多會心，願事闡發，以志在宗乘，未暇筆述。	年二十七，習律而不知律。
三二	己巳春，與博山無異師伯，盤桓百日，深痛末世禪病，方一意窮研教眼，用補其偏。雖徧閱大藏，而會歸處，不出梵網、佛頂二經。	
三六		年三十六，演教而不知教。
三八—三九		歸臥九華，腐滓以為饌，糠秕以為糧。忘形骸，斷世故，萬慮盡灰，一心無寄。然後知儒也、玄也、禪也、律也、教也，無非楊葉與空拳也。

上表所揭示的〈大佛頂經玄文後自序〉[152]，是智旭四十一歲所作，而〈四書蕅益解序〉[153]則是四十九歲時的著述。在這篇文章中，雖然都未曾提到證悟的種種，但與證悟有關的修行，智旭則確曾有所開示。就此加以整理，其年代上的區分，當如左示：

(1)十二歲：致力於程朱「理學」時代。
(2)二十歲：專心於道教的「玄學」時代。
(3)二十三歲：依《楞嚴經》參禪時代。

(4)二十七歲：研究「戒律學」時代。
(5)三十一歲：研究教義的啟蒙時代。
(6)三十六歲：開始闡揚教義的時代。
(7)三十九歲：三教同源與會通禪、教、律合一的時代。

智旭在教門中，遍歷過一切修學的階段，應該是到三十九歲。例如其贖罪思想與持咒修行，也是到三十九歲終止。而其原因，是此一時代的智旭，一心致力於《梵網經》，更以自身的修行體驗來認識《楞嚴經》；從此以後，他的一切教理思想及信仰行為，都依《楞嚴經》來求解或決疑。

二、悟境的變遷及其區分

論及智旭的證悟，當可區分為：(1)以儒教者的立場所證悟；(2)以參禪者的立場所證悟；(3)以研究者的立場所證悟；(4)以念佛者的立場所證悟等四個階段。

以儒教者的立場所證悟

據〈八不道人傳〉所述，智旭十二歲時，曾有「夢與孔顏晤言」的經驗；更在二十歲時，也有類似經驗：

二十歲，詮《論語》，至天下歸仁，不能下筆，廢寢忘飡三晝夜，大悟孔顏心法。（《宗論》卷首三頁）

是即智旭十二歲時曾在夢中與孔子、顏淵晤面，並作交談，但這只是夢寐而已，不是證悟的境界，也非真正於儒教有什麼了解[154]。雖然他在二十歲時曾註釋過《論語》，但當解釋到〈顏淵第十二〉中的「天下歸仁」文句時，便再也不能繼續執筆運思下去；經過忘卻寢食達三晝夜的思考之後，才終於解悟了孔子及其弟子顏淵的心法。有關此一孔顏心法的內容，在〈八不道人傳〉中雖未明確地表示出來，但智旭在四十九歲時所改正的《論語點睛》卷下，於解釋「天下歸仁」時，作了如次的記述：

一見仁體，則天下當下消歸仁體，別無仁外之天下可得。猶云十方虛空，悉皆消殞，盡大地是個自己也。

在此，他把「天下」解釋成十方虛空；而「仁」，則是以如來藏性或常樂我淨的真常佛性作解的。「天下歸仁」，也就是「滅塵合覺」[155]。總之，這項解釋都是《楞嚴經》卷三所敍述的內容[156]。但智旭初次聆聞《楞嚴經》，是從二十三歲開始。二十歲時代的他，究竟是如何去解釋「天下歸仁」的文句，雖然不太明瞭，但就「大悟」的境遇，他在〈示李剖藩〉的法語中有：

王陽明奮二千年後，居夷三載，頓悟良知，一洗漢宋諸儒陋習，直接孔顏心學之傳。予年二十時所悟，與陽明同。但陽明境上鍊得，力大而用廣。予看書時解得，力微而用弱。由此悟門，方得為佛法階漸。（《宗論》二，四卷一五頁）

對於儒教的歷史人物，智旭最表敬意的，只有孔子與顏淵二人。除了他們之外，也只有出生於兩千年後的王陽明可以列舉而已。理由是因為王陽明在三十五歲時，因劉瑾所羅致的罪名而遭貶謫到貴州修文縣，擔任龍場驛丞的官職。當時他處身在萬山叢林、瘴癘侵襲的危險環境中，除了慨嘆命運不濟，也開始思考生死大事。就在他三十七歲時，終於徹悟了其獨特哲學思想的所謂「致良知」說。在智旭認為：大悟於儒教心法者，孔子應屬第一位，顏淵是第二位，王陽明則屬第三位；至於第四位人選，智旭雖未曾言明，但就他在二十六歲時的悟境而言，正可以說是繼王陽明之後，第四個真正證悟儒教心法之人。

如此自負的智旭，在他的推想，認為所大悟的境界與王陽明的悟境，該是同一無二的。理由是智旭思想中的「現前一念心」，即是如來藏妙真如性的全體，對於孔子與顏淵的「仁」，則並不認為就是宇宙的本體。但智旭卻將此「仁」字，解釋為如來藏性。既如上項所述，陽明哲學中所謂「心即理」的「良知心」，其實就是由如來藏思想所蛻化而來。因此，智旭的現前一念心與王陽明的良知心，是相當近似的。縱然如此，在智旭而言，王陽明的良知心只是邁入佛法階梯的大門而已；換句話說，智旭在二十歲所證悟的，是閱讀書籍之後而獲得的悟境，自然比不上王陽明被環境所逼迫而得到的悟境。而且當時智旭已經涉獵雲棲袾宏的〈自知錄序〉、《竹窗隨筆》和《地藏本願經》等佛教書籍或經典，雖然在記述中有謂證悟到王陽明與孔顏的心法，但在他來說，只能算是進入佛門的一個階梯而已。

以參禪者的立場所證悟　據〈八不道人傳〉所示，智旭在二十三歲時聽講《楞嚴經》，想依坐禪的方式悟入經義，但心總是昏沉而散亂，始終無法達到悟入經義的目的。這是智旭第一階段的坐禪經驗。

在智旭認為：如果不出家，是得不到證悟的，於是他在二十四歲那年出了家。之後在雲棲寺聆聞古德法師的《成唯識論》講演，認為此論與《楞嚴經》的宗旨互相矛盾而提出疑問，古德法師以：「性相二宗，不許和會」來回覆。這是他爾後努力於性相融會論的啟端，進而也以「不怕念起，只怕覺遲」的經句與古德法師討論，但依然得不到明確的了解。因此，他才毅然去紫柏真可的墓園所在地——徑山，從此，進入他第二階段的坐禪時代。這段時期，智旭是依《楞嚴經》的禪定指導為準據而修行實踐157，就在第二年，終於獲致大悟《楞嚴經》的經義。就這件事，他在〈八不道人傳〉中的敍述如次：

竟往徑山坐禪。次年夏，逼拶功極，身心世界，忽皆消殞。因知此身，從無始來，當處出生，隨處滅盡，但是堅固妄想所現之影，剎那剎那，念念不住，的確非從父母生也。從此，性相二宗，一齊透徹。知其本無矛盾，但是交光邪說，大誤人耳！是時，一切經論，一切公案，無不現前。旋自覺悟，解發非為聖證，故絕不語一人。久之則胸次空空，不復留一字腳矣。（《宗論》卷首，二—三頁）

智旭在二十三歲習禪時，猶是在家人的身分，並無任何心得；及至二十四歲出家之後，在第二階段修習坐禪才得到相當的證悟，這可能是二十五歲時。依據他的傳記資料所示，智旭在二十四歲的冬季第一次上徑山，二十五歲的春季才下山，然後參訪天台山的幽溪傳燈。當時的他，對禪的意趣正興致勃勃，但在傳燈的座下並沒得到任何利益[158]，於是便離開天台山，夏天又回到徑山。他在徑山與天台山之間的往返途中，傳說曾在武林山蓮居庵與新伊大真初次會晤[159]。

他在悟境中所體悟的境界，說是「身心世界，忽皆消殞」，這種情形與他解釋《論語》中所說「天下歸仁」的「十方虛空，悉皆消殞」理念，是完全相同的；也是《楞嚴經》所教示的狀況。我們人類肉體的物質世界與心理活動的精神世界，並非是如實地存在，而凡夫所構思的身心世界，實際上只不過是剎那生滅的幻影，與妄念的連續而已。現前的生理與心理的連續存在，與從父母受生當時的身心狀態，則完全是兩回事[160]。因此，在佛教來說，「相」指的是現象，「性」則指的是實際。在實際的性與現象的相之間，其所存在的理念只有一個，所以彼此之間完全沒有矛盾。在智旭的論斷，他認為古德法師所說的「不許和會」見解，只是依憑《楞嚴正脈》（一五八六年作成）作者交光真鑑（生歿不詳）的邪說而有所誤解。

然而，儘管智旭已經得到這麼貴重的宗教體驗，但並不就等於是聖位菩薩的證悟，只是於性相融會見解的發端而已。因此，他並未向任何人提起證悟的情況。但其「非為聖證」的思想依據，是來自《楞嚴經》卷九與卷十。這兩卷經文詳述了由禪定所出現的幻境異相，明示出「悟則無咎，非為聖證」。如果執著認為是聖證，恐將招惹種種的邪魔，其反覆地說明即在於此。智旭本人也以《楞嚴經》來做為抉擇「靜中諸境」的「金鎞」[161]。

以研究者的立場所證悟　這是智旭於禪悟之後，經過十四年，到了三十九歲時的事。他在三十二歲時，以註釋《梵網經》為目的而學習天台教學；在三十九歲那年，應道友如是道昉的勸請，才著述《梵網經合註》及其《玄義》，同時宣講《梵網經》。當時的智旭剛經歷了幾場大病，與五比丘同住推動復興戒律運動又遭遇失敗，正在九華山過著隱遁生活。那時山上的環境，物質條件極其貧乏，他的肉體也處於痛苦的時候；但在精神上，則是得到最高的磨鍊。他忘卻肉體的存在，摒離世事，因為了無一切思慮與妄念，同時體悟到儒教、道教，乃至佛教的禪、律、教等的思想距離，都不過是權巧方便而已[162]。

智旭這項證悟與依參禪所證悟的境界，其不同之處，是他學習大小乘的戒律與天台教觀之後，認為儒、佛、道三教同源，以及禪、教、律三學合一思想，是一項擴大的統一；尤應注意的是，他從前的證悟是以《楞嚴經》為中心，由參禪而得的證悟，但這次是在宣講《梵網經》中所顯現的證悟。就這兩件事，智旭在〈梵網合註緣起〉文中，說示如次：

予繇是力疾敷演，不覺心華開發，義泉沸湧，急秉筆而隨記之。（《卍續藏》六〇卷，三一〇頁B）

換句話說，智旭的《梵網經合註》是依憑他的證悟境界而加以記述的，也是他五十三歲所寫的〈自像贊三十三首〉中敘述的著書名稱。事實上儘管有《法華》、《般若》、《唯識》相關的重要著書，但可以提列並舉的，也只有《楞嚴經》與《梵網經》方面的著書可資循按。由此得知，智旭的佛教信仰實踐或教學思想，都是被《楞嚴經》和《梵網經》所規範的。

以念佛者的立場所證悟　關於這一點，雖然智旭在二十五歲時，曾由參禪而證悟，但在二十八歲時，因為大病一場，而覺得前此的禪悟，對於這場病毫無助益，於是轉向尋求淨土念佛之道[163]。三十九歲時，於教學義理經過一番窮研證悟之後，在四十六歲的夏季，又罹患「兩次奇疾」，才感覺到由慧解所得的，對於生死大事也無何助益[164]。有關上述的禪定與慧解的證悟，在他五十六歲冬季的〈寄錢牧齋〉書簡中，也再次地敘述其感慨：

今夏兩番大病垂死，季秋閱藏方竟，仲秋一病更甚。七晝夜不能坐臥，不能飲食，不可療治，無術分解。唯痛哭稱佛菩薩名字，求生淨土而已。具縛凡夫，損己利人，人未必利，己之受害如此。平日實唯在心性上用力，尚不得力，況僅從文字上用力者哉？出生死成菩提，殊非易事。非丈室，誰知此實語也？（《宗論》五，二卷二〇頁）

這是智旭在二十八歲時，由禪定之道走上淨土念佛的路途；而在四十六歲時，深自反省慧解的功用；又於五十六歲時，審慎地反省禪定與慧解之後，才下決心歸向淨土往生之路。上述這些情形都是由於患病之際，所顯示與信仰行為有關的心理動向。因為一般人一旦被病魔所襲，平時的禪定、觀行、慧解等功行，對於解除痛苦都是無何助益的。處身在生死三界的具縛凡夫，實行「損己利人」的菩薩行頗感吃力的智旭，才漸漸從自力的難行道疏離，毅然走向仰賴阿彌陀佛誓願力淨土法門的易行道。

三、淨土行者的智旭

智旭的佛教生活信仰行為，既如上述。雖有禪、教、密、苦行等多種法門，但他最終的實踐法門，還是淨土教的念佛信仰。如今，對智旭的淨土信仰加以分析，可把他的整個一生，分為四個時期來敍述：

第一，二十二歲時期，是「專志念佛」的初期淨土行者。

第二，從二十八歲開始，是「有禪有淨」的禪宗淨土行者。

第三，自三十一歲以後，以「棄禪修淨」、「窮研教眼」、「決意弘律」的教與律為中心，實際上是持律者的淨土行者。

第四，在四十七歲以後，則是只以「決生極樂」、「念念求西方」的專志純粹的淨土行者。就以上四種分類，以次將逐一檢討。

先是在二十二歲時，已是「專志念佛」⑯⑤的淨土行者的智旭，於二十三歲的七月三十日，仿效阿彌陀佛的本誓願行，撰作〈四十八願〉⑯⑥的願文⑯⑦。這是把彌陀與地藏信仰加以混合，因為〈四十八願〉雖是阿彌陀佛的因地本誓，但七月三十日則是中國的地藏信仰祭奠之日。據傳說所示，九華山的地藏比丘是一位來自新羅的具德高僧，他在唐德宗貞元十年（七九四）七月三十日入滅⑯⑧。因此，中國的民間佛教便在每年的此日舉行盂蘭盆會。但智旭則是基於這般的地藏與彌陀信仰，在當天發下四十八願並撰作願文。

其次，智旭從二十八歲開始成為禪宗淨土行者，有以次的幾件事情可資循按。那是「不捨本參」的「有禪有淨」⑯⑨的淨土信仰，雖然說是得自雲棲袾宏《阿彌陀經疏鈔》的啟示，但後來的智旭對於袾宏把念佛的淨土教判為華嚴五教中的頓教，而且是兼通終圓二教，則持不能苟同的意見；對其「不捨本參」的念佛思想，也加以激烈地反駁[170]。因此，智旭在二十八歲時代的淨土思想，猶未充分圓熟。

繼之於三十一歲以後，智旭是持律的淨土行者思想，與其說是心向淨土，不如說是對天台更為關切。在他的〈彌陀要解自跋〉文中有：

> 旭初出家，亦負宗乘而藐教典，妄謂持名曲為中下；後因大病，發意西歸。嗣研《妙宗》、《圓中》二鈔，始知念佛三昧，無上寶王。方肯死心執持名號，萬牛莫挽也。（《宗論》七，一卷一九頁）

智旭於二十八歲以前，在參禪者的時代，雖然不喜好研究佛典或淨土念佛等，但是由於二十八歲大病的緣故，進入「有禪有淨」禪者的淨土行者時代。在三十一歲時，才毅然捨棄參禪而專志於淨土稱名念佛[171]。於此須再加肯定的是，智旭在三十一歲時，曾閱讀天台系統有關稱名念佛的兩種著述，一種是四明知禮的《觀無量壽經疏妙宗鈔》，另一種是幽溪傳燈的《阿彌陀經略解圓中鈔》。因此，他便疏離了雲棲袾宏的淨土思想，轉而承襲天台學系，尤其致意於四明知禮的淨土思想，而專志邁入念佛三昧的稱名念佛。

但就本章第一節第一項的附表加以考察，三十一歲那年的智旭，以矯正禪宗的流弊為目的，抱持著三種宗旨的決心：在自我修行方面，選擇了淨土念佛；在教團制度方面，則弘揚戒律；在教化徒眾方面，則窮研教理[172]。因此，為了教團及徒眾，他本身的修證時間相對地減少。關於這一點，直到他晚年時，顯然頗有後悔的意思。就這方面，可以由以次的資料中，得到充分的了解：

1. 在〈示用晦二則〉中有：

因少年稍通文墨，未幾為道友所逼，輒為商究佛法，遂致虛名日彰。（《宗論》二，五卷一六頁）

2. 在〈書慈濟法友托缽養母序後〉中有：

逮三十一，被道友牽逼，漸罣名網，而潛修密證之志，益荒矣！（《宗論》七，一卷二二頁）

3.在〈歙西豐南仁義院普說〉中有：

只因藏身不密，為一二道友所逼，功用未純，流布太蚤，遂致三十年來，大為虛名所誤，直至於今，髮白面皺，生死大事，尚未了當。言之可羞，思之可痛！（《宗論》四，一卷六頁）

4.在〈大病中啟建淨社願文〉中有：

不意幻緣所逼，謬為人師。二十餘年，雖有弘法微善，而虛名所累，觀行荒疎，弗能折伏煩惱，以登五品。（《宗論》一，四卷一三頁）

從以上四種資料中所見到的智旭，在少年時代即頗富優越的文字素養，但出家以後卻為其所累，而於修行反而無暇顧及。三十一歲那年，由於道友們的勸請，開始弘律與演教的活動；隨著名聲的高揚，本身的修行工夫則日趨荒廢，以致漸漸地頭髮白了，臉部也出現了皺紋，可是於生死解脫的大事，仍未有何成就。如能憑藉念佛三昧的修行，折伏三界的見思煩惱，即為六即[173]中第三階段「觀行即佛」的位置，在圓教來說，就是五品弟子位[174]。據《法華文句》卷十上所示，五品弟子位於比丘戒的五篇七聚，應該是任運而清淨無虧的[175]。又據《妙樂文句記》卷十上的記述，若是初二品人，應是入於「初心念念，常在四種三昧」的狀態[176]。智旭自己覺得非常遺憾，因為自身只是「戒品尚多缺略，持名猶屬散心」[177]的拙行修道行者而已。他在翌年五十六歲的十二月初三所作的〈病間偶成〉偈頌裡，其中的「名字位中真佛眼」[178]，顯示他的自證境界。所謂「名字位」，就是六即佛的第二位，僅僅是信奉三寶的凡夫而已。他是如此地自我反省，真摯而抱持著慚愧與悲楚之心。

四十七歲以後的智旭，才是純粹的淨土行者，可依如次的經緯中得知。

智旭在四十七歲以前，修行的法門是持名念佛，雖然也修持其他種種的法門，但依然尚未解脫生死煩惱。想要藉著微弱的自力，去掙脫生死的枷鎖，顯然未免牽強。於是，他重新專注致力於阿彌陀佛的大願之路。例如在他五十歲時，弟子成時初次參謁他的時候，即曾表示：

吾昔年，念念思復比丘戒法；邇年，念念求西方耳！（《宗論》卷首〈序說〉，五頁）

這是他祈願往生彌陀淨土的明顯例子。從前的智旭，猶不忘弘法利生的夢想(179)。因此後來的智旭，撰述了《法華會義》、《起信論裂網疏》、《楞伽經義疏》，以及《閱藏知津》等重要著書，並在晟谿、長水、歙浦等地方教化。晚年的智旭，自信得以往生極樂淨土，是依奉《觀無量壽經》所說的教示：往生極樂淨土有九品，他自覺要往生最上品是不可能的，但對於往生最下品，則是抱持著絕對的信念，即所謂下下品生。就這一點，可以舉出以下三種資料來加以證實：

1. 在〈復靈隱兄〉中有：

> 生則隱居求志，死則下下品生，是弟之定局。（《宗論》五，一卷一四頁）

2. 在〈自像贊三十三首〉之十：

> 只圖下品蓮生，便是終身定局。（《宗論》九，四卷一八頁）

3. 在〈自像贊三十三首〉之十九：

獨有阿彌陀佛，藏垢納污，金手接向下品蓮花安置。（《宗論》九，四卷二〇頁）

《觀無量壽經》所說下品下生的條件，是即使造作五逆罪與十惡業的眾生，如能在臨死之前，有善知識教以得知阿彌陀佛的誓願，立即稱念阿彌陀佛的名號，或以十聲念佛的短暫時間，必將獲得彌陀、觀音、大勢至一佛二菩薩的接引，便可往生極樂淨土的第九位[180]。在智旭本人，雖然未曾造作五逆與十惡的罪業，卻始終抱持少年時代謗三寶的罪報感。

但是智旭於四十七歲的元旦，在得到比丘戒的清淨輪相以前，雖然說過下下品生[181]，但是到了晚年，則把下下品生換成下品蓮生[182]。在下品蓮生中，則包含了下下品、下中品、下上品等三種類別。由此看來，智旭求願往生的目標，也許就是下品生。

註釋

❶《宗論》一，一卷一八頁。

❷《宗論》六，一卷一四—一五頁。

❸《宗論》九，四卷二二頁。

❹《宗論》卷首，一—三頁。

❺現存《卍續藏》的「禮懺部」中，有《慈悲地藏法》，乃是清代的著述。智旭所撰寫的《慈悲懺法》，可能就是延命行法的《慈悲藥師寶懺》。

❻這裡的「海」，是指觀音菩薩的海上道場——浙江定海縣普陀山。就這一方面，在〈松陵鑑空禪師傳〉中曾有提及。（《宗論》八，一卷四頁）

❼《宗論》六，二卷九頁。

❽在《妙法蓮華經》卷七〈普門品〉，載有：「設欲求男，禮拜供養觀世音菩薩，便生福德智慧之男」的經文。（《大正藏》九卷，五七頁A）

❾參閱望月信亨《仏教大辭典》，八〇〇頁C—八〇七頁C。

❿望月信亨《仏教経典成立史論》，三五四頁。

⓫印順法師《佛法是救世之光》，九四頁。

⑫《十輪經》的譯本有兩種：北涼失譯及唐玄奘譯。參閱望月信亨《仏教大辭典》，三三九八頁C—三三九九頁A。

⑬參閱望月信亨《仏教経典成立史論》第十章第一節。

⑭參閱望月信亨《仏教大辭典》三六〇三頁B—C。

⑮《佛說地藏菩薩經》一卷。（《大正藏》八五卷，一四五五頁B—C）

⑯(A)望月信亨《仏教大辭典》，三五九九頁B。
(B)參閱矢吹慶輝《三階教の研究》。

⑰參閱望月信亨《仏教経典成立史論》三五五頁及四八五頁。

⑱同右。參考四八九—四九〇頁。

⑲在《地藏十輪經》卷十，有一節的文義是經過四次反覆地敘述。（《大正藏》一三卷，七七五頁A—B）

⑳(A)在〈結壇水齋持大悲咒願文〉有：「聞地藏昔因，知道從孝積。」（《宗論》一，一卷一八頁）
(B)在〈為父迴向文〉有：「智旭二十喪父，已萌孝感之懷，廿四出家，未紓男女之業。」（《宗論》一，一卷一九頁）

㉑拙著《正信的佛教》，一〇〇—一〇二頁。

㉒參閱望月信亨《仏教経典成立史論》第九章第二節。

㉓《盂蘭盆經》在《出三藏記集》之四，作失譯的記列。因為既有翻譯上的疑問，當可推察是在中國所撰述的偽經。參閱望月信亨《仏教大辭典》二四四頁及小川貫弌《仏教文化研究》。

㉔在《論語》的〈學而第一〉，主張「慎終追遠，民德歸厚矣」。

㉕在《占察善惡業報經》卷上，有：「若惡業多厚者，不得即學禪定智慧，應當先修懺悔之法。」（《大正藏》一七卷，九〇三頁C）

㉖在《占察善惡業報經》卷下，有：「若人雖學如是信解，而善根業薄，未能進趣，諸惡煩惱，不得漸伏，其心疑怯，畏墮三惡道，生八難處，畏不常值佛菩薩等，不得供養，聽受正法，畏菩提行難可成就。有如此疑怖及種種障礙等者，應於一切時、一切處，常勤誦念我之名字。」（《大正藏》一七卷，九〇八頁C）

㉗智旭在《占察經義疏》跋語：「憶辛未（一六三一年三十三歲）冬，寓北天目，有溫陵徐雨海居士法名弘鎧，向予說此占察妙典，予乃倩人特往雲棲，請得書本。」（《卍續藏》三五卷，九九頁B）

㉘參閱〈持咒先白文〉。（《宗論》一，一卷八頁）

㉙在《南海寄歸內法傳》卷二，有：「舊云懺悔，非關說罪。何者懺摩，乃是西音，自當忍義；悔乃東夏之字，追悔為自，悔之與忍，迥不相干；若的依梵本，諸除罪時，應云至心說罪。」（《大正藏》五四卷，二一七頁D）

㉚在《根本說一切有部毘奈耶》卷十五註，論述謂：「言懺摩者，此方正譯，當乞容恕、容忍，首謝義也。若觸誤前人，欲乞歡喜者，皆云懺摩，無問大小，咸同此說。若悔罪者，本云阿鉢底提舍那，阿鉢底是罪，提舍那是說，應云說罪。云懺悔者，懺是西音，悔是東語，不當請恕，復非說罪，誠無由致。」（《大正藏》二三卷，七〇六頁A）

㉛參閱拙著《戒律學綱要》，二一七頁。

㉜在中國僧史上，比丘律的羯磨法，不過是受戒羯磨而已。

㉝在《釋禪波羅蜜次第法門》卷二，述謂：「一、作法懺悔，此扶戒律，以明懺悔。二、觀相懺悔，此扶定法，以明懺悔。三、觀無生懺悔，此扶慧法，以明懺悔。此三種懺悔法，義通三藏摩訶衍，但從多為說。前一法多是小乘懺悔法，後二法多是大乘懺悔法。」（《大正藏》四六卷，四八五頁C）

㉞智旭對此三種懺法，異常重視，且崇敬有加，就這一點，至少可以從以下三點看出來：(1)〈修淨土懺並放生社序〉。（《宗論》六，一卷二〇頁）(2)《論語點睛》卷上〈述而章〉。(3)《論語點睛》卷下〈衛靈公章〉。

㉟《大正藏》四六卷，一三頁C。

㊱《大正藏》四六卷，三九頁。

㊲智者大師對懺法問題，請參閱佐藤哲英《天台大師の研究》第三章及第六章。（百華苑出版，

一九六一年）

㊳參閱《仏書解說大辭典》八卷，二六七頁。

㊴在《占察經義疏》卷上，述謂：「密部壇儀極令嚴飾，今但言隨力所能者，曲為末世助緣缺乏之人也。」是把《占察經》懺悔行法的嚴淨道場科，與密教的壇儀嚴飾併論合述。（《卍續藏》三五卷，七五頁A）

㊵就《慈悲道場懺法》的作者，在《大正藏》四十五卷雖然紀錄有：「梁諸大法師集撰」，但在智旭的《閱藏知津》卷四十二，則論述：〈據續僧傳興福篇〉云：「梁武懺悔六根門，真觀廣作慈悲懺。或云二卷，慧式即真觀師名。」

㊶（A）《慈悲水懺法》的作者，不盡明瞭。但據明成祖永樂十四年（一四一六）的〈御製水懺序〉所示，多半是明成祖所作。又有〈慈悲道場水懺序〉的序文也因為是宋朝的作品，因此此一水懺的成立年代，可能是在四明知禮和大石志磐時代之間所撰作。

（B）《卍續藏．禮懺部》所收錄的《慈悲道場水懺法科註》，是清朝西宗所集註。

㊷〈修懺要旨〉收錄在《四明尊者教行錄》卷二。（《大正藏》四六卷，八六八頁A—八六九頁B）

㊸宗論七，四卷一二頁。

㊹參閱㊵。另就《慈悲道場懺法》的製作因緣，略述如次：當初齊武帝在永明年間（四八三—四九三），有竟陵文宣王蕭子良撰作《淨住子》二十卷。爾後，又在梁天監年間（五〇二—

五一九），有一位具德的沙門，刪去其繁蕪，撮其樞要，並採諸經妙語入書，改為十卷本，而集成本懺法。

㊺《宗論》七，四卷一三頁。

㊻參閱《仏書解說大辞典》六卷，三二六頁A。

㊼在《大佛頂首楞嚴經》卷六，說示觀音菩薩的三十二種化身，但在《法華經》的〈普門品〉，則敍述觀音菩薩的三十三種身。

㊽(1)《宗論》六，一卷五頁。(2)《宗論》一，二卷一二頁。

㊾在〈占察疏自跋〉中，有：「予念末世，欲得淨戒，捨占察輪相之法，更無別塗。」（《宗論》七，二卷八頁）

㊿《智者大師別傳》。（《大正藏》五〇卷，一九三頁C）

51 (A)袾宏的《竹窗隨筆》、〈放生儀〉與〈戒殺放生文〉。（《雲棲法彙》卷二十三）

(B)真可的《紫柏尊者全集》卷十五，有〈戒殺放生文跋〉。

(C)德清的《憨山老人夢遊集》卷四十，有〈湖心寺重建放生普願成佛塔疏〉與〈放生文〉；在卷二十五，有〈放生功德記〉。

(D)智旭關於放生的文獻有：(1)〈修淨土懺並放生社序〉。（《宗論》六，一卷一九—二一頁）(2)〈悅初開士千人放生社序〉。（《宗論》六，二卷一〇—一一頁）(3)〈惠應寺放生蓮社序〉。（《宗論》六，三卷六—七頁）(4)〈放生社序〉。（《宗論》六，三卷二一頁）(5)〈利濟寺禪堂放生念佛社偈〉。（《宗論》一〇，四卷一頁）

❺❷《大正藏》四七卷，四九〇頁C。

❺❸在〈重刻寶王三昧念佛直指序〉，有：「念佛三昧，所以名為寶王者，如摩尼珠，普雨一切諸三昧寶；如轉輪王，普統一切諸三昧王，蓋是至圓至頓之法門也。」（《宗論》六，四卷九頁）

❺❹參閱《大佛頂首楞嚴經文句》卷七。（《卍續藏》二〇卷，三三〇頁D）

❺❺〈大佛頂首楞嚴咒〉是《楞嚴經》中的明咒，就此問題，請參閱望月信亨《仏教経典成立史論》五〇一頁所論述。

❺❻有關智旭的《楞嚴經》論作，在他三十九歲時撰作的〈壇中十問十答〉中，初次發現。（《宗論》三，二卷四—一四頁）

❺❼參閱〈化持滅定業真言一世界數莊嚴地藏聖像疏〉。（《宗論》七，三卷一頁）

❺❽在〈示不岐〉的法語中，有：「欲修三昧，尤須事理並進，顯密互資。」（《宗論》二，四卷一二頁）

❺❾(A)《楞嚴經文句》卷七：「原此一經妙旨，不外十乘觀法。前三卷半經，顯譚不思議境也。五會神咒，密詮不思議境也。」（《卍續藏》二〇卷，三二七頁A）

(B)同上卷七：「當知顯密皆不思議也。」（《卍續藏》二〇卷，三三〇頁D）

❻⓪ 參閱《楞嚴經文句》卷八。（《卍續藏》二〇卷，三三九頁C）

❻❶〈答大佛頂經二十二問〉。（《宗論》三，三卷九頁）

❻❷《牟梨曼陀羅咒經》是「雜密部」的經典，以寶樓閣法為內容，是《寶樓閣經》的三譯之一，為梁代所譯出。但失譯人名，是唐不空三藏譯的《寶樓閣經》第二〈根本陀羅尼品〉以下的異譯。

❻❸（A）在〈儒釋宗傳竊議〉有：「曰見知聞知則可，謂以是相傳，可乎哉？」（《宗論》五，三卷一五頁）

（B）參閱〈法派稱呼辯〉。（《宗論》五，三卷一一—一三頁）

❻❹在〈十八祖像贊并序略〉的密教初祖金剛智灌頂國師：「圓頓超言象，雲物聊示端，菩提乃宗要，事理非偏安。」（《宗論》九，四卷一二頁）

❻❺參閱鎌田茂雄〈大悲懺法について〉。（《印度学仏教学研究》二二，一卷二八一—二八四頁）

❻❻參閱《法苑珠林》卷九的占相部。（《大正藏》五三卷，三四六頁C—三四九頁C）

❻❼捺麻僧者，多半是西藏與蒙古系統的喇嘛（Blama）僧。

❻❽（1）《宗論》五，二卷一三頁。（2）《宗論》八，三卷六頁。

❻❾《卍續藏》六三卷，一六四頁B。

❼⓪《宗論》一，二卷一四—一五頁。

❼❶《宗論》六，一卷六頁。

72 有關占卜，還有丙子三月〈九華地藏塔前願文〉也有記載。這也是智旭三十八歲的作品。（《宗論》一，三卷一頁）

73 在智旭四十七歲時寫的〈大悲壇前願文〉，記載有：「智旭向於九華拈得閱藏著述一鬮，遂復安心，重理筆硯。」（《宗論》一，四卷一〇頁）

74 《宗論》五，一卷一三頁。

75 《宗論》卷首，三頁。

76 《宗論》五，二卷八頁。

77 〈與沈甫受甫敦〉。（《宗論》五，二卷七頁）

78 參閱望月信亨《仏教経典成立史論》第十章。

79 同上書，四二二—四二三頁。

80 (A)《大正藏》四九卷，一〇〇七頁B—一〇〇九頁A。

(B) 有關真表律師的資料，還有李能和撰《朝鮮佛教通史》上編九八頁，可資參閱。

81 《大正藏》三卷，一〇八頁A—一二四頁A。

82 參閱望月信亨《仏教大辞典》，四七一一頁C—四七一二頁C。

83 《大正藏》一〇卷，八四五頁C。

84 《大正藏》二四卷，一〇〇九頁A。

❽❺（A）關於燒身供養的種種，請參閱《法華經》的〈藥王菩薩本事品〉。（《大正藏》九卷，五三頁B）

（B）關於燃臂與燃指，請參閱《楞嚴經》卷六。（《大正藏》一九卷，一三二頁B）

❽❻在《法華經》卷六，對於燒身供養，說示：「是名第一之施，於諸施中，最尊最上。以法供養諸如來故。」（《大正藏》九卷，五三頁B）

❽❼（A）參閱《八十八祖道影傳贊》附錄的〈德清傳〉。（《卍續藏》一四七卷，五〇二頁）

（B）參閱《憨山老人夢遊集》卷四十的〈刺血和金書華嚴經發願文〉。（《卍續藏》一二七卷，四〇一頁C—四〇二頁B）

❽❽參閱《卍續藏》一二七卷，三二四頁C—三二六頁C。

❽❾（A）參閱第一號到第八號。（《宗論》七，一卷）

（B）參閱第九號。（《宗論》七，三卷）

（C）參閱第十號以下。（《宗論》九，四卷）

❾⓿參閱《賢愚經》卷一的〈摩訶薩埵以身施虎品〉。（《大正藏》四卷，三五二頁B—三五三頁B）

❾❶有關捨身思想，參閱望月信亨《仏教大辞典》二一六二頁B—二一六三頁C。

❾❷（A）在《梁高僧傳》卷十二有〈亡身篇〉。（《大正藏》五〇卷，四〇三頁C—四〇六頁B）

（B）在《唐高僧傳》卷二十七有〈遺身篇〉。（《大正藏》五〇卷，六七八頁A—六八五頁C）

（C）在《宋高僧傳》卷二十三有〈遺身篇〉。（《大正藏》五〇卷，八五五頁A—八六二頁A）

（D）在《新續高僧傳》卷三十九及四十有〈遺身篇〉。

93 在《大正藏》五一卷，二三頁C—二六頁C。

94 在《大正藏》五三卷，九八九頁C—九九七頁C。

95 （A）在《三國遺事》卷五中，就有關郁面娘苦行，紀錄：「庭之左右，豎立長橛，以繩穿貫兩掌，繫於橛上合掌，左右遊之激勵焉。」（《大正藏》四九卷，一〇一二頁A）

（B）參閱野村耀昌譯註本《三国遺事》卷五。（《国訳一切經》的「史傳部」一〇卷，二七三頁）

96 戒禁取見者，是五利使的隨一。

97 在《南海寄歸內法傳》卷四，論及：「慈力捨身，非僧徒應作。」（《大正藏》五四卷，二三一頁A—B）

98 現存的《金光明經》有四種，有關〈捨身品〉的品次問題，在(1)梵本第十九叫vyāghrī。(2)北涼曇無讖譯四卷本的第十七品。(3)合部八卷本的第二十二品。(4)唐義淨譯十卷本的第二十六品。（參閱《仏書解說大辭典》三卷，四三〇頁B—D）

99 從譯經史的觀點看來，認為是沒有矛盾的。四卷本《金光明經》的譯出時代，是北涼玄始三年至十五年（四一四—四二六）之間；《妙法蓮華經》的譯出年代，是在姚秦弘始八年（四〇六）；《梵網經》依據傳統，雖然說是《法華經》的譯者鳩摩羅什所譯出，但此一傳說，在《出三藏記集》卷十一的〈菩薩波羅提木叉後記〉中謂是：「唯菩薩十戒四十八輕，最後誦出」所誤傳（《大正藏》五五卷，七九頁B—C）。實際上現存的《梵網經》絕對不是羅什所譯，縱然如此，其吸收羅什所譯出的義蘊，是可以追論的。

⑩⓪ (A) 在《四分律》卷二，明確地規定：「自殺者，波羅夷。」（《大正藏》二二卷，五七七頁A）

(B) 在智旭的《重治毘尼事義集要》卷三，曾引用《十誦律》，記載有：「自斷陰，偷蘭遮。自斷指，突吉羅。」（《卍續藏》六三卷，一九二頁B）

(C) 禁止比丘燒身和斷指等行為，在比丘律中雖乏明確的記載，但因自殺是戕傷肉體，為律所不許。

⑩① 《大正藏》一九卷，一三二頁B。

⑩② 在《歸敬儀》卷下：「或云頂禮佛足者，我所貴者頂也，彼所卑者足也。以我所尊，敬我所卑，禮之極也。」

⑩③ 《卍續藏》六〇卷，一三五頁D。

⑩④ 《卍續藏》五九卷，三〇〇頁A。

⑩⑤ 《卍續藏》五九卷，三八〇頁A。

⑩⑥ 《卍續藏》六〇卷，四七頁C。

⑩⑦ 《卍續藏》六〇卷，三六二頁A—B。

108 (A)《卍續藏》六〇卷，四二一頁C—D。
(B)《卍續藏》六〇卷，四二二頁D—四二三頁A。

109《卍續藏》六〇卷，二七七頁A。

110 參閱《仏書解說大辭典》八卷，一六〇頁A—一六一頁A。

111 參閱《梵和大辭典》第二卷，一九二頁。

112 據比丘律的規定，「意業」犯戒是突吉羅，「邪見」是波逸提，「破僧」是僧伽婆尸沙，這些都是可以經由懺除而得清淨的，不能認為是「大罪」。

113 現存的「律部」，有次列的六種：(1)大眾部的《摩訶僧祇律》四十卷。(2)飲光部的《解脫戒經》一卷。(3)化地部的《五分律》三十卷。(4)法藏部的《四分律》六十卷。(5)中印度摩偷羅的有部《十誦律》六十一卷。(6)西北印度迦濕彌羅的新有部《根本說一切有部毘奈耶》五十卷。

114 有關墮地獄的記載，提婆達多在犯破和合僧、出佛身血、殺（蓮華色）羅漢尼的重罪之後墮地獄一事，雖然在四種《阿含經》及諸部律都曾明確記載，但似乎並沒有像《佛說犯戒罪報輕重經》所說的普通的破戒罪，乃至極微細的突吉羅。至少在人間壽命的九百千年之間，是不應墮地獄的。

115 參閱《仏書解說大辭典》第一〇卷二一二頁B—C及一〇卷一三頁D—一四頁B。

116 參閱《閱藏知津》三三卷，一〇頁。

⑰在《重治毘尼事義集要》卷首，述謂：「曾細玩之，不唯與四分律相違，實與五部及諸律論，俱多矛盾。……（中略）不知近代律主，偏流通此經者，亦曾參考全律否耶？」（《卍續藏》六三卷，一七一頁C—D）智旭對於三藏教典，指出其疑偽論點，除此之外，當無他例。也就是說：他並未採取思想史或譯經史的立場來評論事端，只是就經文的比較為出發點來論事。

⑱此一文句，在下述的二經也有記述：(1)《盂蘭盆經》。（《大正藏》一六卷，七七九頁B）(2)《佛說報恩奉盆經》。（《大正藏》一六卷，七八〇頁A）

⑲（A）《律二十二明了論》一卷本，是由「正量部」（Sammittya）學者所著述的戒論。

（B）在義淨的《南海寄歸內法傳》序，記有：「西國相承，大綱唯四」，是即：(1)大眾部有七部；(2)上座部有三部；(3)根本說一切有部有四部；(4)聖正量部則出有四部。（《大正藏》五四卷，二〇五頁A）

⑳參閱《律二十二明了論》的三種罪說。（《大正藏》二四卷，六六七頁A）

㉑在《大般涅槃經》卷十一：「有二種戒，一者性重戒，二者息世譏嫌戒。性重戒者，謂四禁也。息世譏嫌戒者，不作販賣輕秤小斗，欺誑於人。」等。（《大正藏》一二卷，四三二頁C）

㉒同上經卷十一：「堅持如是遮制之戒，與性重戒等無差別。」（《大正藏》一二卷，四三三頁A）

㉓（A）《梵網經》菩薩戒輕戒第四十條：「若有犯十（重）戒，應教懺悔，在佛菩薩形像前，日夜六時，誦十重四十八輕戒。若到禮三世千佛，得見好相……（中略）便得滅罪。」（《大正

藏》二四卷，一〇〇八頁C）

(B)《菩薩瓔珞本業經》卷下：「十重有犯無悔，得使重受戒。」（《大正藏》二四卷，一〇二一頁B）

(C)《瑜伽師地論．菩薩地戒品》：「以上品纏違犯，如上他勝處法，失戒律儀，應當更受。」（《大正藏》三〇卷，五二一頁A）

124 參閱《四分律比丘戒本》的「僧伽婆尸沙」第九條。

125 參閱《四分律比丘戒本》的「波逸提」第六十八及第七十條。

126 在《地藏菩薩本願經》卷上有：「毀謗三寶，不敬尊經，亦當墮於無間地獄。」（《大正藏》一三卷，七七九頁C）

127 在《梵網經菩薩戒》，即稱《梵網經》的〈菩薩心地品〉。

128 參閱《重治毘尼事義集要》卷首的〈總問辯〉。（《卍續藏》六三卷，一六七頁A）

129 參閱《大正藏》四卷，三五九頁C—三六〇頁B。

130 《卍續藏》五九卷，二〇五頁A。

131 中國夏商二朝的初代皇帝是禹與成湯，而其末代皇帝則是桀王與紂王。

132 參閱《卍續藏》三五卷，五六頁D。

133 參閱《卍續藏》三五卷，七五頁C。

134 參閱《宗論》一〇，四卷一四頁。

135 參閱《大正藏》三卷，一四八頁B。

136《宗論》五，一卷一頁。

137《大正藏》一三卷，七八一頁A。

138《大正藏》一三卷，七八〇頁C。

139《大正藏》一九卷，一一九頁B。

140 參閱(1)《宗論》二，四卷八頁。(2)《宗論》二，五卷一八頁。(3)《楞嚴經》卷四。（《大正藏》一九卷，一二一頁C及一二二頁C）

141 (1)〈為母三周求拔濟啟〉。（《宗論》一，一卷九頁）(2)〈安居論律告文〉。（《宗論》一，一卷一六頁）(3)〈九華地藏塔前願文〉。（《宗論》一，三卷一—二頁）(4)〈陳罪求哀疏〉。（《宗論》一，三卷一四頁）(5)〈甲申七月三十日願文〉。（《宗論》一，四卷二頁）

142 參閱〈陳罪求哀疏〉。（《宗論》一，三卷一四頁）

143〈玄文〉，是智旭所撰《大佛頂首楞嚴經玄義》及其《文句》。

144 顓師，是指憨山德清的弟子顓愚觀衡。

145 參見本書第二章第三節第三項的「安徽九華山」條。

146 參閱〈陳罪求哀疏〉。（《宗論》一，三卷一四頁）

147 參閱《絕餘編》三卷，二〇頁。

148 參閱〈大悲壇前願文〉。（《宗論》一，四卷一〇頁）

149 (A)在〈大悲行法道場願文〉中有：「永無意外逆順二緣，早完閱藏著述二願。」（《宗論》一，四卷五頁）

(B)〈大悲壇前願文〉中有：「閱藏未完，則私願未滿。」「伏願智旭，從今以去，永離違緣，決定閱完大藏。」（《宗論》一，四卷一〇—一一頁）

150 智旭五十二歲所作的《占察善惡業報經疏》自跋中的文句。（《卍續藏》三五卷，九九頁B）

151 有關智旭淨土信仰的時期分類，請參閱本書三七四頁。

152 《宗論》六，二卷九頁。

153 《宗論》六，一卷二三—二四頁。

154 在〈四書蕅益解序〉的：「蕅益子年十二，談理而不知理」，係指宋儒程伊川與朱熹的理學思想。

155 在《楞嚴經》卷四有：「滅塵合覺，故發真如妙覺明性，而如來藏本妙圓心。」（《大正藏》一九卷，一二一頁A）

156 由《楞嚴經》卷三的：「圓滿十虛，寧有方所？循業發現，世間無知。惑為因緣及自然性，皆是識心分別計度。但有言說，都無實義。」說示，才衍生出：「十方虛空，悉皆消殞」之說。在《大正藏》一九卷一一八頁C—一一九頁B，三次說明此義。

157 參閱〈大佛頂經玄文後自序〉。(《宗論》六，二卷九頁)

158 《宗論》五，二卷一三頁。

159 (1)《宗論》六，四卷一八頁。(2)《宗論》八，二卷一頁。

160 有關這一點，在智旭的〈自像贊三十三首〉中有「徑山樓下，迷卻父母生身」的語句。(《宗論》九，四卷一八頁)

161 在〈大佛頂經玄文後自序〉述謂：「每遇靜中諸境，罔不藉此金錍。」(《宗論》六，二卷九頁)

162 (1)《宗論》六，一卷二四頁。(2)《宗論》一〇，二卷一—七頁。

163 〈刻淨土懺序〉。(《宗論》六，一卷一四頁)

164 在〈與了因及一切緇素〉中，曾作：「今夏感兩番奇疾，求死不得，平日慧解雖了了，實不曾得大受用。」的證言。(《宗論》五，二卷八頁)

165 〈八不道人傳〉。(《宗論》卷首二頁)

166 於阿彌陀佛的經典群中，其誓願的數目，大略如次：(1)《無量壽經》及《大寶積卷》卷十七的〈無量壽如來會〉均列有四十八願。(2)《悲華經》卷三的〈諸菩薩本授記品〉及《大乘悲分陀利經》的〈離諍王授記品〉約舉有四十八願。(3)《大阿彌陀經》卷上及《佛說無量清淨平等覺經》卷上，揭示有二十四願。(4)《大乘無量壽莊嚴經》卷上，記載有三十六願。(5)梵文的《無量壽經》有四十六願。(6)西藏譯的《無量光莊嚴大乘經》列有四十九願。

167《宗論》一，一卷一—五頁。

168《宋高僧傳》卷二十的〈地藏傳〉，並無七月三十日涅槃的記載。參閱《大正藏》五〇卷，八三八頁C—八三九頁A。

169《宗論》六，一卷一五頁。

170 (1)《宗論》三，一卷一頁及一〇頁。(2)《宗論》一〇，一卷二頁。

171《宗論》六，一卷一五頁。

172 在〈靈嚴寺請藏經疏〉中，也有：「末世禪病，正坐無知無解，非關多學多聞……乃發心徧閱大藏，備採眾藥，自療療他」的敘述。（《宗論》七，三卷五頁）

173 六即者，就是：理、名字、觀行、相似、分真、究竟等六種圓教佛位。

174 五品弟子者，在天台宗圓教十信位以前的外凡位，設置有五個階級：隨喜、讀誦、說法、兼行六度、正行六度等是。

175《大正藏》三四卷，一三八頁A。

176《大正藏》三四卷，三四三頁C。

177《宗論》四，一卷二—三頁。

178《宗論》一〇，四卷一六頁。

179 在〈西有寱餘自跋〉中，述謂：「蓋雖念念思歸樂土，而利人之夢仍未忘也。」（《宗論》七，

二卷一五頁）

⑱參閱《大正藏》一二卷，三四六頁A。

⑱參閱〈復靈隱兄〉。（《宗論》五，一卷一四頁）此一文獻的作成年代，是在智旭四十四歲以前的事。

⑱參閱〈自像贊三十三首〉。此一資料的撰述年代，是智旭五十歲以後的事。（《宗論》九，四卷一八頁及二〇頁）

第四章　智旭的著作

第一節　智旭著作的特色

一、強調教義的優先

據智旭的自敘傳記〈八不道人傳〉所示，他在十二歲至十七歲之間，曾著有數十篇的「闢佛論」；又於十七歲至二十二歲的五年之間，所寫的論稿數量竟達二千餘篇。這些論著的原稿雖然已經被他燒掉，但是單從他的龐大著作量來著眼，便可想像出少年儒者出身的智旭，是一位多麼富具天才的著述家和思想家。

因此，他後來身入不立文字的禪宗行門，儘管於禪境有所悟證，卻依然堅持「離經一字，即同魔說」❶的見解。唯其如此，智旭才把禪宗的「教外別傳」，理解為他宗的「教內真傳」，並且主張禪宗的「傳佛心印」，必應以「以教印心」❷。這種論調猶是依《楞伽經》的宗通與說通的說詞❸，做為其理論根據的；並且以之作立足點，從而構成他的禪教合一或宗教不二等的思想。由智旭的這項表現來衡量他的思想，可列舉以次的五種見解：

禪教合一　有關禪教合一的見解，可以看出智旭所主張者，約有：(1)在〈示律堂大眾〉的法語中強調：「離教參禪，不可得道。」❹；(2)在〈示韞之〉的法語中，敍謂：「儻非黃卷赤牘，作標月指，示真實修行出要，何由得證勝義？」❺所示。

宗教合一　就宗與教的合一見解，智旭在(1)《梵室偶談》第十七❻中，述謂：「宗者無言之教，教者有言之宗。」進而又謂：「三藏十二部，默契之皆宗也；千七百公案，舉揚之皆教也。」在(2)《梵室偶談》第十九❼謂：「唯真宗匠，可呵教家空言；唯真義虎，可斥宗乘儱侗。」更在(3)《梵室偶談》第三十❽述：「語言施設之謂教，忘情默契之謂宗，故宗也者，雖云教外別傳，實即教內真傳也。」

見地與修證　見地，是於佛法的理解；而修證，則是依禪觀等的方便所領會的心得。在智旭的〈示印海方丈〉❾法語中的見解是：「先開見地，後可言修證。……徒謝絕人事，枯守蒲團，敢保驢年無相應分。」

信解行的次第先後　禪宗的修證在乎行，而行的先決條件又在乎開立見地，認識教理。若缺乏信心，即使再怎樣鑽研教義，亦難以得到佛法的利益。即如智旭在〈示慈昱〉⑩的法語中所示：「有信心而無智慧，則能增長煩惱；有智慧而無信心，則能增長邪見。」又在致〈復閻淨士〉⑪的書信中指出：所謂達摩祖師的「不立文字」者，並不是末法時代無知比丘「不識一丁」的意思。而是《楞嚴經》、《圓覺經》及至《大乘止觀法門》、《摩訶止觀》等教典，都是在強調「先開圓解為最初方便」的緣故。至於「不立文字」的真義⑫，是指三藏教典的文字是理性空寂的，並非說是不要文字。

教觀雙修　歸納上述禪教、宗教、見地與修證，乃至行解方面等的見解，在禪者智旭的見解，因為他是天台宗的學者，所以他改稱為「教觀雙修」⑬。是即閱讀教典的同時，應該以之做為觀心的工夫，這與禪宗的修悟是了無二致的⑭。他在〈示庸庵〉的法語中指出：「離教觀心者闇，迷心逐教者浮。」⑮在〈復導闕〉的法語中，也有：「儻有觀無教，未有不墮增上慢者」⑯的論述。

就上述所示的五種內容，得以充分理解的是：智旭於禪教、宗教、教觀等說，都是以教義為優先的原則始終是不變的，這是他一生專心從事於著作生涯的準據。

二、述作的態度

對智旭的著作加以查證，他少年時代的著述，據記載所示，已經被他燒毀；青年時代直到三十歲為止的著述，只有幾件短篇的願文，以及有關禪宗與戒律的少數作品而已。由此我們當可了解，真正成就智旭思想理路，是從三十九歲開始。於此，應該同意雲棲袾宏所說：「古人著述，多在晚年」的見解⑰。智旭認為：「自是一論，若大悲為人，思垂言句，必令十分精瑩，庶可普利三根。不然一法才立，一弊旋生。」⑱從而他對於著述的態度，明示如下：

1. 在〈復淨禪〉的書簡中有：

聖賢著述亦最富博，欲摘其精要，利益群品，須備採眾長，證以心悟，方可流傳。若此門未遵堂奧，宜事力修，無急急以著述為事也。（《宗論》五，一卷二一—二二頁）

2. 在〈復錢牧齋〉書簡中有：

著述須實從自己胸中流出，方可光前絕後；設非居安資深，左右逢源，縱博極群書，偏採眾長，終是義襲而取，不可謂集大成也。大菩薩乘願力闡正法，須如馬鳴龍

樹，智者清涼，立極千古。（《宗論》五，二卷二〇頁）

從這兩項資料中，可看出智旭的著述態度，明顯地與一般世間學者的立場相異。廣讀群書，摘出其一切優點，更須憑著修行的功力來體會貫通，在自己胸中加以培育，然後再將之發揮出來，這才是著述的開始。如此的歷程，才能算是集大成者。例如印度的馬鳴和龍樹、中國的智顗和澄觀，這些聖哲所以能遺留下千古不朽的著作，其原因也就是「備採眾長，證以心悟」的緣故，否則只是義理的抄襲而已，稱不上是集思想的大成。

智旭的著述態度，確是非常嚴謹。他不是一般的註經與疏論的佛教學者，我認為他是思想的集大成者，也是一位獨立創發的思想家。至於智旭對經論的註疏，他在《梵室偶談》第四十五條，陳述如次的意見：

古人疏經論，必為發幽微，示指歸，出綱要，明修法。故隨依一典，可了生死，上弘下化。後世畏其繁而廢棄焉！雖似善變通，實大傷教眼。如五霸尊周，周益受削。（《宗論》四，三卷一一—一二頁）

此中所述的「古人」，可能是智旭理想中的人物，或許係遍指前述的馬鳴、龍樹、智顗、澄觀等人。他們這些人每當註釋經論，必是對經或論有了徹底的明瞭，然後才述其宗旨、顯其綱要，乃至述其修行方法。因此，不論依據何種經論，都必須含有得以解脫生死，並有上求下化的功用。雖然如此，後世的註釋者對這麼繁多的內容，亦多所畏懼而予廢棄，可以說大都已違背教學義理的本旨。例如東周時代的五伯⑲，雖然他們都是尊崇周朝的皇室，但實際上周朝皇帝的權力，也由於五伯的相爭而漸次被剝奪。同樣的情形，後世經論的註釋書愈多，經論原典的真義就愈為湮沒；換句話說，智旭的著述態度並不像後世的粗俗，必是採擇古人的「發幽微，示指歸，出綱要，明修法」四項原則為出發點，而從事經論的註釋。而且他在〈金剛經偈論疏註序〉中，也有如次的見解：

予生平研討經論，必本四依，不喜近時意見穿鑿茫無根據，故於疏註，輒深隨喜。亦願後之讀是書者，因指得月，不必紛紛更從事於異說，而哆以為博也。（《宗論》六，四卷四頁）

此一《金剛經偈論疏註》，是紫柏真可的一位在家弟子何老居士所作，可能現已不存於世。智旭對於這位作者，曾引用《論語・述而第七》的「述而不作，信而好古」而加以評論。但他寫這篇序文，只是以隨喜的心情述作而已。如果以之與當時一般的註疏相比較，這篇〈金剛經偈論疏註序〉可說是佳作一篇。而智旭所據以評斷標準的四依，就是：(1)依義不依語；(2)依智不依識；(3)依了義不依不了義；(4)依法不依人等所示[20]。

縱然如此，在智旭當時一般的經論著述，顯然都已違背四依的原則，只是了無依據地穿鑿附會，或隨喜造作異說，加以述論而已。總之，智旭是基於四依的原則，來從事一切經論的註疏；同時依憑自己的修行功力而證悟，然後乘此大悲願力，效法馬鳴、龍樹、智顗、澄觀等祖德從事著述，而且絕不抄襲舊說，及妄立了無依據的異說。因此，智旭的思想不是僅繼續歷來的舊說，而是就傳統佛教加以歸納之後，開拓出應興應革的時代佛教新思想。

所以，他在〈自像贊三十三首〉的第二首及第十四首的文句中，各以「踢翻禪講窠臼，掀開佛祖頭」[21]和「踢破性相兩家界限，翻倒南宗北教藩籬」[22]來明確地表示。縱然智旭對於後世的參禪與演教者常加以批判及反駁，但他本身所探求的禪與教的源流，確是佛與祖師本懷的佛法，並無法相與法性的界限，亦主張南方禪與北宗禪應一無藩籬。由此亦顯示出智旭的教學思想，是非宗派或超宗派的一斑。

他不只是對禪宗，對天台宗也持以反駁的態度。例如他在〈自像贊三十三首〉的第六首中，即以「假饒黃蘗雲門，未免遭吾一摑」㉓，對禪宗持以反駁的論調；又在〈自像贊三十三首〉的第二十三首文句中，以「少室天台盡踏翻，東土西天皆觸倒」㉔，把天台宗與禪宗都加以否定。這可能就是他所謂的自立宗思想本質之所示意。因為他不論是對印度的諸祖，或對中國的禪教各宗諸祖，曾加以批評的確實不在少數。

對智旭而言，是他本人所創獲的獨立教學思想，為了宣揚及鞏固這項思想，不得已才採行對他宗論破的方式。而且在他個人的自我反省中，曾有「慈心毒口」㉕或「肚裡無分毫芥蒂，舌頭有多少毀譽」㉖、「自讚復毀他」㉗等敍述。其實，在他心中除了慈悲之外，絲毫並無怨恨之意，只有在「舉筆動舌」㉘時發揮自己的見解而加以肯定，而於其他的意見則多所批判。因此，在智旭個人的品格方面，正如他在〈自像贊三十三首〉的第一首中，曾如此地敍述自己：

形骸枯槁兮神情自豐，資性鈍拙兮詮辯自雄；觸著渠兮猛虎毒龍，識得渠兮和氣春風。（《宗論》九，四卷一六頁）

體質羸弱多病的智旭，外貌相當瘦癯，但精神卻充沛旺盛。他的性格雖然鈍拙，思想卻具足引導於人的優越辯才。因此，一旦發現與其思想相左，便施以激烈地批判，使人覺得猶如猛虎或毒龍般的威力。但是，若能認識、理解其思想，實際上有如坐春風般的感受。在智旭的資料中，雖然不曾見過「折伏」的思想，但嫉惡如仇敵則確是事實。

因此，當時的諸宗學者針對智旭的論調則橫加反駁。不過，具體都是些什麼人物、怎麼樣來反駁，在現存的資料中一時無法具見。但在智旭的〈自像贊三十三首〉中的第四首，述有「讚毀一任諸方」㉙的語句，由之加以考量，當時學界對智旭思想的反響是呈現讚毀的正負兩面，真正能與智旭思想相呼應者幾乎是沒有。就這件事，智旭在他的〈自像贊三十三首〉中的第五首，敍有以次的明言：

全身等微羽，片語重千金，支那國裡留個硜硜小人種，千古萬古未審誰知音。

（《宗論》九，四卷一七頁）

雖然他對肉體的否泰苦樂從不關切，但對自己的思想言論，卻是一言千金般的重視。「硜硜然小人種」是引用《論語・子路第十三》中「硜硜然小人哉」的典據，即所謂：再細微的事，亦須考量其善惡與邪正。從儒教的立場來衡量，雖然不算多麼充分，但對當時腐敗、混亂狀態的佛教，智旭的指責是相當地廣泛和深入，所以他才採用儒教小人來作譬喻。

由此看來，當時的佛教界，贊同智旭的見識及具有學養的道友，確實不曾多見。因此，到了千年萬世之後，什麼人才是他的學道之友？智旭則深致疑問，而且亟切地有所企盼，這是他有感而記述的本意。總而言之，明末年間，智旭致力於開拓獨特的新興佛教思想，雖然稱得上是思想層面的建樹者，可惜卻未能建立其教團規模。

第二節　智旭著作於書誌學上的研究

一、釋論與宗論

智旭遺留於後世的著作，就其性質加以分析，有經論的註釋書，以及論文、雜文、韻文、法語、書簡等。但據智旭的弟子堅密成時撰的〈宗論序〉所示，於佛教典籍的分類有經、律、論三藏。至於高僧的著作，則一概都收納在阿毘曇的論藏。又據智旭的《閱藏知津》所示，關於高僧的著作，有釋經論與宗經論兩種。堅密成時依從這些見解，將智旭的著述分作釋論與宗論兩種。成時編集的《靈峰蕅益大師宗論》，是指智旭述作的釋論之外的宗論。但是，實際上查證《靈峰宗論》所收錄的內容，則未必只限於宗論的部分。另據成時述稱：在智旭的釋論中，也包括釋論以外的部分。因此，成時以前述的釋論及宗論兩種分類來處理智旭的著作，未必就適當。

但是，目前為了處理資料的方便，本書暫依成時的分類。另外，為了避免陷入論考的混亂，以下也暫且依從釋論與宗論兩種分類，各就其著作年代、書名、卷數、著作地點及其署名等項，以表格的方式，並以存闕及現今藏書的歸屬，列表加以介紹。

二、釋論諸書的成立年代考

釋論諸書成立年代的考證　屬於釋論的諸書，在〈八不道人傳〉中，據智旭自己的陳述，有二十三種、一百十三卷。成時在《靈峰宗論》的序說中所列舉的，有四十九種、一百九十八卷。此外，日本上杉文秀在《日本天台史》續編列表介紹智旭的著作，則達六十六種、二百三十八卷，而這些文獻之中屬於《靈峰宗論》也不在少數。但是，因為也有重複的部分，所以確實的數字很難定論。

又據渋谷亮泰在《昭和現存天台书籍綜合目录》上卷所揭示的智旭著作，雖有五十三種、一百六十九卷，但其中由《宗論》選取的即有四種四卷。另有屬於釋論的《法海觀瀾》、《禮地藏儀》、《梵網懺法》、《周易禪解》、《四書蕅益解》等書目，則全未載錄其中。當然，這也不能算是一種標準的統計資料。因此，茲以〈八不道人傳〉（表中略稱〈傳〉）、〈續傳〉（表中略稱〈續〉）、《宗論》的序說（表中略稱〈序〉）等資料為中心，以及著者所查證新發現部分（表中略稱〈新〉），加以整理之後，其結果以一覽表的方式，列述如次：

(一)著作年代明確者一覽表

現存號碼	年代 公元	年代 年齡	書名	各卷數	著作地	資料	現況	署名方式	現存所屬	備考
	一六二五	二七	毘尼事義要略	1	古吳	新				收入《重治毘尼》
	一六二九	三〇	毘尼事義集要	4	龍居	新				收入《重治毘尼》
	一六二八	三〇	學菩薩戒法	1	龍居	新	存	明菩薩戒弟子古吳智旭述		四十五歲再訂
	一六二九	三一	毘尼事義集要	6	龍居	新				收入《重治毘尼》

	一六三〇	三二	毘尼事義集要	8	佛日寺	新				收入《重治毘尼》
	一六三一	三三	重定授菩薩戒法	1	龍居	新	存	古吳智旭	《卍續藏》一〇六卷	收入《律要後集》
1	一六三三	三五	占察經行法	1	西湖寺	傳/序	存	明古吳比丘智旭集	《卍續藏》一二九卷	
2	一六三三	三五	梵網經懺悔行法	1	西湖寺	新	存	明菩薩戒弟子蕅益智旭述	《卍續藏》一〇七卷	
	一六三五	三七	佛說消災經略釋	1	武水	傳/序	存		《在家律要廣集》卷一	僅存《玄義》
3	一六三五	三七	持戒犍度略釋	1	武水	傳/序	存	菩薩沙彌古吳智旭際明	《卍續藏》七一卷	
4	一六三五	三七	盂蘭盆經新疏	1	武水	傳/序	存	菩薩沙彌古吳智旭新疏	《卍續藏》三五卷	
5	一六三七	三九	梵網經玄義	1	九華山	傳/序	存	明菩薩沙彌古吳智旭述	《卍續藏》六〇卷	

6	一六三七	三九	梵網經合註	7	九華山	傳/序	存	明菩薩沙彌古吳智旭述	《卍續藏》六〇卷	
7	一六三七	三九	禮地藏菩薩懺願儀	1	九華山	新	存	明菩薩沙彌古吳智旭述	《卍續藏》一二九卷	
8	一六三九	四一	大佛頂經玄義	2	溫陵	傳/序	存	明菩薩沙彌古吳智旭述	《卍續藏》二〇卷	
9	一六三九	四一	大佛頂經文句	10	溫陵	傳/序	存	明菩薩沙彌古吳智旭述	《卍續藏》二〇卷	
10	一六四〇	四二	般若心經釋要	1	漳州	新	存	明菩薩沙彌智旭述	《卍續藏》四一卷	
11	一六四〇	四二	齋經科註	1	漳州	傳/序	存	明求寂男智旭科註	《卍續藏》七一卷	
12	一六四〇	四二	金剛經破空論	1	漳州	傳/序	存	皇明菩薩沙彌智旭際明造論	《卍續藏》三九卷	
13	一六四〇	四二	金剛經觀心釋	1	漳州	序	存	明菩薩沙彌智旭際明述	《卍續藏》三九卷	
14	一六四〇	四二	法華玄義節要	2	漳州	序	存	蕅益比丘智旭節	《卍續藏》四四卷	參照〈節要跋〉

15	一六四一	四三	妙法蓮華經綸貫	1	溫陵	序	存	古吳蕅益道人智旭述	《卍續藏》五〇卷	
	一六四一	四三	周易禪解	10	溫陵	新				作未及半
16	一六四二	四四	大乘止觀法門釋要	4	湖州	傳/序	存	明古吳沙門智旭述	《卍續藏》九八卷	
	一六四三	四五	學菩薩戒法（再訂）	1		新	存	蕅益智旭敬識	《卍續藏》一〇六卷	收於《律要後集》
17	一六四三	四五	闢邪集	2	越溪	新	存	金閶逸史鍾始聲振之甫著	駒澤大學明版《續藏》五三套九冊	刊本
	一六四三	四五	選佛圖		檇李	新				初版刊行，現欠
18	一六四四	四六	四十二章經解	1	靈峰	傳/序	存	明古吳蕅益釋智旭述	《卍續藏》五九卷	
19	一六四四	四六	八大人覺經解	1	靈峰	傳/序	存	明古吳蕅益釋智旭述	《卍續藏》五九卷	
20	一六四四	四六	遺教經解	1	靈峰	傳/序	存	明古吳蕅益釋智旭述	《卍續藏》五九卷	

21	一六四五	四七	周易禪解	10	石城	傳/序	存	北天目道人蕅益智旭著	駒澤大學明版《續藏》四一套六冊	
22	一六四七	四九	成唯識論觀心法要	10	祖堂	傳/序	存	蕅益沙門智旭述	《卍續藏》八二卷	
23	一六四七	四九	八識規矩頌直解	1	祖堂	傳/序	存	蕅益沙門智旭述	《卍續藏》九八卷	此七種合稱為《相宗八要直解》
24	一六四七	四九	唯識三十論直解	1	祖堂	傳/序	存	蕅益沙門智旭述	《卍續藏》八三卷	
25	一六四七	四九	百法明門論直解	1	祖堂	傳/序	存	蕅益沙門智旭述	《卍續藏》七六卷	
26	一六四七	四九	因明入正理論直解	1	祖堂	傳/序	存	蕅益沙門智旭述	《卍續藏》八七卷	
27	一六四七	四九	唐奘師真唯識量直解	1	祖堂	傳/序	存	蕅益沙門智旭述	《卍續藏》八七卷	
28	一六四七	四九	觀所緣緣論直解	1	祖堂	傳/序	存	蕅益沙門智旭述	《卍續藏》八三卷	
29	一六四七	四九	觀所緣緣論釋直解	1	祖堂	傳/序	存	蕅益沙門智旭述	《卍續藏》八三卷	
30	一六四七	四九	六離合釋法式略頌	1	祖堂	傳/序	存	蕅益沙門智旭述	《卍續藏》九八卷	僅出書目，未見內容

31	一六四七	四九	阿彌陀經要解	1	祖堂	傳/序	存	西有沙門智旭解	《大正藏》三七卷	
32	一六四七	四九	四書蕅益解	4	祖堂	傳/序	存	古吳蕅益道人智旭述	台灣先知出版社複印	欠《孟子擇乳》
33	一六五〇	五二	法華會義	16	靈峰	傳/序	存	古吳後學蕅益智旭述	《卍續藏》五〇卷	
34	一六五〇	五二	占察經玄義	1	靈峰	傳/序	存	蕅益沙門古吳智旭述	《卍續藏》三五卷	
35	一六五〇	五二	占察經義疏	2	靈峰	傳/序	存	蕅益沙門古吳智旭述	《卍續藏》三五卷	
36	一六五〇	五二	重治毘尼事義集要	17	靈峰	傳/序	存	古吳蕅益沙門智旭	《卍續藏》六三卷	
37	一六五一	五三	菩薩戒本經箋要	1	長干	序	存	北天目蕅益沙門智旭箋	《卍續藏》六卷	
	一六五一	五三	選佛圖（再訂）		靈峰	新				
38	一六五二	五四	楞伽經玄義	1	長水	傳/序	存	支那蕅益沙門釋智旭撰述	《卍續藏》二六卷	
39	一六五二	五四	楞伽經義疏	9	長水	傳/序	存	支那蕅益沙門釋智旭撰述	《卍續藏》二六卷	

40	一六五三	五五	大乘起信論裂網疏	6	歙浦	續	存	靈峰蕅益沙門智旭述	《大正藏》四四卷	
41	一六五三	五五	選佛譜	6	歙浦	續	存	北天目蕅益沙門智旭述	龍谷大學圖書館二〇九九之一八八	刊本
	一六五三	五五	阿彌陀經要解	1	歙浦	新	存		《卍續藏》一〇八卷	收於《淨土十要》卷一
	一六五三	五五	宗鏡錄刪正		歙浦	續	闕			
	一六五三	五五	袁子	1	歙浦	續	闕			汰《袁宏道集》
42	一六五四	五六	閱藏知津	44	靈峰	序	存	北天目沙門釋智旭彙輯		刊本
43	一六五四	五六	法海觀瀾	5	靈峰	序	存	北天目蕅益沙門釋智旭撰	大正大學圖書館一一八〇之一三	刊本
	一六五四	五六	淨土十要	10	靈峰	續	存	靈峰蕅益大師選定	《卍續藏》一〇八卷	

(二)著作年代不明者一覽表

現存碼號	年代 公元	年代 年齡	書名	各卷數	著作地	資料	現況	署名方式	現存所屬	備考
44			沙彌十戒威儀錄要	1		序	存	古吳蕅益沙門智旭依律重輯	《卍續藏》一〇六	
45			菩薩戒羯磨文釋	1		序	存	明菩薩弟子智旭述	《卍續藏》六一卷	又收於《律要後集》
			優婆塞戒經受戒品箋要	1		序	存	古吳蕅益沙門智旭箋要	《卍續藏》一〇六卷	收於《在家律要廣集》
			優婆塞五戒相經箋要	1		序	存	明古吳蕅益沙門智旭箋要	《卍續藏》一〇六卷	序稱《略釋》
			佛說齋經註	1		新	存	蕅益沙門智旭註	《卍續藏》一〇六卷	附〈受八關齋法〉
			優婆塞受三皈五戒法	1		序	存	古吳比丘智旭彙釋	《卍續藏》一〇六卷	收於《在家律要廣集》
46			教觀綱宗	1		序	存	北天目蕅益沙門智旭重述	《卍續藏》一〇一卷	

47			教觀綱宗釋義	1		序	存	北天目蕅益沙門智旭述	《卍續藏》一〇一卷	
48			毘尼後集問辯	1		新	存		《卍續藏》一〇六卷	收於《律要後集》
49			在家律要廣集	3		新	存	明蕅益沙門智旭集	《卍續藏》一〇六卷	
			毘尼珍敬錄	2		新	存	廣承輯錄・古吳比丘智旭會補	《卍續藏》六一卷	附〈戒相攝頌〉
50			律要後集	1		新	存		《卍續藏》一〇六卷	
			見聞錄	1		新	存	古吳沙門智旭隨筆	《卍續藏》一四九卷	
			十善業道經節要	1		新	存	沙門蕅益編訂	《卍續藏》九五卷	附〈善惡十界業道品〉
			準提持法	1		序	闕			
			大悲行法辨偽	1		序	闕			附錄三種
			大記明咒行法	1		序	闕			
			旃珊錄	1		序	闕			
			重訂諸經日誦	2		序	闕			

以上多達七十七種的著述之中，在智旭二十七歲著作的《毘尼事義要略》，以及三十歲至三十二歲所著述的三種《毘尼事義集要》，一概都包括在五十二歲訂正增補的《重治毘尼事義集要》之內。另外，三十歲與四十五歲兩次所著述的《學菩薩戒法》，以及不明其著作年代的《毘尼後集問辯》，全都收錄在《律要後集》中。至於三十七歲述作的《消災經略釋》，以及著作年代不明的《優婆塞戒經受戒品箋要》、《優婆塞五戒相經箋要》、《佛說齋經註》、《優婆塞受三皈五戒法》等五種，則全部收錄在《在家律要廣集》中。

另有《周易禪解》，是在四十三歲與四十七歲，分成兩次各著述其半部。更有《選佛譜》，是在四十五歲與五十三歲出版《選佛圖》及加以重訂之後，直到五十五歲才完成六卷；而《阿彌陀經要解》，也有他四十九歲時的祖堂山本與五十五歲時的歙浦本。

綜上所述，智旭著作的實際總數量計有五十八種。這五十八種之中，有八種是闕本。在闕本之中的《宗鏡錄刪正》，這本書對於印證智旭的思想方面，相信是非常重要的文獻。因為智旭的性相融會論思想源流或其思想的指標，應是永明延壽的《宗鏡錄》。而且智旭所讚美的佛教史上的思想家中，包括永明延壽在內㉚。智旭對歷來的法涌本《宗鏡錄》詳閱三遍之後，發現「法涌諸公，擅加增益，於是支離雜說，刺人眼目」，而加以校正；並且「刪其蕪穢，存厥珍寶，卷仍有百，問答仍有三百四十餘段」㉛。雖然智旭刪正本的《宗鏡錄》原稿，曾一度面示明末的名居士錢謙益㉜，但現存的《大正新脩大藏經》所收錄的《宗鏡錄》，可能還是載錄法涌本，而未受到智旭刪正本的影響。

此外，《淨土十要》與《十善業道經節要》二書是編定或節錄，嚴謹地說，不應該算是智旭的著作；另有《毘尼珍敬錄》一書，是紹覺廣承所輯錄，智旭只是將它加以會補而已，應該也是同樣的情形。

既如上述，實際上智旭的釋論，其現存本的總數量，大約有五十種、一百九十卷。就這些文獻的成立年代，在〈八不道人傳〉中所述的二十三種，雖都依照年代的順序編排，但〈宗論序說〉、《日本天台史》續編、《昭和現存天台书籍綜合目录》都未按年代的順序編列，其內容分類也不具順序。

成立年代不明的諸書其年代之推定　在上述表列中，年代不明的現存著作有十五種。茲就這些文獻的署名方式加以探討，其中的《沙彌十戒威儀錄要》、《優婆塞戒經受戒品箋要》、《優婆塞五戒相經箋要》三種，都是署名「古吳蕅益沙門智旭」，我認為可能是智旭在五十二歲時，於完成《重治毘尼事義集要》的同時，也作成一種《錄要》和兩種《箋要》。其次，《佛說齋經註》及《在家律要廣集》的署名方式，用的是「蕅益沙門智旭」，這與智旭在四十九歲完成的《唯識論觀心法要》與《相宗八要直解》的署名方式完全相同。至於《見聞錄》的署名寫的是「古吳沙門智旭」，則與他在四十四歲完成的《大乘止觀法門釋要》的署名方式類似。

另在《優婆塞受三皈五戒法》和《毘尼珍敬錄》中所示的「古吳比丘智旭」署名方式，與他三十五歲時述作的《占察經行法》一樣。此外，《教觀綱宗》及其《釋義》中所示的「北天目蕅益沙門智旭」署名方式，與他五十三歲時述作的《菩薩戒本經箋要》、五十五歲時撰述的《選佛譜》，以及五十六歲時撰成的《閱藏知律》和《法海觀瀾》等署名方式，也都是一致的。

準此，《教觀綱宗》的成立年代，根據推測，可能是智旭五十三歲以後所作。這樣一來，關於智旭的著作成立年代，完全無法推定的部分已是寥寥無幾了。以下僅將這些經過推定的著作，重新列表揭示如次：

公元	年齡	書名	卷數	著作地	現存所屬	推定理由
一六三三	三五	優婆塞受三皈五戒法	1	西湖寺	《卍續藏》一〇六卷	與《占察經行法》署名方式相同
一六三三	三五	毘尼珍敬錄	2	西湖寺	《卍續藏》六一卷	與《占察經行法》署名方式相同

一六四二	四四	見聞錄	1	湖州	《卍續藏》一四九卷	與《大乘止觀釋要》署名方式類似
一六四七	四九	佛說齋經註	1	祖堂	《卍續藏》一〇六卷	與《唯識論觀心法要》等署名方式相同
一六四七	四九	在家律要廣集	3	祖堂	《卍續藏》一〇六卷	與《唯識論觀心法要》等署名方式相同
一六五〇	五二	沙彌十戒威儀錄要	1	靈峰	《卍續藏》一〇六卷	與《重治毘尼事義集要》署名方式相同
一六五〇	五二	優婆塞戒經受戒品箋要	1	靈峰	《卍續藏》一〇六卷	與《重治毘尼事義集要》署名方式相同
一六五〇	五二	優婆塞五戒相經箋要	1	靈峰	《卍續藏》一〇六卷	與《重治毘尼事義集要》署名方式相同
一六五一—一六五四	五三—五六	教觀綱宗	1		《卍續藏》一〇一卷	與《菩薩戒本經箋要》、《選佛譜》等署名方式相同
		教觀綱宗釋義	1		《卍續藏》一〇一卷	與《菩薩戒本經箋要》、《選佛譜》等署名方式相同

《妙玄節要》及《法華綸貫》的成立年代考　關於上表(一)，略加解釋其年代推定的根據。其主要的資料根據，雖是採自〈八不道人傳〉，但依願文、緣起、

序文、跋文等資料，亦不在少數。其中《法華玄義節要》與《法華綸貫》的署名方式，因為不無疑問，故而必須在此略加論究。

淺井圓道在其〈智旭の法華経会義等の研究〉一文中，曾論及：「智旭於四十一歲述作《法華綸貫》，四十二歲述作《法華玄義節要》㉝。」事實上據《妙玄節要》的跋文，明顯地指出：「庚辰仲夏」五月二十六日㉞，撰成《節要》二卷。「庚辰」這個年號，雖然確是智旭四十二虛歲（一六四〇）的紀年，但就其「蕅益比丘智旭」的署名方式，則大有疑問。因為智旭曾在三十五歲的自恣日，拈得「菩薩沙彌」的鬮而捨棄比丘戒；及至四十七歲的元旦，再度依《占察經》的輪相而恢復比丘戒的這段期間，因為不具比丘身分，不應有「蕅益比丘智旭」的署名方式。所謂「蕅益比丘」，應是「蕅益道人」或「蕅益沙門」之誤才對。

此外，「庚辰」這一干支的寫法，或許也是「庚午」之誤。果真如此，那麼庚午年的智旭，則剛好是三十二歲（一六三〇）。就在這一年，他以拈鬮的方法，決定私淑天台宗，致力鑽研天台宗三大部，然後又將《法華玄義》加以節要，也是不無可能的。但上述這兩種見解，究以何者為是？則無法立加斷定。

另一方面，就《法華綸貫》的成立年代，淺井圓道的主張是依據智旭的〈法華會義

方予寓溫陵，述綸貫也，蓋欲誘天下之學人，無不究心於三大部也，今屈指十餘年矣。（《卍續藏》五〇卷，一八一頁A）

這篇序文，是智旭在執筆《法華會義》時所寫作的，其年代是在他五十一歲那年的十一月五日。所謂「十餘年」前，應是在他四十一歲以前。智旭初次來到溫陵的那一年，剛好是在他四十歲和四十一歲的年間。基於這項記載，淺井才主張《法華綸貫》是他四十一歲的著述。但是，另據《法華綸貫》的後序所述，其述作的地點為溫陵的「紫雲」[35]；又據《周易禪解》的跋文所示，智旭前往紫雲講演《法華經》，是在他四十三歲的冬季[36]。綜上各節來推量，《法華綸貫》的成立年代，應是在智旭四十三歲的冬季。

智旭的重要著作　將智旭的著作，依年齡、時代來加以區分，如果以他的三十九歲做為分水線，相信是最為適當。三十九歲的智旭，於講解《梵網經》時得悟，從此之後，他的著作才進入成熟期。縱然如此，他在三十九歲以前的述作之中，關於戒律方面，幾乎都是在三十九歲以後經過再治或訂正，因此對於其早期的思想，並不多見。智旭自己稱述序〉：

的重要資料，都是在三十九歲以後所述作。就這一點，他在四十八歲的〈大悲壇前願文〉㊲、五十二歲的〈占察疏自跋〉㊳，以及五十四歲的〈楞伽義疏後自序〉㊴文中所述說的著作名稱，列表介紹如次：

公元	年齡	書名	卷數	資料根據		
				大悲壇前願文	占察疏跋	楞伽義疏後序
一六三七	三九	梵網經玄義	1	○	○	○
一六三七	三九	梵網經合註	7	○	○	○
一六三九	四一	大佛頂經玄義	2	○	○	○
一六三九	四一	大佛頂經文句	10	○	○	○
一六四七	四九	成唯識論觀心法要	10	○	○	○
一六四七	四九	相宗八要直解	8	○		
一六五〇	五二	妙法蓮華經台宗會義	16	○	○	○
一六五〇	五二	占察善惡業報經玄義	1	○	○	○
一六五〇	五二	占察善惡業報經義疏	2	○	○	○
一六五〇	五二	重治毘尼事義集要	17			○
一六五二	五四	楞伽經玄義	1	○		○

一六五二	五四	楞伽經義疏	9	○		○
一六五三	五五	大乘起信論裂網疏	6			○
一六五四	五六	閱藏知津	44	○		○
一六五四	五六	法海觀瀾	5	○		○

上述三種資料中所記載的智旭重要著作，合計有十五種、一百三十九卷。這些文獻，實際上已經網羅了智旭思想的整體。歸納起來，有《梵網經》、《楞嚴經》、《法華經》、《占察經》、《楞伽經》等五種經典的釋論，以及《唯識》、《起信》兩種論典的釋論。其宗教實踐的基礎是《重治毘尼事義集要》，教理立論的思想基礎則是《大佛頂首楞嚴經》；而《唯識》與《起信》二論，則是智旭發揮性相融會論為目的而撰著的釋論。

至於《閱藏知津》和《法海觀瀾》二書，是智旭貢獻畢生的藏經提要與閱藏指導的著作。但從智旭思想的整體而言，應該把《阿彌陀經要解》一卷、《大乘止觀釋要》四卷，以及《教觀綱宗》一卷，也包括在他的重要著作之中。

三、關於尚未完成的釋論書目之研究

未完成的釋論書目　由智旭的文獻及成時撰著的〈八不道人續傳〉所示，在智旭的著書中，尚未具體完成的有二十二種。茲為理解智旭思想的整體，列示其尚未作成的書目如下：

(1)〈八不道人傳〉（《宗論》卷首，四頁）

(2)〈大悲壇前願文〉（《宗論》一，四卷一一頁）

(3)〈閱藏畢願文〉（《宗論》一，四卷一二頁）

(4)〈楞伽經義疏閣筆後序〉（《卍續藏》二六卷，一六五頁D）

(5)〈復錢牧齋〉（《宗論》五，二卷二〇頁）

(6)〈八不道人續傳〉（《宗論》卷首，六—七頁）

接著，再就這六種文獻，查考其尚未完成的著作性質，列示其書目如次：

書目	(1)	(2)	(3)	(4)	(5)	(6)
圓覺經新疏	○		○	○		○
維摩經補疏	○		○	○		○
普賢行願品續疏						○
地藏十輪經解		○				○
地藏本願經疏			○			○

書目	(1)	(2)	(3)	(4)	(5)	(6)
無字法門經疏						○
藥師七佛經疏						○
十善業道經解						○
十二頭陀經疏						○
四阿含節要						○

觀經疏鈔錄要		○	○			○
無量壽如來會疏		○				○
金光明最勝王經續疏						○
仁王經續疏						○
摩訶止觀輔行錄要						○
賢護經解		○				○
同性經解						○
發菩提心論解						○
僧史刪補			○			○
緇門寶訓			○			○
續燈錄					○	
大涅槃經合論		○	○			○
合計 22	2	5	7	2	1	21

由表列的事項得知，在這二十二種未完成的著作中，屬於智旭本人的文獻，是《圓覺經新疏》和《維摩經補疏》兩種，看到過三次；以及《觀經疏鈔錄要》和《大涅槃經合論》兩種，看到過兩次。其他的《地藏十輪經解》、《無量壽如來會疏》、《賢護經解》、《地藏本願經疏》、《僧史刪補》、《緇門寶訓》、《續燈錄》等七種，各看到過一次。另在成時撰的〈續傳〉，除了《續燈錄》外有二十一種。因此，在智旭本人，視為最重要的有《圓覺經新疏》及《維摩經補疏》兩種。

一般學者都把智旭做為屬於天台宗的人物來評論，但以天台智顗「三大部」與「五小部」作基礎來考察智旭的著作，卻少之又少。特別是在先前所列述智旭的重要著作中，與

《法華經》有關的只有《法華會義》而已，這是依據《法華文句》和《文句記》而撰作的。另外，雖然也有《法華玄義節要》，但並非他的重要著作，而《摩訶止觀輔行錄要》畢竟尚未完成。另與「五小部」有關的《金光明經續疏》和《觀經疏鈔錄要》二書，也是只見書目而尚未述論。

與天台宗有關的著作　茲就以上列述的二十二種尚未作成的書目加以研究的結果，可以分類為與天台有關，以及天台關係以外的兩類。智旭對於天台宗祖師的態度，是有條件的尊敬。是即在與天台有關的學德當中，他只以南嶽慧思、天台智顗、章安灌頂（五六一—六三二）、荊溪湛然、四明知禮等五位為其尊崇的對象。對這五人的著書中，最具關注的當有以下的六種：

(1)《維摩經補疏》　這是針對天台智顗的《維摩經玄疏》而加以補充的[40]。智旭對高麗諦觀的《四教儀》，向來不滿[41]。諦觀傳來的《四教儀》本是演繹天台大師《四教義》的著作，是從天台智顗的《維摩經玄疏》中，把「四教義」、「四悉檀」、「三觀義」分支出來。所以，智旭撰著《維摩經補疏》的目的，或許不只是發揮其「四悉檀」和「三觀義」，推想可能是反駁諦觀的《四教儀》。

(2)《大涅槃經合論》　章安灌頂述作有《涅槃玄義》和《涅槃疏》，荊溪湛然也著有

《涅槃後分疏》；而荊溪的門下元皓，也有《涅槃經》的註和科文的撰作。另有智雲、道進、行滿三人，也都分別撰著《涅槃經》的註疏。因為天台宗與《涅槃經》的經說具有深遠的關係，所以智旭才想模仿李通玄作的一百二十卷《華嚴經合論》、袁宏道作的十卷《西方合論》的論題名，準備述作《涅槃經合論》。

(3)《觀經疏鈔錄要》　一如題要的文字所示，它是節錄智者大師的《觀無量壽經疏》，以及四明知禮的《觀無量壽經疏妙宗鈔》兩部書的要點所作的計畫。

(4)《金光明最勝王經續疏》　這可能是繼承智者大師的《金光明玄義》和《文句》，以及四明知禮《金光明玄義記》和《文句記》之作。但當初天台大師所依用的是北涼曇無讖譯的四卷本《金光明經》，智旭把它重作改寫，計畫把唐義淨譯的十卷本《金光明最勝王經》加以註釋。

(5)《仁王經續疏》　這是智者大師遺留下來的《仁王般若經疏》，智旭準備繼承此項文獻，並發揮其新義。

(6)《摩訶止觀輔行錄要》　這是節錄智者大師的《摩訶止觀》和荊溪湛然的《摩訶止觀輔行》兩部書的要點。事實上在智旭的觀點，《摩訶止觀》遠不及《大乘止觀法門》重要。他在四十四歲時，曾有《大乘止觀釋要》的述作；又在四十七歲[42]和五十一歲[43]作了兩次的講解，卻未曾從事《摩訶止觀》與《輔行》的輯要。對於所謂天台「三大部」，他依《法華玄義》，作成二卷本的《妙玄節要》；又依《法華玄義》和《法華文句》，作成《法華綸貫》一卷；再依《法華文句》和《法華文句妙樂記》，撰成《法華會義》十六卷。而關於《摩訶止觀》方面，他直到最後始終並無所發揮。

其他　與天台宗無關而尚未作成書目的有十六種，其中涵蓋有華嚴、禪宗、淨土，以及地藏和藥師信仰等大小乘典籍。

(1)《圓覺經新疏》的敍述　就《圓覺經》而言，天台學者的註釋書可謂不少。例如四明門下廣智系的柏庭善月（一一四九—一二四一）有《圓覺經略釋》；南屏系的竹庵可觀（一〇九二—一一八三）有《圓覺經手鑑》，同一法系的澄覺神煥（生歿年不詳）也有《圓覺經疏》；以及慈室妙雲（生歿年不詳）的《圓覺直解》、古雲元粹（生歿年不詳）的《圓覺經集註》，乃至印海子實（生歿年不詳）的《圓覺文句》等文獻。但現存的部分，只有元粹的《集註》而已。

因此，這些天台學者的《圓覺經》註釋書，相信對智旭並無任何影響；假定說有，可能是針對華嚴宗五祖圭峰宗密的《圓覺經略疏註》，智旭準備撰述《新疏》來表達其不同的見地。因為他在三十七歲時所撰著的《盂蘭盆經新疏》，其目的就是對宗密的《盂蘭盆經疏》表示異議。由此一事例來看，相信其《圓覺經新疏》也是採用同樣的立場。在《盂蘭盆經新疏》中，宗密對於《盂蘭盆經》的論斷是「人天乘所攝，在小乘藏中」[44]，而且強調那是大乘方等教的菩薩藏所收攝[45]。把一切方等大乘經典都判定為圓教的智旭，對於華嚴教判則採批判的態度，因此他對宗密把《圓覺經》判屬為終、頓二教的教判[46]，抱持反感的態度，想亦事屬當然。

(2)《普賢行願品續疏》　是就《華嚴經》中的一品——〈普賢行願品〉，華嚴宗的四祖清涼澄觀遺著有十卷的《華嚴經行願品疏》。他對澄觀的態度，由〈儒釋宗傳竊議〉[47]及〈十八祖像贊〉[48]可以看得出來，表示相當程度的敬佩。此外，智旭以普賢菩薩的十大願和地藏菩薩的因地本誓，做為大菩提思想的最高依據，所以他才依澄觀的《疏》立志為之述作《續疏》。

(3)《地藏十輪經解》及(4)《地藏本願經疏》　這兩部書的著作，是基於智旭的地藏信仰。他在二十歲時聆聽《地藏本願經》，開始成為真正佛教信仰者。後來則以《占察善惡業報經》為中心，作成《占察經行法》、《占察經玄義》及《占察經義疏》。另據智旭的〈九華地藏塔前願文〉所示，他分別向《地藏本願經》忉利勝會的地藏菩薩和《地藏十輪經》大集勝會的地藏菩薩，以及《占察經》六根聚會的地藏菩薩，各燃臂香以為供養㊾。因此，他於闡揚《占察經》之餘，亦想要完成地藏三部經的解釋書。

(5)《無量壽如來會疏》　是唐代菩提流志譯的《大寶積經》第五會，亦即想把收錄在第十七、十八卷的部分加以註釋。《無量壽如來會》的內容，實際上就是曹魏康僧鎧譯的《無量壽經》二卷的再譯而已。它與劉宋畺良耶舍譯的《觀無量壽佛經》，以及姚秦鳩摩羅什譯的《阿彌陀經》，同被稱為「淨土三經」。針對這些，智旭就《阿彌陀經》已經述作有《要解》，對於《觀無量壽佛經》方面也想述作《觀經疏鈔錄要》。關於《無量壽經》的註釋書方面，印度世親的《無量壽經優婆提舍》，則有隋代慧遠的《義疏》二卷和吉藏的《義疏》二卷等三種疏。

但是，有關《無量壽如來會》的註釋書，到目前尚無論述問世，因此智旭曾計畫加以註釋。在此必須一提的是，智旭在註釋經論時的態度。例如他的《大乘起信論裂網疏》所依據的就不是真諦的譯本㊿，而是實叉難陀的譯本，這也未必是智旭對新譯持具什麼偏見。在智旭的態度，如果一種經論同時新舊兩譯都沒有註釋書時，他寧採舊譯本而予註釋；如果舊譯本已有註釋書時，則只註釋新譯本。

(6)《賢護經》　是《大寶積經》卷一百九與卷一百一十所收錄。這與隋開皇十一年（五九一）闍那崛多譯的《賢護長者會》是同本，異譯本則有後唐高宗永隆元年（六八〇）地婆訶羅譯的《大乘顯識經》二卷，這是單純地說示六界與六入的經典。尤其是對六界中的識界，於六入中的意識之外，並且說示真如法性是常住不變的。可能是智旭依據他的「現前一念心」思想，把第六識認作是一切觀行的最初根本，所以才興意想要解釋本經。

(7)《大乘同性經》[51] 是《一切佛行入智毘盧遮那說經》的另一稱呼，於北周天和五年（五七〇）由天竺三藏闍那耶舍所譯出。此經的新譯，則是唐永隆元年（六八〇）地婆訶羅譯的《證契大乘經》二卷。所謂「大乘同性」亦稱「大智同性」，是契入眾生實相，或契證七菩提分實性的意思。就這一點，應須留意的是：像破戒者的癡人，如得正信而直心純淨，便能得生善處的稱述，相信這是在暗示他力教的功能。至於本經所說的十地思想，則與《華嚴經》不同，它於聲聞、辟支佛各有十地，進而於如來也有十地。在智旭而言，因為他的破戒意識很強，所以仰賴他力教的傾向也很明顯，而且他想要統合種種異說的希望也非常濃厚，因此才立志要註釋《大乘同性經》。

(8)《大乘遍照光明藏無字法門經》[52] 這是在唐儀鳳元年到垂拱四年（六七六—六八八）之間，由地婆訶羅所譯出，其內容是說示滅除貪欲、瞋恚、愚癡、我執、懈怠、睡眠、染愛、疑惑、無明，守護五戒十善，理解諸法無自性與無文字。行者如能致此，則臨命終時當能得見阿彌陀佛，當能得知釋迦牟尼佛常住靈山。本經是只有一卷本的短經，內容也非常精簡，其修道論、本體論，尤其是它所暗示的阿彌陀佛極樂世界和世尊的靈山淨土，特別值得注意。因此，引起智旭想要註釋本經的心態，當不難了解。

(9)《藥師琉璃光七佛本願功德經》二卷53　這是義淨於唐神龍二年（七〇七）所譯出。在這之前，有隋代達摩笈多譯的《佛說藥師如來本願經》，唐代玄奘譯的《藥師琉璃光如來本願功德經》，乃至東晉帛尸梨蜜多羅譯的《灌頂經》第十二卷（亦名《佛說灌頂拔除過罪生死得度經》）三種譯本，其內容都是相同的54。這些經中，都載述藥師如來的十二大願。現行的《藥師琉璃光七佛本願功德經》，其上卷也記述七佛的各自大願。七佛之中的第七尊藥師佛，就其十二大願，和達摩笈多及玄奘譯的兩種經本相比較，因為都是一致的，推想這部《藥師七佛經》，可能就是上述三種譯本的大本《藥師經》55。本經的西藏譯本猶存於世，其比較對照本，載錄在《甘殊爾勘同目錄》的第一百三十五編號。因此，望月信亨的《仏教経典成立史論》中的《藥師經》疑偽之說56，就有再加探討的餘地了。

有關《藥師經》的註釋書，唐代新羅太賢（七四二—七六四？）依據玄奘的譯本，註譯有《本願藥師經古跡》二卷57。另，窺基（六三二—六八二）有《藥師經依》一卷，圓鏡有《藥師經義玄鈔》四卷及《科》一卷，靈耀（一六八三—？）也有《藥師經直解》[58]的註釋書。但是，現存在世的只有《古跡》與《直解》兩種註書而已。此外，另就義淨的二卷本《藥師七佛經》而言，在智旭以前的時代裡，尚未見有註釋書的問世。智旭在二十歲時，基於延壽信仰，雖曾禮拜過《藥師妙典》[59]，但這部典籍並非為宣揚而註釋，因此才意想以義淨譯的經本，撰作疏解以資弘揚。

(10)《十善業道經》[60] 這是《海龍王經》卷三和〈十德六度品〉[61]的抄譯，與後宋施護譯的《佛為沙曷羅龍王所說大集法經》是同經異譯[62]。這部經雖是經集部的典籍，但智旭在《閱藏知津》卷三十二及《法海觀瀾》卷一，卻把本經攝屬在大乘律典，並為之撰述《十善業道經節要》[63]，這正顯示十善法是大小乘戒律的基礎。所以，若能圓滿行踐十善法，不只可得無量功德，也能使得十力、四無畏，乃至十八不共法等一切佛法利益，皆得圓滿[64]。因此，智旭才興意加以註解。

(11)《十二頭陀經》[65] 這是在劉宋元嘉十二年至二十年間（四三五—四四三），由求那跋陀羅所譯出，為世尊對迦葉尊者說示十二種阿蘭若處是必修的生活規範。其內容是以十二頭陀行來防止心為散亂所奪，從而產生禪定功德，滅除諸相，證入如實智，成就阿羅漢，乃至可得大乘菩薩的十地滿足。十二頭陀行雖然是比丘生活所應實踐，但本經以往尚乏註譯、宣揚的先例。因此，一向高倡護持比丘生活精進的智旭，對此經常予講論66。基於上述各項理由，智旭亟想作疏，以資弘揚。

(12)有關四阿含經典　智旭在《閱藏知津》中指出：《增壹阿含經》五十一卷，是闡明人天因果；《長阿含經》二十卷，是破邪見；《中阿含經》六十卷，是宣明甚深義理；而《雜阿含經》五十卷，則是說示禪法。另在智旭的法語〈示閱藏四則〉，就閱讀藏經的次第，設有律藏、四阿含、天台教典、諸經論等四個階段。因為四阿含是「了正因緣境，為圓妙三觀之本」67，因而興意萃取其精華而著論。

(13)《發菩提心論》68　是世親所造，為鳩摩羅什所譯，有二卷十二品。它是以大乘思想為出發點，發菩提心為中心而記述的修道思想。在其〈發心品〉第二，列述發菩提心有四緣：一、思惟諸佛發菩提心，二、觀身過患發菩提心，三、慈愍眾生發菩提心，四、求最勝果發菩提心。於其〈願誓品〉第三，記述：「發心菩薩住乾慧地，先當堅固發於正願，攝受一切無量眾生。我求無上菩提，救護度脫令無有餘，皆令究竟無餘涅槃，是故初始發心大悲為首。以悲心故能發轉勝十大正願……六波羅蜜是菩提正因，四無量心三十七品諸萬善行，共相助成。」乃至第四品至第九品，則以各波羅蜜為中心，說明修菩薩的德目。

接著，第十品的如實法門是闡述實相、一相、無相的第一義諦。第十一品的空無相說示空與信，以及菩薩所修的諸忍是無生法忍、信忍、順忍等。因之第十及第十一兩品，是明示禪觀行的理論及其修持的方法。對智旭而言，大菩提心是他的根本精神[69]，而且既持此一「教觀雙修」[70]的理想，發心解釋這部《發菩提心論》，也是理所當然。

(14)《僧史刪補》　這可能是針對宋贊寧撰的《大宋僧史略》[71]三卷，計畫加以刪正和補充。

(15)《緇門寶訓》　作者認為是：宋代的淨善重集有《禪林寶訓》[72]四卷；明代如巹有《續集緇門警訓》[73]十卷。其中，後者的記述，智旭屢加引用在《重治毘尼事義集要》裡，他可能是打算重新編集類似的書籍。

(16)《續燈錄》　智旭在〈復錢牧齋〉[74]的書簡中表示，他花費了三、四年的努力，蒐集明朝的禪宗語錄，想要編成這部《續燈錄》，遺憾地是並未告成。

小結　在以上尚未完成的二十二種書目當中，必須留意的是：凡是於舊疏持具異義論調，則以「新疏」的方式述作；凡是依循舊疏而陳述新義的情形，則以「續疏」來命名；凡是依循原書而節錄其要點，則稱為「錄要」或「節要」；凡是一向未見有註釋書的經論而加以闡述時，則以「解」或「疏」來標示其題目。智旭在閱讀《大藏經》期間，偶爾也會發現應加註釋的典籍，但一般人對於這項問題並不關心，這一類的事，他在《閱藏知津》中經常提述。因此，在這二十二種書目當中，直到智旭的時代，尚未作註釋書的部分即占十一種。

第三節　靈峰蕅益大師《宗論》的研究

一、《宗論》的編成及現存其他版本

七種文集　依堅密成時所說：所謂《宗論》，除前述的釋論外，乃總括智旭其餘一切文章。智旭滅後，其弟子堅密成時將他的七種文集重新編纂而後問世，即《靈峰蕅益大師宗論》三十八卷者是。就這一點，成時在〈宗論序〉中，作了如次的說明：

> 諸疏外，稿有七部，今輯為全書，以文為類。原在稿外別行者，亦以次收入。按三藏，凡高僧撰述，悉入阿毘曇論藏，而有二種：專釋一經者，曰釋論；概宗十二部經，自成名句文者，曰宗論。今以釋論，收靈峰諸疏；而七部稿總以宗論收之，合十大卷，分三十八子卷。（《宗論》卷首，三頁）

成時把智旭的著作分成兩類：諸疏歸屬於釋論，其餘疏外的七種文集，以及集外的單行本著述，依照順序編入《靈峰蕅益大師宗論》，而且將此略稱為智旭的《宗論》。但在成時的序文裡，對於「七部稿」各自的書名並未加以說明，是智旭自己在著述中，詳細地明示這些書名及其成書的年代。茲為便於閱覽，就有關的資料列表以示：

七種文集名稱資料一覽表

成書順序	成書年齡	資料名稱			
		西有寱餘自序[75]	西有寱餘自跋[76]	幻遊襍集自序[77]	幻住襍編自序[78]
1	三八	淨信堂初集			
2	四〇	絕餘編			
3	四四	閩遊集			
4	四九	淨信堂續集			
5	五〇	西有寱餘			
6	五四		西有寱餘續編		
7	五六			幻遊襍集	
8	五七				幻住襍編

既如上表所示，實際上有八種文集，但是成時何以卻謂「七部稿」呢？就這一點，可能是智旭在編成其最後的遺作——《幻住襍編》後，不久即示寂，因而未能出版，以致成時未及見此既成的文集。

此外，有關各文集的內容與卷數的記載，在《宗論》中均無所見。尤其是成時在編集《宗論》時，各文集的版模已經毀壞，各項文前或文末所記載的作成年月日已抹銷。據智旭現存的釋論諸書的序文和跋文的文末，都曾記載作成年月日的記述，而且在現存的文集《絕餘編》[79]卷一，其所載錄的願文也都有年月日的記載。

現存的別種單行本　先前舉的七種或八種文集之中，其現存的別種單行本，只有《絕餘編》四卷而已。另在《昭和法宝総目録》第二冊的三二四頁中欄第十四行，雖有《淨信堂》八卷的記載，但事實上此本已經散佚不存。就這一點，在康熙二十四年（一六八五）樵李鳳鳴講寺的德成所述作的〈閱藏知津跋語〉，寫有如次的記載：

> 我祖靈峰蕅益大師，一生著述最富，板存楞嚴（寺）者，有三十餘種，其間如《淨信堂初集》八卷、《淨信堂答問》一冊，皆板壞不復存，餘可知矣。（《閱藏知津》四四卷，一九頁）

從這項記述可知，《淨信堂初集》八卷及《淨信堂答問》一冊，其木版迄今已三百餘年，而且已朽壞。智旭在五十六歲時述作的《幻遊襍集》，由其自序可得知，那只是不到四十張紙面的薄本，其內容也不甚明瞭。其他有關的五種文集，雖亦集錄在《宗論》之中，但其具體的分類、內容、分量都不得而知。而且《宗論》中收錄智旭著作的別種單行本，其中現存的有文集之一的《絕餘編》三卷、《淨信堂答問》三卷[80]、《蕅益三頌》一卷[81]，以及《梵室偶談》和《性學開蒙》各一卷[82]。其中除了《絕餘編》之外，都不是所謂的「七部稿」，只是別種單行本而已。

《宗論》與別種單行本的對照比較　現存八篇答問體的著作《淨信堂答問》，雖然未被視為七種文集之一，卻被收錄在《宗論》第二冊和第三冊。把這兩本書加以比對，《宗論》的文章表達是相當精簡的，有不少文句已被刪削。就這一點，究竟是智旭在晚年自己所修正？或是編集《宗論》的成時所刪削？依然無法明瞭。依常識來判斷，做為弟子的成時，其刪削為師的著作等情事可能性很小，但也不能說絕對沒有。不僅如此，在現存的五種單行本中，與現行本《宗論》[83]完全一致的只有《蕅益三頌》而已。與其他被收錄在《宗論》裡的《梵室偶談》、《性學開蒙》和《絕餘編》三種文獻相比較，在《宗論》方面，其被刪削或精簡的痕跡，非常明顯。舉其內容一一加以對照如次：

《梵室偶談》與《宗論》的對照：

《梵室偶談》	《宗論》
古人有云，只貴子見地，不問子行履。蓋謂有見地者，必有行履；有行履者，未必有見地也。今乃自負狂解，而蕩德喪檢，嗚呼，痛哉！（《梵室偶談》卷頭）	只貴子見地，不貴子行履，謂有見地，必有行履；有行履，未必有見地也。今負狂解，而蕩德喪檢，痛哉！（《宗論》四，三卷一頁）

《性學開蒙》與《宗論》的對照：

《性學開蒙》	《宗論》
初就儒典消釋者，舊註以尊德性為存心，道問學為致知，雙舉其綱。而以致廣大，極高明，溫故，敦厚，攝屬存心。以盡精微，道中庸，知新，崇禮，攝屬致知。雖云大小相資，首尾相應，究竟只如兩物相需，欠一不可，未是一貫宗	初就儒典消釋者，朱註以尊德性為存心，道問學為致知，以致廣大極高明溫故，敦厚屬存心，以盡精微道中庸，知新崇禮屬致知。如兩物相需，未是一貫宗旨，所以偏重偏輕，致成大諍。（《宗論》三，二卷一七頁）

旨。所以偏重偏輕，致成大諍。

（《性學開蒙》一頁）

《絕餘編》與《宗論》的對照：

故退戒一事，雖痛心於歸師之負盟，亦以為今比丘則有餘，為古沙彌則不足。寧捨有餘以企不足也。來翰謂法門中事，大可痛心！……（以下尚有百五十四字，《絕餘編》三卷一五—一六頁）	退戒一事，亦以為今比丘則有餘，為古沙彌則不足，寧捨有餘企不足也。（以下內容全刪。《宗論》五，一卷一九頁）

《淨信堂答問》與《宗論》的對照：

病臥深山，久忘人世，二三同志，猶復不相捨離。乃力疾為商梵網楞嚴二經要義。其於乘戒源頭，性修	病臥深山，力疾商梵網佛頂，乘戒源頭，性修旨趣，圓通根本，常住妙理，和盤托出矣。然根節所聚，

旨趣，圓通根本，常住妙理，亦既和盤托出矣。然根節所聚，窾會所關，非假問辨，曷窮其致？而聽者皆不違如回，曾無有發一言以啟予者，豈果洞然，無復可問，抑或未知所以問耶？（《淨信堂答問》一卷一頁）

窾會所關，無有發一言啟予者，豈未知所以問邪？（〈壇中十問十答〉有引。《宗論》三，二卷四頁）

既如上述，再就《宗論》被精簡的部分加以考究，並不只是文字的精簡與洗練，其文意與文勢也作了相當程度的簡略化。這件事，就認識智旭的思想層面上來說，雖然並不具有大的影響，但從智旭的傳記資料看來，我認為確實具有很大的缺憾。又於《蕅益三頌》的成立年代，在〈八不道人傳〉中已很明確，是智旭四十二歲的著作，本書的內容與《宗論》是完全相同的。就此一問題，應是在他四十六歲的春季，重新刻版這部《三頌》時[84]，親自加以修正的。現存的《三頌》單行本，收錄在駒澤大學圖書館《明版大藏經續藏》第四十套第八本中。因此，在這以外的四種單行本，都是智旭在世時所出版，可能就是依照初版的原樣，並未加以修正。其中就《梵室偶談》、《性學開蒙》、《絕餘編》三種文獻，雖然並未載示其出版的年代，相信是在中國出版的原版書籍，是可以肯定的[85]。

《淨信堂答問》考

《淨信堂答問》這部書名，在智旭的文獻裡雖未曾一見，卻記載於德成的〈閱藏知津跋〉。智旭寂後三十年，從本書的木版已呈朽壞一事來考量，本書的初版發行可能是智旭還健在於世[86]。現存的書本，是日本天和三年（一六八三）「東洞院通六角下町山口忠右衛門富次刊行」的複刻本，此時約當智旭滅後的第二十七個年頭。但是，其次的一項問題是，智旭的著作和《宗論》的編集人——成時的文章，在他們現存三卷本裡，都找不到《淨信堂答問》的書名，看到的只是《淨信堂初集》和《續集》的書名而已。因此，《答問》與《初集》及《續集》之間，究竟存在著什麼關係，於此略加探討。

一如上述，《淨信堂初集》有八卷，而現在的《淨信堂答問》則僅三卷。由此看來，《初集》與《答問》不可能是同一部書。另就有關《淨信堂續集》的資料，雖然不夠充分，但只有像《絕餘編》那樣的文集，是可以肯定的。因此，《絕餘編》中所收錄的雖是智旭三十八歲春末到四十歲初秋的著作[87]，但他在三十九歲作成的〈壇中十問十答〉一文，卻未收錄在《絕餘編》裡；也就是說，以答問體裁的重要文章，並未收錄在他的文集裡。

因此，文集裡的《淨信堂續集》，當然不是專為編集答問體裁的文章，而且其重要韻文體的《蕅益三頌》，雖被收錄在《宗論》裡，卻不包括在智旭的七種文集中。因為智旭把這部《三頌》看作是獨立著作的一種，所以在其〈八不道人傳〉中，特意列舉《三頌》這部重要著作。因此，由答問體裁的主要文章所編成的《淨信堂答問》，可能在最初即未被收錄在文集之中，而且也可能是像《三頌》那樣，或許是另外出版了單行本。

再就以答問的署名「北天目蕅益比丘智旭著」來考量，當可推測其編成年代，是在智旭四十七歲或四十八歲年間。因他在四十七歲的元旦，依《占察經行法》再度獲得比丘的身分；在四十八歲時所述作的〈丙戌生辰驟雨初霽偶成〉詩偈，有「法門小比丘」[88]的自稱實例；而與此同一年代的〈占察行法願文〉，也自稱「比丘智旭」[89]。爾後，直到他入寂的九年之間，根本沒有自稱比丘的事例[90]。再者，在他四十七歲時所述作的《周易禪解》，其署名方式則是「北天目道人蕅益智旭著」。智旭使用名稱「北天目」者，在他的釋論諸書中，只有四十七歲、五十三歲、五十五歲和五十六歲時的五種著書而已。另外，其使用「著」的字眼，只有四十五歲時的《闢邪集》，以及四十七歲的《周易禪解》兩部書。從這些事體看來，由於用的是「北天目」、「蕅益比丘」和「著」的署名方式，當可推測是智旭在四十七歲或四十八歲時，編集成《淨信堂答問》一書而予出版。

此外，在《答問》中所收錄的唯識相關文獻，只有智旭在四十六、七歲述作的〈示講堂大眾觀心法要〉。在他五十歲以後所完成的〈答成唯識論十五問〉，其答問體裁的部分，並未收錄在《答問》之中。由此看來，其《淨信堂答問》的編成年代，當在智旭四十七歲到五十歲之間，是很明顯的。

單行本的成立年代　在《梵室偶談》的題名之下，記載著「門人果海錄」字樣。這位果海比丘，是在智旭三十歲那年，因新伊法師的示意[91]，才開始隨侍智旭的徹因[92]。因此，《梵室偶談》當是智旭三十歲那年所述作。而《性學開蒙》是智旭三十九歲時作成的〈壇中十問十答〉中，就第四問答再重新加以敷演的。依此當可推定，該是與其同一年代的作品。實際上，如把《梵室偶談》的署名「古吳沙門智旭」，以及《性學開蒙》的署名「方外史旭求寂」，按年代順序，與他各種釋論諸書的署名加以比對其差異，已略可相呼應。因此，《宗論》所收錄的現存單行本，如果以其成立年代加以整理，當如次表所列：

五種單行本的成立年代一覽表

公元	年齡	書名	卷數	性質	署名方式	備考
一六二八	三〇	梵室偶談	1	別本	古吳沙門智旭著	收入《宗論》四，三卷一—一七頁
一六三七	三九	性學開蒙	1	別本	方外史旭求寂撰	收入《宗論》三，二卷一六—二六頁
一六三八	四〇	絕餘編	4	文集	蕅益道人智旭著	原書已毀，今依文類編入《宗論》
一六四〇	四二	蕅益三頌	1	別本	菩薩沙彌古吳智旭述	收入《宗論》九，一卷一—二二頁
一六四五—一六四八	四七—五〇	淨信堂答問	3	別本	北天目蕅益比丘智旭著	收入《宗論》二或三

二、《宗論》所錄文獻的分類

推論《宗論》內容的年代　關於《靈峰蕅益大師宗論》的組織分類，其編集者成時在〈宗論序說〉曾有「文以類出，取便耳，非以文體」[93]的說明。這是說《宗論》的編集組織，不是依文章的體裁分類，而是以文章內容的類似而分類的證據。因此，在願文之類也包括偈、啟、疏等，在法語之類有《唯識心要》的語錄，在茶話之類則有示念佛三昧和念佛法門等的論文。而且這些文獻的先後編集次序，未必就是以述作的年代順序為依準。

例如「序」類的〈周易禪解自序〉（四十七歲作）及〈大佛頂經玄文後自序〉（四十一歲作）的倒置，〈西方合論序〉（五十三歲作）及〈法華經台宗會義自序〉（五十一歲作）的倒置；「題跋」類的〈重刻蕅益三頌自跋〉（四十六歲作）及〈性學開蒙自跋〉（三十九歲作）的倒置，〈阿彌陀經要解自跋〉（四十九歲作）及〈周易禪解自跋〉（四十七歲作）的倒置。而在「頌」的方面，把《蕅益三頌》（四十二歲作），放在〈白牛十頌〉（三十歲作）之前的編列方式等事例，都是不一而足。因此，是編者成時把著作年代刪除的可能性非常之高。

《宗論》的整體，約有二十八類，七百九十七篇。其中可以推定年代的，只有二百五十篇。智旭作品的年代及其思想發展過程，具有非常密切的關係。時至今日，最易推定其年代的，就是「願文」類的五十七篇，都是已經完成的；最困難的，則是「法語」類的一百六十六篇，這一部分，可能已是渺無指望了。

另就「答問」類的三十篇中，大約有三篇是可以推定其年代的。但在「書柬」類的五十三通之中，只有二十四通可以推定其年代；而在「像贊」類的四十一篇之中，僅有一篇可以推定其年代。所幸在「序」類的七十五篇當中，有三十六篇可以推定；在「詩偈」類的一百六十六篇之中，也有六十九篇已被推定出年代。在「願文」類中所顯示的，該是智旭的佛教信仰及其所實踐的佛教思想。而其「法語」、「答問」、「書柬」之中所表現的，則是智旭的教學思想。另在「序文」類中所列示的，是著作年代的順序，以及當時得到智旭所贊同的流行新作品，甚至人物等。而在「像贊」類中所表述的，則是智旭衷心所私淑或敬意的佛、菩薩、羅漢、高僧、緇素道友等的名號、功德，乃至景慕其豐功偉業。此外，在「詩偈」類所表述的，則是智旭的生活情趣及生活背景。

準上所示，如對智旭佛教生活的信仰行為，就其階段的形式加以分析，雖然已很明瞭，但若要對其教學思想的年齡順序再加以分類，未免稍有困難。但多達三十八卷的《宗論》，實際上可以稱是智旭思想整體的綜合篇，如果再將《宗論》加以精密地研究，即使不能遍讀其現存五十種所謂的釋論，也可以了解智旭的為人，乃至對其思想也會有若干程度的理解。

二十八種文類數量及年代推定的比率　為了研究與分析，就《宗論》二十八種文類在各篇數之中，可以推定其年代的篇數比率，列表示之如次：

編目順序	文類名稱	篇數	年代可推定的篇數	《宗論》卷頁數比較
1	願文	57	57	第一，一卷一頁—四卷一四頁（計七二頁）
2	法語	166		第二，一卷一頁—五卷二六頁（計一〇九頁）
3	答問	30	3	第三，一卷一頁—三卷三一頁（計九〇頁）
4	普說	3	3	第四，一卷一頁—一卷一〇頁（計一〇頁）
5	茶話	6	2	第四，一卷一〇頁—一卷二〇頁（計一〇頁）
6	說	17		第四，二卷一頁—二卷一九頁（計一八頁半）
7	文	3		第四，二卷一九頁—二卷二二頁（計二頁半）
8	偶錄	5	1	第四，三卷一頁—三卷一九頁（計一八頁半）
9	解	2		第四，三卷一九頁—三卷二一頁（計二頁半）
10	書柬	53	24	第五，一卷一頁—二卷二一頁（計四六頁）
11	論	4		第五，三卷一頁—三卷九頁（計八頁半）
12	辯	2		第五，三卷九頁—三卷一三頁（計四頁半）
13	議	1	1	第五，三卷一四頁—三卷一九頁（計五頁半）

14	記	6	1	第五，三卷一九頁—三卷二六頁（計七頁半）
15	緣起	6	3	第六，一卷一頁—一卷一〇頁（計九頁半）
16	序	75	36	第六，一卷一〇頁—四卷二七頁（計八四頁）
17	題跋	61	18	第七，一卷一頁—二卷二一頁（計四二頁）
18	疏	33	11	第七，三卷一頁—四卷一三頁（計三一頁）
19	傳	11	8	第八，一卷一頁—一卷二一頁（計二〇頁半）
20	壽序	13	3	第八，二卷一頁—二卷一六頁（計一六頁）
21	塔誌銘	2		第八，三卷一頁—三卷六頁（計五頁半）
22	祭文	7	1	第八，三卷六頁—三卷一三頁（計七頁半）
23	頌	11	5	第九，一卷一頁—二卷一一頁（計三一頁半）
24	銘	14	1	第九，二卷一一頁—二卷一四頁（計三頁半）
25	箴	1		第九，二卷一五頁（計一頁）
26	詞	1	1	第九，二卷一五頁—二卷一六頁（計一頁）
27	贊	41	1	第九，三卷一頁—四卷二三頁（計三九頁）
28	詩偈	166	70	第一〇，一卷一頁—四卷一七頁（計六四頁）

上表所列示的，是《宗論》全書十大卷、三十八子卷所收錄的二十八類七百九十七篇文章的分類比率。這雖然可以稱是除了釋論以外，該是智旭的全部著作，但事實上並不盡然。以現存的《絕餘編》與《宗論》加以對照，發覺《宗論》中，竟把智旭的著作剔除了不少。例如《絕餘編》中的「書柬」類有三篇，「題跋」類有兩篇，「疏」類有一篇，「祭文」類有兩篇，「銘」類有一篇，「贊」類有一篇，「詩偈」類有九篇，總計達十九篇的著作，是被收錄在《宗論》中；另有被輯錄在《絕餘編》中「山居篇」的詩偈，雖有一百零八首，但在《宗論》中，卻只收錄六十二首。這是智旭從三十八歲春季以後，直到四十歲秋季的兩年半期間裡所吟作。如以《絕餘編》為例，用以推量智旭一生的著作數量，相信在現存的《宗論》之外，已散佚的部分還相當多。就這件事，智旭本人有如次的記述：

甲午（一六五四）春，從武林菰城而入靈峰，屈指帀一歲中，大半禁絕應酬。唯今（同年）春，筆墨汗漫，而存稿十不及三。既臥藏堂，偶一簡視，不滿四十紙。（《宗論》六，四卷二二頁）

這是在他五十六歲述作的〈幻遊襍集自序〉中所記述的。據述可知，直到這年的春季，所傳留下來的也只有十分之三而已，另外的十分之七則均告佚失。準此，在現存《宗論》中所收錄的數量，可謂並非是智旭釋論以外著作的一切，是很明顯的。

三、《宗論》所錄文獻的成立年代

有關編次的年代　在《宗論》所收錄的二十八類之中，就年代的推定上，已經絕望的有九類，而一部分可以推定的有十六類，稍可判定的則只有「願文」、「普說」、「議」、「詞」四類而已。但其「願文」之外的「普說」、「議」、「詞」等三類，都各有一篇而已。就這三類，可以推定其年代的各有一篇。

其次，再將《宗論》中可以推定年代的，列舉以介紹其篇目、類別及現存卷頁；同時把獨存的《絕餘編》，又了解其年代的部分，一併編入在表中：

■編次年代一覽表

公元	年齡	日／月	篇　名	文類	內容摘要	《宗論》卷頁數
一六二一	二三	7／30	四十八願	願文	讚阿彌陀佛、觀音菩薩、大勢至菩薩	第一，一卷一—五頁

一六二三	二四		將出家與叔氏言別	詩偈	有「世變不可測，此心千古然」之句。	第一〇，一卷一頁
一六二四	二六	1／3	寄母	書柬	恐母日夜懸念，並勸母唯念佛求出輪迴。	第五，一卷一—二頁
一六二四	二六	12／22	受菩薩戒誓文	願文	萬劫受苦不退戒，萬劫受樂不破戒。願以持戒功德滅自他罪。	第一，一卷五—六頁
一六二五	二七		寄剃度雪嶺師	書柬	方今像季，有三可痛哭，三可哀愍。	第五，一卷二頁
一六二五	二七		上闍梨古德師	書柬	專精戒律，專精者，豈徒著衣持缽而已……，在常一其心，念無錯亂，謂依四念處行道也。	第五，一卷二—三頁
一六二五	二七		乙丑翻一筆句	詩偈	有「知幻即離，那有新和舊」之句。	第一〇，一卷一頁
一六二五	二七	夏	結制	詩偈	有「不須門外設三乘」之句。	第一〇，一卷一頁
一六二五	二七	秋	解制	詩偈	有「偃月譚了義，幽室病為藥」之句。	第一〇，一卷一頁
一六二六	二八		答茂林律主	書柬	泛論當時律學之謫妄。	第五，一卷三頁

一六二六	二八	6／1	丙寅季夏先慈捐世賦四念處以寫哀	詩偈	賦「四念處觀」四首。	第一〇，一卷二頁
一六二六	二八	夏	解制自弔示諸友	詩偈	有「出世大孝未有當，嗚呼今且為窮氓」之句。	第一〇，一卷二頁
一六二八	三〇		刺血書經願文	願文	血書大乘經律，為父母追善供養。	第一，一卷六頁
一六二八	三〇		書佛名經迴向文	願文	功德迴向，四恩三有。	第一，一卷六—七頁
一六二八	三〇		梵室偶談	偶錄	泛論禪教律一致，性相融會，參究念佛等。	第四，三卷一—一七頁
一六二八	三〇	春	戊辰春刺舌端血留別諸友八偈之二	詩偈	有「教觀功難尅，橫超念最賢」、「參究雖云頓，嗟今倍復難」之句。	第一〇，一卷三頁
一六二八	三〇	4／?	白牛十頌	頌	以天台六即義及大白牛車喻，釋十牛圖。	第九，二卷一—三頁
一六二八	三〇		白牛十頌自跋	題跋	抑祖師禪而揚如來禪。	第七，一卷六頁
一六二八	三〇		然香供無盡師伯文	祭文	有「台教存，佛法存；台教亡，佛法亡」之句。	第八，三卷六頁
一六二八	三〇		壽兄得廣參博訪圖賦贈	詩偈	有「執教逞空譚，依禪思多瞞」之句。	第一〇，一卷三頁

一六二八	三〇		過檇李東塔見人上堂有感二首	詩偈	有「宗乘頓逐東流下，觸目難禁淚滿腮」之句。	第一〇，一卷八頁
一六二九	三一	春	和歸一籌兄	詩偈	有「縱博萬場今日始，一塵便可注三千」之句。	第一〇，一卷三頁
一六二九	三一	春	惺谷壽得出家鬮將往博山薙髮	詩偈	有「春回頓改殘冬色，雪積逾增翠竹妍」之句。	第一〇，一卷三頁
一六二九	三一		已巳再閱律藏似歸一諸兄	詩偈	有「自愧非堅質，匡扶賴友朋」之句。	第一〇，一卷八—九頁
一六二九	三一		尚友錄序	序	自述與雪航、歸一、惺谷間之友誼關係。	第六，一卷一〇頁
一六二九	三一	1／15	為雪航檝公講律刺血書願文	願文	發十大宏願，願十法界眾生，同得解脫。	第一，一卷七—八頁
一六二九	三一		持咒先白文	願文	願正法復興，弊端盡革，同生安養。	第一，一卷八頁
一六二九	三一		禮大報恩塔偈	願文	誓護正法，不退菩提願，不失大悲心。	第一，一卷九頁
一六二九	三一	6／1	為母三周求拔濟啟	願文	願廣菩提願，廣菩提行，拔濟經生父母。	第一，一卷九頁
一六二九	三一		持準提咒願文	願文	願教觀禪那盡除流弊，靈山共睹，淨土同期托質。	第一，一卷一一—一二頁

一六二九	三一	6／1	為母發願迴向文	願文	願母罪淨盡，願代受十惡報，十界皆解脫。	第一，一卷九—一一頁
一六二九	三一		禮大悲銅殿偈	願文	仰大悲咒力，觀音地藏神力，護堅固信，發菩提心。	第一，一卷一二—一三頁
一六二九	三一		起咒文	願文	持楞嚴等諸咒，願淨戒根，化眾生，歸淨土。	第一，一卷一三頁
一六二九	三一	12／30	己巳除夕白三寶文	願文	願禪、教、律眾，皆以戒為師，如說修行。	第一，一卷一三—一四頁
一六三〇	三二		閱律禮懺總別二疏	願文	願禪、教、律並彰，彌陀攝受，莊嚴淨土。	第一，一卷一四—一六頁
一六三〇	三二		安居論律告文	願文	有「直昭正法善毘尼，偏破眾生惑業苦」之句。	第一，一卷一六頁
一六三〇	三二	6／1	為母四周願文	願文	有「居家多染，世孝非真」、「啟善友同體之悲，作淨土增上之行」之句。	第一，一卷一六—一七頁
一六三〇	三二	11／5	為父十二周年求薦拔啟	願文	啟請三寶，廣運慈悲，同垂濟拔。	第一，一卷一七—一八頁
一六三〇	三二	11／5	結壇水齋持大悲咒願文	願文	有「四十八願，僅托空言」、「悠悠歲月，病與業俱增」之句。	第一，一卷一八—一九頁

一六三〇	三二	11／5	為父迴向文	願文	願父速昇淨界，早悟寂光。	第一，一卷一九頁
一六三一	三三		楞嚴壇起咒及迴向二偈	願文	有「我念末劫苦，破戒為第一。毘尼若住世，正法永不滅」之句。	第一，一卷一九—二〇頁
一六三一	三三	1／?	毘尼事義集要緣起	緣起	淨土私淑蓮池，綱宗每懷紫柏。	第六，一卷一—二頁
一六三一	三三		續持迴向偈	願文	以大菩提心，持地藏咒，為禪思，持經、營福、持戒者除罪。	第一，一卷二〇—二一頁
一六三一	三三		重定授菩薩戒法自跋	題跋	比丘戒受法，應遵四分律。菩薩戒受法，宜酌梵網、地持、瓔珞，合成一式。	第七，一卷七頁
一六三一	三三		輓惺谷壽兄	詩偈	有「一句彌陀作大舟」之句。	第二〇，一卷一一頁
一六三二	三四		龍居禮大悲懺文	願文	有「觀淨土於目前，證菩提於當念」之句。	第一，卷二—二頁
一六三二	三四		結壇持大悲咒偈	願文	有「半身感楚酸」、「不惜身命財，唯宜一乘教」之句。	第一，二卷二頁
一六三二	三四		結壇持往生咒偈	願文	有「今以決定心，求生極樂土」、「先求疾到岸」之句。	第一，二卷二—三頁

一六三二	三四		結壇念佛迴向文	願文	有「悉共眾生，迴向安養」之句。	第一，二卷三頁
一六三二	三四		結壇禮大悲懺文	願文	願常讀三乘甚深法藏，……同開佛慧，性修交徹，頓證圓常。	第一，二卷三－四頁
一六三二	三四		補總持疏	願文	願滅罪增福慧，具諸戒品，共勗樂邦。	第一，二卷三－五頁
一六三二	三四		為父母普求拯拔啟	願文	稔知世孝非真。於出世大孝，反躬無似。	第一，二卷五頁
一六三二	三四		再禮金光明懺文	願文	普為眾生，求滅罪障，轉正法輪。	第一，二卷五－六頁
一六三二	三四		結壇禮懺並迴向補持咒文	願文	三無差別之理，十界不離一心，解佛性常住之宗，三世不移當念。	第一，二卷六－七頁
一六三二	三四		禮大悲懺願文	願文	悉嚴淨土，總向西方。成就十種身輪，廣度法界含識。	第一，二卷七－一〇頁
一六三二	三四		山中三首	詩偈	有「幻境冥無定，菩提志自堅」之句。	第一〇，一卷一二頁
一六三三	三五		禮淨土懺文	願文	有「快聞淨土，宜速知歸」之句。	第一，二卷一〇－一一頁

一六三三	三五	夏	西湖寺安居疏	願文	以淨戒真因，登淨土極果。	第一，二卷一一—一二頁
一六三三	三五	4／16	前安居日供鬮文	願文	雖受具戒，佛制未周，爰作八鬮，虔問三寶。	第一，二卷一二—一四頁
一六三三	三五	7／15	自恣日拈鬮文	願文	有「僻稟邪宗，恆違出要」之句。	第一，二卷一四—一五頁
一六三三	三五		禮淨土懺文	願文	有「大闡彌陀法化，廣破儱侗邪宗」之句。	第一，二卷一五—一六頁
一六三三	三五		刻淨土懺序	序	若律若教若禪，無不從淨土法門流出，無不還歸淨土法門。	第六，一卷一四—一五頁
一六三三	三五		刻占察行法助緣疏	疏	依萬法唯心，緣生無性之理，設取相無生二懺。	第七，三卷一二頁
一六三三	三五		卜居十八事	詩偈	摘蔬、烹菜、……念佛、禮拜、觀心、托鉢等十八吟。	第一〇，一卷一三—一五頁
一六三四	三六		禮金光明懺文	願文	為四恩三有，懺罪，覲樂邦，成正覺。	第一，二卷一六—一七頁
一六三五	三七		講金光明懺告文	願文	願國中干戈永息，疾疫消除，修念佛三昧。	第一，二卷一七—二〇頁
一六三五	三七		復靈隱兄	書柬	望於淨土一門硬作主宰。	第五，一卷一四頁

一六三五	三七		復錢元沖	書柬	舉楞嚴、法華、觀經，以論修因證果。	第五，一卷一五頁
一六三五	三七		囑徹因比丘	書柬	隨文入觀，觸事會心，心觀為主，看教為助。	第五，一卷一五—一七頁
一六三五	三七		松陵鑒空寧禪師傳	傳		第八，一卷四頁
一六三六	三八	3／9	九華地藏塔前願文	願文	使我念念憶菩提心，……早成念佛三昧，決生阿彌陀佛世界。	第一，三卷一—二頁
一六三六	三八	春	入山二偈	詩偈	有「介爾一心誰信具，不如直下自聞熏」之句。	第一〇，一卷一八頁
一六三六	三八		山居 六十二首、一〇八首	詩偈	有「俯仰身世，自憫憫他」之序言。	第一〇，二卷一—七頁。《絕餘編》第四卷七—二六頁
一六三六	三八	5／3	三十八歲生日偈	詩偈	有「自分三十八歲必死」之句。	《絕餘編》第四卷，二七頁
一六三六	三八		有所慰	詩偈	以逆境多能增長道心為慰。	《絕餘編》第四卷，二七—二八頁
一六三六	三八	6／1	十周願文	願文	真實至孝，真實忠，真實禮誼。……伏願決生淨土。	第一，三卷二—三頁

一六三六	三八	6／14	持咒文	願文	速完閱藏之闕，早遂斷惑之志，著述開人天眼目。	第一，三卷三—四頁
一六三六	三八	6／19	閱藏願文	願文	有「隨聞入證，決得聞持勝力」之句。	第一，三卷四—五頁
一六三六	三八	夏	重閱大藏偈	詩偈	有「賴此病良藥，入山恐不深」之句。	《絕餘編》第四卷，二八—二九頁
一六三六	三八	夏	幻寓華嚴庵	詩偈	有「笑破無生夢，拋開有識身」、「秕糠能作飯，野菜亦成肴」之句。	《絕餘編》第四卷，二六頁
一六三六	三八		遣病歌	詩偈	有「阿難隔日我三日」之句。	《絕餘編》第四卷，二六頁
一六三六	三八		夢徹公有感為持咒偈	詩偈	有「一簣功猶缺，他緣早受侵」之句。	《絕餘編》第四卷，二七頁
一六三六	三八		復胡善住	書柬	自云「更無弘戒之理也。宗乘中事，……苦參十載，頗辨真偽。教觀一塗，頗窺堂奧」之句。	第五，一卷一七頁
一六三六	三八	秋	復韓蓮洲	書柬	有「倘未填壑，冀滿梵網、占察二願」之句。	《絕餘編》第三卷，一二頁

一六三六	三八		復卓左車	書柬	佛然於今時之宗說俱通，解行雙到。蹴然以古時之宗說俱通，解行雙到。	第五，一卷一七頁
一六三六	三八		復陳旻昭二書	書柬	有「壞法門者，皆撐法門人」之句。	第五，一卷一八—一九頁
一六三六	三八		復智龍	書柬	有「為今比丘則有餘，為古沙彌則不足」之句。	第五，一卷一九頁
一六三六	三八		又寄陳旻昭	書柬	有「所交碩友，仍多內變」之句。	《絕餘編》第三卷，一八—一九頁
一六三六	三八	冬	寄徐雨海	書柬	以天台「善識通塞」釋易經「潛龍勿用」句。	第五，一卷一九頁
一六三六	三八		退戒緣起並囑語	緣起	自述其學戒因緣及退戒理由。	第六，一卷四—七頁
一六三六	三八		淨信堂初集自序	序		第六，一卷二二—二三頁
一六三六	三八		萬鉢緣疏	疏	有「多亦法界，少亦法界」之句。	第七，三卷一五頁
一六三六	三八		璧如惺谷二友合傳	傳		第八，一卷五—一〇頁
一六三七	三九	3／1	完梵網告文	願文	捨此幻身，定生極樂。	第一，三卷五—八頁

一六三七	三九		滅定業咒壇懺願文 一百十日圓滿然香	願文	持地藏真言，行占察懺法。檢點一身是過。	《絕餘編》第一卷，一五－二三頁
一六三七	三九		壇中十問十答	答問	梵網－戒 楞嚴－乘 ┤明乘戒源頭，彰性修旨趣。	第三，二卷四－一四頁
一六三七	三九		續一問答	答問	別教－性中三因，修中三觀。 圓教－三觀只是一心，三諦只是一境。	第三，二卷一四－一六頁
一六三七	三九		性學開蒙答問	答問	以儒理及佛法論 ┤朱子「道問學為致知」。 陸子「尊德性即真問學」。	第三，二卷一六－二六頁
一六三七	三九		寄靈隱兄	書柬	有「台宗教觀，已有信入」之句。	第五，一卷二〇頁
一六三七	三九		復項淨性	書柬	有「風塵何能染人，人染風塵耳」之句。	第五，一卷二〇頁
一六三七	三九		寄韓蓮洲	書柬	告以「但于隨緣消舊業，更莫造新殃」。	《絕餘編》第三卷，一九－二〇頁
一六三七	三九	5／15	梵網合註自序	序	梵網經「頓與漸同收」。	第六，二卷一－二頁
一六三七	三九		化持滅定業真言一世界數莊嚴地藏聖像疏	疏	論釋迦之定業不可救及地藏之定業可滅說。	第七，三卷一頁

一六三七	三九		海燈油疏	疏	一莖光照，全彰自性妙明。	第七，三卷一六頁
一六三七	三九	7／30	梵網合註自跋	題跋	本源心地，含生共有；無染性戒，日用不知。	第七，一卷七頁
一六三七	三九	8／5	讚禮地藏菩薩懺願儀後自序	序	每展讀大士三經，輒不禁涕泗橫流。	第六，二卷二—三頁
一六三七	三九		弔溫陵開元寺肖滿師伯	祭文		《絕餘編》第三卷，二二—二三頁
一六三七	三九	12／?	禮千佛於九華藏樓贈諸友	詩偈	有「低頭已駕白牛車」、「介爾靈明絕古今」之句。	《絕餘編》第四卷，三〇—三一頁
一六三八	四〇	春	道過齊雲問訊真武	詩偈	有「予亦佛門為外護，何妨破格友真君」之句。	第一〇，二卷九頁
一六三八	四〇	春	九華芙蓉閣建華嚴期疏	疏	華嚴經——明佛境界稱性不可思議。地藏本願——明地獄境界稱性不可思議。	第七，三卷一六—一八頁
一六三八	四〇	春	九華山營建眾僧塔疏	疏		第七，三卷一八頁
一六三八	四〇	4／?	喜雨歌	詩偈	有「初夏久暘暘」、「我坐陽山第一峰」之句。	《絕餘編》第四卷，三三頁
一六三八	四〇	夏	安居止觀山房	序	楞嚴、法華，二經同轍。摩訶止觀、楞嚴經之妙奢摩他，符合。	第六，二卷三—四頁

一六三八	四〇	5／3	四十初度	詩偈	有「物論悠悠理本齊，年來漸覺脫筌罤」之句。	第一〇，二卷九頁
一六三八	四〇	夏	答大佛頂經二十二問	答問	論天台觀境及楞嚴經如來藏真如妙性之隨緣。	第三，三卷一一—一二頁
一六三八	四〇	秋	復徐雨海	書柬	台宗云：以前四戒為所觀境，後六觀之事理相即。	第五，一卷二〇—二一頁
一六三八	四〇		寄徹因大德	書柬	有「不知何日五比丘如法同住」、「遠隔三千里，未審作何用心」之句。	第五，一卷二一頁
一六三八	四〇		止觀山房改建文疏	疏	論「風水」方角之學。	《絕餘編》第三卷，三一頁
一六三八	四〇	11／5	陳罪求哀疏	願文	自稱有七大負。	第一，三卷一二—一五頁
一六三八	四〇		雨窗選佛分得柬文	詩偈	有「輪相轉時知性起，權呼早已震魔軍」之句。	《絕餘編》第四卷，三三頁
一六三八	四〇		贈葆一兄	詩偈	有「新安諸峰多淡雅，陽山獨自稱秀拔」之句。	《絕餘編》第四卷，三三—三四頁
一六三八	四〇		寄懷未能	詩偈	有「九子峰頭標月指，千如鏡裡辨全鑰」之句。	《絕餘編》第四卷，三四頁

一六三八	四〇		新秋懷如是師	詩偈	有「嗟此不成寐，我友天一隅」之句。	《絕餘編》第四卷，三四頁
一六三八	四〇		警眾友	詩偈	有「自慚說法鳥，誡爾莫生天」之句。	《絕餘編》第四卷，三四頁
一六三八	四〇		題扇寄懷野愚索印章	詩偈	有「天都列千嶂，遠望積平郊」之句。	《絕餘編》第四卷，三四—三五頁
一六三八	四〇		贈華林開士	詩偈	有「九旬結夏陽山峰」、「斂目還勤九華想」之句。	《絕餘編》第四卷，三五頁
一六三八	四〇		別玄覽	詩偈	有「同住九旬忽云別，不語孤懷偏悠悠」之句。	第一〇，二卷一〇頁
一六三八	四〇		贈黃可念	詩偈	有「蟠結筍江溫陵西，溪滿潮流渚滿荑」之句。	第一〇，二卷一〇頁
一六三九	四一		為如是師六七禮懺疏	願文	以禮懺及著述梵網合註、佛頂玄文功德迴向。	第一，三卷一五—一六頁
一六三九	四一	秋	盂蘭盆大齋報恩普度道場總別合疏	願文	智窮實相，……悲極無緣。惟能所之俱寂，乃感應以圓彰。	第一，三卷一六—一七頁
一六三九	四一	秋	建盂蘭盆會疏	疏	世出世間，至德要道，無勝孝慈。	第七，四卷三頁

一六三九	四一		誦帚師往生傳	傳		第八，一卷一〇—一三頁
一六三九	四一		壽延壽院新伊法師六十序	壽序	讚其「為紹公長子，性相二宗，無不克受其傳。服習毘尼，視紹公尤加焉」。	第八，二卷一—二頁
一六三九	四一		誦帚師五十初度	詩偈	有「泉南開士八十一，鏘鏘濟濟稱紫雲」之句。	第一〇，二卷二二頁
一六三九	四一		輓如是師	詩偈	有「律苑羊告朔，教家偏亡珍」之句。	第一〇，二卷二二頁
一六三九	四一	8／25	大佛頂經玄文後自序	序		第六，二卷九—一〇頁
一六四〇	四二		大方廣佛華嚴經頌一百首	頌		第九，一卷一—一三頁
一六四〇	四二		大佛頂首楞嚴經二十五圓通頌三十一首	頌		第九，一卷一三—一七頁
一六四〇	四二		妙法蓮華經品頌三十三首	頌		第九，一卷一七—二二頁
一六四〇	四二	5／26	妙玄節要自跋	題跋		第七，一卷一二頁

一六四一	四三		贈衍如兄序	序		第六，二卷一一－一二頁
一六四一	四三		贈純如兄序	序		第六，二卷一二－一四頁
一六四一	四三		自觀印闍黎傳	傳		第八，一卷一三－一五頁
一六四一	四三	11／?	周易禪解自序	序	吾所由解易者無他，以禪入儒，誘儒知禪耳。	第六，二卷七－九頁
一六四一	四三	冬	冬日過虎崆訪衍如首座	詩偈		第一〇，二卷一三頁
一六四一	四三	冬	法華綸貫自跋	題跋	依玄文，節取大綱，名為綸貫。	第七，一卷一二頁
一六四二	四四		鐵佛寺禮懺文	願文	有「斗米幾及千錢」、「病死日以千計」之句。	第一，四卷一頁
一六四二	四四		絕餘編自序	序	文字性空，性空即是實相。	第六，二卷四－五頁
一六四二	四四		閩遊集自序	序	有「流浪溫陵霞漳間，幾及四載，種種家醜，播揚略盡」之句。	第六，二卷一五頁
一六四二	四四		影渠道山二師合傳	傳		第八，一卷一九頁

一六四二	四四	冬	檇李天寧禪堂度歲即事	詩偈	有「閒看嫩草庭前綠，蝴蝶莊周哆大椿」之句。	第一〇，三卷一頁
一六四三	四五	夏	祈雨詞	詞	有「吁嗟業兮，同分相成，感此酷毒，民弗聊生」之句。	第九，二卷一五—一六頁
一六四三	四五	夏	士民失德亢旱不雨野人憂之賦四月	詩偈	有「民之無聊，夕不謀朝」之句。	第一〇，三卷一頁
一六四三	四五		和答吳叔雅	詩偈	有「十世何嘗離目前」、「但觀心外元無法」之句。	第一〇，三卷二頁
一六四三	四五		中秋後二日群鶴集於靈峰賦靈鳥	詩偈	有「有懷樂土，實多靈羽，羨此東林，式瞻西戶」之句。	第一〇，三卷二頁
一六四三	四五	冬	和陳非白三首	詩偈	有「觸境會心原不遠，離言覓旨卻成難」之句。	第一〇，三卷三頁
一六四三	四五		和張興公	詩偈	有「字性本空香徧地，機先有句月穿林」之句。	第一〇，三卷三頁
一六四四	四六	春	重刻三頌自跋	題跋	不信教外別傳，是謗宗。教外果有別傳，是謗教。	第七，一卷一八頁
一六四四	四六	春	重刻大佛頂經玄文自序	序	性相二宗，猶波與水，不可分隔。	第六，三卷九—一〇頁

一六四四	四六	春	重刻破空論自序	序	般若何止破相始教而已……豈非實相大乘之正印乎。	第六，三卷七—八頁
一六四四	四六		佛菩薩上座懺願文	願文	自稱「法門汙道，進退失措」。	第一，四卷三—四頁
一六四四	四六		與沈甫受甫敦	書柬	占察行法，蒙昆玉梓梵冊。	第五，二卷七頁
一六四四	四六		與聖可	書柬	退作但三歸人，誓不為師作範，誓不受人禮拜。	第五，二卷八頁
一六四四	四六		與了因及一切緇素	書柬	自稱「才過德，名過實，文過質」。	第五，二卷八—九頁
一六四四	四六	7／30	甲申七月三十日願文	願文	願帝主王臣三世父母一切眾生等成妙種。	第一，四卷二—三頁
一六四四	四六	8／11	遊鴛湖寶壽堂記	記	夢之一法，至幻至靈。一夕中能普能現三世事……法華安樂行品……如夢三昧。	第五，三卷一九—二〇頁
一六四四	四六	8／11	刻大乘止觀釋要自序	序	大乘者心性之異名，止觀者寂照之異名。	第六，三卷一〇—一一頁
一六四四	四六		贈石淙掩關禮懺占輪相序	序	占察一經，原屬釋迦徹底悲心。二種觀道，深明進趣方便。	第六，三卷一一—一三頁
一六四四	四六		遺教解自跋	題跋	未出家讀遺教，便知字字血淚。	第七，一卷一九頁

一六四四	四六	秋	入山四首	詩偈		第一〇，三卷八頁
一六四四	四六		七淨督梓大佛頂經玄文	詩偈	有「乃掀昔人窠，亦觸今時忌」之句。	第一〇，三卷九頁
一六四四	四六		祖堂度歲寫懷二首	詩偈	有「葉落柴枯病後身，肯將虛解博閒名」之句。	第一〇，三卷一〇頁
一六四五	四七	5／3	大悲行法道場願文	願文	願干戈永息，兆民正信，靈峰復興，自消煩惱，早完閱藏著述二願。	第一，四卷四—五頁
一六四五	四七		禮千佛告文	願文	疾疫饑荒洊至，……干戈兵革頻興，……父母妻孥莫保，骨肉身首分離，百骸潰散誰思。	第一，四卷五—六頁
一六四五	四七		祖堂結大悲壇懺文	願文	今年元旦得清淨輪相，出壇後猶是墜廁人。捨此幻軀，決生極樂。	第一，四卷六—九頁
一六四五	四七		示念佛三昧	茶話	只此一心，法爾具真如生滅二門，正隨緣而不變名真如門，即不變而隨緣，名生滅門。	第四，一卷一三—一五頁
一六四五	四七		廬山香爐峰重結蓮社序	序	三根普被，攝機最廣，義門最圓頓者，莫若淨土。	第六，三卷一八—一九頁

一六四五	四七	6／29	周易禪解自跋	題跋	今商大乘止觀之餘，拈示易學，始竟全稿。	第七，一卷二〇頁
一六四五	四七		大悲圓行疏	疏	祖堂湛持開士，思如法構壇嚴像……猶可與其始也。	第七，四卷六頁
一六四五	四七		結社修淨業兼閱華嚴大鈔助緣疏	疏	欲求生淨土，須究華嚴宗；欲識華嚴宗，須求生淨土。	第七，四卷七頁
一六四五	四七		募刻憨山大師全集疏	疏	達摩……以楞伽印心，文章性天，未始判然為二明矣。	第七，四卷八頁
一六四六	四八		占察行法願文	願文	有「三日方便，七日正修」、「六時行道，五悔鍊心」、「悟知一實，開顯三因，二觀圓修，三忍圓證」之句。	第一，四卷九－一〇頁
一六四六	四八		大悲壇前願文	願文	有「教觀無繼，則法輪無傳」之句。	第一，四卷一〇－一一頁
一六四六	四八	春	丙戌春幻遊石城隨緣閱藏以償夙願夜夢塑地藏大士身首具手足未成感賦	詩偈	有「千年學脈憑誰寄，萬古愁懷祇自知」之句。	第一〇，三卷一一頁
一六四六	四八		病中有感	詩偈	有「念佛獨許三昧寶」之句。	第一〇，三卷一一頁
一六四六	四八	5／3	丙戌生辰驟雨初霽偶成	詩偈	有「法門小比丘，律行多未曉」之句。	第一〇，三卷一二頁

一六四六	四八	夏	閱大智度論畢記懷	詩偈	有「分明文字元無性」之句。	第一〇，三卷一二頁
一六四六	四八		壽馬太昭四十	詩偈	有「識取緣生無性宗，方知三藏非文字」之句。	第一〇，三卷一三頁
一六四六	四八		和答張興公二首	詩偈	有「介爾覓時雖不得，調心誰繼可師風」之句。	第一〇，三卷一三頁
一六四六	四八	8／15	丙戌中秋懷淨土	詩偈	有「夢中時動故鄉愁」、「寄我深思到寶樓」之句。	第一〇，三卷一二頁
一六四六	四八	9／9	丙戌重陽同湛公登祖堂山頂	詩偈	有「論交祇許盟千古，問諦無勞杜百非」之句。	第一〇，三卷一四頁
一六四七	四九	3／25	成唯識論觀心法要緣起	詩偈	十卷論文，何處不明心外無法。即心之法，是所觀境。了法唯心，非即能觀智乎。	第六，一卷九—一〇頁
一六四七	四九	5／25	唯識心要自跋	題跋	有「到一心總別之源，徹八識性相之際」、「成唯識論，非佛祖傳心要訣」之句。	第七，一卷二〇—二一頁
一六四七	四九	10／5	彌陀要解自跋	題跋	嗣研妙宗圓中二鈔，始知念佛三昧，無上寶王。	第七，一卷一九頁
一六四七	四九	10／9	四書蕅益解自序	序	解論語，開出世光明，解庸學談不二心源，解孟子，飲其醇存其水也。	第六，一卷二三—二五頁

一六四七	四九		成唯識論遺音合響序	序	成唯識論實觀心要訣，大乘之初門也。	第六，三卷二三—二四頁
一六四七	四九		刻重訂諸經日誦自序	序	於留都幽棲寺，再刪繁蕪，獨存切要。	第六，三卷二一—二二頁
一六四七	四九		淨信堂續集自序	序	虛名日盛，志終不行已矣乎。	第六，三卷二六頁
一六四七	四九	12／30	祖堂幽棲寺丁亥除夕普說	普說	若真為生死持戒，聽經、參禪、營福，專修一法亦悟道。	第四，一卷一—三頁
一六四八	五〇		贈劉今度存	序		第六，四卷一頁
一六四八	五〇		贈張興公序	序	泛論儒、禪、道、天台之學。	第六，四卷二—三頁
一六四八	五〇		西有寱餘自序	序	今年五十，猶寱言不止。	第六，四卷一七—一八頁
一六四八	五〇		書慈濟法友托缽養母序後	題跋	自責未能事親，復未能獲證聖果如目連。	第七，一卷二二頁
一六四八	五〇		妙圓尊者往生傳	傳		第八，一卷一五頁
一六四九	五一	9／？	北天目靈峰寺二十景頌	頌	有「略有二十，聊當化城」之句。	第九，二卷五—八頁
一六四九	五一	11／5	台宗會義自序	序	更科，易文，竄入己意。	第六，四卷六—八頁
一六四九	五一		壽新伊大法師七十序	壽序	戒律精嚴，深習懺摩禪觀，唯識論講演二十餘遍。	第八，二卷一一頁

一六五〇	五二		復陳旻昭	書柬	法華會義七句告成。	第五，二卷一二頁
一六五〇	五二		復松溪法主	書柬	法華會義係竊取文句妙樂之旨，別抒平易顯豁之文。	第五，二卷一三—一四頁
一六五〇	五二	2／1	法華會義自跋	題跋	誘接初學，令得漸悟法華實相。	第七，二卷七頁
一六五〇	五二	6／14	占察疏自跋	題跋	予念末世，欲得淨戒，捨占察輪相之法，更無別塗。	第七，二卷八頁
一六五〇	五二	6／21	重治毘尼事義集要序	序	自述其學律弘律之經歷。	第六，四卷八—九頁
一六五〇	五二		與見月律主	書柬	律學之譌，將及千載，義淨、懷素二師既沒，能知開遮持犯、輕重緩急者，絕無其人。	第五，二卷一九頁
一六五〇	五二		蓮居庵新法師往生傳	傳		第八，一卷一六—一八頁
一六五〇	五二	7／15	庚寅自恣二偈	詩偈	有「半世孤燈歎」、「十子哀先逝，諸英喜復聯」之句。	第一〇，四卷二頁
一六五〇	五二	8／8	重治毘尼事義要跋	題跋	律既不明，教安得明，教既不明，宗安得明。	《卍續藏》第六三卷，三〇六頁D

一六五〇	五二	11／?	重刻寶王三昧念佛直指序	序	始自華嚴，終至法華，無不讚揚此寶王三昧。一切菩薩聖祖，無不修證弘通此寶王三昧。	第六，四卷九頁
一六五一	五三	4／?	西方合論序	序	唯大徹大悟人，始可與談念佛三昧。	第六，四卷五—六頁
一六五一	五三		江寧紀賑後序	序	心性一耳，而危微異焉。	第六，四卷一二—一三頁
一六五一	五三		菩薩戒本經箋要自跋	題跋	箋其最切要處，以便初學。	第七，二卷八頁
一六五一	五三		金陵三教祠重勸施棺疏	序	自心者，三教之源，三教皆從此心施設。	第七，四卷一〇頁
一六五一	五三		新安程季清傳	傳		第八，一卷一八—一九頁
一六五一	五三	9／?	辛卯季秋重登西湖寺有感三首	詩偈	有「轉憶交情空自傷」、「千秋逸興付波光」之句。	第一〇，四卷三頁
		12／30	辛卯除夕茶話	茶話	朽旭生平，不曾為一人薙頭，亦不曾為一人改名。	第四，一卷二〇頁
一六五二	五四	8／11	楞伽義疏後自序	序	僅閣七旬，而佛事魔事，病障外障，殆無虛日，易三地而稿始脫。	第六，四卷一四—一五頁

一六五二	五四		西有寱餘自跋	題跋	雖念念思歸樂土，而利人之夢仍未忘也。	第七，二卷一五頁
一六五二	五四		阻雨福源用雪竇禪師白樂天韻	詩偈	有「穩坐佛龕消永日，懶尋漁父問孤舟」之句。	第一〇，四卷二頁
一六五二	五四		送清源首座返江寧二偈	詩偈	有「一生自訟嫌頻復，半世逃名幸遇津」之句。	第一〇，四卷三頁
一六五二	五四		譚埽庵招同王止庵高念祖遊研山予大病而返漫賦二首	詩偈	有「維摩無疾文殊疾」之句。	第一〇，四卷三頁
一六五二	五四	11／?	壬辰仲冬雨窗有感	詩偈	有「救得眼前饑，留卻恆沙苦」之句。	第一〇，四卷四頁
一六五二	五四		送用晦還新安兼寄堅密三首	詩偈	有「知君雛鳳可離竿」之句。	第一〇，四卷四頁
一六五三	五五	1／1	癸巳元旦過秋曙拈花庵四偈	詩偈	有「五十餘年夢幻身，寥寥斯世久無鄰」之句。	第一〇，四卷五頁
一六五三	五五	5／?	選佛譜自序	序	此圖利益，能使人即遊戲閒，頓知六道往還之疲苦，三乘出要之差別。	第六，四卷一八—一九頁
一六五三	五五		較定宗鏡錄跋四則	題跋	予留心己躬下事，已三十餘年，閱此錄已經三遍。知過在法涌。	第七，二卷一五—一八頁

一六五三	五五	10／18	裂網疏自序	序	無著、天親、馬鳴、龍樹，其所著述，定不互相乖異。	第六，四卷二〇一二二頁
一六五三	五五	10／28	裂網疏自跋	題跋	有「起信論者，佛祖傳心之正印，法性法相之總持」、「馬鳴龍樹護法三大菩薩，同契佛心」之句。	第七，二卷一八頁
一六五三	五五		西窗自喻步寂音韻三首	詩偈	有「五十五年過未寡，鏡中徒歎頭顱光」之句。	第一〇，四卷八頁
一六五三	五五		將遊湯泉示三子三首	詩偈	有「相名分別本如如，真俗休將一異誣」之句。	第一〇，四卷九頁
一六五三	五五		容溪觀池魚	詩偈	有「循環帀帀覓江湖，活水雖流活路無」之句。	第一〇，四卷九頁
一六五三	五五		帶雨觀白龍潭	詩偈		第一〇，四卷九頁
一六五三	五五		登文殊院疾作而返	詩偈		第一〇，四卷九頁
一六五三	五五		和答吳粲如四首	詩偈	有「白牛車裡肯安居，今昔相逢自不虛」之句。	第一〇，四卷九頁
一六五三	五五		坐狎浪樓二首	詩偈	有「法門寥落少知音，偶與維摩論古今」之句。	第一〇，四卷一〇頁
一六五四	五六	1／?	歙西豐南仁義院普說	普說		第一〇，一卷三一七頁

一六五四	五六		歙浦天馬院普說	普說	華嚴經之唯心偈，金剛經之夢幻泡影偈，旨趣無別。	第四，一卷七一一〇頁
一六五四	五六	2／30	入山二偈	詩偈	鬥爭哇喋不忍聞，蟭螟眉裡盡浮雲，宗風斷續何關我，教綱弛張一任君。	第一〇，四卷一二頁
一六五四	五六	春	雨後偶詠二偈	詩偈	有「展開古藏非文字，閱盡今時驗肺肝」之句。	第一〇，四卷一三頁
一六五四	五六	5／27	大病初起偶述三偈	詩偈	有「嗤他苦諍全迷筏，慶我偷安別有艖」之句。	第一〇，四卷一三頁
一六五四	五六	夏	病起警策偈六章	詩偈	有「唯有持名，斯為上計」、「一句佛名，如篁出聲」之句	第一〇，四卷一三頁
一六五四	五六	夏	西齋淨土詩贊	贊		第九，四卷四頁
一六五四	五六	7／？	儒釋宗傳竊議	議	道由聞知，見知，非由傳知。	第五，三卷一四一一九頁
一六五四	五六	9／1	閱藏畢願文	願文	歷八處，經二十三年，方獲藏閱畢。	第一〇，四卷一一一一三頁
一六五四	五六	9／1	閱藏畢偶成二偈	詩偈	有「馬鳴龍樹雖難企，智覺芳踪庶許尋」之句。	第一〇，四卷一四頁
一六五四	五六		幻遊襍集自序	序		第六，四卷二二頁

一六五四	五六	9／10	閱藏知津自序	序	欲弘佛語，深究佛心，既悟佛心，妙達佛語。今之文字阿師，拍盲禪侶，竟何如哉？	第六，四卷二二—二三頁
一六五四	五六	9／10	法海觀瀾自序	序	首律宗，次諸教，再禪觀，復次密宗，終歸淨土。	第六，四卷二三—二六頁
一六五四	五六	9／19	雨窗自喻四偈	詩偈	有「閻浮何處尋知已，獨寄清思落日濱」之句。	第一〇，四卷一四頁
一六五四	五六	10／？	獨坐書懷二首	詩偈	有「半世傾腸腑，寥寥有幾知」之句。	第一〇，四卷一五頁
一六五四	五六	11／18	病中口號	詩偈	有「夜長似小劫，痛烈如刀山」之句。	第一〇，四卷一五頁
一六五四	五六	12／3	病間偶成	詩偈	有「名字位中真佛眼，未知畢竟付何人」之句。	第一〇，四卷一五頁
一六五四	五六	12／13	大病中啟建淨社願文	願文	教觀雙修，戒乘俱急，願與法界眾生，同生極樂。	第一〇，四卷一三—一四頁
一六五四	五六	12／30	甲午除夕	詩偈	有「力從枕席消磨盡，心向華臺畢竟舒」之句。	第一〇，四卷一七頁
一六五四	五六		大病初起求生淨土六首	詩偈	有「沉痾危篤是吾師」、「稱名不異兒號乳」之句。	第一〇，四卷一六頁
一六五四	五六		贈王雪友	詩偈		第一〇，四卷一七頁

一六五四	五六	冬	寄錢牧齋	書柬	今夏兩番大病垂死。	第五，二卷二〇頁
一六五四	五六	冬	復錢牧齋	書柬	圭峰長水輩……，未免為明眼簡點。	第五，二卷二〇—二一頁
一六五四	五六	冬	艮六居銘	銘	有「一念迷妄，六塵頓陳」、「思不出位，庶幾返真」之句。	第九，二卷一四頁
一六五四	五六		預祝乾明公六十壽序	壽序	有「僅開名字佛眼」、「竊述法華台宗會義，庶幾不為法華轉」之句。	第八，二卷一五頁
一六五四	五六		幻住襍編自序	序		第六，四卷二六—二七頁
一六五五	五七	1／1	乙未元旦二首	詩偈	有「況兼已結東林社，同志無非法藏臣」之句。	第一〇，四卷一七頁

小結　在以上二百七十篇的文獻當中，有二十篇是採自《絕餘編》，並且又把《絕餘編》所記載的部分，與《宗論》的內容相比較。在年代上，其未予記明的部分，究竟是智旭三十八歲春季以前的著作？還是四十歲秋季以後的著作？依然無法判斷。至於年代不明的著作，雖然有五百七十七篇，就以這二百七十篇，與另外的那些來加以檢討，其各自前後的關係，即可一目瞭然。

有關著作的年代及日期的考證，雖無一一加以解說的必要，但歸納起來約是：(1)是收錄在《宗論》裡的著作題目中所註明的；(2)是有關聯的文章或其本文所申述者；(3)於序與題跋，都歸屬於釋論各著作所記載的種種。

註釋

❶ (A) 在〈較定宗鏡錄跋四則〉中述謂：「古人云：依文解義，三世佛冤；離經一字，即同魔說。」但在這裡的古人，其所指為誰，仍未明示。（《宗論》七，二卷一七頁）

(B) 參閱〈除夕問答〉。（《宗論》四，一卷一七頁）

(B) 在〈祖堂幽棲禪寺藏經閣記〉曾引用：「依文解義，三世佛冤；離經一字，即同魔說。」（宗論五，三卷二三頁）

❷ 參閱〈除夕問答〉。（《宗論》四，一卷一七頁）

❸ 在《楞伽阿跋多羅寶經》卷三有：「佛告大慧：一切聲聞緣覺菩薩，有二種通相，謂宗通及說通。」（《大正藏》一六卷，四九九頁B）

❹《宗論》二，一卷五頁。
❺《宗論》二，一卷一五頁。
❻《宗論》四，三卷四頁。
❼《宗論》四，三卷五頁。
❽《宗論》四，三卷九頁。
❾《宗論》二，一卷一頁。
❿《宗論》二，一卷一九頁。
⓫《宗論》五，二卷四—五頁。
⓬在《楞伽阿跋多羅寶經》卷四，述謂：「一切言說墮於文字，義則不墮，離性非性故。無受生亦無身故。大慧！如來不說墮文字法，文字有無不可得故，除不墮文字。大慧！若有說言，如來說墮文字法者，此則妄說，法離文字故。」（《大正藏》一六卷，五〇六頁B—C）
⓭〈大病中啟建淨社願文〉。（《宗論》一，四卷一四頁）
⓮《宗論》三，一卷一三頁。
⓯《宗論》二，二卷四頁。
⓰《宗論》五，二卷一三頁。
⓱《宗論》五，一卷一一頁。

⑱《宗論》五，一卷二五頁。
⑲東周時代的五伯，亦稱五霸，即：齊桓公、晉文公、秦穆公、宋襄公、楚莊王。
⑳(A)《大般涅槃經》卷六。(《大正藏》一二卷，四〇一頁B)
(B)參閱望月信亨《仏教大辭典》一七一九頁B—一七二〇頁A。
㉑《宗論》九，四卷一六頁。
㉒《宗論》九，四卷一九頁。
㉓《宗論》九，四卷一七頁。
㉔《宗論》九，四卷二三頁。
㉕〈自像贊三十三首〉之四。(《宗論》九，四卷一六頁)
㉖〈自像贊三十三首〉之十六。(《宗論》九，四卷一九頁)
㉗〈自像贊三十三首〉之六。(《宗論》九，四卷一七頁)
㉘〈自像贊三十三首〉之六。(《宗論》九，四卷一七頁)
㉙《宗論》九，四卷一六頁。
㉚在〈閱藏畢偶成二偈〉中有：「馬鳴龍樹雖難企，智覺(延壽)芳踪庶許尋。」所明示。(《宗論》一〇，四卷一四頁)
㉛參閱〈較定宗鏡錄跋四則〉之一。(《宗論》七，二卷一六頁)

㉜參閱〈復錢牧齋〉。（《宗論》五，二卷二〇頁）

㉝取意自立正大學法華經文化研究所的《法華経研究》第四卷〈法華経の中国的展開〉，四一八頁。

㉞《卍續藏》四四卷，三七五頁C。

㉟參閱〈法華綸貫後序〉。（《卍續藏》五〇卷，一七九頁C）

㊱參閱〈周易禪解自跋〉。（《宗論》七，一卷二〇頁）

㊲《宗論》一，四卷一〇—一一頁。

㊳《宗論》七，二卷八頁。

㊴《宗論》六，四卷一四—一五頁。

㊵在〈維摩經提唱略論序〉述謂：「嘗觀古來註述。……（中略）欲追成周禮樂，捨智者大師一人，指未易屈。」（《宗論》六，四卷一三—一四頁）

㊶在〈八不道人傳〉中有：「四教儀流傳而台宗昧，如執死方醫變證（症）也。」（《宗論》卷首，四頁）

㊷〈周易禪解自跋〉。（《宗論》七，一卷二〇頁）

㊸《宗論》六，三卷十頁。

㊹《佛說盂蘭盆經疏》卷一。（《大正藏》三九卷，五〇六頁B）

㊺《盂蘭盆經新疏》。（《卍續藏》三五卷，一五四頁C）

㊻《圓覺經略疏註》。(《大正藏》三九卷，五二六頁B—C)

㊼《宗論》五，三卷一七頁。

㊽《宗論》九，四卷一二頁。

㊾《宗論》一，三卷一頁。

㊿如所周知，《起信論》為中國所撰述說，是望月信亨在〈大乘起信論之研究〉(一九二二年)所主張。相對地，宇井伯壽的《印度哲学史》(一九三二年)和《仏教汎論》(一九四七年)，則主張是印度所撰。近年來，松濤誠廉則主張是馬鳴所作。請參閱《日仏年報》第二二卷、一九五六年的〈起信論の体系と年代〉，以及《大正大学研究紀要》三九號的〈瑜伽行派の祖としての馬鳴〉。

(51)《大正藏》一六卷，六四〇頁C—六五二頁C。

(52)《大正藏》一七卷，八七四頁A—八七五頁C。

(53)《大正藏》一四卷，四〇九頁A—四一八頁A。

(54)《閱藏知津》一二卷，一四頁。

(55)《閱藏知津》五卷，一九—二〇頁。

(56)望月信亨《仏教経典成立史論》，四〇九—四一六頁。

(57)《卍續藏》三五卷，一七二—一七八頁。

(58)《卍續藏》三五卷，一七九—一九六頁。

59 《宗論》一，一卷一八頁。

60 《大正藏》一五卷，一五七頁C—一五九頁B。

61 《大正藏》一五卷，一四六頁A—一四八頁A。

62 《大正藏》一五卷一五九頁B—一六二頁A。

63 在《卍續藏》第九十五的「大小乘釋律部」，收錄有智旭的〈十善業道經節要〉。

64 在〈示睛開〉的法語，述有：「十善法，雖下品為神因，中品人因，上品天因，而上上品則為羅漢支佛菩薩如來之因。」（《宗論》二，二卷一五頁）

65 《大正藏》一七卷，七二〇頁B—七二二頁A。

66 （A）〈刻十二頭陀經跋〉述謂：「予雖根劣，僅持一二，然一番展讀（十二頭陀經），輒一番愧感。」（《宗論》七，一卷一頁）

（B）在〈與沈甫受甫敦〉則有：「十二頭陀經竣後，或敢著筆。」（《宗論》五，二卷七頁）

67 《宗論》二，一卷一六頁。

68 《大正藏》三二卷，五〇八頁C與五一七頁B。

69 在〈示明記〉中有：「予別無長處，但深知菩提大心。」（《宗論》二，五卷一八頁）

70 《宗論》一，四卷一四頁。

71 《大正藏》五四卷，二三四—二五五頁。

72《大正藏》四八卷，一〇一六頁B與一〇四〇頁C。

73《大正藏》四八卷，一〇四〇C與一〇九七頁C。

74《宗論》五，二卷二〇頁。

75《宗論》六，四卷一八頁。

76《宗論》七，二卷一五頁。

77《宗論》六，四卷二二頁。

78《宗論》六，四卷二七頁。

79駒澤大學《明版大藏經續藏》八十套九本。

80日本寶永四年（一七〇七）刊行。（東洋大學哲學堂等藏）

81駒澤大學《明版大藏經續藏》四十套八本。

82同上八十套九本。

83日本享保癸卯（一七二三）年老苾蒭光謙敍，堀川通綾小路下町皇都書林錢屋庄兵衛藏版的刊印本。

84參閱〈重刻三頌自跋〉。（《宗論》七，一卷一八頁）

85（A）在《梵室偶談》的駒澤大學藏本的末頁，雖有「弟子通瑞較刻」及「弟子通玄募貲助刻」的記載，卻不見出版年月日及出版地點。

(B)在《性學開蒙》的駒澤大學藏本末頁，只有「弟子靈發王雲蒸敬梓」的記載而已，出版時地則一概不知。

(C)關於《絕餘編》的駒澤大學藏本之出版，有兩種記載：在卷二末頁有「弟子普滋捐貲刻此《絕餘編》兩卷」，在卷三的末頁則列有三十人「助刻芳名」，卷四則無任何記載，而且此書的出版年代及地點都一概不知。

❽❻ 在《淨信堂答問》複刻本的末頁，因有原版「門人大俊通瑞全較梓」的記載，推想其原版的出版年代，可能是在智旭生前。

❽❼ 在〈西有寱餘自序〉記有：「自丙子(一六三六年三八歲)春前，裒為《淨信堂初集》；戊寅(一六三八年四〇歲)秋前，裒為《絕餘編》。(《宗論》六，四卷一八頁)

❽❽《宗論》一〇，三卷一二頁。

❽❾《宗論》一，四卷一〇頁。

❾⓿ 智旭的署名方式，在使用「比丘」以自稱時，只有三十五歲在撰述《占察經行法》時用過一次。以後因為捨棄比丘身分，直到四十七歲元旦的這段時間，均未再自稱比丘。

❾❶《宗論》八，二卷二頁。

❾❷《宗論》六，一卷六頁。

❾❸《宗論》卷首，一五頁。

第五章　智旭思想的形成與發展

第一節　青年期（十二—三十歲）的智旭思想

一、以《楞嚴經》為中心的禪與淨土思想

從智旭生涯的思想層面加以區分，大體可分為四期，即：變化多端的青年期（十二—三十歲）、思想成長的壯年前期（三十一—三十九歲）、思想成熟的壯年後期（四十—四十九歲），乃至思想大成的晚年期（五十歲以後）。

智旭在二十歲那年，聆聞《地藏本願經》而興起出世的意志。二十一歲，由於書寫《慈悲懺法》而感受到人生苦難之因的罪報。從此，持戒的思想便開始萌動❶。而且，其性相融會的思想，是在二十三、四歲的兩年之間，由於聽講《大佛頂首楞嚴經》和《成唯識論》而發端。爾後，他終其一生，全心致力於戒律復興運動及性相融會。此一期間之所體驗，雖然可以稱是智旭思想的種苗，但其成長發展與開花，則必須期待於來日。

如今，我們循著智旭的人生歷程來論述，直到三十歲，他是從儒教走向三教混合式的佛教❷，再從純樸的民間信仰佛教，轉移向教義、理論兼備的生活實踐佛教思想。即如先前所述，兼備教義與理論的實踐佛教者，是指持守戒律與性相融會的佛教。因為在當時的佛教界，於《楞嚴經》的性宗和《成唯識論》相宗之間，存心加以調和的學者很少。青年時代的智旭，他的周邊即未曾見有這種情形。智旭依《楞嚴經》教義，自己邁向參禪之路而得到證悟，終於解決性相兩宗的矛盾之點。是即：智旭以禪者身分研讀律藏，並演講《楞嚴經》，且倘居於小室中「掩關」，過著禪修的生活。但他在關中罹患重病，因此在禪修方面不能獲得生死解脫的把握，才轉趨永明延壽的「有禪有淨土」教示，而抱持極其殷切的羨慕。

但是智旭的禪思想，並非承襲當時傳統上的正統禪師，而是直接依奉《楞嚴經》的。所以，智旭的禪與中國傳統的禪宗，有其相當的不同。唐宋以後的禪宗，是以公案為中心的祖師禪；而智旭的禪，則是以佛說的經典為中心，即所謂的如來禪❸。對於禪宗祖師，智旭固然並無反駁的意思，但對專事固執公案而不用經典的禪者，在他整個生涯當中，都持以激烈地駁斥。

此外，智旭的淨土思想，也與歷來的中國淨土思想稍有不同。他在四十九歲時著有

《阿彌陀經要解》，雖然這是據以考察其淨土思想的重要著述，但他有關淨土思想的著作，最為重要的重點，仍在《楞嚴經文句》一節的〈大勢至圓通章文句〉❹。就從來的淨土思想而言，是欣求阿彌陀佛的極樂淨土，智旭當然亦不否定求願往生極樂淨土。但是，談到他的淨土思想，與極樂淨土的他力往生相比較，毋寧說是依憑念佛三昧的工夫，以往生淨土的自力意願較為強勢。因為他在讚歎〈大勢至圓通章文句〉中，雖就念佛三昧加以立論，但他對於唐代飛錫法師的《念佛三昧寶王論》❺中所提倡的念佛三昧，以之為三昧中之王的理念，據以大事弘揚，從而總括一切方等三昧、法華三昧、首楞嚴三昧等諸般三昧的念佛三昧範疇，而予以信受奉行。

而且，他主張禪、教、律行者的修行法門，以所證悟的世界，一切都與念佛三昧的境界不相違離。依禪、教、律而修行的歸終之點，也應都是往生淨土的，這是智旭的理念所在。這種情形下的智旭，到了三十歲，是以禪宗模式的淨土思想，對禪與淨土思想的依據，都是源自《楞嚴經》❻。說他是以《楞嚴經》為中心的禪者模式的淨土行者，亦非不恰當。

二、以禪為中心的教理義學與戒律思想

教理義學的禪思想　以《楞嚴經》為中心思想的智旭，是一位徹始徹終的禪者。他最尊敬的永明延壽與紫柏真可二人，都是禪宗系統的人物。他雖於三十二歲私淑天台教觀，但他私淑天台而致學的目的，是為了想矯正禪宗的時弊。就這一點，在智旭的資料中，可見以下的幾句話：

出入禪林，目擊時弊，始知非台宗，不能糾其紕。（〈然香供無盡師伯文〉，《宗論》八，三卷六頁）

這是因為目睹禪宗叢林的流弊，才了然於公案為中心的祖師禪，只不過是外表的修行而已，其實是在敗壞佛法。於是，為了矯正這項流弊，智旭明確地指出：除了援用天台教觀之外，別無良策。另在以次的資料中，他也表達同樣的意見：

予二十三歲，即苦志參禪，今輒自稱私淑天台者，深痛我禪門之病，非台宗不能救耳！奈何台家子孫，猶固拒我禪宗，豈智者大師本意哉？（〈示如母〉，《宗論》

二，五卷一四頁）

從上項引文中當可觀察出，自二十三歲就修持禪宗行門的智旭，後來之所以私淑天台的原因，是為了依憑天台教觀來救拔禪門的諸般弊病，但他本身依然是禪宗的人。做為禪者的智旭，雖亦將天台教觀引用於禪宗，但當時的天台學者，猶對以禪宗做為修行依據的智旭，抱持著排拒的態度。

由以上兩種資料所見，智旭的禪者立場在他三十二歲時，不論從私淑天台學以前或以後來衡量，他都是以一位禪者的立場，是了無變異的。但是，智旭的作風顯然與中國傳統禪者的立場不同。即歷來祖師禪的禪者，除了從事話頭公案的禪修行外，雖亦研讀經典，卻只是一般的《般若心經》、《金剛般若經》、《楞伽經》等極少數幾部經典而已。至於像智旭之把天台教觀導入禪宗的情形，在當時傳統的禪者，是絕不可能的。智旭在私淑天台之前，亦即在三十六歲時所著的〈白牛十頌〉，就曾援用天台學圓教修證的「六即」❼，配合禪宗的十牛圖來加以解釋。因為禪宗的十牛圖，是以《法華經》的大白牛車喻為唯一的一乘思想❽。

重視戒律的禪思想　智旭一向與歷來的中國禪宗學者不同之處，即在生活規範上也有其特徵。祖師禪修行者的生活規範，是依據百丈懷海（七二〇—八一四）的清規，做為禪苑生活的規則。此項清規，是將印度佛教的戒律條文，適應中國的社會背景而制訂的僧團規則。禪宗祖師面對印度傳來的戒律條文，雖然未曾持以反對態度，卻未全面將其做為生活實踐的依據。

對於此一現象，在智旭的立場，一方面是禪者的身分，另一方面則宣揚印度傳來的戒律。他強調：戒律才是一切佛法的共同基礎。他自二十七歲到三十一歲的四年之間，曾經精細地閱讀五百餘卷的律藏達三遍之多。當他三十歲在閱讀第二遍終了之際，即彙集其研究戒律的成果，作成《毘尼事義集要》四冊。至此，我們須留意的是，智旭的戒律思想，主張縱使一位禪宗的學者，也必須強調守持戒律。

大小乘混融的戒律思想　智旭的戒律研究，與歷來中國的律宗學者有所不同。關於中國的律宗學派，向來有唐代的南山道宣、相部法礪、東塔懷素三派。但是到了明末年間，中國佛教界所依憑的，只有南山道宣的《四分律刪繁補闕行事鈔》十二卷及《四分律刪補隨機羯磨》二卷而已。而智旭對於這兩部律典，表示了以下三種意見：

1. 在《重治毘尼事義集要》卷首的文中有：

義淨獨宏根本，懷素但遵四分，皆謂不應會通，蓋恐彼此逃托，捨遮取開，就輕避重也，今倣南山意旨，為之會通，意在理優則用，實非趨避取捨，擬集眾部之大成。……雖懷素譏訶，自大有所據，而宣公律學，亦未可全非。（《卍續藏》六三卷，一六八頁A—B）

2.在《重治毘尼事義集要》卷十一的文中有：

隨機羯磨則明一百三十四法，單白三十九，白二五十七，白四三十八，又對首三十三，心念十四，共有一百八十一法。雖詳盡作法科條，未免犯非制而制，所以懷素律師，每多致議，不如但遵原律之善也。（《卍續藏》六三卷，二五五頁C）

3.在〈法海觀瀾自序〉文中有：

夫大小兩乘，皆首戒律而大必兼小，小不兼大。南山不敢自稱大乘，不應以南山名宗。（《宗論》六，四卷二四頁）

由上述資料所顯示智旭的戒律思想，似乎並未涉及到唐代四分律三派之一的相部法礪，但對道宣與懷素，以及後來翻譯並宣揚《根本說一切有部律》的義淨三藏等三人，均有評論。在這三人當中，懷素是專宗《四分律》，義淨則闡揚《根本說一切有部律》，他們都不與餘部律相會通，只有南山道宣是以《四分律》為中心，並利用餘部律書加以會通。就這一點，智旭與道宣的態度是相共鳴，並且繼承了道宣的意旨。

儘管懷素如何譏訶道宣，道宣的作風是有其根據的，並且得以支持其立場。不過，智旭對於道宣的思想也有不同意見的看法。智旭在〈八不道人傳〉中，對於道宣的《隨機羯磨》，曾予「《隨機羯磨》出，而律學衰，如水添乳也」的激烈抨擊。其理由如上述第2項資料中所示，即道宣把佛制的百一羯磨重新加以整理而成為百八十一法，違犯了「非制而制」的戒律原則。針對道宣的《隨機羯磨》，不但懷素持具異議，智旭也主張須遵守《四分律》的規定為宜。

智旭的戒律思想，是基於《梵網經菩薩戒》的。站在大乘菩薩戒的立場而言，戒有攝律儀戒、攝善法戒、攝眾生戒的所謂三聚淨戒⑨；但在小乘的七眾律儀，則只有大乘戒中的律儀戒而已。因此，只要是大乘的戒律，必是兼具小乘戒律的；相反地，在小乘的戒律，卻不存在大乘菩薩的戒律。因此，智旭認為南山道宣的四分律宗並不是完備的律宗，因為既然稱為律宗，就必須包含大乘戒律的。所以，智旭對於道宣的《四分律刪繁補闕行事鈔》具體地加以批評，而著成《重治毘尼事義集要》。在這部著作中，對於任何比丘戒條文的註解，主張必須與菩薩戒相對比、相對釋[10]，這應該說是智旭戒律思想的一大特色。而且如今我們考察他的思想整體，像這樣的戒律思想，也就是把菩薩戒與比丘戒作同一思考的方式，在他的二十年代末期中間可能即已形成。

青年期著作的思想表達　智旭在他的三十年代裡，是形成其思想的前期最具重要關鍵的時刻。在此之前，從二十三歲開始的七年之間，有願文、書簡、詩偈等短篇文章。例如在〈四十八願〉的願文和〈寄母〉的書簡中，即曾示意於淨土思想；在〈受菩薩戒誓文〉的願文，以及〈上闍黎古德師〉、〈答茂林律主〉的書簡中，將大小乘的戒律思想敍述得很明白。直到三十歲，才留下《梵室偶談》和〈白牛十頌〉兩篇較長的文章，這是表達禪思想與教學思想的文獻。

當時天台宗碩匠幽溪傳燈的弟子歸一受籌，正是智旭在這段時期的親近善友。這件事所顯示的意義，正是促成智旭對天台教觀其重要性的契機，其實也是智旭思想的轉換所在。此外，尚須留意的是，智旭三十歲開始閱讀《大藏經》，當年的夏天就已閱讀達千卷。這對智旭的思想進展帶來相當程度的影響，當可想像。

第二節　壯年前期（三十一—三十九歲）的智旭思想

一、高揚戒律與性相融會思想

戒律中心的地獄思想與孝道思想　在智旭三十一歲到三十九歲的八年之間，他的思想特色，一方面鼓吹小乘律儀，一方面則致力於大乘菩薩戒；並且在此一時期，有七卷的《毘尼事義集要》，一卷的《重定授菩薩戒法》、《梵網經懺悔行法》、《占察經行法》、《大小持戒犍度略釋》、《消災經略釋》、《盂蘭盆經新疏》，以及八卷的《梵網經合註》等著作。

這些著作，幾乎都與大小乘的戒律有關，但其中的《占察經行法》和《盂蘭盆經新疏》與戒律無關。所謂行法，應該是由律儀所衍生出來，因為《盂蘭盆經》是關於地藏經典群的地獄思想與孝道思想⓫，而且也與《梵網經》的孝道思想有關聯；也就是說，此一階段的智旭，是以破戒的罪業觀為中心，在鼓吹戒律的同時，也存在著地獄思想與孝道思想的多面性。因此，這一時代的智旭思想，當可看出實際上是以《占察經》、《盂蘭盆經》、《梵網經》三部經典為中心。

《占察經》中心的性相融會論　此一階段的智旭，已閱讀過千餘卷的《大藏經》，但影響其思想的，相信當是《占察善惡業報經》和《宗鏡錄》。智旭在《占察經義疏》的跋文中，曾就其閱誦《占察經》的因緣，記載有如次的一段：

憶辛未（一六三一年三三歲）冬，寓北天目，有溫陵徐雨海居士，法名弘鎧，向予說此占察妙典，予乃倩人特往雲棲，請得書本，一展讀之，悲欣交集。（《卍續藏》三五卷，九九頁B）

這是智旭在三十三歲的冬季，聽聞溫陵徐雨海居士⑫的話語，自己設法向杭州雲棲寺求得這部《占察經》。展卷閱讀的結果，悲與喜兩種感情湧上心頭，即此經所說的眾生罪報，令人悲傷；但說有兩種觀法和三種輪相的懺法，則是值得欣喜的。

關於三種輪相的懺法方面，智旭編有《占察經行法》一卷，並依之實踐⑬。在兩種觀法方面，是指唯心識觀與真如實觀，這兩種觀法之說，在心性上嘉惠智旭很多。是即：智旭在二十五歲的夏季，就性相二宗互通互融的理念，已經得到了徹悟。但其理論根據，當是與這兩種觀法接觸之後，才把相宗的唯識說與性宗的唯心說加以統一整合。他把《占察經》的唯心識觀擬配相宗的唯識思想，再把真如實觀比配性宗的唯心思想，做為鼓吹性相融會論的依據。有關這方面，智旭在〈教觀要旨答問十三則〉的第一答問，說示如次的見解：

唯心是性宗義，依此立真如實觀；唯識是相宗義，依此立唯心識觀。料簡二觀，須尋占察行法。（《宗論》三，三卷一二頁）

這是所謂「三界唯心」的如來藏⓮思想，以及「三界唯識」的阿賴耶識思想⓯的觀點。智旭把如來藏系的性宗說與阿賴耶識系的相宗說，就其差別融通的見解，加以論述。這兩種觀法的實踐方法，因為他在三十五歲時，曾編述《占察經行法》，希望能加以閱讀。

此外，智旭在〈刻占察行法助緣疏〉中，對於世尊的一代時教，稱讚《占察經》應是極具崇高的位置。是即：

此二卷經，已收括一代時教之大綱，提挈性相禪宗之要領，曲盡佛祖為人之婆心

矣。（《宗論》七，三卷一三頁）

此一《占察經》⑯雖然只有二卷，但其內容是世尊所說一切教義的大綱，尤其明示性宗、相宗、禪宗的要領，實是世尊為人類盡致其教化的偉大經典。其唯心識觀等同於相宗的理論，而真如實觀則相應於性宗的理論。印度的大乘佛教，有中觀學派的唯心論與瑜伽學派的唯識論，亦即所謂空、有兩大主流。而中國的佛教學，於此唯識與唯心的性相二流之外，猶有禪宗。嚴密地說來，禪宗雖然也可以說是唯心系統，但據智旭的佛教分類所示，則有律、教、禪、密、淨土五類⑰。他把天台與華嚴二宗做為性宗，唯識做為相宗，兩者合之稱為教。因為禪宗是中國晚唐以後最大的佛教主流，所以智旭將禪宗與性相二流合併加以論述。

智旭於這兩種觀道，對於唯心識觀，以《成唯識論》的唯識觀來加以解釋；對於真如實觀，則以《楞嚴經》的如來藏妙真如性的觀法來加以闡述。這種融會理念是他在二十三、四歲時期，因為遭遇到《成唯識論》與《楞嚴經》的性相矛盾，直到此時才發現性相融會的理論依據。

《宗鏡錄》為中心的教學思想　對智旭的教學思想，給予有力的影響者，並不是與他同一時代的人物，而是宋初的智覺禪師永明延壽。據傳說所示，延壽當年在天台山國清寺修行《法華懺法》時，偶爾於夢中時有所感，便去智者大師的禪院做了兩個鬮：一個是一心禪定，另一個則是萬善生淨土。他冥心祈禱後，抓拈的結果一連七次都是萬善生淨土⑱。智旭在《占察經玄義》及〈十八祖像贊〉中，對此曾予以敍述⑲。智旭在三十二歲時，亦復仿效此一拈鬮方式，從賢首、天台、慈恩、自立宗的四鬮之中，拈得了天台鬮。因此，三十二歲的智旭，即已對永明延壽的為人品格相當地欽佩，並曾閱讀其《宗鏡錄》。智旭對於他的《宗鏡錄》，有如次的敍述：

> 藉天台、賢首、慈恩為準繩。蓋悉教網幽致，莫善玄義，而釋籤輔之。闡圓觀真修，莫善止觀，而輔行成之。極性體雄詮，莫善襍華，而疏鈔、懸談悉之。辨法相差別，莫善唯識，而相宗八要佐之，然後融入宗鏡，變極諸宗，並會歸於淨土，以此開解，即以此成行，教觀齊彰，禪淨一致。（〈示真學〉，《宗論》二，一卷六頁）

此一文獻的述作年代雖不太明確，相信必是智旭三十八歲以前的作品。在他的一生中，據了解，他曾研讀《宗鏡錄》達三遍⑳，而且至少在三十八歲以前即已閱讀過一遍。

另在作成此一文獻之前，即已閱讀過天台三大部及荊溪湛然的《釋籤》和《輔行》，可從上項文章中看得出來。智旭也曾研究過清涼澄觀的《華嚴經隨疏演義鈔》、《華嚴疏鈔玄談》，與唯識有關的《相宗八要》㉑、《成唯識論》亦研究過。

綜上所述，歸根結柢，總括天台、華嚴、唯識三宗及性相二流派，都是以《宗鏡錄》統一整合，把一切諸宗都會歸於淨土信仰。這是統一教觀並彰顯與禪淨合一的情況；換句話說，作成此文獻時的智旭，已經把《宗鏡錄》做為佛教教學的最高指導書籍。

二、現前一念心說

現前一念心說的根源　在智旭的著作中，其獨特的哲學思想即是現前一念心的理念。這句法彙自是智旭的獨創，但其思想肇端的源流，加以探究的結果，當可舉出如次的五種資料：

1.《大佛頂首楞嚴經》卷二：

現前生滅與不生滅。（《大正藏》一九卷，一一〇頁A）

我觀現前，念念遷謝，新新不住。（《大正藏》一九卷，一一〇頁B）

2.《達摩大師悟性論》：

若一念心起，則有善惡二業，有天堂地獄；若一念心不起，即無善惡二業，亦無天堂地獄。（《大正藏》四八卷，三七一頁C—三七二頁A）

3.《摩訶止觀》卷五之上：

若無心而已，介爾有心即具三千，亦不言一心在前，一切法在後；亦不言一切法在前，一心在後。（《大正藏》四六卷，五四頁A）

4.《新華嚴經合論》卷一：

隱隱無邊剎境，自他不隔於毫端，十世古今，始終不移於當念。（《卍續藏》五

卷，三三二頁C—D）

《新華嚴經合論》卷二：

一念相應一念佛，一日相應一日佛。（《卍續藏》五卷，三四五頁C）

5.《宗鏡錄》的序文：

編羅廣義，撮略要文，鋪舒於百卷之中，卷攝在一心之內，能使難思教海，指掌而念念圓明，無盡真宗，目覩而心心契合。（《大正藏》四八卷，四一六頁C）

就上列五種資料加以考察，當可理解智旭的「現前一念心」之說的根源概要。「現前」二字，與《摩訶止觀》的「介爾」二字相似，但稍有不同，這是採擇自《楞嚴經》的文意。「一念心」三字，與《摩訶止觀》的「此三千在一念心」㉒之說雖無不同，但此外並參考《楞嚴經》的「念念」、《悟性論》的「一念心」，尤其是《新華嚴經合論》的

「當念」與「一念」㉓，以及《宗鏡錄》的「一心」、「念念」、「心心」等說，予以歸納統合而有現前一念心的新觀念。

在此必須加以說明的是，在《宗鏡錄》中也常用此「一念心」；另在《新華嚴經合論》，不但引用其「一念相應一念佛，一日相應一日佛」㉔原文語句，並予以融會，重新以「自心念念常有佛成正覺」㉕將之表達出來。智旭不但引用《宗鏡錄》的「一念相應一念佛，一日相應一日佛」文句，而且把它融會成為「一念相應一念佛，念念相應念念佛」來表達㉖。總而言之，智旭的現前一念心，與上述所列舉的五種經論著述之間，具有很密切的思想關聯。因此，著者對荒木見悟的《明代思想研究》第十二章所主張：智旭的「現前一念心」哲學，是受自王陽明的心學而成立之說㉗，委實難予苟同。

現前一念心的定義　原則上，智旭的現前一念心與《摩訶止觀》的介爾一心，同樣是當下第六意識的剎那變異妄念心。天台大師的介爾心，是當下一念心之中，具足十法界的性質。這就是所謂十界互具之心，又是具足三千性相之心。此一思想的源流，是以《法華經》和《華嚴經》為中心的。而智旭的「現前一念心」，固然是繼承天台大師之說，卻是依《起信論》的「一心真如」說，甚至《楞嚴經》的「如來藏妙真如性」說而構成的「即真即妄、非真非妄、亦真亦妄、亦非真亦非妄」之心說。這是因為我們的第六意識，雖是剎那變異的妄心，正是妄心無體而體即真如的。

因此，妄念若有自性，即是如來藏的妙真如性也是法性、佛性，或自性清淨的實相與實性。準此，這一現前一念心的性，是非相、非無相的，只是統括百界千如而依然存在的意思。如果認為第六意識只是單純的妄心，那是唯識宗的解釋；假若理解到真如心只是不變的真實心，這又成為了相宗的觀念。但就智旭的現前一念心而言，認為以往的妄念心是真如實性的不變隨緣，反而真如實性猶是妄念心的隨緣不變，或許有此可能的規範。從而，認為這現前一念心，如能這樣加以理解，則天台、賢首、法相三宗，乃至性宗與相宗之間，將不會再有任何矛盾與衝突了。

永明延壽後繼者的智旭　首倡融會天台、賢首、法相三宗二流的矛盾者，就是《宗鏡錄》集大成者的永明延壽。智旭在禪思想方面，是仰慕紫柏真可，而其性相融會及禪淨合一的思想，則具有永明延壽後繼者的自負。他㉘在五十六歲九月所著的〈閱藏畢偶成〉中有：

> 馬鳴、龍樹雖難企，智覺芳蹤庶許尋。（《宗論》一〇，四卷一四頁）

這是說他的努力所及雖然不如印度的馬鳴和龍樹，卻可以直追智覺禪師永明延壽的芳軌與蹤跡，用以展現其自負心。

智旭自認是永明延壽的後繼者，其理由之一是：因為延壽既屬禪宗法眼宗系的身分，又統括台賢、性相諸說，然後歸向淨土信仰的學者。所以，《佛祖統紀》將延壽做為蓮社的第六祖而確立其地位。智旭也是一位植基禪宗的淨土行者，並且引用天台教觀把性相諸宗的經論註疏，歸納在現前一念心說的基礎下而予統一的。

三、心體論

以禪為中心的現前一念心　既如先前所述，智旭行世儘管採行的是禪者的立場，卻與歷來中國的禪宗學者不同。他所依據的根本經典，在其三十年代以前，即已定為《大佛頂首楞嚴經》和《梵網經》。他把《楞嚴經》的「常住真心」和《梵網經》的「梵網心地」，理解成晉譯《華嚴經》卷十：「心佛及眾生，是三無差別」㉙的心。這個「心」，就是眾生的凡夫心、佛的無上菩提心，以及吾人的現前一念心。如果迷失了這個「心」，就是六凡法界的眾生；假若能覺悟這個「心」，即是四聖法界的聖者，乃至成佛，這就是《首楞嚴經》卷四所說：「背覺合塵」、「滅塵合覺」㉚的境界。

世尊的一代時教，其所演說的目的，就是針對眾生，使令此「心」轉迷成悟。因此，在眾生的立場而言，發心信佛的目的就是要開悟此「心」的。在明末時期，中國佛教的開悟方法分為禪、教、律三種類別，智旭於此三類的理解，是佛心、佛語、佛行[31]。佛心是禪宗，佛語是天台、華嚴、唯識三宗，佛行則是律儀。這三類的中心是佛心，而這一佛心指的就是現前一念心。因此，他在採擇「宗乘」[32]的立場時，指出天台教派是屬門外[33]。而首先表明此現前一念心之說的理論，是在智旭三十七歲時所著的《盂蘭盆經新疏》。此一著書，應該是他本體論的基礎，相信也是其思想形成過程中的原本型態。

以《梵網經》為中心的心體論　智旭最為致心傾注的著作，可以說是他三十九歲時撰述的《梵網經玄義》一卷，及其《合註》七卷。他在三十二歲時，曾想註釋《梵網經》，並研究天台教觀[34]；後來在三十五歲時，先行編述《梵網經懺悔行法》；在三十九歲的五月十五日至七月三十日之間，才完成《玄義》和《合註》。這是智旭的戒律思想，由小乘律的事相戒，發展向大乘律的心地戒的成果；更是從事相的修行，發揮到理體的境界，並且還加用天台教觀以解釋戒律條文。

天台智者大師對《梵網經》，曾有兩卷本《菩薩戒義疏》的著述。於此，唐朝的明曠撰有三卷再註釋的《刪補》，宋代的與咸有八卷的《註》，明末的袾宏也有五卷的《發隱》。但在智旭的著作，對智者的《義疏》與袾宏的《發隱》之外，並未另所發揮，智旭對上述這兩本書的評論，抄錄舉示如次：

緬惟智者大師之時，人根尚利，故既廣宣教觀法門，乃僅疏此下卷戒法。而大師精諳律藏，文約義廣，點示當年之明律者則即易，開悟今時之昧律者則難，千有餘年，久成秘典。我蓮池（袾宏）和尚，始從而為之發隱，此其救時苦心，誠為不可思議。特以專宏淨土，律學稍疎，故于義疏，仍多闕疑之處。又下卷雖獲流通，而上卷猶未開闡。（〈梵網合註緣起〉，《卍續藏》六〇卷，三一〇頁A）

是即：智者大師雖在三大部和五小部中，抒發其教觀思想，但在《義疏》中卻僅就菩薩戒法加以疏釋，並未涉及教觀思想。因為智者大師是精通律藏者，所以能用簡略的文句，表達其甚深的義理。這以當時的明律者為對象，固然至善可嘉，但對後世的昧律者，若想令其了悟，恐甚為困難。因此，從智者大師以來千餘年間，此一《義疏》便成了不能理解的秘典。所以，才有智旭的授戒和尚雲棲袾宏，將此《義疏》的難解之處加以註釋。但因袾宏是淨土的專修高僧，對戒律方面不免稍微疎弛，因而就《義疏》的發揮闕疑之處正多。而且以往就《梵網經》的一切註釋書，都是針對下卷，對其上卷則未予闡發。所以，智旭才作成《玄義》及《合註》，將上下兩卷加以綜合註釋，進而補充以往的缺陷之處。

智旭的註釋書與智者大師的《義疏》，其相異之處如下：(1)整體上，智旭將上下兩卷的全書，以約教釋與觀心釋的方法，從教觀並舉的立場加以註釋；(2)將大乘戒與小乘戒加以比較；(3)用五重玄義來解釋《梵網經》，並以諸佛的「本源心地」文句，來解釋《梵網經》的經體。這裡所謂的「本源心地」，是世尊所證悟的最極清淨的常住法身，或稱實相，亦名法住、法位、一切種智、一實境界、中道第一義諦等稱號[35]。在智旭的《梵網經玄義》與《合註》中，雖然不曾見有現前一念心的文句呈現，但實際上很明顯，智旭對此「心地」問題，總是以「現前一念心」的觀念來表達的。例如在《梵網經玄義》所示：

如此（法身、般若、解脫）三義，為一妙體，迷之則歷劫長淪，悟之則當下具足。（《卍續藏》六〇卷，三〇八頁B）

又在同一書中，有：

> 既念念具足千法，亦法法互具無盡，聊示千百億界，以表心地法門耳！（《卍續藏》六〇卷，三〇九頁D）

智旭肯定地論斷，《梵網經．菩薩心地品》中的「心地」二字，為諸法實相的三德妙體，尤其是十界互具、一念三千的「介爾心」，還有他自己所發現的現前一念心，也都予以肯定地斷定，既如前項所述。

關於《梵網經》註釋：智旭與智顗的異同　對於智者大師的《義疏》，茲列舉其特徵：(1)只是對下卷的解釋；(2)並未涉及教觀思想；(3)將大小乘戒律加以對比，然後再施以料簡；(4)並未建立五重玄義；(5)只有三重玄義的釋名、出體、料簡三科；(6)在出體中，只有闡明無作戒體，卻未談到理體的本源心地。而且，智者大師對〈菩薩心地品〉的「心地」二字的解釋，有如次的敘述：

> 言心地者，菩薩律儀，徧防三業。心、意、識，體一異名。三業之中，意業為主，身口居次。據勝為論，故言心地也。（《菩薩戒經義疏》卷上，《卍續藏》五九卷一九二頁B）

就這段引文，智者大師解釋「心地」二字的意義，在心、意、識之中，只指出第六識的心理行為意業。這種第六意識的心理活動，雖然也可以說是智旭的現前一念妄想心，但智者大師的解釋，並不認為它就是理體實相，與智旭的解釋不同是很明顯的。因此，考量智者大師的本意所示，小乘戒律是偏重於事相的，所以在身、口、意三業之中，假若意業犯戒，而身口七支猶未構成犯戒行為，那麼其所獲之罪可以說只是極輕微而已。

縱然如此，大乘戒律因為偏重於心理活動，所以必須預防身、口、意三業的犯行。即使未出現身口七支的犯戒行為，但若有了犯意，罪行即已構成。這是戒法的解釋，也是修行方法的指導，與心體論、理體論、心性論等都無任何關係。就這一點，智旭當然也了知在心，他曾提出如次的意見：

故（智者《義疏》）屬事不屬理，屬修不屬性，屬宗不屬體。（《梵網經玄義》，《卍續藏》六〇卷三〇八頁D）

依此所述，智者大師的《義疏》，只是就事相、修行、宗旨等層面加以闡釋；而智旭的《玄義》及《合註》的立場，則是事理並論、性修兼明、宗體俱彰的，於此尤應注意。

以上所列舉的各點之中，智者大師的《義疏》對於第三點的大小乘戒律，將之加以對比、料簡這一點，雖與智旭的著作相一致，但在其他方面，可以看出則是完全抱持不同的看法。

第三節 壯年後期（四十—四十九歲）的智旭思想

一、《楞嚴經》的流行與智旭之所承受

從《梵網經》到《楞嚴經》 直到三十九歲為止的智旭，於戒律思想上，可以看出有顯著的轉變，即從小乘戒移向大乘戒，也就是利用大乘戒來統攝小乘戒，進而再以戒律的菩薩戒經，來發展教觀思想。因此，當他在註釋《梵網經》時，就把戒律思想作了充分的發揮㊱；同時，並貫徹其教學思想觀心說的修道論，以及本源心地心性說的本體論，將兩者都表達在其中。他在〈梵網經合註緣起〉所敍述的事相，約如次述：

大哉《梵網經．心地品》之為教也，指點真性淵源，確示妙修終始；戒與乘而並急，頓與漸而同收。約本跡，則橫豎俱開，兼《華嚴》、《法華》之奧旨；約觀行，

則事理俱備，攬五時八教之大綱。文雖僅傳一品，義實統貫全經。（《卍續藏》六〇卷，三一〇頁A）

歷來各家有關《梵網經》的註釋書，都僅就下卷說明其戒相條文。但智旭卻與眾不同，針對整部《梵網經》上下兩卷，把他直到三十九歲為止，對戒律、禪觀、教學有關的考量，予之綜合之後而述作。此一註釋書的完成，由之可見其思想已達成熟境地。之後他又完成兩部書，是即《大佛頂首楞嚴經玄義》二卷及《大佛頂首楞嚴經文句》十卷。

智旭之於《楞嚴經》的研修　如先前屢次所述，智旭思想的立足點是禪，而其禪思想的根本經典則是《楞嚴經》。他在二十七歲時，曾經兩次敷講《楞嚴經》[37]；並在三十三歲時，以百日的時間，在楞嚴咒壇中專持〈首楞嚴咒〉[38]；又在三十九歲時，於註釋《梵網經》的同時，講說《楞嚴經》的要旨[39]。當時述作的〈壇中十問十答〉，其中五、六、七、八四個題目，都是與《首楞嚴經》有關的問答[40]。他更在四十歲時，於新安陽山的止觀山房結夏安居，四度講演此經[41]；翌年四十一歲，又脫稿完成了本經的《玄義》和《文句》十二卷的卓越著作。他的思想就是以此為契機，從戒律思想進一步發展至純正的教學思想，於此便綻開了花朵。

中國《楞嚴經》的流行

《楞嚴經》在中國的流行，常盤大定曾予指出：「《楞嚴經》是在中唐以後，開始出現在佛教界的一部最新的經典，由居士房融所筆受，以華、天、密、禪的融合為架構，兼以文章絕妙，以致流布甚為廣泛。其在唐代的註釋雖然不過三種，但是到了宋朝，研究之士則急遽增多，華嚴、天台、禪宗的三家學者，各自依據本宗的義理加以解釋，逐漸地被視為禪家的經典，尤為禪門大眾所研習。」❹❷他進一步更強調說：「這樣一來，於宋儒學說想要加以適當理解者，至少須閱讀《楞嚴經》才能濟事。」❹❸因為從唐朝《復性書》的著者李翱開始，乃至宋儒張橫渠、程明道、蘇東坡、王安石、張商英等人，無一不是《楞嚴經》的研鑽者，尤其是王安石與張商英二人，猶對《楞嚴經》加以刪訂與註釋。以此原因，宋儒的學說與佛教的禪思想之間，便維持了密切的關係。

及至中唐以後，特別是宋初以來的中國禪宗，由於華嚴五祖圭峰宗密的《禪源諸詮集》以及《禪藏》，乃至永明延壽《宗鏡錄》的影響❹❹，尤為珍重《圓覺經》和《楞嚴經》，因而研習與鑽究之士益形增多。所以，宋代的儒教學者在研究禪思想的氛圍裡，絕不能無視於《楞嚴經》。據常盤氏的見解所示：雖然《楞嚴經》於中唐以後，是調和華嚴、天台、密教、禪宗的骨幹，但其具體論證，該是宗密的《禪藏》等著作，以及延壽的

《宗鏡錄》等最具影響力。

智者大師西拜《楞嚴經》的傳說　自來即有將智旭看作是天台宗學者的說法，在此，試就天台宗與《楞嚴經》的關係稍作探討。

在宋朝慧洪（一〇七一—一一二八）著作的《林間錄》卷下，記載傳說天台宗講徒提及智者大師嘗向西禮拜《楞嚴經》的說詞，因有：

天台宗講徒曰：昔智者大師，聞西竺異比丘言：「龍勝菩薩嘗於灌頂部，誦出《大佛頂首楞嚴經》十卷，流在五天，皆諸經所未聞之義，唯心法之大旨。五天世主，保護秘嚴，不妄傳授。智者聞之，日夜西向禮拜，願早至此土，續佛慧命，然竟不及見。」（《卍續藏》一四八卷，三一一頁D—三一二頁A）

這是說智者大師儘管未曾見過《楞嚴經》，但已確知這部經典的存在，因而日夜向西禮拜，求願早一天傳來中國。但在明末錢謙益所撰的《楞嚴經疏解蒙鈔》卷末之三，於此曾加以考證，對於為天台宗講徒所引用的傳說，是出現在南宋時的《僧瑩清話》中，斷定它並非真正的實錄㊺。而實際上從中國佛教看來，對《楞嚴經》最為闡揚的人，當是華嚴六祖長水子璿，他曾撰著《首楞嚴經義疏註經》二十卷，也曾參悟天台宗山外派的靈光洪敏，可以說是山外派人之一㊻。其次，以天台學者而註釋《楞嚴經》的，有山外派的孤山智圓（九七六—一〇二二），以及興化仁岳（？—一〇七七）等人。

由這些事實看來，關於天台智者大師向西禮拜《首楞嚴經》的傳說，是宋朝以後，由天台宗所謂山外派的學者所流傳出來，相信有其可能。但智旭之如此珍重《楞嚴經》，卻並非受自天台宗山外派的影響所致。他以一個禪者的立場來承受《楞嚴經》的教法，後來則由於《宗鏡錄》的影響，把《楞嚴經》做為統合禪、教、律、密或性相二流的異說、異見的根本經典。

二、諸說融通的修道觀

現前一念心的觀心說　智旭以《楞嚴經》的如來藏妙真如性為基礎，把現前一念心說更加擴展，接納《起信論》的真如隨緣說，將現前一念心詮釋為如來藏性的隨緣說㊼；並把《楞伽經》的妄想無性㊽的「妄想」、《圓覺經》中說的「六塵緣影為自心相」㊾的「自心」、菩提達摩安心傳說的「覓心了不可得」㊿的「心」，以及《大乘止觀法門》的「分別性」，乃至《成唯識論》的「徧計性」或《摩訶止觀》中所謂初觀識陰51

的「識陰」等，都當作是現前一念心的理體，以資說明，並且奉為修行實踐的基準。此一念心的隨緣不變，亦稱為真如理體的常住真心，或謂如來藏妙真如性。

於此一念心的不變隨緣，既如前述，是指《楞伽經》的妄想心、《圓覺經》的緣影心、覓心不可得的浮動心、《大乘止觀》的分別性、《成唯識論》的徧計性，乃至《摩訶止觀》的識陰而立意的。這些名相雖因經論的出處而各有差異，實際上都同是指第六意識。雖然智旭經常鼓吹「隨文入觀」[52]，但在研究經論及其註釋書，必依從教示而實踐其觀行。對於觀行的入門方法，他說：須觀其第六意識，若能轉變這第六意識的妄想心，而成為始覺妙觀察智或無塵智，即是圓教名字位的菩薩[53]。依此觀心方法實踐，則稱為全性起修。

按他的說法，現前一念的妄想不過是六塵緣影而已，而妄想無自性的自性就是如來藏妙真如性，即把我們的妄想心回轉成真常心。因此，真常心在纏時，才稱為隨緣不變。隨著染污的三惑因緣，不論在十法界的任何處所，此本來清淨的妙真如性是不會變異的。而且這清淨的真如心性，若不能由見思、塵沙、無明三惑中解脫出來，是無法顯現那不變異的妙真如性。觀心修持的目標，就是解脫三惑、顯現真心，這就稱之為全修顯性。

換句話說，本來清淨、圓滿實在的如來藏妙真如性，就是智旭的現前一念心的性體；

也就是說，現前一念心就是在纏的妙真如性，或與前六識相應的隨緣如來藏。從凡夫的立場看來，這在纏的如來藏，其實就是不變隨緣的真如；而這不變的真如體，也就是《華嚴經》的一真法界、《法華經》的一乘實相、《維摩經》的不思議解脫、《般若經》的一切種智、《涅槃經》的常住佛性[54]。總之，就是諸經之體、諸法之體。所以，智旭對於《法華經》的「開示悟入佛之知見」，明白地說成是證悟到此現前一念心的體性[55]。

異名異說的修道統一論 智旭所說吾人現前一念心的體性，就是《楞嚴經》的妙真如性，也是《楞伽經》妄想無性的性，也是《成唯識論》的圓成實性，更是《大乘止觀法門》三性三無性的性。其實，這是天台宗性具與性造之性的見解，這是就智旭著作中所見到的情形。在一般眾生凡夫，為了證悟此現前一念心的體性，必須以修行的方法去求得。而修行的方法有很多種，其中由禪觀所得到的證悟，則是一般的通途。

禪觀的方法，據經論所示，雖有種種不同的名稱，但智旭依《楞嚴經》的立場，對於《摩訶止觀》的十乘觀境，及《楞嚴經》的妙奢摩他三摩禪那，卻以同樣的境界來敍述它[56]。而且他觀破《圓覺經》的緣影妄計，與《楞嚴經》的七處徵心[57]是同一理事。另將《中論》的自性、他性、無性、有性等四性，推理為諸法的實際；將《摩訶止觀》卷二上的未念、欲念、正念、念已四運心，推測與心識的有形和無形是同樣的境界[58]。相信這就是按他的諸說統一論的觀點，所表現的情形。

因此，這一時期的智旭著書，《楞嚴經玄義》、《楞嚴經文句》以及《大乘止觀釋要》、《成唯識論觀心法》，乃至《周易禪解》等儒教書籍的註釋，都是由《楞嚴經》經體的如來藏妙真如性理念所轉現，而顯示其現前一念心的性體說。而且，亦於真心與妄心、心性與心相、性與修、真如心與八識心、唯心與唯識，乃至儒教的無極與太極，甚至種種異名異說的心體與心相，或是今世的本體論與現象論、本體論與修道實踐論，加以彙總統一之後，發展出所謂性相融會與三教同源的思想。

三、以《楞嚴經》為中心的佛教統一論

天台教觀與唯識思想的調和　智旭與天台有關的著作，雖有《妙玄節要》和《法華綸貫》二書，但他對天台教學的見解，在這兩本書中則未曾一見。相反地，在《楞嚴經》註釋書的《玄義》與《文句》中，卻充分地活用了教相判釋的五時八教，乃至法門理論的三諦三觀、百界千如、一念三千、行位與果證，以及實踐修道的十乘觀法等；尤其於五時教判，又將之分成通五時及別五時。這在《玄義》卷下，都明顯地表達出來。此外，對於《摩訶止觀》的十乘觀境說，與《大乘止觀》的三性止觀說，建立其調和的論調，也就是

《大乘止觀釋要》卷四；另於調和《成唯識論》的真心觀與《大乘止觀》的妄心觀之矛盾方面，也在《成唯識論觀心法要》卷八可以看得出來。

關於《起信論》的真如受熏說與《唯識論》的真如不受熏說的歧異之點，智旭也提出其融和的論說，在《成唯識論觀心法要》卷八可以具見其析論。另在天台教觀與《唯識論》的調和與解釋方面，因為只有智旭，當然亦有其若干困難之處。但在智旭而言，其註釋《唯識論》的目標，並不在於宣揚天台教學，而是為了融和性宗與相宗。而且，其《成唯識論觀心法要》理論依據的主要經論，並不是傳自印度的《法華經》、《大智度論》、《中論》，而是在中國完成的《大佛頂首楞嚴經》、《大乘止觀法門》、《宗鏡錄》。

諸宗統一論 智旭在上述的思想階段所完成的《楞嚴經玄義》與《楞嚴經文句》著作，是由性宗的立場所表達的性相融會見解。尤其在檢閱《楞嚴經》的內容，其實可以說是廣大甚深的經典，因而就其概要所示，於觀心法門是從卷一到卷三之中有七處的徵心之所示，就修證的類別，從卷五與卷六有二十五種圓通法門之所說示。所謂二十五種圓通法門，是指由六塵、六根、六識與七大各自成就的觀法；其中的〈彌勒菩薩圓通章〉，是說示識大觀的唯識思想，〈大勢至菩薩圓通章〉則是說示根大觀的淨土念佛思想；至於〈觀音菩薩圓通章〉，是鼓吹耳根圓通的三十二應化身大悲救世觀音信仰。

此外，在《楞嚴經》卷七中，由灌頂部摘錄出來的〈大佛頂如來放光悉怛多鉢怛囉菩薩萬行品〉，以及名為〈中印度那爛陀曼荼羅灌頂金剛大道場神咒〉，則是具有密教色彩的真言加持信仰及其教說。另卷九與卷十，是說明禪定修持的指導分析；卷六的四種清淨明誨，則是顯示殺、盜、婬、大妄語的四種根本戒；卷八則說示比丘戒的四棄與比丘尼的八棄，乃至必須堅守蔥、蒜、韮等五辛戒的戒律思想。因此，吾人考察《楞嚴經》的整體，是由七處徵心的觀心法門說到各種禪境，以及應予注意的事項等，當不難看出這是一部統括禪、教、律、密諸宗的經典，尤其包含禪與淨土念佛，同時也是性相共通之所示。

性相融會論　《楞嚴經》的中心思想，始終都是採取如來藏妙真如性的性宗立場。因此，如以純粹相宗論書的《成唯識論》思想來加以考量，那麼智旭所註釋的性相融會理念，可能稱不上是圓滿的解釋。例如《成唯識論》的真如不受熏說與《起信論》的真如隨緣說的相異之點，因為有其根本上的差異，縱使再怎麼融會，也是難得一致的。

明末年間的中國，與《成唯識論》有關的書籍，是由窺基所撰述的《成唯識論述記》，但是隨著唐末時期的毀佛，該典籍已散佚。因此，智旭只是依據唐末清涼澄觀所撰述的《華嚴經疏鈔》，以及宋初永明延壽所編纂的《宗鏡論》等書籍，間接所得到唯識思想的教學知識而已[59]。而且當時的智旭，在其三十年代裡雖曾閱讀《宗鏡錄》，但想求得一部《華嚴經疏鈔》卻是相當困難。到了三十九歲時，雖曾一度希望能借閱一讀，卻未能如願[60]，可能直到四十七歲才獲得閱讀[61]。而在四十九歲，依據相宗的代表論書《成唯識論》觀心法的見解，對之加以註釋。於此，亦可看出智旭的性相融會說的終結所在。

所以，這部《成唯識論觀心法要》，以及先前所述作的《楞嚴經玄文》，雖然可以說是智旭有關相宗與性宗的兩大註釋書，但因為他採取的是性宗立場，儘管也包含了相宗的思想，卻並未達到融會說的適用性，依然有事實的存在。

四、智旭的淨土思想

智旭在其四十年代所撰述的著作，亦須加以考證與評論。有關智旭的淨土思想，經過歸納之後，可以列舉以下三點作參考。

參究與念佛　所謂參究，是指禪宗的參話頭，這是永明延壽以之鼓吹禪淨雙修。接受此項理念的智徹禪師（生歿不詳），以「念佛是誰」的話頭而得以開悟。到了明末年間，雲棲袾宏承襲此一方式，用以闡揚持名念佛，以參究念佛名為理持，而名持名念佛為事持。

智旭在其三十年代期間，認為理持的參究念佛是觀想念佛，事持的持名念佛為稱名念佛，並且也很贊成中峰明本（一二六三—一三二三）的「禪者淨土之禪，淨土者禪之淨土」之說62。但是到了四十年代，對於參究念佛之說，則有「是權非實，是助非正」63的見解；及至五十年代時，又轉變為「淨不須禪」，並且主張「禪決須淨」的理念，徹底否定了參究念佛之說64。

三種念佛與稱名念佛　所謂三種念佛，就是念他佛、念自佛、自他佛俱念。智旭在〈淨然沙彌化念佛疏〉65中所敘述的，就是以阿彌陀佛的果德莊嚴為所念之境，憶念其名號、相好、勝德等，進而以一心不亂的三昧功德為目標，稱之為念他佛。如能觀想自身的現前一念心是無體無相、離過絕非，又能證悟百界千如、法爾具足不可思議的境界，稱之為念自佛。若能進一步理解心、佛、眾生三無差別的義理，認識眾生是諸佛心內的眾生、諸佛是眾生心內的諸佛，這就是「是心作佛、是心是佛」，即稱為自他佛俱念66。

這三種念佛，若約天台宗的四教而言，便可成為十二種念佛三昧。念佛的目的是求解脫生死，超出三界；就脫離三界方面而言，立有豎出與橫出兩類。上述三種念佛或十二種念佛三昧，完全類似於禪觀的豎出三界法門；而橫出三界的勝異方便，尚未包括這三種念佛法門。

所謂橫出三界的勝異方便，就是阿彌陀佛所說的稱名念佛[67]。而豎出三界的念佛三昧，是依禪觀的自力修行而漸次斷滅三惑煩惱，從而感得三身四土的。至於橫出三界的稱名念佛，是依阿彌陀佛的本誓願力，被接引往生至極樂世界。而且，自立的豎出三界法門是「事難功漸」，但他力的橫出三界法門則是「事易功頓」的不思議勝異方便[68]。智旭雖亦致力於念佛三昧的鼓吹[69]，但在五十歲以前，他是主張禪、教、律合一的；到了晚年，他於淨土教的色彩才漸趨濃厚，完全獻身於他力往生的橫出三界勝異方便。

四種淨土　一如前節所述，淨土法門有豎出三界的自力法門與橫出三界的他力方便。可是在智旭的見解，自力與他力，或豎出與橫出，同是淨土法門。而且他的佛教信仰歸向，正是淨土信仰。

有關淨土之說，智旭是採天台大師所立的四種淨土之說：(1)凡聖同居土；(2)方便有餘土；(3)實報無障礙土；(4)常寂光土之說[70]。另據《成唯識論》卷十，雖然也有：(1)法性土；(2)自受用土；(3)他受用土；(4)變化土，對於天台的四土說作了相對的解釋[71]，但仍以天台的四土說為切實，是即：法身佛的常寂光淨土、自受用報身佛的實報無障礙土、他受用報身佛的方便有餘土，以及應化身佛的凡聖同居土是。因此，往生於前三土的眾生，必須斷除見思、塵沙、無明三惑，然後才漸次依從方便、實報、寂光的順序而上登三土。這就是自力往生的豎出三界淨土。但是，西方安養的凡聖同居土，雖然靠自力亦無不可，即使還留下了見思的煩惱，仍然可靠他力而得以橫出三界的往生[72]。

對淨土法門的禮讚　淨土法門雖然有自力與他力兩類，但智旭之禮讚淨土的中心點，顯然是傾向於他力方便的一面。因此，他在：

1.〈示陸喻蓮〉中有：

超生脫死，捨淨土一門，決無直捷橫超方便而生淨土；捨念佛一法，決無萬修萬去工夫。（《宗論》二，三卷二頁）

2.〈示念佛三昧〉中有：

持名，則一稱一念，頓圓無上菩提。（《宗論》四，一卷一五頁）

3.〈念佛即禪觀論〉中有：

若持名號、……（中略）是謂勝異方便，無上法門。《文殊般若經》、《般舟三昧經》、《觀無量壽佛經》等，皆明此圓頓了義，而《妙宗鈔》申之為詳。（《宗論》五，三卷八—九頁）

可見，智旭相當讚歎持名念佛或稱名念佛，以及四方淨土。是即：此阿彌陀佛的念佛法門，乃是至圓至頓、第一了義的無上法門，而且是最為易行的法門。如能修持持名念佛，不論根機利鈍，都是可以往生極樂淨土。以《阿彌陀經》為首，其他如《文殊般若經》、《般舟三昧經》，乃至《觀無量壽佛經》等，都是在稱揚此一法門。而且四明知禮的《觀經疏妙宗鈔》中，就此即有詳細的闡明。

原則上，智旭的淨土思想看起來應該算是四明知禮的後繼者，但就《妙宗鈔》中「即心念佛」或「約心念佛」的用語，在智旭的著作中卻很少見。反而在《宗鏡錄》中所引用的《新華嚴經合論》卷二：「一念相應一念佛」73之說，以及壽昌禪師無明慧經的「念佛心是佛」74之說，乃至《觀無量壽佛經》中的「是心作佛，是心是佛」75等用語，在智旭的著作中經常援引或套用。

第四節　晚年期（五十—五十七歲）的智旭思想

一、大乘止觀法門與智旭

對《大乘止觀》的評價　智旭在其四十年代，最重要的著作是《楞嚴經玄義》與《楞嚴經文句》，以及《大乘止觀釋要》；前兩者是法門理論的基礎，後者則是說示實踐修道的觀法。智旭不論註釋什麼典籍或撰寫短篇的論述，經常是以《楞嚴經》來應用其理論問題，以《大乘止觀》來應用觀法問題。這兩部佛典的內容固然有其輕重的差別，卻都兼備了理論與觀法。有關《楞嚴經》方面，先前已經有所論述，在此僅就智旭與《大乘止觀》有關的見解，稍作檢討。

在智旭的所有著述中，《大乘止觀釋要》所占的地位很高，例如在〈重刻成唯識論自考錄序〉中，關於《大乘止觀》的意見述之如次：

> 南嶽思大禪師，《大乘止觀》一書，出識論未來前，具闡性相幽秘，蓋深證無師智耳。（《宗論》六，三卷一七頁）

在此述示的「具闡性相幽秘」一語，須予留意，因為《大乘止觀》的中心思想，有如來藏和三性三無性兩種。如來藏思想屬於性宗，但三性三無性說則屬相宗。因此，主倡性相融會的智旭，採純粹性宗的立場。以之與《摩訶止觀》相比，智旭顯然更加重視《大乘止觀》，他在〈復張中柱〉的書簡中，亦對《大乘止觀》備加稱頌。是即：

《大乘止觀》性相總持，實與《佛頂玄文》、《唯識心要》二書，相為表裏，苟留心既久，得其血脈，一代時教，思過半矣。（《宗論》五，二卷一二頁）

這是於《楞嚴經玄義》與《楞嚴經文句》，以性宗的經典來發揮性相融會論的思想；另在《成唯識論觀心法要》，是以相宗的論典來表達其性相融會論的思想。而此《大乘止觀》本身，則已具備了性相融會論的內容；換句話說，《大乘止觀》已包含《楞嚴經》和《唯識論》二書的優點。若能致力於此，又復得其血脈，對於世尊的一代時教，智旭認為即已了然過半。

性宗立場的性相融會論　智旭何以獨讚《大乘止觀》為性相的總持呢？可能是因為此書是以如來藏緣起觀，來調和《起信論》的心識思想及《攝大乘論》的三性三無性說，而具備其獨特性相融會論的濃厚色彩。在中國方面，能明顯地標示出性相調和的論書，當以此書為始。與《起信論》的疑偽說同時，《大乘止觀》的著作問題，在學術界也有各種議論[76]，在此概予省略。

考證《起信論》與《大乘止觀》的內容，兩者很明顯地有互為因果的關係。《大乘止觀》是吸收相宗系《攝大乘論》的三性三無性說，但其基本立場則是站在性宗的基準上立論的。例如《大乘止觀》的如來藏思想及其心意識論，可以說都是以性宗的立場作考量的。對智旭來說，他只是固執性宗而主張性相融會論為其要點。所以，他稱讚《大乘止觀》是性相總持，想來亦屬理所當然。

二、《楞伽經》及《起信論》與智旭

由《大乘止觀》到《大乘起信論》 對於《大乘止觀》，智旭從三十年代起就把它與自己的淨土信仰綜合而做為述要[77]。是即：他在四十四歲撰著了《釋要》四卷，又在四十七歲的夏季於石城濟生庵敷座演講[78]；更在五十一歲的夏季，於長干大報恩寺再度講演此書[79]。

直如先前所述，《大乘止觀》的根本思想，是如來藏的緣起觀，在智旭則把如來藏思想，認為是《楞嚴經》的如來藏，並以《起信論》的隨緣說來解釋如來藏，進而解釋成《大乘止觀》的空如來藏，就是真如的隨緣不變，而不空如來藏就是真如的不變隨緣[80]。如此一來，如來藏隨緣不變與不變隨緣說，在智旭的《楞嚴經文句》中到處可見。他更把《大乘止觀》之體的「自性清淨心」，解釋成《楞嚴經》的妙真如性或常住真心；以《楞嚴經》的「陰、入、處、界皆如來藏」與「如來藏中，七大互融」之說，闡釋《大乘止觀》的止門與觀門[81]。

此外，智旭也把《大乘止觀》的「大乘」二字，以「梵名摩訶衍，即是眾生自性清淨心」[82]來予以說明。所謂摩訶衍就是眾生心者，這完全是《起信論》的論調。在《起信論》的眾生心，是指真如隨緣不變的心，而此一眾生心，開展成真如門與生滅門。所謂真如門，就是常住清淨的心性；而生滅門，則是隨緣變異的心相。淨化心相而復歸於本源清淨的心性，就稱之為還滅門。清淨的心性，隨著無明的染緣而顯現出隨緣變異的心相，則稱為流轉門。站在心性的立場來說，稱為性宗；站在心相的立場來說，稱為相宗。總之，《大乘止觀》固不待言，即《起信論》也是性相二流的宗要書，在智旭的眼裡，當是性修不二的論書。另外，在他的《大乘起信論裂網疏》，以《唯識論》的觀點來解釋《起信論》的論文非常之多。因此，智旭在講述《大乘止觀》之後，又註釋了《起信論》，可以說是勢所必然。

《楞伽經》中的宗通與說通　思想已臻成熟的四十年代的智旭，是依屬性宗的《楞嚴經》立場，倡導其性相融會論。雖然他曾以性相融會的理念，註釋過相宗的《唯識論》，但是晚年的智旭，已從《大乘止觀》性相合流理念，再度歸向屬於性宗立場的《起信論》思想。所以，他的《大乘起信論裂網疏》被認為是他論述性相融會思想的最後著作。但是，直到他註釋《起信論》為止，已著述了《占察經》的玄義和疏，以及四卷本的《楞伽經》玄義和義疏。依據有關學者的研究所示：在中國是先有《楞伽經》和《占察經》的譯出或成立之後，才有《起信論》的出現[83]。就智旭的註釋順序，也是以《占察經》與《楞伽經》二經較《起信論》為先。有關《占察經》的種種，已在本章的第二節中論述，於此省略。

智旭於註釋《楞伽經》時，即曾留意到當時的禪者們，對於宋譯《楞伽經》卷四的「法離文字」與「依文字者，自壞第一義」[84]的經義有所誤解，因而排斥經典，甚至加以誹謗。智旭為了矯正此點，於是提出「解脫不離文字」[85]的主張，以發揚《楞伽經》卷二的「如來禪」[86]思想[87]；並以之做為理論依據而列舉出「初祖傳道，《楞伽》印心」[88]的歷史事實，且又說出《楞伽經》卷三的「宗通」與「說通」[89]的教義。所謂宗通，是遠離言說、文字、妄想；而說通，則是說示九部經的種種教法[90]。在禪宗的立場來說，坐禪與參究是宗；「宗」者，是不需要一切文字、言說等施設，而是直下悟入真如佛性。

此外，也有讀經、說教之「說」。做一位修行人，如果只是在教義上研究或演說，對於悟入真如佛性方面不只是無濟於事，或亦將發生障礙。因此，大多數的禪者對於教理的研究，示以反對的態度。而智旭於此的解釋，《楞伽經》的宗通與說通，不應該把它分為兩說，因為約自行的修證而言，是宗通；約化他方便，則是說通，應該作如此的看法[91]。而且智旭理想中的佛教學者，應該是能做到「宗說俱通，解行雙到」的人[92]，在他三十年代的著作中，即已顯示這樣的見解。

《楞伽經》性相融會論　四十年代的智旭，把《楞伽經》卷二的「妄想無性」[93]說，解釋成他的現前一念心[94]。他認為這種「妄想無性」觀，就是《占察經》的「唯心識觀」，並對《楞伽經》經體的「自覺聖智境界」、「如來藏自性清淨」、「無我如來藏」等多達三十種異名，都解釋為《占察經》的「真如實觀」。從而，他把《楞伽經》中的三十種真如實觀的異名，認為是與《楞嚴經》的「如來藏妙真如性」、《梵網經》的「本源心地」、《占察經》的「一實境界」、《法華經》的「諸法實相」等都是同一境界[95]。

因而他在《占察經玄義》中，解說結屬十界的六即義時，即曾引用《楞伽經》卷四的「如來藏是善不善因，能偏興造一切趣生」96的義理；在《楞嚴經文句》卷二，解釋經文中「心性」的理念時，也曾引用《楞伽經》卷一的「自心現量」說97；更在《大乘起信論裂網疏》卷二，解釋「離言真如」時，援用《楞伽經》卷一「自覺聖智」的究竟相98；另在《裂網疏》卷五，解說《起信論》的對治邪執的理由，亦曾引用《楞伽經》卷二「當依無我如來之藏」的論點99；也就是說，《楞伽經》的自覺聖智或無我如來之藏，就是離言說、離文字的真如心。但在真如不變隨緣的情形，則是變現人、天的善趣，與地獄、鬼、畜生等惡趣；乃至四聖法界的善，與六凡法界的不善。因此，如來藏有善與不善的因種。另從真如隨緣不變的情形來考量，這種不變的真如，就是自性清淨的如來藏100。

不管怎麼說，智旭對《楞伽經》的因應與理解，將之與禪宗及《占察經》的兩種觀道相聯繫，並且說它是調和唯心與唯識，或性宗與相宗論理的經典。他解釋《楞伽經》的「唯心直進」101與「自覺聖智」理念，認為是屬於性的；而「妄想無性」的妄想八識與我法二執，則是屬於相的；並認為五法、三自性、八識、二無我的教義言說，都是屬於相的範疇。佛陀說示這些法相的目的，是要令人理解其無性的妄想，進而悟得無我如來藏的自覺聖智。總而言之，《楞伽經》的立論方式與《起信論》的立論方式，都是站在性相融會與性修不二的觀點做為其出發點的。

《起信論》立場的性相融會論

《大乘起信論裂網疏》是智旭五十年代晚年的精心之作，就其目的，誠如《裂網疏》的序文所敍述，亦即站在《楞嚴經》的立場，認為《起信論》是性相融會說的主要典籍。依《宗鏡錄》的論點，就《起信》與《唯識》二論，都把它解釋成為《楞伽經》的宗經論[102]。賢首法藏尤其反駁圭峰宗密教判的「馬鳴起信，是終教兼頓，並未是圓」見解[103]，同時強調「馬鳴護法，決無二旨」的性相不異論[104]；並且認為馬鳴的《起信論》超越龍樹、世親的思想，而把龍樹的般若思想解釋成「隨智說」，把世親的唯識思想解釋成「隨情說」。相對地，他也把《起信論》的心真如門，認為是「隨智說」，而其心生滅門則是「隨情說」[105]。事實上，《起信論》正是兼備了隨智與隨情，或是性宗與相宗的根本思想。因此，智旭把《起信論》之做為「性相總持」[106]，極讚那是一本「圓極一乘」[107]的論書。

在《裂網疏》中，論及性相調和論的地方很多，在此僅列舉其代表性的四點以示：

(1)其於本覺始覺的唯識解釋　就這方面，在《裂網疏》卷二有：

> 良由無漏種子，本自有之，故名本覺。四智心品，初起現行，故名始覺。（《大正

藏》四四卷，四三二頁A）

是即：原本就是無漏的種子，稱為本覺；而心意識的八識心王，代之以四種智品，稱為始覺。因此，《起信論》的本覺、始覺之說，與《唯識論》的無漏種子或四智心品之間，無非是異名同義罷了。

(2)真實空與真實不空的唯識解釋　就《起信論》上的真如，其與真實空及真實不空之說的唯識思想，在對釋上，於《裂網疏》卷二有：

偏計本無，依他如幻，故名為真實空。圓成本具，復名真實不空。（《大正藏》四四卷，四三一頁A）

即將真如的真實空，與唯識三性的偏計執與依他起二性來詮釋。另外，也以真如的真實不空來解釋唯識的圓成實性。智旭對唯識三性，又把它與《楞伽經》的妄想自性、緣起自性、成自性的三性來加以對釋，也與《大乘止觀》的分別性、依他性、真實性的三性用以相對地來闡釋[108]。

(3) 真如受熏說與真如不受熏說的會通　有關《起信論》的真如受熏說[109]與《唯識論》的真如不受熏說[110]之會通，在智旭的論說於《裂網疏》有四處[111]。此外，在《楞嚴經玄文》的序[112]和《成唯識論觀心法要》卷八[113]等均有詳論。在此僅選出其中的兩則以示：

先是在〈裂網疏序〉中有：

> 《起信論》謂真如受熏者，譬如觸波之時，即觸於水，所以破定異之執，初未嘗言真如隨熏轉變也。唯識謂真如不受熏者，譬如波動之時，濕性不動，所以破定一之執，初未嘗言別有凝然真如也。(《大正藏》四四卷，四二二頁C)

另在《成唯識論觀心法要》卷八也有：

> 馬鳴謂無明熏時，即真如熏，乃約異而不異，如觸波時，全觸於水，非定一也。護法謂賴耶受熏，非關真如，乃約不異而異，如波動時，濕性無動，非定異也。(《卍續藏》八二卷，三一八頁B)

要而言之，《起信論》的真如受熏者，藏識之體，就是真如，這是約真如與識的不異來說的。而《成唯識論》的真如不受熏者，是約虛妄的識相與清淨的真如相異之點而立論[114]。亦即：虛妄染污的識相之體，就是真如；而真如之相，就是虛妄之識。在這兩者之間，只存在著約體與約相的差別，實際上其理念只是一體的兩面而已。縱然如此，在《成唯識論》卷二的「（真如）堅密故非所熏」[115]的文意，就真如與識的定義，作了堅定的區別。

另在窺基的《唯識述記》卷三於此也有解釋，謂是「亦遮無為，以堅密故，不受熏習，如堅石等」、「無明熏真如，由此知非也」[116]，明白地否定《起信論》的真如受熏說。蓋即：在《成唯識論》立場的真如，是凝然不動的，不是可以由八識轉變而成。相對地，在《起信論》立場的真如，是諸心意識之體，妄心能得清淨的心體，就稱作是真如。由上述諸端來考量，《成唯識論》與《起信論》的基本點，雖然確實有其歧異之處，但智旭的融會說，則始終看得出來是站在性宗唯心派的立場。

(4)一性皆成說與五性各別說的調和　就這一問題，在性宗與相宗之間，自有其根本上的差異。誠如眾所周知，而且也是大家互相申論的焦點[117]：相宗持五性各別的觀點，性宗則站在一性皆成的立場。所謂五性各別，就是：聲聞、緣覺、菩薩、決定（未成佛）、不定的五種根性各有其差別，在眾生之中，容或也有決不成佛之說；相對地，性宗則堅持「一切眾生，皆有佛性」之說。就這方面，智旭站在性宗的立場而對此二說予以調和。他在《楞伽經義疏》卷一[118]、《成唯識論觀心法要》卷九，以及《大乘起信論裂網疏》卷四等三處，於此都有所論述。茲抄錄兩處論點如左：

先就《大乘起信論裂網疏》卷四：

> 瑜伽依此，權立五性差別，以其無明煩惱尤厚，覆無漏種，雖有而竟似無故也。
>
> （《大正藏》四四卷，四四六頁C）

另在《成唯識論觀心法要》卷九也有：

> 然依《瑜伽師地論》等，則一切眾生，定有五性差別。若依《法王經》、《如來藏經》等，則一切眾生，定無五性差別。當知，皆是悉檀益物，隨機異說。若依《圓覺》了義、《楞伽》心宗，則五性差別，歷然不亂，而仍一一無性。若遇如來，根無大小，皆得成佛。今謂五性若是定無，則如來不應為實施權，說三乘教，五性若是定

別，則如來不應開權顯實，說唯一乘。若於《法華》三草二木一地一雨之喻，深思細繹，則經論異說，互相影略，妙旨冷然。蓋蠢動含靈，皆有佛性，凡有心者，皆得作佛，此唯識性也。五性差別，種現不同，此唯識相也。相之與性，不一不異。（《卍續藏》八二卷，三二二頁C）

依上所述，在相宗方面的立論，認為一乘是權、三乘是實；而在性宗方面的立論，則三乘是權、一乘是實。準此，兩宗對《法華經》的見解，在根本上雖有其差異，但在智旭的立場，則說明五性差別之說是權立的，而站在性宗這一邊。因此，智旭在他的〈儒釋宗傳竊議〉中，對於窺基的《法華玄贊》，批評他是「然觀所撰法華玄贊，則靈山法道，恐未全知」⑲。接著，智旭把五性各別說，解釋成唯識相的如來為實施權的方便權說；並把一性皆成說，解釋為唯識性的如來開權顯實的實說。以唯識相與唯識性的不一或不異的結論，來調和五性各別與一性皆成的差異之點。

三、天台教理與智旭

天台註疏的方法論　上述各節，有關天台宗的智旭著作思想，尚未見涉及其中，以下將就智旭關於天台宗著作的思想，進一步加以考證。

智旭在青年時期雖有〈白牛十誦〉，四十年代有《妙玄節要》與《法華綸貫》，晚年有《法華經台宗會義》與《教觀綱宗》等著作，但他受自天台思想的影響，就一般所見到的有關述作則較為稀少。就智旭從學於天台教學而言，可能是天台註疏的方法論。所謂天台註疏的方法論，就是採五重各說、七番共解的形式。而五重，是指對一經或一論的題目內容加以分析解義，也就是釋名、辨體、明宗、論用、判教的五重玄義；分別說明這五種項目，即稱為各說。至於七番共解的七番者，是對五重的分科，再從釋名到判教，各自分成七個科目，以解明其義理。是即所謂：標五章（五重的分科）、引經證、明生起、辨開合、設料簡、明觀心、會異義等是。任何經論，對其內容的章節文句，都適宜以此七個項目來加以分析解明，即稱為共解。

觀心思想　智旭在三十七歲註釋《盂蘭盆經》時，才開始採用五重玄義的方法論；而於七番共解之中，最為他所重視的，就是「明觀心」一科。由此可以看出，他之所以提出「隨文入觀」⑳、「隨文入證」㉑，或者「解行相須」㉒等主張。例如在《盂蘭盆經新疏》以五重玄義來分科解釋，只設有「就事」與「觀心」兩科。而他在四十九歲時所作成的《成唯識論》註釋書，是以觀心釋來註釋《成唯識論》，所以才名之為《成唯識論觀心法要》。因為他之所以應用這項方法論，既如先前所述，是想要強調「隨文入觀」這一點，可能也是用以矯正禪宗的「暗證無聞」與一般習教者的「數他家寶」兩種弊病為目的。更進一步，是站在他的現前一念心思想，為了調和融會相宗與性宗的矛盾，必須以他這種「心」為中心來取得平衡。相宗是心相面的，而性宗則是心性面的，現象界的心相與本體界的心性，都是不離於這現前一念心的。為了達成性相融會論的目的，智旭大事援引天台教學中的「觀心」說。

真如隨緣思想　智旭的「觀心」說與天台宗思想之間，可能有著少許的差異。智旭的觀心說，稱真如的隨緣不變謂之心性，稱真如的不變隨緣為心相，而心性與心相被認為是性與修的一體兩面。所謂性修不異，就是性相融會的理論依據；而性修不一者，就是與真如隨緣理論的合一。而觀心的作用，就在於證悟此性修不異與性修不一之理。如果證到性修不一或不異之理，至少也是開啟名字位中的圓教佛眼之人。這樣的情形，雖然不能算是違背天台教學，但因真如隨緣之說原本就是《起信論》的思想，而不能算是智者大師的教義。重視《起信論》者，華嚴宗當然要比天台宗為早[123]。但賢首法藏、圭峰宗密，以及長水子璿這三位，都未把《起信論》判定為圓教[124]。在天台宗，六祖湛然雖曾引用《起信論》的隨緣說[125]，但並未涉及教判。

其次，在四明知禮的《教行錄》卷三，關於這方面則有〈別理隨緣二十問〉⑫⑥，在卷二也有〈天台教與起信論融會章〉⑫⑦。而法藏雖曾論述《起信論》教判，但他把《起信論》論述為「據理、隨緣未為圓極」，並且結論作「別理隨緣」⑫⑧。智旭對四明知禮的「別理隨緣」說，雖然不曾見有反駁的論調，但在其〈裂網疏序〉中，於批評賢首與圭峰的教判之後，即已提出「圓極一乘」⑫⑨的見解。這件事當是意味著：智旭如果不把《起信論》的真如隨緣說歸屬於圓教，則將無法構成性相融會的根本依據。華嚴宗的賢首與圭峰、天台宗的荊溪與四明，雖然都曾運用過真如隨緣思想，卻不像智旭那樣提出圓極一乘的論調；換句話說，智旭的真如隨緣思想，可以說並未附屬於華嚴宗或天台宗的任何一方。

天台教學為智旭帶來影響　從以上諸端看來，智旭以《起信論》的真如隨緣說，做為他性相融會論的論證法，這確屬事實。因此，他的著述文章組織，是仿效天台的五重玄義方法論；而其理論思想組織，則是依用真如隨緣的論證法。他的目標指向，並不在於闡揚任何一宗一派或一經一論，而是整體的佛教，蓋即在於會通性相二流的思想，從而建立一個具有體系的統一佛教。因此，智旭雖站在《唯識論》的觀點，註釋《楞嚴經》與《起信論》，卻也以《楞嚴經》與《起信論》等理念來與《唯識論》對釋，當然也有引用天台理論的地方。即在《法華玄義》的五時八教、通別五時、百界千如，以及《法華文句》的十界互具，乃至《摩訶止觀》的六即思想、一念三千、十乘觀法等，在智旭的著作中雖然時有所見，但對五時八教，尤其闡揚通五時說[130]的圓頓教。另於十界互具、百界千如、一念三千等思想，也為智旭所吸收，進而接納其現前一念的哲學。智旭雖曾數度提舉十乘觀法[131]，但他所傾心致意者，則是「大乘止觀」方面。對於斟酌圓教修行果位的六即位說，從他三十歲時的〈白牛十頌〉，直到最後的詩偈——〈病間偶成〉[132]都曾加以活用。

所謂六即位者，就是：理即佛、名字即佛、觀行即佛、相似即佛、分真即佛、究竟即佛的六種果位階梯[133]。通常一般人是從理即佛，而進入聞圓理、開圓解、起圓信而入得大乘圓教者，屬名字位的佛。智旭對於這方面的要求非常嚴格，信解大乘佛教者，如果採取性相分流或禪教對立的立場，依然並未達到名字即佛的位置。因此，他才算是得到「名字位中」的「圓融佛眼」[134]。

綜上所述，來考證智旭的思想，雖然他並不是以天台宗為中心，也不是天台教學的傳承者，但他之從學於天台教學卻不少。例如在永明延壽的《宗鏡錄》中所顯示的性相融會思想，給予智旭以耳與目；而他的手與足，則是天台教學所賜予。可以說，如果沒有天台教學，則智旭的思想發展就無法開展。

四、《教觀綱宗》與《法華會義》

在智旭有關天台教學著作之中，具代表性的當是《教觀綱宗》及其《釋義》，以及《法華會義》。

《教觀綱宗》的特色

《教觀綱宗》的內容，在於統括天台教學，是由《法華玄義》中的五時八教，以及《摩訶止觀》的六即與十乘觀法，加以精密地組織而成立。此書首先強調五時教判的通五時說，並且介紹頓、漸、祕密、不定的化儀四教，進而於藏、通、別、圓的化法四教，各自配合十乘觀法與六即位來加以解釋。這只是天台教學的概要，並未附以智旭自己的思想。但在其《釋義》中，是依《教觀綱宗》將其義理甚深處，分為三十九個項目而各加解析其要，其中不乏歷來天台教學未曾一見的部分。例如第六項，是以《楞嚴經》的「常住真心，性淨明體」[135]的理念，來解釋天台的「對半明滿」[136]；第九項是以《宗鏡錄》卷一的波、水、濕性的譬喻[137]，來解釋天台的「權即實家之權」及「實即權家之實」義理；第十二項及第三十九項，則是其現前一念心；第二十二項，則以《大乘止觀》的空如來藏與不空如來藏[138]，來解釋「兩種含中二諦」。更在第十二項說明「思議生滅十二因緣」，主張應以唯識之義理解釋，相信可能就是其《教觀綱宗》的特色。

《教觀綱宗》的命名　《教觀綱宗》此一書名，可以說是智旭思想的一種特色。對此「綱宗」的命名，一般學者視作綱要或大綱，但在智旭的見解，卻有相當的不同。智旭既有「綱要」的立意[139]，更有用作「大綱」的地方[140]，卻絕對不是「綱宗」的意義。因為他使用此一「綱宗」詞彙的情形很多，可列舉以下八種資料為例做為參考：

(1)在〈前安居日供鬮文〉有：「禪道迷綱宗，流入一機境。」（《宗論》一，二卷一四頁）

(2)在〈示石耕〉有：「參禪則截斷偷心，直明本性，識取綱宗。」（《宗論》二，四卷一六頁）

(3)在〈毘尼事義集要緣起〉有：「思樂土可歸，羨蓮師而私淑。綱宗急辨，每懷紫柏之風。」（《宗論》六，一卷二頁）

(4)在〈答卓左車彌陀疏鈔三十二問〉的第二十五有：「苟昧綱宗，死在句下，謂參話方能悟道。」（《宗論》三，一卷一〇頁）

(5)在〈復松溪法主〉有：「近述《法華會義》，因留都久染知音，大竅酸臭氣味，絕不知權實本迹綱宗，況得觀心悉檀四益？」（《宗論》五，二卷一四頁）

(6)在〈靈巖寺請藏經疏〉有：「適欲先註梵網，提律學綱宗。」（《宗論》七，三卷

五頁）

(7)在〈與周洗心〉有：「圓通文句一則，收盡念佛三昧綱宗。」（《宗論》五，一卷二五頁）

(8)在〈答卓左車茶話〉有：「上堂則超佛越祖，接眾則權引中下，此流俗宗匠，未悟心法者，所必墮之窠臼，致禪教律，及淨土諸法，俱失綱宗，俱成實法。」（《宗論》四，一卷一〇頁）

由以上的八種資料考證，從(1)到(4)的例子是禪道綱宗，第五是天台的教觀綱宗，第六是律學綱宗，第七是淨土綱宗，第八是綜括上列的種種而稱禪、律、教、淨土的綱宗。這些綱宗的名稱，究竟具何意義？在第八項的資料中明顯地示有「心法」的語詞，也是指智旭的現前一念心。此一念心的「心法」，即具有「宗」之內容，即繼承《宗鏡錄》之「宗」的意義[141]；而「宗鏡」二字的出典，是取自《楞伽經》和《楞嚴經》。因為《宗鏡錄》卷五十七明白地述說其依據如次：

上來所引二識、三識、八識、九識、十一識等，不出一心宗。所以《楞伽經》云：一切諸度門，佛心為第一。又云：佛語心為宗，無門為法門。（《大正藏》四八卷，

七四二頁C）

此中的所謂「一心」，主要是指如來藏心。如來藏心是佛心和眾生心的根本，一切經典教言，都由此心法所流露；又因為是依此經典教言而證悟此一心法，在聖為佛、在凡夫為眾生，無不都以此心法為中心[142]，此即稱為「宗」。至於「佛語心為宗」之所示，在三種譯本的《楞伽經》中，雖然均未之見，但在劉宋求那跋陀羅譯的四卷本，其四品的品目都是以「一切佛語心品」作標示的。《宗鏡錄》就以此「一心」，會通禪教諸宗的義理，所以「宗」者，就是「心」的意思。此外，《宗鏡錄》的「鏡」，是心鏡或古鏡的意思[143]。至於此一古鏡譬喻的出典，是出自《楞嚴經》卷四[144]。而且在《宗鏡錄》卷一序文中，有「剔禪宗之骨髓，標教網之紀綱」[145]的表示，所以智旭是閱歷過《楞伽經》、《楞嚴經》及《宗鏡錄》，才把他關於天台教觀的綱要書，名之為《教觀綱宗》的。至於「綱」者，是大綱、綱要、紀綱的示義；而「宗」者，則是禪、教、律、淨土的要旨，都是以「現前一念心」為「宗」；又因為也是「禪是佛心」[146]，所以教、律、淨土念佛之說，都不過是修行上的方便而已。其目的，只是在於證悟禪是佛心、佛心是禪，才是智旭的中心思想，已經明顯地表明出來。至於《教觀綱宗》的命名意義，自然也就有明確地認識。

《法華會義》的分析　關於《法華會義》，在智旭的書簡中有兩處明顯的表示，其中在〈復陳旻昭〉書簡，只有「力疾草《法華會義》，七旬告成」[147]十一個字的記述，但在〈復松溪法主〉書簡中有如次敍述：

> 近述《法華會義》，因留都久染知音，大窾酸臭氣味，絕不知權實本迹綱宗，況得觀心悉檀四益？語以三大五小，甫展卷，無不望洋而退。不得已，竊取文句妙樂之旨，別抒平易顯豁之文，聊作引誘童蒙方便耳！消文分句，不無小殊，教部時味，敢有他議哉！（《宗論》五，二卷一四頁）

這是說明述作《法華會義》的因緣，以及其旨趣所在。智旭宣講《法華經》的紀錄，比較來說確是很少。就現存的資料看來，只有四十三歲在漳南紫雲[148]，以及四十五歲在留都普德講堂[149]的兩次而已。在漳南紫雲講說《法華經》時，並著有《法華綸貫》與《法華經頌》；在留都再次宣講《法華經》之後，才完成《法華會義》。

《法華會義》的內容，是承錄智者大師的《法華文句》和妙樂大師的《法華文句記》的要旨，但於文義的解釋和文句的分析，則與當時的天台學者在處理的方式上有所不同。關於這一點，智旭在其《法華會義》的序文中，曾有「更科、易文、竄入己意」一(150)的敘述。但詳細考證《法華會義》的結集，其內容的主要部分都是從《法華文句》中摘錄出來；而於《文句》的說釋，其不夠充分之處，則援引《文句記》來加以補充。而其引用方式則是因處而異，有時是硬行擠入正文中，有時則寫入腳註中。又於智旭的所謂「竄入己意」這一點，是以自作補釋、自作腳註、自設問答的方式來表達的。其中與智者大師的《文句》之間，也有不同的意見。僅此將之加以分類，以表格的形式顯示其各自的所在如次：

《法華會義》內容考證資料一覽表

《法華會義》卷數 ＼ 事項處點 ＼ 項目	正文引用《文句記》	腳註引用《文句記》	智旭自作腳註	智旭自作補釋	智旭自設問答
1	7	17	1		
2	4	9	1	6	1
3		9	1	2	1
4		1			
5	2	4	1	5	1
6	2	2		4	3
7	1	2		2	1
8	1	1		1	2
9					5
10	8	2		4	
11	2	3		5	
12	2	2		6	4
13	2	1	1	6	
14	2			4	2
15				4	
16				4	2
合計	33	53	5	53	22

與《文句》相異點		1					5					1	2	1		1	11
與《文句記》相異點							1				2		1	1			5
與《觀音玄義》相異點															3		3
與《觀音玄義記》相異點															1		1
引用《首楞嚴經》				2	1								1	3	1	5	13
引用《成唯識論》	1	2					1					1				1	6

第五節　智旭思想的總結

一、性相禪教的調融

既如上述，智旭思想的大成者，不只是指他述作的《教觀綱宗》與《法華會義》，而是性相、禪教的調和，是天台與唯識的融通，是天台與禪宗的折衷，也是儒教與禪的融通，進而統括律、教、禪、密以歸向淨土。在此僅將有關資料加以整理，各列舉其要旨如次：

首先，就性相與禪教的調和論，他在〈示何德坤〉的法語中有如次見解：

> 心性無法不具，無法不造，而所具所造一切諸法，皆悉無性。明此無性之法，一一皆非實我實法者，謂之慈恩宗。明此諸法無性，一一皆能徧具徧造者，謂之法性宗。直指現前妄法妄心，悉皆無性，令見性成佛者，謂之禪宗。是故臨濟痛快直捷，未嘗不精微。曹洞精細嚴密，未嘗不簡切。唯識存依圓，未嘗不破徧計。般若破情執，未嘗不立諦理。護法明真如不受熏，未嘗謂與諸法定異。馬鳴明真如無明互熏，未嘗謂其定一。（《宗論》二，五卷七—八頁）

這項資料中的所謂「心性」，就是《楞嚴經》的「如來藏妙真如性」或現前一念的實性[151]。性具三千或事造三千，都包含在「心性」之中，是由「心性」所衍生；而且其所具所造的一切諸法，都是虛妄無自性的。在「無性」之說這方面，有相宗的無性說，或性宗的無性說，以及禪宗的無性說。相宗對於徧計、依他、圓成的三性，建立了相無性、生無性、勝義無性[152]。

在《大乘止觀》卷三的無相性、無生性、無性性之說[153]，是屬於相宗系統；而性宗，雖謂運作《中論》的四性而稱空，但這種空也是無自性的，所以它具有徧造徧具的功德。而禪宗的無性說，就是《楞伽經》卷二所說的「妄想無性」[154]。如此一來，智旭是把慈恩系的相宗與《中論》般若系的性宗教理加以統合，進而想把曹洞宗與臨濟宗乃至禪宗也予以統一。至於禪與教的宗旨，都是令人悟入諸法無自性之理的。

因此，在明末的佛教界，在教的方面，是慈恩、天台、賢首相互論諍；在禪的方面，則是曹洞與臨濟互諍的局面。有關這方面的資料，當不在少數。在智旭晚年的著作裡，也有三處可見[155]。這項論諍其具體的著作，有陳垣的《清初僧諍記》[156]述之甚詳，智旭也積極地致力於尋求整個佛教的諸宗融和。

二、天台與唯識的融通

有關這方面，智旭在〈示吳景文〉的法語中，即有很明白的交代[157]，他是依據唐譯八十卷本的《華嚴經》卷十九：「一切唯心造」[158]的理念，以及《摩訶止觀》卷五上：「一念三千」[159]的理念，來解釋《唯識論》的百法和《起信論》的大乘義理。是即：心造的諸法，乃是唯識的百法心相，而一念三千則包含天台的事理三千。至於唯識的百法心相，實際上就是天台的事造三千內容；也就是說：天台的一念三千義理，是容納唯識教義，而《大乘止觀》雖是天台以前的著書，但在解釋上，是依於止觀所依等的五番建立，接納三千性相和百界千如的一切而作的解釋。

因此，唯識可以說是天台之序，而天台則是唯識的深義，致力於融通這兩者之人，正是《大乘止觀》的撰述者——南嶽慧思禪師[160]。所以，智旭在晚年的時期裡，稱呼天台宗曾用「台衡」[161]的名稱。對智旭來說，《大乘止觀》才是性相融會精神的顯現。因此，智旭陳述了如次的論點：

欲透唯識玄關，須善台衡宗旨；欲得台衡心髓，須從唯識入門。……（中略）嗚呼！台衡心法，不明久矣。彼蓋不知智者《淨名疏》，純引天親釋義故也。疏流高麗，莫釋世疑，而南獄《大乘止觀》，亦約八識，辨修證門。正謂捨現前王所，別無所觀之境，所觀既無，能觀安寄？辨境方可修行。止觀是台衡真正血脈，不同他宗泛論玄微。法爾之法，道不可離，彼拒法相於山外，不知會百川歸大海者，誤也。（〈示吳景文〉，《宗論》二，五卷一三—一四頁）

依上所述，在智旭認為，南嶽慧思固不待言，即使天台智者大師的《維摩經疏》，也是引用世親的唯識思想。但在當時的天台學者於此則渾然不覺，而隨意排斥唯識法相為山外，並認為《大乘止觀》約八識而分辨止觀修證的所觀境是不明就裡，對此智旭感到難以理解。因此，智旭重視唯識思想的同時，他在《法華會義》中也是經常引用唯識學者世親所著的《法華經論》。

三、天台與禪的折衷

由禪宗的立場來看天台宗，批評天台宗徒只是一群說食數寶、尋章摘句、有聞無修之人；而從天台宗來看禪宗，則批評禪者只是枯守蒲團、暗證無聞的野狐而已。這些問題的焦點，產生出離言與依言的論諍出來。因此，智旭發表他對天台宗與禪宗的折衷意見，是想號召雙方解消對立的態勢而趨向融合。例如在〈示如母〉的法語中：

道不在文字，亦不在離文字，執文字為道，講師所以有說食數寶之譏也；執離文字為道，禪士所以有暗證生盲之禍也。達摩大師以心傳心，必藉《楞伽》為印，誠恐離經一字，即同魔說。智者大師九句談妙，隨處結歸止觀，誠恐依文解義，反成佛冤。少室天台，本無兩致，後世禪既謗教，教亦謗禪，良可悲矣！予二十三歲，即苦志參禪，今輒自稱私淑天台者，深痛我禪門之病，非台宗不能救耳！（《宗論》二，五卷一四頁）

這裡的所謂「道」，是中國人的傳統用語[162]，在梵文中有兩種義理：一是指bodhi，原義為「覺」，但在中國佛典的古譯則稱為「道」；另一種是mārga，原義是指應行之路，於此則有八正道、方便道等意思。但智旭卻以這個「道」的理念，而肯定現前一念心的稱性功德。是即：涵攝本來清淨的性德，以及全性起修的修德，也就是性修不二的如來藏。如來藏的本體，是離言的真如；如來藏中變現的根身器界或心心所法，就是依言的真如。由如來藏中變現的根身器界或心心所法，就是依言的真如。

因此，所謂的「道」，並不是文字形式的，也不是離文字的。在禪宗和天台宗都說是修道或證悟道的法門，不論哪一方都應是主張不執文字或不離文字的。是即：禪宗初祖菩提達摩首倡以心傳心[163]之說，必須以《楞伽經》來加以印證。此外，天台智者大師曾在金陵瓦官寺，以九十天的時間講說《法華玄義》，其結論還是歸向於修行止觀。依上述各端，禪宗與天台宗明顯地主張心法與文字法的不離不執。

四、儒教與佛教的融和

智旭在四十年代所撰著的《周易禪解》和《四書蕅益解》，其目的是「以禪入儒，誘儒知禪耳！」[164]這裡的所謂禪，不是中國的祖師禪，而是依據《楞嚴經》的如來禪，把周敦頤的太極無極之說，解釋為《楞嚴經》的妙真如性，把真如隨緣不變和不變隨緣之說，以易理與易學加以詮釋；尤以天台教學的方法論，來註釋八卦六十四爻；更以佛典註疏的方式，解明《周易》。而且，把儒教與佛教的優劣加以比較，主張儒教只是邁向佛教入門的一個階梯而已[165]，而以華嚴教學的事事無礙為宗旨。儒教與佛教的任何一方，都主張可以做為同源同解的融和論[166]。基於此一原則，智旭在晚年留下如次的見解：

馬太昭自幼留心易學，獨不以先入之言為主。客冬聞台宗一切皆權、一切皆實、一切皆亦權亦實、一切皆非權非實之語，方知《周易》亦權亦實、亦兼權實、亦非權實。又聞現前一念心性，不變隨緣，隨緣不變之妙，方知不易之為變易，變易之終不易。（〈示馬太昭〉，《宗論》二，五卷二〇頁）

這是利用《周易》解說天台教學的權實論，再以智旭的現前一念心性之說，詮釋《周易》的變易與不變易的理念。在智旭認為：一實一切實、一權一切權之說，是以天台圓教的立場；而現前一念心性者，則是佛教的綱領[167]。以佛教的圓教綱領與儒教的《周易》對釋，其實是把《周易》推舉給圓教綱領做為參考。

五、禪、教、律、密的淨土歸向

有關這方面，智旭在其三十年代的著作〈示真學〉法語[168]中，可以約略地看出其原型。那是把天台、賢首、慈恩三派的教學匯合於《宗鏡錄》，進而歸向淨土信仰而已。而且此一思想，大體上加以歸納其看法，可在智旭五十六歲九月所完成的〈法海觀瀾自序〉[169]中得見。在此序文中，首先是反駁中峰明本的「密咒如春，教乘如夏，南山律宗如秋，禪宗如冬」之說。智旭主張應該改成：「達摩、六祖之禪與台宗之圓妙止觀共如秋，密教如冬，而淨土者可謂三德祕藏、常樂我淨、究竟安穩之境，天台、賢首、慈恩諸教如夏，律則猶應如春。」總之，對智旭來說，淨土是統括這春、夏、秋、冬的律、教、禪、密等的最後歸趨之點。

關於智旭的淨土思想，已在本章第三節有所敍述。他的四種淨土說，含有引自天台智者大師的「自性彌陀，唯心淨土」思想[170]。但智旭的四種淨土，是不離於吾人現前一念介爾之心[171]。如此的「唯心淨土」或「心即淨土」說，與善導「指方立相」的淨土觀[172]，有相當的差異。此一「自性彌陀，唯心淨土」的思想淵源，雖是出自天台大師的《觀經疏》及《維摩經》，卻是在雲棲袾宏的《彌陀疏鈔》[173]中具體地表達了出來。因此，智旭於淨土的私淑者，可以說就是袾宏[174]。

六、岑寂清高的佛教學者

查證智旭的讀書紀錄[175]，於經、律、論三藏的部分加以整理之後，作成次表以示：

年歲		閱讀類別及其數量				閱讀場所
公元	年齡	類別	遍數	回數	卷數	
一六二五	二七	律藏	1		全卷	古吳松陵
一六二八	三〇	律藏	2		全卷	浙江嘉興龍居聖壽寺
一六二八	三〇	大藏經		1	千卷	浙江嘉興龍居聖壽寺
一六二九	三一	律藏	3		全卷	浙江嘉興龍居聖壽寺
一六三六	三八	大藏經		2	千餘卷	安徽青陽縣九華山
一六四三	四五	大藏經		3	千餘卷	浙江靈峰山
一六四五	四七	大藏經		4	二千餘卷	金陵祖堂山及石城濟生庵
一六五二	五四	大藏經		5	千卷	浙江嘉興長水
一六五四	五六	大藏經		6	閱畢	浙江靈峰山
合計	律藏三遍	大乘經二遍	小乘經一遍	大乘論一遍	小乘論一遍	西土撰述一遍　宗鏡錄三遍

智旭在閱讀略如上述的三藏經典之後，隨即編成《閱藏知津》和《法海觀瀾》兩種閱

藏的指導書籍。有關《閱藏知津》的優點，在望月信亨的《仏教経典成立史論》的緒論[176]，以及《仏教大辞典》第一卷中均曾予以介紹，並讚賞：「應該說這是一本在藏經編成史上，構成了一項新的紀元。」[177]但是，如此偉大的佛教學者——智旭，卻是岑寂孤零地結束了一生。從他的文獻中，可以體會出他的孤寂感，約略可有以下的五處實例：

1.在〈丙戌春幻遊石城隨緣閱藏以償夙願夜夢塑地藏大士身首具手足未成感賦〉詩偈中有：

千年學脈憑誰寄，萬古愁懷衹自知。（《宗論》一〇，三卷一一頁）

2.在〈庚寅自恣〉詩偈中有：

半世孤燈歎。（《宗論》一〇，四卷二頁）

3.在〈癸巳元旦過秋曙拈花庵〉的詩偈中有：

五十餘年夢幻身，寥寥斯世久無鄰。（《宗論》一〇，四卷六頁）

4.在〈坐狎浪樓〉的詩偈中有：

法門寥落少知音，偶與維摩論古今。（《宗論》一〇，四卷一〇頁）

5.在〈獨坐書懷二首〉的詩偈中有：

半世傾腸腑，寥寥有幾知，庶幾二三子，慰我半生思。（《宗論》一〇，四卷一五頁）

從這些詩偈中可以了解，與智旭同一時代中，傑出的佛教學者較為稀少；而在學養程度上能與智旭相匹儔者，可謂絕無僅有，何況一般人？面對智旭的強烈批判論調持具反感的人，自亦不在少數[178]。所謂半世孤燈者，可能是指他在三十五歲以前的階段裡，雖然亦曾有過一些盟友與弟子，但到後來，這些早期的盟友與弟子都相繼過世長往，或者離他而去。智旭在四十三歲以後，在佛法上可以相與議論或互作研討的對象並不是僧侶，而是一些像郭大爵、張中柱、張興公、唐宜之、錢謙益等少數幾位居士。因此，他之所謂：「偶與維摩論古今」，相信即係指此。

註釋

❶（A）〈結壇水齋持大悲咒願文〉。（《宗論》一，一卷十八頁）
（B）〈自像贊三十三首〉之二十三。（《宗論》九，四卷二二頁）

❷ 在《八不道人傳》有：「十七歲閱《自知錄》序及《竹窗隨筆》，乃不謗佛。」（《宗論》卷首，一頁）上舉二書，都是雲棲袾宏的著作。《自知錄》是依據道教袁了凡所著《功過格》的型式而成書。

❸ 在〈白牛十頌自跋〉有：「予謂之曰，且喜老兄會祖師禪，如來禪未夢見在。」（《宗論》七，一卷七頁）

❹（A）在〈與周洗心〉的書簡中有：「圓通文句一則，收盡念佛三昧綱宗。」（《宗論》五，一卷二五頁）

（B）〈圓通章文句〉者，是智旭所著《大佛頂首楞嚴經文句》第五卷的末節。（《卍續藏》二〇卷，三〇八頁A—三〇九頁C）

❺ 唐代飛錫法師撰《念佛三昧寶王論》三卷。收錄在：⑴《大正藏》四七卷。⑵《卍續藏》一〇八卷，《淨土十要》卷五。

❻（A）有關淨土的論述，請參閱〈圓通章文句〉。

（B）關於禪方面，在《梵室偶談》之二十一有：「雖不能通三藏眾典，楞嚴一部，不可不精熟也。」（《宗論》四，三卷六頁）

❼（A）參閱〈白牛十頌〉。（《宗論》九，二卷一—三頁）

（B）修證的六即佛位，參閱《摩訶止觀》卷一下。（《大正藏》四六卷，一〇頁B—一一頁A）

❽ 禪宗引用《法華經》的三車喻，在《六祖法寶壇經》的〈機緣第七〉，即已述謂：「三車是假。」（《大正藏》四八卷，三五八頁A）

❾ 有關「三聚淨戒」，參閱《菩薩地持經》卷四。（《大正藏》三〇卷，九一〇頁C—九一三頁B）

❿ 在《重治毘尼事義集要》凡例，有：「聲聞遮罪，大士悉皆同學。……權開（中略）今依梵網經及慈氏戒本，每戒指明大略，蓋倣天台義疏之意。」（取意）（《卍續藏》六三卷，一七三頁C—D）

⓫ 關於《盂蘭盆經》的孝道觀念與地獄思想，請參閱岩本裕的《目連伝説と盂蘭盆》（昭和四十三

年（一九六八），京都法藏館）第一章「中国に於ける目連救母伝説の展開」、第三章「目連救母伝説の源流」、第四章「地獄思想の展開」。

⑫ 有關徐雨海的行蹟，於智旭的文獻，尚有如次的兩點：(1)〈寄徐雨海〉的書簡。（《絕餘編》第三卷，一六—一七頁；《宗論》五，一卷二十頁）(2)〈壁如惺谷二友合傳〉。（《宗論》八，一卷五頁）

⑬ 就《占察經行法》，請參閱本書第三章第二節。

⑭ (A)三界唯心者，亦稱三界唯一心。見晉譯六十卷本《華嚴經》第二十五的〈十地品〉：「三界虛妄，但是心作。十二緣分，是皆依心。」（《大正藏》九卷，五九八頁C）

(B)《大乘入楞伽經》卷二：「大慧！云何觀察自心所現，謂觀三界唯是自心。」（《大正藏》一六卷，五九九頁C）

(C)在《大乘起信論》有：「唯是一心，故名真如。」（《大正藏》三二卷，五六頁A）

⑮ (A)在無性的《攝大乘論釋》卷四，有：「如是三界皆唯有心，此言顯示三界唯識。言三界者，謂與欲等愛結相應，墮在三界，此唯識言成立，唯有諸心心法。」（《大正藏》三一卷，四○○頁B）

(B)在《唯識二十論》的卷頭，有：「安立大乘，三界唯識。以契經說三界唯心。」（《大正藏》三一卷，七四頁B）

⑯參閱田島徳音《占察善悪業報経題解》，《国訳一切経》的《経集部》第一五卷三一三—三一七頁。另在中村瑞隆《蔵和対訳究竟一乗宝性論の研究》一一〇頁（2）註的考證是：「漢譯是引自《六根聚經》。此經並非原典，《西藏大藏經》、《漢譯大藏經》均無所見。」但在《占察善惡業報經》的經題之下，附有：「出六根聚經中」的小字註。（《大正藏》一七卷，九〇一頁C）

⑰參閱〈法海觀瀾自序〉。（《宗論》六，四卷二三—二六頁）

⑱關於永明延壽的拈鬮：（1）《宋高僧傳》卷二十八的〈延壽傳〉（《大正藏》五〇卷，八八七頁A—B），以及（2）《景德傳燈錄》卷二十六的「延壽」條（《大正藏》五一卷，四二一頁C—四二二頁A）均無記載，但在其中的（3）《釋門正統》卷八（《卍續藏》一三〇卷，四四九頁D），以及（4）《佛祖統紀》卷二十六（《大正藏》四九卷，二六四頁C）的「延壽傳記」，均曾明述有拈鬮的記事。

⑲（A）在《占察經玄義》中，有：「永明大師，已悟圓宗，仍作坐禪、萬善鬮。」（《卍續藏》三五卷，二六頁D）

（B）在〈十八祖像贊〉中的「延壽像贊」，有：「特上天台智者巖，作甲乙二鬮：甲一生禪定，乙誦經萬善莊嚴淨土，七度得乙鬮。」（《宗論》九，四卷一三頁）

⑳參閱〈較定宗鏡錄跋四則〉。（《宗論》七，二卷一五頁）

㉑（A）有關《相宗八要》的書目，請參閱本書第四章第二節。

(B)所謂《相宗八要》的名目，首倡此說是明末的雪浪洪恩，這在聖行的《敍高原大師相宗八要解》中，述之如次：「余因憶昔白下雪浪恩公，演說宗教，特從大正藏中錄八種示人，以為習相宗者之階梯，是謂相宗八要。」(《卍續藏》九八卷，三四三頁A)

(C)就此《相宗八要》的註釋書，有高原明昱的《解》，以及智旭的《直解》兩種。

㉒《大正藏》四六卷，五四頁A。

㉓在智旭的著作中，經常引用《新華嚴經合論》的：「十世古今，始終不離當念」文句，例如在(1)《宗論》二，一卷九頁。(2)《宗論》一，二卷二頁。(3)《宗論》一，二卷七頁。(4)《宗論》八，二卷一頁。(5)《宗論》八，二卷六頁等所示。

㉔(1)《宗鏡錄》卷十四。(《大正藏》四八卷，四九一頁A)(2)《宗鏡錄》卷十五。(《大正藏》四八卷，四九七頁C)

㉕《宗鏡錄》卷十九。(《大正藏》四八卷，五一八頁A)

㉖(A)在〈勸念豆兒佛序〉即曾引用：「一念相應一念佛，一日相應一日佛」的文句。(《宗論》六，三卷一九頁)

(B)在〈示念佛社〉，雖曾採取《宗鏡錄》云的引用方式，卻變換成「一念相應一念佛，念念相應念念佛」的表達。(《宗論》二，五卷八頁)

㉗《明代思想研究》第十二章中，有「智旭の思想と陽明学——ある仏教心学者の歩んだ道——」

的標題。(東京都創文社,昭和四十七年〔一九七二〕十二月初版發行)

㉘在智旭的〈自像贊三十三首〉之一,有:「憲章紫柏可,祖述永明壽。」(《宗論》九,四卷一六頁)

㉙《大正藏》九卷,四六五頁C。

㉚《大正藏》一九卷,一二一頁A。

㉛(A)在〈示初平〉中有:「人知宗者佛心,教者佛語,不知戒者佛身也。」(《宗論》二,一卷二頁)

(B)在〈示六正〉中有:「戒者佛身,律者佛行,禪者佛心,教者佛語。」(《宗論》二,五卷二〇頁)

㉜在〈除夕答問〉中有:「又吾宗乘妙處,奪情不奪法。」(《宗論》四,一卷一七頁)所謂宗乘者,即指禪宗,其典據是依《楞伽經》的「宗通」及「說通」之說。

㉝《宗論》五,二卷一四頁。

㉞(A)在〈示巨方〉中,記有:「請決於佛,拈得依台宗註梵網鬮,始肯究心三大五小。」(《宗論》二,五卷三頁)

(B)在〈梵網合註緣起〉中有:「次探《法華玄義》、《摩訶止觀》等書,私淑台家教觀,而《毘尼》一藏,細閱三番,《梵網》一經,奉為日課。」(《卍續藏》六〇卷,三一〇頁

B）

㉟參閱《梵網經玄義》。（《卍續藏》六〇卷，三〇八頁B—C）

㊱在〈靈巖寺請藏經疏〉中有：「適欲先註梵網，提律學綱宗。」（《宗論》七，三卷四頁）

㊲《宗論》八，一卷五頁。

㊳《宗論》一，一卷二〇頁。

㊴《宗論》八，一卷一四頁。

㊵（A）《宗論》三，二卷七—二一頁。

（B）《淨信堂答問》一卷，六—一一頁。

㊶（A）在〈大佛頂經玄文後自序〉中有：「戊寅（一六三八）結夏新安，重拈妙義，加倍精明。」（《宗論》六，二卷九頁）

（B）在《大佛頂經文句》卷十末的附錄中，有以下的文句：「次年（一六三七）昉師歸閩，續有同志數人，樂聞此經要旨，一番商究，會心更多。戊寅（一六三八）幻遊新安，結夏休邑，重拈妙義，加倍精明。」（《卍續藏》二〇卷，三八〇頁A）

㊷常盤大定《支那に於ける仏教と儒教道教》，一九四頁。（昭和五年〔一九三〇〕十月初版，昭和四十一年八月東洋文庫再版）

㊸同上書，一九六—一九七頁。

44 在Jan Yun-hua. P.H.D. Mcmaster University, Canada, "Two Problems Concerning Tsung-mi's（宗密）Compilation of the *Ch'an-tsang*（禪藏）"。（一九七四年，《国際東方学者会議紀要》第十九卷。謂宗密的《禪藏》已經失佚，但其大部分內容都已經收錄於延壽的《宗鏡錄》中）

45 在錢謙益撰的《楞嚴經疏解蒙鈔》卷末之三有：「今案台家引梵僧懸記，出宋《僧瑩清話》，非實錄也。」（《卍續藏》二一卷，三七八頁A）

46 參閱同上書，卷末之三。（《卍續藏》二一卷，七七九頁）

47 參閱〈藏性解難五則〉。（《宗論》四，三卷二〇—二一頁）

48 《宗論》四，三卷一四頁。

49 《大正藏》一七卷，九一三頁B。

50 據関口真大《達磨の研究》，與達摩傳記有關的記載，從最早的《洛陽伽藍記》（五七六年成書）到《傳法正宗記》（一〇六一年成書）的十七種資料書中，只有後來的《祖堂集》（八五二年成書），《宋高僧傳》（九八八年成書）、《景德傳燈錄》（一〇〇四年成書），以及《傳法正宗記》四種書籍，記載此項安心問答的傳說，但在早期的十三種資料書中，卻未曾記載有關安心傳說的種種。

51 在《摩訶止觀》卷五上有：「今當去丈就尺，去尺就寸。置色等四陰，但觀識陰。識陰者心是也。」（《大正藏》四六卷，五二頁A—B）

❺❷參閱⑴《宗論》二，二卷一〇頁。⑵《宗論》二，二卷一三頁。

❺❸參閱〈答湛持公三問〉。（《宗論》三，二卷三—四頁）

❺❹參閱《楞嚴經玄義》。（《卍續藏》二〇卷，二〇九頁B）

❺❺參閱〈示迦提〉。（《宗論》二，一卷二〇頁）

❺❻參閱〈安居止觀山房序〉。（《宗論》六，二卷三頁）

❺❼《大佛頂首楞嚴經》自卷一至卷三，其中所說的七處徵心，是指觀心之：⑴不在內。⑵不在外。⑶非潛根。⑷不在見內。⑸非隨生。⑹不在中間。⑺非無著等七種觀行方法。

❺❽在〈示六度〉中有：「眾生無始來，不知一切唯心，妄計六塵緣影為自心相。故《佛頂》約七處徵之，《中論》約四性推之，智者約四運觀之，無非破緣影妄計而已。」（《宗論》二，四卷七—八頁）

❺❾在〈成唯識論觀心法要緣起〉述有：「慨自古疏失傳，人師異解，文義尚訛，理觀奚賴。……（中略）賴有開蒙問答，梗概僅存。大鈔宗鏡，援引可據。」（《卍續藏》八二卷，一九七頁A）

❻⓪參閱〈寄靈隱兄〉。（《宗論》五，一卷一九頁）

❻❶參閱〈結社修淨業兼閱華嚴大鈔助緣疏〉。（《宗論》，七，四卷七頁）

❻❷參閱〈答卓左車彌陀疏鈔三十二問〉。（《宗論》三，一卷六—八頁）

❻❸參閱〈參究念佛論〉。（《宗論》五，三卷一頁）

64 〈答印生四問〉。（《宗論》三，一卷一四頁）

65 （A）參閱〈念佛即禪觀論〉。（《宗論》五，三卷七—九頁）

（B）《宗論》七，四卷一—二頁。

66 《宗論》七，四卷一—二頁。

67 參閱〈示念佛三昧〉。（《宗論》四，一卷一四頁）

68 （A）參閱〈示明西〉。（《宗論》二，四卷一〇頁）

（B）在《觀無量壽佛經》中有：「諸佛如來有異方便。」（《大正藏》一二卷，三四一頁C）

（C）在梁真諦譯的《大乘起信論》有：「當知如來有勝方便，攝護信心，謂以專意念佛因緣，隨願得生他方佛土，常見於佛，永離惡道。」（《大正藏》三二卷，五八三頁A）

69 （A）《楞嚴經文句》。（《卍續藏》二〇卷，三〇八頁A—三〇九頁C）

（B）〈示念佛法門〉。（《宗論》四，一卷一二—一三頁）

（C）〈示念佛三昧〉。（《宗論》四，一卷一三—一五頁）

70 在《觀無量壽佛經疏》有：「四種淨土，謂凡聖同居土、方便有餘土、實報無障礙土、常寂光土也。」（《大正藏》三七卷，一八八頁B）另在《維摩經略疏》卷一有：「一染淨國凡聖共居。二有餘方便人住。三果報純法身居。四常寂光即妙覺所居也。」（《大正藏》三八卷，五六四頁B）

71 參閱《成唯識論觀心法要》卷十。（《卍續藏》八二卷，三四九頁B）

72 《宗論》六，一卷一九頁。

73 (A)《新華嚴經合論》卷二。(《卍續藏》五卷，三四五頁C)

(B)參閱《宗鏡錄》。(《大正藏》四八卷，四九一頁及四九七頁C)

(C)《宗論》二，五卷八頁；《宗論》六，三卷一九頁。

74 《宗論》二，二卷一八頁。

75 (A)〈淨然沙彌化念佛疏〉。(《宗論》七，四卷二頁)

(B)在《觀無量壽佛經》中有：「是故汝等，心想佛時，是心即是三十二相八十隨形好。是心作佛，是心是佛。諸佛正偏知海，從心想生。」(《大正藏》一二卷，三四三頁A)

(C)在中峰明本的〈勸念阿彌陀佛歌〉中，即曾引用「是心作佛，是心是佛」的語句。(《天目明本禪師雜錄》卷上；《卍續藏》一二二卷，三六七頁)

76 (A)關於《起信論》的問題，請參閱平川彰《大乘起信論》三十至三十二頁。(《仏典講座》二十二，大藏出版株式會社，昭和四十八年〔一九七三〕)

(B)關於《大乘止觀》的作者問題，請參閱拙著《大乘止觀法門之研究》第二章第三節(中華民國六十年六月—六十一年二月，台灣《海潮音》月刊，五二卷六號—五三卷二號)

77 在〈弔知白文〉：「必能憶《大乘止觀》法門，信淨土橫超捷徑。」(《絕餘編》三卷，二三頁)

78 在《周易禪解跋》：「春應留都請，丘阻石城，濟生庵度夏，為二三子商究《大乘止觀》。」—（這是依自駒澤大學藏本《周易禪解》所示，但收錄於《宗論》七之一卷的同一文獻，卻稍微有異）

79 在〈重刻寶王三昧念佛直指序〉：「客歲幻寓長干，有車蔤蕃居士秉受歸戒，聽講《唯識心要》及南嶽《大乘止觀》。」（《淨土十要》卷八、《卍續藏》一〇八卷三八〇頁C）

80 《大乘止觀釋要》卷二。（《卍續藏》九八卷，四四八頁D）

81 同上書卷一。（《卍續藏》九八卷，四四一頁B）

82 同上書卷一。（《卍續藏》九八卷，四三八頁C）

83 參閱望月信亨《大乘起信論の研究》及《仏教経典成立史論》。

84 《大正藏》一六卷，五〇六頁C。

85 〈示無雲〉。（《宗論》二，一卷四頁）

86 《大正藏》一六卷，四九二頁A。

87 〈白牛十頌自跋〉。（《宗論》七，一卷七頁）

88 就這一點，請參閱：(1)《宗論》七，三卷八頁。(2)《宗論》七，四卷八頁。(3)《宗論》二，五卷一四頁等。

89 《大正藏》一六卷，四九九頁B—五〇三頁A。

90 《大正藏》一六卷，四九九頁B—C。

91 《楞伽義疏》卷六。（《卍續藏》二六卷，一二二頁A）

92 〈復卓左車〉。（《絕餘篇》三卷，一三頁）

93 《大正藏》一六卷，四九七頁B。

94 (A)〈示七淨〉。（《宗論》二，三卷一四頁）
(B)《楞嚴經文句》卷一，將之與「覓心了不可得」的文句，以「宗教之綱要，《楞嚴》之血脈」加以稱讚。（《卍續藏》二〇卷，二二九頁B）

95 《楞伽經玄義》。（《卍續藏》二六卷，五〇頁A）

96 (A)《占察經玄義》。（《卍續藏》三五卷，五六頁B）
(B)《楞伽經》卷四經句。（《大正藏》一六卷，五一〇頁B）

97 (A)《楞嚴經文句》卷二文。（《卍續藏》二〇卷，二四四頁A）
(B)《楞伽經》卷一經句。（《大正藏》一六卷，四八五頁A）

98 (A)《裂網疏》卷二文。（《大正藏》四四卷，四三〇頁）
(B)《楞伽經》卷一經句。（《大正藏》一六卷，四八五頁A）

99 (A)《裂網疏》卷五文。（《大正藏》四四卷，四五〇頁C）
(B)《楞伽經》卷二經句。（《大正藏》一六卷，四八九頁B）

100《楞伽義疏》卷九。(《卍續藏》三五卷，一五四頁B)

101《大正藏》一六卷，四八三頁C。

102《大正藏》四四卷，四二二頁C—四二三頁A。

103《大正藏》四四卷，四二二頁C。

104採取「馬鳴護法，決無二旨」之說的智旭文獻，在《裂網疏》有四處：(1)卷一。(《大正藏》四四卷，四二二頁B—C)(2)卷二。(《大正藏》四四卷，四三二頁C)(3)卷五。(《大正藏》四四卷，四五二頁B—C)(4)卷五。(《大正藏》四四卷，四五五頁B)

105《大正藏》四四卷，四二二頁C。

106《大正藏》四四卷，四二四頁C。

107《大正藏》四四卷，四二二頁C。

108《楞伽義疏》卷三。(《卍續藏》二六卷，八三頁C)

109(A)梁譯《起信論》。(《大正藏》三二卷，五七八頁A)
(B)唐譯《起信論》。(《大正藏》三二卷，五八六頁C)

110《成唯識論》卷二。(《大正藏》三一卷，九頁C)

111在《裂網疏》中，關於真如受熏及真如不受熏的問題，《疏》中有四處表示：(1)序文。(《大正藏》四四卷，四二二頁C)(2)卷四。(《大正藏》四四卷，四四四頁C—四四五頁A)(3)卷

四。（《大正藏》四四卷，四四八頁A）(4)卷五。（《大正藏》四四卷，四五二頁B—C）

112 《卍續藏》二〇卷，一九五頁A。

113 《卍續藏》八二卷，三一八頁B。

114 《裂網疏》卷四。（《大正藏》四四卷，四四五頁A）

115 《成唯識論》卷二。（《大正藏》三一卷，九頁C）

116 《唯識述記》卷三。（《大正藏》四三卷，三一三頁A—B）

117 參閱常盤大定《仏性の研究》。

118 《卍續藏》二六卷，六二頁C—D。

119 《宗論》五，三卷一七頁。請參閱本書第二章第一節第一項的「儒釋宗傳竊議」文。

120 有關「隨文入觀」的文獻，請參閱：(1)《宗論》二，一卷六頁。(2)《宗論》二，二卷一〇頁。(3)《宗論》二，二卷一四頁。(4)《宗論》五，二卷七頁等。

121 「隨文入證」，參閱《宗論》五，二卷一三頁。

122 「解行相須」，參閱《宗論》二，三卷二三頁。

123 天台宗於《起信論》有關的研究，請參閱日下大癡〈天台教義上における起信論の地位〉。（《六条学報》八九、九〇、九二、九三、九六各期）

124 (A)在法藏的《起信論義記》，判《起信論》屬為終教。

(B)在宗密的《起信論註疏》，視《起信論》為終教兼頓。

(C)在子璿的《起信論筆削記》，也把《起信論》視作終教兼頓。

125 參閱日比宣正《唐代天台学序說》三四頁及三七六頁。(山喜房佛書林出版，昭和四十一年〔一九六六〕)

126 《大正藏》四六卷，八七四頁C—八七六頁C。

127 《大正藏》四六卷，八七一頁B—八七二頁A。

128 《大正藏》四六卷，八七一頁C。

129 《大正藏》四四卷，四二二頁C。

130 參閱《法華玄義》卷十之下。(《大正藏》三三卷，八〇九頁C—八一四頁A)

131 (1)在〈復導關〉的書簡中，述謂：「十乘觀法，須知位次。」(《宗論》五，二卷一三頁)

(2)參閱《大乘止觀釋要》卷三。(《卍續藏》九八卷，四六八頁A)(3)參閱《占察經玄義》。

(《卍續藏》三五卷，六四頁C—六五頁A)

132 (1)《宗論》九，二卷一—三頁。(2)《宗論》九，四卷一五頁。(3)《宗論》八，三卷一五頁。

133 參閱《教觀綱宗》。(《卍續藏》一〇一卷，四八〇頁D—四八四頁B)

134 《宗論》二，五卷一四頁。

135 《大正藏》一九卷，一〇六頁C。

136 半字與滿字之說，本是《大般涅槃經》卷五與卷八所說示，之被天台宗所引用是在《法華玄義》卷二上、《釋籤》卷五下，以及《摩訶止觀》卷三下、《輔行》卷三之四所示。

137 《大正藏》四八卷，四一六頁B。

138 《大正藏》四六卷，六四四頁C。

139 參閱〈重刻大佛頂經玄文序〉。（《卍續藏》二〇卷，一九五頁B）

140 《法華綸貫後序》。（《卍續藏》五〇卷，一七九頁C）

141 在《宗鏡錄》卷九十七有：「牛頭融大師《絕觀論》問云：……（中略）何者為體？答：心為體。問：何者為宗？答：心為宗。問：何者為本？答：心為本。」（《大正藏》四八卷，九四一頁A）

142 就此唯心論思想，可能與唐譯八十卷本《華嚴經》卷十九：「若人欲了知，三世一切佛，應觀法界性，一切唯心造。」的〈唯心偈〉關係很深。（《大正藏》一〇卷，一〇二頁A—B）

143 在《宗鏡錄》序文中有：「以如上之因緣，目為心鏡」、「撮略要文，鋪舒於百卷之中，卷攝在一心之內，能使難思教海，指掌而念念圓明；無盡真宗，目視而心心契合。……（中略）得本頭於古鏡之前，狂心頓歇。」（《大正藏》四八卷，四一六頁B—C）

144 在《楞嚴經》卷四有：「室羅城中演若達多，忽於晨朝以鏡照面，愛鏡中頭眉目可見，瞋責己頭不見面目，以為魑魅無狀狂走。……（中略）三緣斷故，三因不生，則汝心中演若達多，狂性自

歟。」（《大正藏》一九卷，一二一頁B）

❶⁴⁵ 《大正藏》四八卷，四一六頁A。

❶⁴⁶ 《宗論》二，三卷一〇頁。

❶⁴⁷ 《宗論》五，二卷一二頁。

❶⁴⁸ （A）在《周易禪解自跋》有：「偶應紫雲法華之請。」（《宗論》七，一卷二〇頁）

（B）參閱《法華綸貫後序》。（《卍續藏》五〇卷，一七九頁C）

❶⁴⁹ 在〈孕蓮說〉有：「癸未冬，予弘法華于普德。」（《宗論》四，二卷九頁）

❶⁵⁰ 《卍續藏》五〇卷，三九六頁D。

❶⁵¹ （A）《宗論》二，一卷二〇頁。

（B）《宗論》二，五卷九頁。

（C）在〈示馬大昭〉中有：「無性之性，乃名諸法實性。」（《宗論》二，五卷二〇頁）

❶⁵² （A）《解深密經》卷二。（《大正藏》一六卷，六四四頁A）

（B）《成唯識論》卷九。（《大正藏》三一卷，四八頁A）

❶⁵³ 《大正藏》四六卷，六五八頁B。

❶⁵⁴ 《大正藏》一六卷，四九七頁B。

❶⁵⁵ (1)《宗論》八，二卷一六頁。(2)《宗論》五，二卷二〇頁。(3)《宗論》一〇，四卷一二頁。

156 一九四一年初版，一九六二年三月中華書局重印。

157 《宗論》二，五卷一三—一四頁。

158 《大正藏》一〇卷，一〇二頁B。

159 《大正藏》四六卷，五四頁A。

160 在日本學術界，就《大乘止觀》撰述者的問題雖有種種議論，在智旭則認為是南嶽慧思的真撰。

161 「台衡」者，係指智者大師的天台山及慧思禪師的南嶽衡山。

162 (A)在儒教的情形，有《中庸》的「天命之謂性，率性之謂道」，以及《大學》的「大學之道，在明明德」。

(B)在道教，則有《道德經》的「道可道，非常道」。

(C)在儒教的所謂「道」，是指人生的生存方式或修身所應行履的正當途徑；道教的所謂「道」，則指形而上的宇宙本體。另於佛教的所謂「道」，則是兼容儒道兩者的意趣，而譯成菩提和末伽二意的「道」。

163 有關「以心傳心」的典據，有三種：(1)《達摩大師血脈論》（《卍續藏》一一〇卷四〇五頁A及《大正藏》四八卷三七三頁B）。(2)《南宗大梵寺施法壇經》（《大正藏》四八卷，三三八頁A）。(3)《六祖大師法寶壇經》（《大正藏》四八卷，三四九頁A—B）。

164〈周易禪解自序〉。(《宗論》六,二卷九頁)

165(1)《宗論》二,四卷一六頁。(2)《宗論》二,四卷五頁。(3)《宗論》五,三卷一四頁。

166《宗論》四,一卷一六頁。

167在〈示閔六飛二則〉法語有:「佛法貴精不貴多。精貫多,多不能專精,故提綱挈領之道,不可不急講也。綱領者現前一念心性而已。」(《宗論》二,五卷九頁)

168《宗論》二,一卷六頁。

169《宗論》六,四卷二三—二六頁。

170(A)在智者大師的《觀經疏》中有:「現觀佛時,心中現者,即是諸佛法身之體,名心是佛。」(《大正藏》三七卷,一九二頁B)

(B)在《維摩詰所說經》的〈佛國品〉中有:「隨其心淨,則國土淨。」(《大正藏》一四卷,五三八頁C)

(C)在雲棲袾宏的《彌陀疏鈔》卷一中有:「心佛眾生一體,中流兩岸不居,故謂自性彌陀,唯心淨土。」(《卍續藏》三三卷,一六七頁D)

(D)參閱智旭的〈示宋養蓮〉。(《宗論》二,三卷二頁)

171〈合刻彌陀金剛二經序〉。(《宗論》六,四卷一六頁)

172在善導的《觀無量壽佛經疏》卷三中有:「今此觀門等,唯指方立相,住心而取境,總不明無相

離念也。如來懸知末代罪濁凡夫，立相住心尚不能得，何況離相而求事者。」（《大正藏》三七卷二六七頁B）

173 參閱註170。

174 《宗論》六，一卷二頁。

175 有關這方面的資料依據，請參閱：(1)《宗論》六，四卷八頁。(2)《宗論》一，四卷二一—二二頁。(3)《宗論》七，二卷一五頁。

176 請參閱《仏教経典成立史論》六頁、二八四頁、二九七頁。

177 參閱同上書七頁。

178 《宗論》一〇，三卷九頁。

【附錄：書評】

明末中國佛教之研究

——特以智旭為中心

鎌田茂雄

現代的華人社會所流傳的佛教，及至普及到明代時期，中國佛教，尤其是智旭在佛教儀禮方面所造成的影響，依然還有其不可得知的種種。以往，在日本學術界的中國佛教之研究，向以佛教的唐代歷史或教理的面向是非常興盛；及至宋代以後，中國佛教的研究，呈現可謂極其低潮的趨勢。

本書著者，是一位繼承中國佛教悠久傳統的僧侶，以故，才能促使其完成此一偉大的研究，此其主要原因之一；兼以金倉圓照博士在其序文中之所敘述：「因為當今有關蕅益智旭的研究，在學術界仍然不夠充分。而就一般人的印象中，認為智旭是明末年間的天台專家，依憑著者優越的中文理解能力，坂本教授斷定如果採擇研究天台的志向，以《靈峰宗論》的深究細酌，該是最為適當的課題。」誠然是非常明確的言詞。

著者往年在台灣的南天台佛教學院專修科肄業時，即已修學過天台教學。進而來日，又在坂本幸男教授座下，更深一層地研究天台學，以致向來被尊稱為天台學者的智旭，自然是非常恰如其分的研究者，該是當之無愧。

著者開始著手於智旭論集——《靈峰宗論》的研究，首先是精讀《宗論》，進一步疏理其資料；在研究過程中，依次檢閱智旭的全部著作，精神貫注在必須掌握其思想脈絡的整體全面，下定決心針對智旭的思想與宗教綜合面向去專志考究，其成果就是本書的結構實體。隨即向立正大學的大學院（研究所），提出博士論文的學位申請。

本書是由五章所構成，第一章〈智旭的時代背景〉，應是全篇論文的結論，是敍述明末佛教的概觀，明確地將智旭定位為明末佛教的集大成者。第二章是〈智旭的生涯〉，翔實地分析智旭的傳記及其生平記事資料。第三章是〈智旭的行踐〉，即智旭在宗教實踐方面的整體修行。第四章是〈智旭的著作〉，將智旭全部著作總計五百十一種、二百二十八卷，加以分類並逐一標明其著作年代。第五章是〈智旭思想的形成與發展〉，是把智旭的一生分成青年期、壯年前期、壯年後期，以及晚年期的四個時段，詳論其禪律一致、性相融會、天台教學及淨土念佛思想等。以下將依次介紹其內容：

第一章是〈智旭的時代背景〉，明述智旭活躍時代的歷史背景，以及明代王朝的動亂，乃至社會不安的狀況；進而分析儒學與佛教之關係及其交涉經過，並對智旭的思想與陽明學，其與明代道教的關係。另亦得見紫柏真可、憨山德清及蕅益智旭在晚明時期，之於儒佛道三教同源論的看法；更分別述列天主教與佛教的對立抗爭，同時述及智旭對基督教的批判論書《闢邪集》；最後論及明代佛教的諸般問題——僧眾的分類方法、僧侶墮落的情形、教團的一般狀況，以及居士佛教的實際情況等。

第二章是〈智旭的生涯〉，首先疏理智旭的師承關係資料，以及他所尊敬的人物；接著便述及其盟友與八位道友，一一列舉其為人處世的風格。其中關於智旭的弟子，當可區分為前期的弟子與後期的弟子，並分別列示其名號。其次，對於智旭的傳記，亦予詳述其始末。先行檢討其傳記資料，再述論智旭事蹟的地理研究，對其畢生所留下腳印的徑山、龍居、金庭山、九華山、溫陵、雪峰山、普德講堂、祖堂山、新安等地的風土人情，皆予詳加描述與解說，使其在傳記中均得以生動、寫實地呈現。

第三章是〈智旭的宗教行踐〉，在本書應予注意的是，必須掌握住他的信仰實際狀態。為了明瞭智旭的信仰，須先了解當時一般信仰的實際狀況，這可從觀音信仰及地藏信仰講起。書中指出他所修行的大悲懺、占察善惡業報經行法、金光明最勝懺儀等各種懺法，他都已親身實際修行的經驗。其次是持咒的修行、卜筮信仰，乃至刺血寫經等修行，以及捨身信仰的燃臂與燃頂等贖罪觀念的陳述；最後論及智旭的悟境變遷，終致歸向淨土信仰。智旭的證悟，可分：(1)以儒教者的立場所證悟；(2)以參禪者的立場所證悟；(3)以研究者的立場所證悟；(4)以念佛者的立場所證悟等四個階段來說明。至於在智旭的宗教實踐這方面，儘管也有禪、密、苦行、懺法等多種，但他最終所堅持的修行法門，還是淨土教的念佛信仰。

第四章是〈智旭的著作〉，這方面先是敍述智旭的著述態度，而後是對智旭的著作在書誌學上所做的研究。關於智旭的著作，大致可以區分為釋論與宗論兩種分類。著者先就釋論諸書的成立年代詳作考察，再就一部分成書年代不明者，以及尚未完成的諸論各書，分別加以檢討；最後則是著者對其最為嫻熟、詳悉的《靈峰蕅益大師宗論》做了完整的考究。關於《宗論》，這是智旭的弟子——堅密成時，將智旭的七種文集加以分類編纂成三十八卷所成書。著者把《宗論》所收錄的二十八類七百九十七篇之中，可能推定其著作年代的，僅只二百五十篇而已，其餘的部分猶待後繼之賢達再接再厲。

第五章是〈智旭思想的形成與發展〉，有關智旭思想的開展過程，分為青年期、壯年前期、壯年後期及晚年期分別論述。其青年期，是以《楞嚴經》為中心的禪與淨土；在其壯年前期，是高倡戒律，以《占察經》為中心的性相融會思想，以《宗鏡錄》為中心的教理思想，以禪為中心的現前一念心，並且以《梵網經》為中心的心體論等，均有所闡明。壯年後期的思想開展，是隨著明代以《楞嚴經》為中心的佛教統一論為標的去盡情鋪陳，在此時期，智旭的思想全心傾向於淨土法門；至於其晚年期，則是特別重視《大乘止觀法門》而撰述了《大乘止觀釋要》，並於力倡性相融會的同時，又著述《大乘起信論》註釋書。智旭即依據《起信論》而開展其性相融會論，致力於闡明其義理。

繼之，敍述智旭與天台教學的關係。智旭與天台有關的著作之中，被視為具代表性的是《教觀綱宗》，以其《釋義》以及與《法華會義》的特點，均曾有所闡述。最後的第五節，是「智旭思想的總結」。對於智旭的特質，加以總括性的論述，這是研究智旭思想的結論。著者以智旭為其研究學術的指標，是性相、禪教的調和，是天台、唯識的融通，是天台與禪宗的折衷，是儒教與禪的融通；歸結到最終，則指出律、教、禪、密的統合而歸向於淨土。

以上是就本書的內容，加以簡單的介紹。整體而言，著者掌握了向來從未有人研究過智旭的整體像狀。以往的研究者，都一致認定智旭是明末一位傑出的天台學者，但著者認為他不僅是一位佛教學者，根本就是一位虔誠、堅定而徹底的佛教生活實踐者。著者所掌握到的此一新見解，著實應給予崇高的評價。著者對於智旭整體像狀的體認，其在佛教生活實踐方面，是以《梵網經》為中心的戒律主義者；在佛教信仰行為方面，則是以地藏經典群的《本願經》及《占察經》為依據；在教理的哲學思想方面，是以《大佛頂首楞嚴經》為中心，基於此一基本立場，才衍生出性相融會、諸宗融合的結論。

本書在推行有關智旭之研究的同時，對於治學的心理準備，以及資料的蒐集各方面，於闡述智旭生存時代的背景，及其思想等各層面，於論述之餘，也就智旭的生平加以解註，從而，對於智旭的宗教方面的實踐、智旭的著作，以及智旭思想形成，都做了仔細的闡述。如果勉強地非難其缺點，即是本書在結構上，如果把能將第四章〈智旭的著作〉放在第二章〈智旭的生涯〉的後面做為第三章，則對讀者來說，是否會更具切實感？還有，第一章第五節第四項的〈明末的性相融會論〉，如能把它編入到第五章〈智旭思想的形成與發展〉之內，或許將更為順理成章？

儘管本書在撰述成書上，或多或少尚有勉為非難的這兩點，但這些情形都絲毫不足以損傷到本書的價值。做為一位外國人的著者，能夠利用那麼純熟的日文完成本書的著作，謹此表致深摯的敬意。

一九七六年刊於日本《鈴木學術財團年報》第十二期

國家圖書館出版品預行編目資料

明末中國佛教之研究 ／ 聖嚴法師著 ； 釋會靖（關世謙）譯. -- 初版 . -- 臺北市：法鼓文化, 2009.12

面 ； 公分. --（智慧海 ； 51）

ISBN 978-957-598-492-2（平裝）

1.（明）釋智旭 2. 佛教傳記 3. 學術思想 4.佛教哲學

229.36 98019729

智慧海 51

明末中國佛教之研究

著者／聖嚴法師
譯者／釋會靖
出版／法鼓文化
總監／釋果賢
總編輯／陳重光
責任編輯／李書儀
封面設計／黃聖文
內頁美編／連紫吟、曹任華
地址／臺北市北投區公館路186號5樓
電話／(02)2893-4646 傳眞／(02)2896-0731
網址／ http://www.ddc.com.tw
E-mail／market@ddc.com.tw
讀者服務專線／(02)2896-1600
初版一刷／2009年12月
初版二刷／2017年7月
建議售價／660元
郵撥帳號／50013371
戶名／財團法人法鼓山文教基金會-法鼓文化
北美經銷處／紐約東初禪寺
Chan Meditation Center (New York, USA)
Tel／(718)592-6593 Fax／(718)592-0717

法鼓文化

◎本書如有缺頁、破損、裝訂錯誤，請寄回本社調換◎
有著作權，不可翻印